L'ART

DU

FABRIQUANT

D'ETOFFES DE SOIE.

SIXIEME SECTION,

CONTENANT

L'Art du *Peigner*, ou Faiseur de Peignes, tant pour la Fabrique des Etoffes de Soie, que pour toutes autres Etoffes & Tissus, comme Draps, Toiles, Gazes, &c.

Par M. PAULET, *Dessinateur & Fabriquant en Étoffes de Soie de la Ville de Nîmes.*

M. DCC. LXXV.

EXTRAIT DES REGISTRES

DE L'ACADÉMIE ROYALE DES SCIENCES.

Du 20 Mai 1775.

Nous Commiſſaires nommés par l'Académie, avons examiné l'*Art du Peigner* ou *du Faiſeur de Peignes*, pour la fabrication des Etoffes, formant la ſixieme Partie de l'*Art du Fabriquant d'Etoffes de Soie*, que M. PAULET a entrepris de décrire.

Cette Partie eſt diviſée en deux Sections : la premiere traite des Peignes de *Canne*, & la ſeconde des Peignes *d'Acier liés*, & de quelqu'autres Peignes particuliers ; & enfin de l'entretien & du raccommodage de ces différents uſtenſiles.

L'uſage des Peignes dans la fabrication des Etoffes, eſt de ſerrer les *duites* de la *trama* les unes contre les autres à meſure qu'on les incorpore avec la *chaîne*, & de retenir pendant ce temps-là les fils de la chaîne dans l'ordre convenable. Il y a trois choſes à conſidérer dans cet uſtenſile ; les dents, les jumelles, & les gardes : les jumelles ſont des tringles doubles, entre leſquelles les dents ſont attachées avec du *ligneul* par le haut & par le bas ; & les gardes ſont les montants qui aſſemblent les jumelles entr'elles : ce nom de *gardes*, vient de ce que, dans l'uſage, elles défendent les dents du choc de la navette.

M. Paulet commence par traiter des jumelles : on les fait en bois ou en canne ; celles de bois ſont faites ordinairement par les Menuiſiers ; celles de canne, qui ſont les ſeules ſur leſquelles l'Auteur ſoit entré dans quelque détail, ſe paſſent à la *filiere* pour y faire diſparoître les nœuds. On verra dans l'Ouvrage même ce que c'eſt que l'outil que les Peigners nomment *filiere*. On fait les gardes en bois, ou en canne, ou en ivoire, ou en laiton.

L'Auteur fait quelques obſervations ſur chacune de ces eſpeces de gardes ; enfin il développe dans quatre Articles les préparations des dents de canne. Il faut d'abord couper les cannes en tuyaux de longueur convenable, & trier ces tuyaux ; il faut enſuite les refen-dre, ce qui ſe fait avec un outil particulier qu'on nomme *roſette*. Après cela on tire chaque dent à la filiere pour la mettre de largeur & d'épaiſſeur : & enfin on les fait paſſer dans un bain particulier pour leur donner plus de douceur & de ſoupleſſe.

Le ligneul qui lie les dents aux jumelles, déterminant par ſon épaiſſeur, l'écartement entre les dents, il importe beaucoup que cette épaiſſeur ſoit égale : M. Paulet examine donc les méthodes de tordre le ligneul ; il décrit une machine ingénieuſe employée à cet uſage, & il examine enſuite la maniere de le poiſſer.

Ces préparatifs diſcutés, il s'agit du montage du Peigne : on emploie pour cela diffé-rentes eſpeces de métiers. Les jumelles étant fixées ſur le métier, on ſe ſert d'un inſtru-ment nommé *foulé*, pour régler la hauteur du Peigne à meſure qu'il avance, & d'un autre nommé *batte*, pour placer de force les dents comme il convient ; & l'on fixe chaque dent par un tour de ligneul des deux côtés.

Le Peigne étant monté, il faut *rogner* les extrémités des dents qui excédent les jumelles, *planer* les ſurfaces du Peigne, & enfin *excarner*, c'eſt-à-dire, emporter avec le canif une portion ſuperflue ſur un des côtés de chaque dent.

Il ne reſte plus après cela *qu'à coller des bandes de papier* ſur les jumelles, alors couver-tes de ligneul, & à *redreſſer les dents* qu'on a pu fauſſer en planant ou en excarnant.

Les détails que renferme la ſeconde Section ſur *les Peignes d'acier liés*, conſiſtent prin-cipalement dans la deſcription des différents laminoirs propres à applatir le fil-d'archal,

& à lui donner du premier coup la largeur & l'épaisseur convenables : ensuite l'Auteur examine les méthodes pour couper les dents de longueur, & les façons à leur donner quand elles sont coupées : enfin comme le montage des Peignes d'acier se fait en général avec un soin plus particulier, on y emploie des métiers plus composés, & M. Paulet emploie plusieurs Articles à les décrire.

On trouve ensuite un Chapitre sur la construction des Peignes pour les Rubans, pour les Chenilles, pour les Galons ; ces derniers se montent d'une maniere particuliere & très-expéditive. L'Auteur décrit entr'autres une monture de ce genre, inventée par le sieur Gourdet, & qui est connue dans les Provinces sous le nom de *monture de Paris*.

Enfin l'Ouvrage est terminé par un Chapitre sur l'entretien & le raccommodage des Peignes : on y trouve tous les détails nécessaires à ce sujet, & en particulier la description d'une méthode pour remonter les Peignes sur le Métier, même sans couper la chaîne ; cette méthode est peu connue, parce que les occasions de l'employer sont rares ; mais il étoit utile de la publier.

Quant aux Peignes d'acier fondus, qui sont les plus parfaits de tous, les Anglois sont, jusqu'à présent, les seuls en possession de la maniere de les faire. M. Paulet promet à la fin de son Ouvrage de communiquer incessamment au Public le fruit de ses recherches sur cet objet : il a fait des essais en petit ; mais il attend que l'exécution en grand, ait confirmé entiérement les succès de son procédé.

Il résulte de l'Exposé ci-dessus, que la publication de cet Art sera utile, & nous croyons que l'Académie peut permettre à M. Paulet de la faire paroître sous son Privilége. *Signé*, DE VAUCANSON, DE MONTIGNY, ET VANDERMONDE.

Je certifie l'Extrait ci-dessus conforme à son original & au Jugement de l'Académie. A Paris, le 22 Mai 1775.

GRANDJEAN DE FOUCHY,
Secrétaire perpétuel de l'Académie Royale des Sciences.

L'ART
DU FABRIQUANT
D'ÉTOFFES DE SOIE.

Par M. PAULET, Deſſinateur & Fabriquant en Etoffes de Soie de la Ville de Nîmes.

SIXIEME PARTIE.

Contenant l'Art du *Peigner*, ou Faiſeur de Peignes, tant pour la Fabrique des Etoffes de Soie, que pour toutes autres Etoffes & tiſſus ; comme Draps, Toiles, Gazes, &c.

PREMIERE SECTION.
Des Peignes de Canne.

AVERTISSEMENT.

L'USTENSILE dont j'entreprends ici la deſcription, eſt connu dans les différentes Manufactures où il eſt en uſage, ſous différentes dénominations ; le nom ſous lequel j'ai préféré de le déſigner eſt celui qu'on a le plus univerſellement adopté. Les Drapiers appellent communément *Rot* cet uſtenſile, que pluſieurs *Etoffiers* nomment à leur tour *Ratelet* ; mais le plus grand nombre, comme Fabriquants en Etoffes de Soie, Tiſſerands, Rubanniers, Gaziers, Galonniers, &c. lui ont conſervé le nom de Peigne ; c'eſt pourquoi j'ai cru devoir intituler ce Traité *Art du Peigner*, comme plus généralement reçu. J'aurai donc attention de ne me ſervir dans le cours de cet Ouvrage que du terme de Peigne, ſous lequel je prie mes Lecteurs de comprendre les deux autres dont je viens de parler, comme étant trois ſynonimes, qui préſentent l'idée d'un même objet.

INTRODUCTION.

J'AI dit au commencement de l'Art du Remiſſeur, que les Liſſes étoient d'u-ne néceſſité indiſpenſable pour la fabrique des Etoffes , Draps , &c. le Peigne dont je vais détailler la conſtruction & faire connoître les uſages , eſt tout auſſi néceſſaire à ce travail. C'eſt au moyen de cet uſtenſile , qu'on conſerve l'ordre que doivent garder entr'eux les fils de la chaîne , & qu'on vient à bout de placer chaque Duite de la trame dans la poſition où elle doit être : ce ſont les Liſſes qui conſervent la largeur qu'occupe la chaîne ſuivant celle de l'é-toffe ; mais le Peigne , en même-temps qu'il lie la trame avec la chaîne , déter-mine irrévocablement la largeur de l'étoffe : en un mot, c'eſt lui qui pro-prement parlant fabrique l'étoffe ; & tous les autres ſont des acceſſoires , indiſ-penſables à la vérité ; mais on aura occaſion de voir par la ſuite , que de la plus ou moins grande perfection du Peigne , dépend abſolument celle de l'étoffe.

L'Art du Peigner que je compare ici à celui du Remiſſeur n'a cependant rien de commun avec lui ; l'Ouvrier qui fabrique l'un n'eſt pas obligé d'avoir la moindre connoiſſance dans le travail de l'autre.

On a pu remarquer que les plus grandes difficultés qu'on rencontre dans le travail des Liſſes , ſont l'exactitude dans le compte de mailles , dans leur diſtribution & dans la hauteur qu'il convient de leur donner ; mais la fabrique des Peignes , ſuſceptible d'une grande délicateſſe dans toutes ſes parties , l'eſt encore d'une très-grande préciſion. Quelle juſteſſe ne faut-il pas pour faire entrer dans des eſpaces ſouvent fort petits , un nombre conſidérable de parties qu'il ſembleroit impoſſible d'y faire tenir ? encore chacune d'elles doivent-elles être artiſtement traitées pour pouvoir remplir cet objet , & concourir à la perfection totale de l'uſtenſile ; l'on peut aſſurer que de tous ceux qui ſont en uſage dans la fabrique des Etoffes en général, le Peigne eſt ſans contredit celui qui exige le plus de ſoins pour être conſtruit comme il faut.

La forme qu'on donne aux Peignes , pour quelque genre de tiſſu qu'on les deſtine , eſt toujours la même ; mais ils varient dans leur grandeur , dans leur conſtruction , & dans le nombre de dents qu'ils contiennent. Cette variété n'a pas ſeulement lieu dans les différentes étoffes auxquelles on les employe; mais dans une ſeule , les largeurs ſont, comme on le fait, très-différentes les unes des autres ; & pour offrir au Lecteur des idées qui lui ſoient familieres , je lui rappellerai ce que j'ai dit dans l'Ourdiſſage, que telle Etoffe dont le Peigne ſur une largeur de 18 pouces contient 800 dents , pourroit ſur une même largeur être fabriquée par un qui en contînt juſqu'à neuf cents ou mille. Il en eſt de même de chaque genre de tiſſu; & pour ne laiſſer rien à déſirer ſur une matiere , qui a un rapport ſi immédiat avec toutes les fabriques dont le plan que je me fuis tracé ne me permet pas de parler ici, je vais feulement faire l'énumération des Arts auxquels les Peignes font utiles. 1°. Les Tifferands: on comprend fous ce nom les Fabriquants de Toiles de lin, & de coton, de Moufelines, Linons, Batiftes, &c. 2°. Les Fabriquants de Draps, qui comprennent toutes les Etoffes de laine, les Pannes, &c. 3°. Les Rubanniers qui ne font qu'un feul & même corps avec les Paffementiers & les Galonniers, & autres parties du Tiffage. 4°. Les Gaziers qui fabriquent les Gazes, Marlis, Crêpes, Toiles de crin pour les tamis, Toiles d'or, d'argent, &c. & enfin le Fabriquant d'Etoffes de Soie, qui lui feul fabrique plus de deux cents genres.

Il eft aifé de juger par le détail dans lequel je viens d'entrer, de la variété que le Peigner eft obligé de mettre dans la fabrique d'un même uftenfile, puifqu'on l'emploie à tant d'ufages. Il n'eft pas poffible de détailler toutes les largeurs que chacun des genres exige pour le Peigne, ainfi que tous les comptes de dents dont on le compofe. Je choifirai trois ou quatre exemples des plus difficiles, pour éclaicir ce que j'en dirai par la fuite : & quoique ces exemples foient pris fur les Peignes des Etoffes de Soie, ils n'en feront pas moins applicables à toutes les autres ; puifque la régularité & la perfection qu'ils exigent ne peut que contribuer à en faire fentir les difficultés. D'ailleurs le Traité que je donne ici de l'Art du Peigner, étant particuliérement deftiné à faire fuite à celui des Etoffes de Soie, qui eft mon principal objet, j'ai cru qu'il convenoit de puifer les principes que j'établis dans le fonds même du fujet que je traite.

Malgré l'énumération que je viens de faire de l'ufage auquel on emploie les Peignes, il eft à propos de favoir qu'il n'y en a, à proprement parler, que de fix efpeces, qu'on diftingue tant par la matiere dont on les compofe, que par la maniere dont on les conftruit.

Un Peigne eft une efpece de rateau pareil à ceux dont le Plieur de chaînes pour les Etoffes de Soie fe fert, ainfi qu'on l'a vu dans le Traité qui porte ce titre. Son ufage eft de ferrer les duites de la trame les unes contre les autres à mefure qu'on les place dans les croifements que le mouvement qu'on donne à la chaîne au moyen des Liffes, préfente fans ceffe. C'eft en appuyant plus ou moins fort ce Peigne contre l'étoffe, qu'elle acquiert plus ou moins de force & de roideur ; mais ce n'eft pas ici le lieu d'entrer dans un grand détail fur ce fujet. Cette opération fera traitée à fond lorfqu'il s'agira de la fabrication de l'étoffe ; ainfi ce que j'en dis ici n'a pour but que de donner une légere idée de l'emploi de l'uftenfile dont on va voir la defcription.

Il y a donc, ainfi que je l'ai dit, fix fortes de Peignes, qui font 1°. les Peignes de Canne, 2°. ceux de Rofeau, 3°. ceux d'Ivoire ou d'Os, 4°. ceux de Cuivre, 5°. ceux d'Acier liés ; & enfin ceux d'Acier fondus.

Les Peignes de Canne font ceux dont les dents font faites avec de la canne; de même que ceux d'ivoire, d'os, de cuivre, d'acier font ceux dont ces dents font faites avec de l'ivoire, de l'os, du cuivre ou de l'acier. Mais les Peignes qu'on nomme *d'acier*, *fondus*, font ceux dont les dents font d'acier comme aux précédents, mais où ces dents font retenues dans deux tringles de métal qui fe jettent en moule. Ces deux tringles fe nomment en terme de Manufacture *Coronelles* ou *Jumelles*.

Tous les Ouvriers qui fe fervent de Peignes, peuvent fe fervir de ces fix efpeces indifféremment; mais comme chaque talent à fes ufages, & chaque profeffion fes outils particuliers, il eft affez ordinaire de voir les Galonniers ou Rubanniers employer des Peignes d'ivoire & de cuivre, pour certaines parties de leur fabrique feulement, & ceux d'acier ou de canne pour tous les autres ouvrages, ainfi que les autres Ouvriers en tiffus.

La canne eft la matiere dont on a le plus anciennement fait des Peignes, on n'imagina de les faire en acier que parce que les dents des lifieres, quoique plus fortes, mais toujours de canne, plioient plus facilement que celles du corps du Peigne. On avoit dès-lors pris le foin qui fubfifte encore, de les faire en fer; & comme on s'eft apperçu que ce métal réuffiffoit très-bien, les Fabriquants ne tarderent pas à fubftituer les dents de fer à celles de canne.

Il n'y a pas long-temps qu'on a imaginé en Angleterre de faire les *Coronelles* des Peignes avec une matiere femblable à celle dont on fait les caractères d'Imprimerie. Cette invention ingénieufe eft remplie de difficultés pour y réuffir comme il faut, attendu qu'on a befoin pour cela, d'un moule dans lequel on arrange les dents d'acier dans un ordre bien précis, après quoi on les fixe en y coulant la matiere qui en forme la monture; mais dans le refte de l'Europe on monte les Peignes d'acier comme ceux de rofeau, de canne, d'ivoire, &c.

On fera peut-être furpris de ce qu'ayant à traiter l'Art du Fabriquant d'Etoffes de Soie, j'entreprends de donner ceux du *Remiffeur* & du *Peigner*. Mais obligé pour completter les connoiffances relatives à mon Art, de me procurer auffi celles des Arts qui y ont rapport, j'ai cru devoir entreprendre la defcription de ces deux-ci, que j'ofe affurer qu'il n'eft pas poffible à un Fabriquant intelligent d'ignorer.

Pour faciliter l'acquifition du Peigner & du Remiffeur aux perfonnes que ces deux Arts feuls peuvent intéreffer, j'ai eu foin d'en former un cahier qu'on pourra fe procurer fans être obligé d'acheter les précédents ni les fuivants, qu'autant qu'on fera curieux de les connoître. Mais comme mon objet principal eft la fabrique des Etoffes de Soie, j'ai pris mes exemples, dans ce que cet Art exige de plus difficile en fait de Peignes; perfuadé qu'après avoir décrit la maniere de les faire pour l'ufage le plus précieux, on n'auroit pas de peine à faire ceux qui ne demandent pas abfolument une auffi grande précifion. C'eft ainfi que j'en ai ufé pour les Liffes que j'ai toutes rapportées

aux

aux Etoffes de Soie, fans qu'on puiffe me reprocher de n'avoir traité que celles qu'on y emploie.

Je traiterai à part chacune des fix efpeces de Peignes que j'ai annoncées plus haut, & j'aurai foin de faire connoître à mefure, les ufages auxquels on les emploie particuliérement: je dis particuliérement, car à la rigueur on peut fe fervir indifféremment de tous fortes de Peignes, pour toutes fortes d'ouvrages; mais il en eft quelques-uns que l'habitude à fait adopter par préférence à d'autres qui femblent plus propres à tel ou tel ouvrage.

Il me refte à me juftifier d'avoir ofé entreprendre la defcription d'un Art qui femble totalement étranger, du moins pour la main-d'œuvre, à celui du Fabriquant en Etoffes de Soie, dont je me fuis donné le titre au commencemeut même de ce Traité. Mais s'il m'eft permis de le dire, occupé depuis long-temps à ramaffer des matériaux de toute efpece fur cet Art immenfe, je ne m'en fuis pas tenu aux connoiffances directes de la fabrique des Etoffes: pour rechercher dans leurs principes les moyens de la perfectionner, j'ai cru ne devoir pas m'en tenir aux opérations qui font même un bon Ouvrier; & fi mes recherches ont été fouvent pénibles, fouvent auffi j'ai eu la fatisfaction de trouver la caufe d'un défaut auquel je cherchois un remede, fort loin de l'endroit où il eût été affez naturel de l'attribuer. J'ai donc tout mis en ufage pour approfondir l'Art du Peigner dans toutes fes parties; car tel Ouvrier qui fouvent réuffit fort bien à faire des Peignes de cannes, n'en fera pas d'auffi bons en acier, &c. & tel autre qui en fait faire pour les Toiles, ou les Etoffes, n'en fera que difficilement pour tout autre tiffu. Je tacherai donc, fans entrer dans des détails faftidieux, de ne rien laiffer à défirer au Lecteur, & l'Ouvrier trouvera de quoi fatisfaire fa curiofité. Heureux fi je remplis mon projet avec autant de fuccès que je me fens d'ardeur à l'entreprendre.

CHAPITRE PREMIER.

Description des Peignes en général.

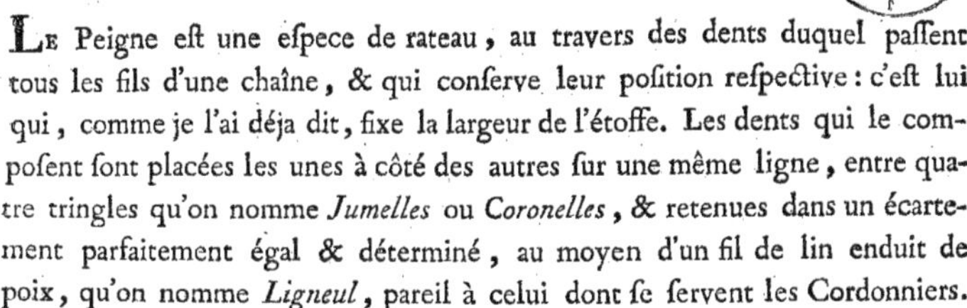

Le Peigne eſt une eſpece de rateau, au travers des dents duquel paſſent tous les fils d'une chaîne, & qui conſerve leur poſition reſpective : c'eſt lui qui, comme je l'ai déja dit, fixe la largeur de l'étoffe. Les dents qui le compoſent ſont placées les unes à côté des autres ſur une même ligne, entre quatre tringles qu'on nomme *Jumelles* ou *Coronelles*, & retenues dans un écartement parfaitement égal & déterminé, au moyen d'un fil de lin enduit de poix, qu'on nomme *Ligneul*, pareil à celui dont ſe ſervent les Cordonniers.

La Figure 1, *Pl.* I, repréſente une partie de Peigne dans ſa grandeur naturelle. Les dents *A*, ſont retenues par un bout entre les deux jumelles *a*, *a*, & par l'autre entre celles *b*, *b*, au moyen des bouts de ligneul *c*, *c*, qui font un tour ſur ces jumelles entre chaque dent, & conſervent par ce moyen, un écartement uniforme entr'elles.

Ce n'eſt pas aſſez pour la ſolidité d'un Peigne d'avoir ainſi arrêté toutes ces dents l'une après l'autre haut & bas entre les jumelles ; il faut encore garantir les extrémités de ce Peigne contre la pointe de fer dont eſt armée une navette, qui endommageroit conſidérablement les premieres dents, lorſque l'Ouvrier lance cette navette de droite à gauche & de gauche à droite. On a pour cet effet imaginé deux montants qu'on nomme *Gardes B*, & *D*, *D*, fig. 2, qui en même-temps qu'elles préſervent les dents, contribuent encore à la ſolidité du Peigne.

La hauteur de ces gardes détermine celle du Peigne, en même-temps qu'elles ſervent à ſa conſervation. Voyez leur poſition & leur forme en *D*, *D*, *fig.* 2, *même Planche*, qui repréſente un Peigne dans toute ſa longueur dans les proportions de quatre pouces par pied.

Ces gardes ſont faites de canne, de bois, d'os, d'ivoire, & quelquefois de laiton ou de bronze. Après avoir fait connoître leur uſage, il eſt aiſé de ſentir, que la matiere la plus dure eſt toujours la meilleure, quoiqu'elle n'influe en rien ſur la bonté intrinſeque du Peigne : il ſuffit qu'elles ſoient bien faites, égales entr'elles, & ſur-tout qu'elles ſoient placées bien d'équerre avec la jumelle, & ſolidement arrêtées en leur place.

La Figure 3, *même Planche*, repréſente une Garde, à part : les tenons *d*, *d*, qu'on y voit haut & bas doivent avoir pour épaiſſeur la largeur des dents, & leur largeur dépend de la forme qu'on donne à la garde elle-même. L'épaulement qu'on voit au bas du tenon contre le corps *E*, eſt la place des jumelles. Comme il eſt à propos d'éviter que la navette ne frappe contre les deux bouts du Peigne, on a tâché de donner à ces gardes, une forme extérieure qui pût remédier à cet inconvénient. C'est pourquoi on leur donne l'arrondissement d'un grand cercle, tel qu'on le voit *figure* 3.

Quelques Ouvriers donnent aux deux gardes mises en place, la forme octogone dont les deux faces principales sont plus larges que les six autres. *Voyez fig.* 4. Mais cette forme est absolument défectueuse par les raisons que je viens de détailler. D'autres encore lui donnent une forme elliptique, telle que représente la figure 5 ; mais la premiere est sans contredit préférable. Quant à la position de cette garde, il ne faut pour la concevoir comme elle doit être, que jetter les yeux sur les figures 6 & 7, où *G* & *H* font voir le sens suivant lequel on doit la tourner.

Il est vrai qu'il n'y a à craindre que le bout de la navette, quoiqu'il soit d'acier, ne s'émousse contre les gardes du Peigne, que quand elles font d'une matiere fort dure, comme de cuivre d'acier ou de bronze, mais si l'on préfére de les faire de canne, d'os ou d'ivoire, elles seront elles-mêmes endommagées par la pointe de la navette, & en peu de temps les premieres dents de chaque côté du Peigne ne manqueront pas d'être attaquées: aussi semble-t-il que le nom de *Garde*, qu'on a donné à ces deux pieces, leur vienne de l'emploi qu'elles ont sur un Peigne, qui est d'en garder ou préserver les dents.

Lorsqu'on veut absolument faire les gardes des Peignes avec de la canne, il est certain que les faces extérieures arrondies se trouvent tout naturellement sur cette canne, & alors pour l'avoir plus dure, on doit prendre les tuyaux du bas, parce qu'ils ont plus de corps ; mais on ne sauroit dans ce cas leur donner une forme plus avantageuse que celle *fig.* 8, où la partie ronde de la canne se trouve en-dehors pour rejetter la navette lorsque l'Ouvrier la lance mal-adroitement.

Plusieurs Peigners ont l'habitude de faire les jumelles qui contiennent les dents, avec de la canne, comme les dents mêmes ; & pour cela ils ont soin de la refendre, de l'unir & de tenir ces jumelles d'une égale épaisseur dans toute leur longueur. Quelque soin qu'on y apporte, les nœuds dont la canne est remplie de distance en distance, ne permettent pas qu'on les dresse comme il convient. Le bois est préférable à plusieurs égards ; il est susceptible de se dresser parfaitement ; & avec de l'attention on peut lui donner une égalité d'épaisseur à laquelle on ne parvient presque jamais avec de la canne : d'ailleurs le ligneul se trouve bien plus fixe lorsque ces jumelles font bien dressées.

La largeur des dents dont un Peigne est composé, doit être parfaitement égale ; mais la grande difficulté consiste à leur donner une égale épaisseur: chacune de ces lames est si mince, que le moindre coup d'outil les réduit à rien, si l'on n'y porte la plus grande attention, sur-tout lorsqu'on les fait de canne. Quant à leur longueur, on n'est pas obligé de suivre précisément celle qu'elles doivent avoir suivant le Peigne, on les tient toujours un peu plus longues ; & quand le Peigne eſt fini, on les rogne à une égale hauteur.

Pour applanir les difficultés &faciliter les opérations, on a imaginé pluſieurs outils, tant pour les jumelles & les gardes, que pour les dents. On ſe ſert auſſi d'un Métier pour *monter* le Peigne, lorſque toutes ſes parties ſont préparées , & pour les arrêter commodément avec le ligneul. C'eſt de la deſcription de tous ces outils, ainſi que des procédés auxquels on les emploie que nous allons nous occuper dans le Chapitre ſuivant.

CHAPITRE SECOND.

De la maniere de faire les Jumelles *&. les* Gardes *; de refendre la Canne & de tirer les Dents. Deſcription des Outils & des Métiers propres à faire les Peignes.*

ARTICLE PREMIER.

De la maniere de faire les Jumelles.

Lorsqu'on ſait les Jumelles avec du bois, on ſe ſert ordinairement de bois de hêtre, parce qu'il eſt très-liant, que ſes fibres ſont courtes & ſes pores reſſerrés, ce qui lui donne de l'élaſticité en même-temps que de la conſiſtance : il faut croire que l'expérience a déterminé les Ouvriers à ſe ſervir de ce bois par préférence après en avoir eſſayé pluſieurs autres.

Les Jumelles des Peignes deſtinés à la Fabrique des Etoffes de Soie n'ont gueres plus de deux lignes & demie d'épaiſſeur, ſur trois ou trois & demie de largeur. Quant à leur longueur, c'eſt celle qu'on veut donner au Peigne, comme trois ou quatre pieds & quelquefois davantage : mais cette longueur n'eſt pas celle dont il faut les faire d'abord ; on a coutume, pour la facilité du travail , de leur donner environ un pied de plus qu'il ne faut, ainſi qu'on le verra dans le Chapitre ſuivant.

Le côté des Jumelles qui doit appuyer ſur la rangée des dents, doit être applatie, & bien dreſſée, & le côté extérieur eſt arrondi, ainſi que le repréſentent les *fig.* 12 *&* 13, *Pl.* I, où l'on voit cette piece dans toutes ſes proportions.

Il y a quelques Peigners qui font eux-mêmes les Jumelles, mais la plûpart les font faire par des Menuiſiers. Auſſi ſont-elles ſouvent mieux faites, parce que ces Ouvriers ont plus d'habitude de travailler le bois, & ſont plus en état de juger de celui qui eſt le plus convenable à cet uſage. Voici comment on doit s'y prendre. On dreſſe quatre regles de bois, chacune ſur leurs quatre faces, *voyez fig.* 14, puis les poſant à plat ſur un établi, on abat les angles

ſur

fur une face ; & enfin on arrondit cette face avec un rabot dont le fer foit d'une courbure convenable, & qu'en terme de Menuiferie on nomme *Mou-chette.* *Voyez* *fig.* 12 *&* 13 , la forme qu'elles doivent avoir quand elles font achevées.

Lorfque les Peigners font les Jumelles avec de la canne, ils n'ont pas recours au travail du Menuifier, parce que cette matiere a par-dehors à-peu-près la forme requife. Elle préfente une furface unie interrompue par des nœuds, & c'eft à les applanir que le Peigner doit s'occuper avant tout. Il faut bien fe donner de garde d'entamer cette furface qui eft très-dure, & lorfqu'on applanit les nœuds qui ne font autre chofe que les aiffelles des feuilles de cette plante, on doit ne toucher qu'au nœud ; & même quelques Ouvriers négligent d'ôter ces inégalités , mais cela ne porte aux Jumelles aucun préjudice fenfible.

L'ufage des Peignes dont toutes les parties font faites de canne, eft plus univerfellement reçu dans le Languedoc, la Provence, le Comtat Venaiffin & dans les Provinces Méridionales de France, où les cannes naiffent en abon-dance. On a dans ces endroits-là la facilité de choifir les cannes les plus droi-tes , ainfi que les plus groffes & celles où les nœuds font le plus écartés les uns des autres pour en faire les Jumelles ; celles enfin qui par leur parfaite maturité ont acquis une plus grande confiftance qui les rend propres à être amincies pour former les dents.

Pour faire ces jumelles de canne, l'Ouvrier coupe une tige à-peu-près à la longueur convenable ; puis l'ayant refendue en quatre parties égales, il les y trouve toutes quatre ; par ce moyen les nœuds fe rencontrant au même endroit à chaque couple, on eft affuré que le ligneul embraffera parfaitement chaque dent, & les tiendra plus également ferrées, que fi les nœuds de différentes tiges fe trouvoient dans différens endroits de leur longueur.

La précaution que je recommande ici n'eft pas auffi indifférente à la bonne conftruction d'un Peigne, qu'on pourroit peut-être le penfer ; il pourroit s'en fuivre une inégalité dans l'écartement des dents, & de là une très-grande dé-fectuofité dans l'étoffe : car pour le dire en paffant, de quelle autre fource procèdent ces défauts qu'on voit affez fouvent fur la longueur d'une étoffe, finon de la mal-façon du Peigne qui regle la pofition refpective de tous les fils de la chaîne ? fouvent même un Ouvrier perd beaucoup de temps à cher-cher d'où peut venir un défaut dont il ignore la caufe.

Lorfqu'on a fendu en quatre parties égales une tige de canne, on les paffe l'une après l'autre dans une efpece de filiere, *fig.* 15, *Pl.* I, pour les mettre d'égale largeur ; après quoi on les rend le plus unies qu'il eft poffible, fur la face intérieure de la canne, en les paffant dans une autre filiere, *fig.* 16, pour les rendre par-tout d'une égale épaiffeur. Voici comment font ordinairement faites ces filieres.

Dans une piece de bois *A*, *fig.* 16, *Pl.* I, eft folidement fixée la lame d'un rafoir, ainfi qu'on le voit en *B*, & vis-à-vis un morceau de fer *C*, dont l'écartement avec la lame détermine l'épaiffeur de la Jumelle , en le rapprochant à volonté par le moyen de la vis *a* ; lorfqu'on dégroffit les Jumelles, on a foin de tenir fur l'un & l'autre fens plus écartées ces deux pieces *B* , *C*, & lorfqu'il ne s'agit plus que de les finir, on arrête la vis au point qui paroît le plus convenable.

Si la différence de la largeur qu'il convient de donner aux Jumelles eft trop grande par rapport à leur épaiffeur pour qu'une feule filiere puiffe opérer l'un & l'autre effet , on peut en avoir deux , dont l'une fervira pour la largeur , *fig.* 16, & l'autre pour l'épaiffeur ; mais comme l'une & l'autre de ces dimenfions peuvent varier confidérablement, il eft plus à propos de placer à chacune deces filieres un morceau de fer , qui, avançant & reculant à volonté au moyen de la vis *a* , affure invariablement la largeur ou l'épaiffeur qu'on a déterminée.

Comme le tirage de la canne à la filiere ne fauroit fe faire fans quelques efforts, on réferve au bas de la piece de bois , *fig.* 15 , *Planche* I , dont on la forme, un fort tenon quarré, au moyen duquel on la place dans l'une des mortaifes pratiquées fur la table *H*, *fig.* 1, *Pl.* 2, dont nous allons nous entretenir , ainfi qu'on le voit en *I K*.

Il eft aifé de fentir, que le moyen le plus fimple pour empêcher que cette table & la filiere ne vacillent aux efforts multipliés qu'on leur fait éprouver , eft de la faire fort lourde & fort folide ; auffi a-t-on coutume de prendre pour cela un morceau de bois quarré en furface , & dont l'épaiffeur lui donne de l'affiette : on le monte fur 4 pieds *G G G G*, entrés à force dans des trous pratiqués vers les quatre angles, & fur cette table on perce différentes mortaifes pour recevoir le tenon de la filiere qui doit y entrer jufte ; par ce moyen l'Ouvrier peut pour plus grande commodité la changer de place , & même avec une feconde filiere un autre Ouvrier peut travailler à la même table.

La grandeur qu'on doit donner à cette table peut varier fuivant l'idée des Ouvriers ; mais ordinairement elles ont 2 pieds & demi de long, fur 18 à 20 pouces de large ; & étant montée fur fes 4 pieds, elle doit avoir du deffus 2 pieds 2 pouces , ce qui , avec environ 10 pouces qu'on donne aux filieres , fait une élévation totale de 3 pieds : cette hauteur eft fuffifante pour qu'un Ouvrier puiffe paffer les Jumelles , étant debout , pour plus de commodité.

Article Second.

De la maniere de faire les Gardes.

§. 1. *Des Gardes en Bois.*

Ce que j'ai dit des gardes en général dans le Chapitre précédent, fuffit pour en donner une idée ; je n'ai plus ici qu'à détailler la maniere de les faire de chacune des matieres que j'ai dit qu'on y employoit.

Lorfqu'on les fait de bois, il eft à propos de les faire toutes deux à un même morceau pour qu'elles foient plus parfaitement femblables, *voyez Pl.* 2 , *fig.* 2, où *A* repréfente l'endroit où on les fépare quand elles font finies, & pour pouvoir les couper fans crainte, on les tient un peu plus longues ; de maniere que lorfqu'on a marqué fur cette piece la longueur exacte des deux gardes, on les coupe en *A* , & on fait les quatre tenons *a* , *b* , *c* , *d* un peu plus longs qu'il ne faut, *même figure*, & *fig.* 3 , 4 & 5 , *Pl.* 1.

Il faut avoir grande attention de donner aux tenons l'épaiffeur fuffifante pour que les Jumelles puiffent contenir les dents fans balloter ; ainfi cette épaiffeur doit être égale à la largeur des dents : il faut auffi que le corps des gardes contenu entre les deux tenons *d* , *d* , foit parfaitement égal, & ait la hauteur qu'on veut donner de foule au peigne ; car ce font ces gardes qui la déterminent ; & lorfque le peigne eft achevé , les dents excedent d'environ une ligne au-deffus des Jumelles pour retenir chaque tour de ligneul.

§. 2. *Des Gardes de Canne.*

Les gardes qu'on fait avec de la canne doivent être faites à peu près comme celles de bois, fi ce n'eft qu'on ne touche point à la partie polie de la canne , & qu'on a foin de les choifir entre deux nœuds ; du refte il eft à propos de les prendre auffi toutes deux au même morceau, refendu en plufieurs parties égales. On y forme les tenons comme on vient de le voir ; mais ils ne font pas auffi faciles à faire qu'aux gardes en bois : il faut choifir des morceaux de canne gros & épais , entamer la partie polie qu'on met en dehors du peigne, *Pl.* 1 *fig.* 8 , & y pratiquer un tenon, tant fur la partie convexe que fur la partie concave, fans quoi on ne pourroit fixer folidement les deux Jumelles à un écartement convenable.

§. 3. *Des Gardes d'Os ou d'Ivoire.*

Les gardes d'os ou d'ivoire font faites de la même maniere que les précédentes ; on se sert pour les travailler de rapes à bois ou de limes, dont les dents soient un peu fortes : si les os sont assez longs pour qu'on puisse trouver les deux gardes l'une au bout de l'autre, il est à propos de les faire ainsi, elles en sont toujours mieux traitées ; d'ailleurs les personnes qui ont quelque usage du travail des mains, savent par expérience qu'une piece un peu longue se façonne plus aisément qu'une courte, & qu'il n'est presque pas possible de faire séparément deux pieces parfaitement semblables. Lorsqu'elles sont finies on les coupe, & on fait les tenons comme on l'a dit pour celles de bois & de canne.

§. 4. *Des Gardes de Laiton ou de Bronze.*

Les gardes de laiton ou de bronze se jettent en moule dans du sable, comme toutes les pieces de fonte ; mais il n'est aucun Ouvrier, du moins pour l'ordinaire, qui puisse faire lui-même ce travail ; ainsi on fait faire un modele en bois comme on veut qu'elles soient, ayant soin de le tenir un peu plus fort, parce que la croûte que forme le sable, & qu'il faut ôter à la lime, diminueroit trop ces pieces si on n'y avoit pourvu d'avance : on le donne au Fondeur, qui souvent même étant pourvu des ustensiles nécessaires pour travailler le métal, tels qu'un étau, & des limes de toute espece, peut mieux que le Peigner, la finir comme il convient ; mais dans ce cas on lui donne un second modele de bois, dont les dimensions soient justes, & il n'a qu'à se régler dessus. Il faut que ces gardes soient polies sur le devant pour diminuer les frottements qu'y éprouveroit sans cela la pointe de la navette.

Article Troisieme.

De la maniére de couper les Cannes à la longueur que les dents doivent avoir pour monter les peignes, & d'en faire le choix.

Dans les villes voisines des endroits où l'on cultive les cannes, on les vend aux Peigners toutes couvertes de leurs feuilles ; elles se conservent mieux dans cet état que si elles en étoient dépouillées. Quand on veut choisir les tuyaux les plus propres à faire des dents, on a soin de les effeuiller d'abord & de les bien racler & polir pour les mettre en état de servir. Mais quelque besoin qu'on ait de canne, on ne les dépouille jamais de leurs feuilles qu'un an après avoir été coupées sur pied ; & quoiqu'on les cueille suffisamment mûres, il leur faut encore cet intervalle pour les bien sécher & leur procurer la consistance & la dureté qu'on leur voit. Pendant qu'elles sont en magasin, il faut les préserver de toute humidité, car si l'écorce avoit souffert la moindre atteinte de moisissure, elles ne pourroient plus servir à faire des dents de peigne.

Pour

Pour ôter les feuilles de deſſus les cannes, on commence par les arracher avec les mains le plus qu'il eſt poſſible, ce qui eſt aſſez facile ; puis avec un couteau, on coupe tout ce qui tient davantage aux nœuds qui s'y rencontrent de diſtance en diſtance, & qui ſéparent les tuyaux dont la canne ſemble être compoſée comme d'autant de bouts. Enfin, on coupe chaque canne en deux ſur ſa longueur, faiſant attention de ſéparer le côté le plus mince du plus gros ; car la moitié vers le pied eſt d'une bonne groſſeur, & l'autre eſt ordinairement trop menue ; & pour cela on prend garde ſi les tuyaux dont on veut ſe ſervir peuvent ou non, fournir aux dents une écorce ſuffiſamment longue, large & épaiſſe ; car ce n'eſt que de l'écorce qu'on ſe ſert pour faire les dents d'un peigne.

Lorſque les cannes ſont ainſi coupées par moitié, on coupe toutes celles qu'on deſtine à faire des dents, en autant de bouts qu'on y rencontre de nœuds ſur la longueur ; & ſi quelques-uns de ces bouts ſont aſſez longs pour donner deux longueurs de dents, on les coupe le plus près des nœuds qu'il eſt poſſible pour leur donner le plus de longueur qu'on le peut, ce qui en facilite le travail ; mais cependant ſans anticiper ſur la partie non vernie que la feuille a découverte ; & lorſqu'il n'eſt pas poſſible d'en trouver deux longueurs, on les coupe le plus loin des nœuds que la longueur des dents peut le permettre.

Pour couper les cannes comme il faut, on ſe ſert d'un couteau en forme de ſerpette, *fig* 3., pareil à celui dont on ſe ſert pour racler les nœuds. On tient ce couteau de la main droite *A*, *fig.* 5, enſorte que le tranchant ſoit en deſſus ; puis prenant une canne de la main gauche *B*, on appuie le pouce droit *a*, ſur la canne, qui, par ce moyen, ſe trouve preſſée fortement contre le tranchant du couteau. Voyez, *fig.* 6, la poſition du couteau & du pouce de la main droite ; on a ôté la canne de cette figure, que l'on a repréſentée ſous de fortes proportions pour rendre l'opération plus ſenſible : en même temps on fait tourner la canne ſur elle-même avec la main gauche, ce qui imprime ſur l'écorce une entaille circulaire ; après quoi on ſépare les deux morceaux au moindre effort, en les tenant des deux mains, ainſi que le repréſente la figure 7, qui fait voir les deux bras d'un Ouvrier qui tient la canne à deux mains & appuie le pouce de chacune près de l'entaille, pour prévenir les éclats qui pourroient ſe faire ſans cette précaution. Chaque fois que l'Ouvrier coupe les cannes pour en ſéparer les tuyaux, il a ſoin de ſéparer les nœuds des tuyaux qu'il jette à terre, comme on le voit à ſes pieds, ou épars dans l'endroit où cette opération ſe fait : comme les nœuds ne ſont propres qu'à être brûlés, on ne prend aucun ſoin de les ranger, & on les ramaſſe en balayant.

Aux pieds de l'Ouvrier eſt repréſentée une corbeille, *fig* 8, dans laquelle il jette les bouts à meſure qu'il les coupe, pour, après cela, en faire un choix ainſi qu'on le dira en ſon lieu.

J'ai dit ci-deſſus que quelques Ouvriers commençoient par ſéparer en deux les cannes fur leur hauteur , & qu'ayant mis à part la partie d'en bas qui peut fervir, ils la coupent enfuite par longueurs, ainfi qu'on vient de le voir ; mais d'autres ne prennent pas cette précaution , & coupent les cannes par bouts, jufqu'à ce qu'ils voyent que ce qui refte à gauche eft trop menu pour l'ufage auquel ils le deftinent, alors ils jettent cet excédent en un tas devant eux , comme on le voit *fig. 9* , qui repréfente une quantité de ces parties fupérieures & rebutées , placées au hazard en un tas.

L'expérience a appris qu'une même canne n'avoit pas l'écorce également dure dans toute fa longueur ; & en fuivant la nature dans fa marche , il eft aifé de s'appercevoir que le bas doit toujours être plus fort : en effet, placé plus près de la racine , il eft plus abreuvé de fucs nourriciers qui lui donnent en peu de temps une perfection que le fommet de la plante n'acquiert jamais, n'étant nourri que des fucs les plus fubtils qui ont la force d'y atteindre. D'après cette obfervation, les tuyaux qu'on coupe par bouts, auront leur écorce d'autant plus dure qu'ils approcheront plus près de la racine ; & c'eft cet affortiment qu'il eft à propos de faire en choififfant, & mettant enfemble ceux d'une même qualité; mais on ne fauroit fur cela établir de regle générale , & conclure qu'à une même hauteur les tuyaux feront également forts : car dans une même touffe de cannes, il y en a toujours de mieux nourries que les autres, & c'eft à l'Ouvrier intelligent à déterminer celles qu'il doit mettre enfemble.

Pour bien connoître l'égalité des tuyaux qu'on choifit pour un genre de peigne , on regarde l'écorce par le bout coupé , & on compare ceux où elle eft d'une même épaiffeur, dont le brillant & la couleur font les mêmes, la fineffe ou la groffiereté des filaments femblables , & dont enfin l'écorce femble également lâche ou compacte. Par ce moyen on parvient à appareiller les qualités autant qu'il eft poffible , & dans un nombre infini de tuyaux, il n'eft pas difficile d'en trouver de 5 ou 6 efpeces, plus ou moins, felon la quantité de tuyaux qu'on a coupés , ou la nature des cannes où on les a pris. Ces différentes efpeces font bonnes chacune pour différente forte de peigne; & pour donner là-deffus des idées générales, on convient que ceux dont l'écorce eft plus fine & plus mince que les autres, doivent être employées à des peignes où dans une longueur donnée, on doit faire entrer une plus grande quantité de dents qu'à d'autres : ainfi, par exemple, fi dans 20 pouces on doit faire entrer mille dents, il eft évident qu'elles doivent être plus minces que fi, fur une même longueur, on n'en mettoit que 800. Par cet exemple on comprendra que les dents qu'on tire des tuyaux dont l'écorce eft la plus épaiffe & la plus groffiere, (& elle peut être l'une fans l'autre) doivent entrer dans les peignes qui, en comparaifon des mêmes longueurs, exigent un moindre nombre de dents.

Lorfque les qualités font bien afforties, il faut encore, autant qu'on le peut, affortir les tuyaux pour la groffeur; ce choix eft fort difficile à faire, à moins qu'on ne s'y prenne comme je vais l'expliquer.

Quand on fait le premier choix, (celui des qualités) on n'a aucun égard à la groffeur des tuyaux, parce que, par les raifons que j'ai déduites ci-deffus, fouvent l'écorce de deux tuyaux eft d'une même épaiffeur, d'une même fineffe, &c, & cependant étant pris fur des cannes de différents diamètres ou des à hauteurs différentes, ils ne font pas d'une même groffeur ; alors il faut faire le fecond choix entre les qualités déja choifies ; & fi, par exemple, on a féparé cinq qualités différentes, il peut y avoir dans chacune, des tuyaux de trois ou quatre groffeurs dont chacune doit être employée à différens peignes. Cette précaution eft d'autant plus importante pour la perfection d'un peigne, que, quoiqu'on divife un gros tuyau en plus de parties qu'un petit, les dents qui proviennent d'un petit font plus épaiffes que celles d'un plus gros, parce que la circonférence du gros donne une furface moins convexe que l'autre ; & pour rendre cette remarque plus fenfible, & fe convaincre de la vérité de cette affertion, tracez deux cercles, dont l'un ait, par exemple, deux pouces de diametre, & l'autre trois, un même efpace de deux lignes pris fur la circonférence du petit, fera beaucoup plus convexe que fur le grand ; & fi l'on veut donner une égale épaiffeur à ces deux parties, il faut que la premiere devienne néceffairement plus étroite, ou que la feconde refte plus épaiffe : voilà la raifon pour laquelle les Peigners prennent un auffi grand foin pour affortir les groffeurs des tuyaux deftinés à un même emploi.

Indépendamment du triage dont je viens de parler, il y a encore des défectuofités particulieres qui empêchent un tuyau de pouvoir fervir ; ceux qui font *tarés*, c'eft-à-dire, percés de vers, dont l'écorce eft raboteufe ; car on a vu plus haut qu'on ne fe permet pas d'y toucher, même pour la polir ; ceux dont le fil n'eft pas droit, ce qu'on reconnoît lorfque quelque nœud ou œil, autre que ceux que laiffent les feuilles de la canne, fe trouve fur la partie vernie ou enfin qui ont d'autres défauts, doivent être entiérement rejettés.

Il y a encore des tuyaux dont l'écorce eft trop tendre, & qui fe réduit en pouffiere en la frottant ou la grattant avec l'ongle : il faut abfolument les mettre de côté, parce que les dents qui en proviendroient n'auroient pas affez de confiftance pour foutenir le frottement continuel de la chaîne d'une étoffe : on ne doit pas même hafarder d'employer un tuyau dont l'écorce paroît poudreufe, parce qu'ordinairement cet effet eft produit par quelque humidité qui a féjourné entre la feuille & le tuyau, & que c'eft l'indication d'un commencement de pourriture ; & quand même ce défaut ne fe rencontreroit que dans une partie du tuyau, il eft plus prudent de n'employer aucune des parties, même celles qui paroiffent n'être aucunement affectées, de peur qu'elles ne participent du défaut qui leur eft fi voifin ; d'ailleurs la canne n'eft pas une marchandife fi chere, pour qu'on doive rifquer la perte de plufieurs aunes d'étoffe, pour avoir voulu faire une auffi légere économie ; & l'Ouvrier lui-même, pour un auffi petit gain, rifqueroit de décréditer fa Fabrique.

On ne sauroit prendre trop de précautions pour donner aux peignes toutes les qualités nécessaires, puisque c'est de tous les ustensiles qui servent à la fabrication des étoffes, celui qui contribue le plus à sa perfection ; c'est pourquoi j'ai dû prévenir tous les inconvéniens qui peuvent résulter du choix des matieres qu'on y emploie. Il me reste à observer, qu'il faut avoir grande attention que les endroits où l'on tient la canne en réserve, ainsi coupée par longueurs, ne soient aucunement humides : l'humidité attaque d'abord la partie intérieure du tuyau, qui est fort spongieuse, puis ternit & altere en peu de temps l'écorce, & la met hors d'état de servir : on connoîtra si la canne qu'on emploie est dans un endroit trop humide, par l'œil terne qu'elle prend sur sa surface, & même en y passant le doigt on s'appercevra d'une fleur, assez semblable à la vapeur qui, l'hiver, couvre les vitres d'un appartement.

On doit avoir la même précaution pour les cannes, & les conserver dans des endroits aérés, comme des greniers ou chambres hautes, loin de l'humidité, & même il est à propos de les tenir plutôt debout contre le mur, que couchées sur le plancher.

J'ai vu des Peigners qui coupoient d'abord les cannes à l'endroit où leur grosseur permet de les employer aux dents de peigne, comme on l'a vu, sans la dépouiller de leurs feuilles ; puis les ayant liées par bottes de sept ou huit, les mettoient en tas debout contre un mur, de haut en bas, c'est-à-dire, le côté de la racine en haut, & l'autre contre terre.

Quelques autres, avec les mêmes précautions, au lieu de les dresser par bottes contre un mur, les suspendoient par paquets au plancher avec toutes leurs feuilles, & prétendoient qu'il étoit également nuisible de les dresser contre le mur dans le sens où elles croissent, parce qu'il y a toujours dans l'aisselle de chaque feuille un peu d'humidité, qui ne peut que contribuer au dépérissement des cannes à la longue, & de les effeuiller entiérement, parce que le grand air altere en peu de temps l'écorce. Cette observation est due au hazard, qui, ayant découvert quelques cannes de leurs feuilles, tandis que d'autres en sont restées couvertes, celles-ci ont conservé toute leur beauté & tout leur luisant, au lieu que les autres ont dépéri sensiblement & ont noirci considérablement : il est donc à propos, de les mettre de bas en haut, & même encore plus sûr de les suspendre au plancher sans ôter les feuilles.

Nous avons vu plus haut que l'Ouvrier qui coupe les cannes par bouts, les jette à mesure dans un panier, *fig.* 8 ; lorsque ce panier est plein, on renverse à terre tous ces tuyaux, *fig.* 11, & un autre Ouvrier ayant autour de lui autant de corbeilles qu'il veut faire de parts différentes, se met à genoux, ainsi qu'on le voit, & choisissant tous les tuyaux, les uns après les autres, il les met dans les paniers *A*, *B*, *C*, *D*, *E*, *F* ; & lorsque le triage est fini, on met des étiquettes sur les corbeilles pour reconnoître les différentes qualités des tuyaux qu'elles contiennent.

Ceux

Ceux qui font commerce de cannes pour les faire paſſer dans les parties ſeptentrionales de la France, où il n'en croît pas, les coupent par tuyaux, comme nous avons dit que les Peigners le font eux-mêmes ; mais comme ils n'ont pas une connoiſſance bien particuliere des parties qu'on peut employer ou non, ils ne prennent pas la peine d'en faire le choix ; & après les avoir fait débiter par bouts, comme on l'a vu plus haut, ils les emballent dans de grands ſacs, & les envoyent à leur deſtination où on les achette à la livre. C'eſt pour épargner les frais de voiture, ainſi que les droits dont cette denrée eſt char-gée, qu'on a trouvé convenable de n'envoyer que ce qui peut ſervir à peu-près, ſans quoi ce qui eſt inutile ſeroit à pure perte, & augmenteroit d'autant le prix de la partie utile. Quelques Commerçants ont la précaution de faire faire des paquets de ces tuyaux, ou par compte, ou au poids, & les emballent par ce moyen bien plus facilement.

A Paris, ces tuyaux ſe vendent depuis huit juſqu'à douze ſols la livre ; cette différence de prix vient du plus ou moins d'abondance de cette production, plutôt que de la qualité de la marchandiſe ; quoiqu'on prétende que les cannes qui nous viennent d'Eſpagne font meilleures que celles qui viennent du Languedoc & de la Provence. Il eſt vrai que du côté de Perpignan on en cultive beaucoup, & qu'on en fait de grands envois dans toutes les parties de l'Europe, qui, n'étant pas également propres à en produire, ne peuvent s'en procurer que par la voie du commerce : du reſte, comme je me ſuis apperçu qu'il y avoit encore beaucoup de choix à faire dans les unes & dans les autres, je m'abſtiendrai de décider de la préférence qu'on doit accorder à celles-ci plûtôt qu'à celles-là ; & je m'impoſe la loi, en éclairant les Arts, de ne point nuire au commerce ; ainſi on ne trouvera jamais dans mon Ouvrage aucun prix déterminé de denrée, de machine, ni de journées d'Ouvrier : d'ailleurs, peut-on établir ſur ces objets des prix réglés ; l'abondance des vivres dans une Province, la rareté de l'argent, la population, ne font-elles pas des ſources de variations infinies dans tout ce qui s'appelle *main-d'œuvre.*

J'ai dit ci-deſſus que les cannes ſe vendent à la livre, auſſi les Marchands qui en tiennent de grandes proviſions, ont-ils intérêt de les tenir dans un endroit plutôt frais que ſec ; mais pour ne pas nuire à leur qualité, ils doivent en même-temps les préſerver de l'humidité qui, comme nous l'avons dit, leur porteroit un dommage ſenſible : il eſt bon d'être averti, parce qu'un Ouvrier qui achete un cent peſant de marchandiſe, par exemple, ſeroit fort ſurpris de ne plus trouver ſon compte au bout de quelque temps ; & le bas prix auquel on a acheté, n'eſt pas capable de dédommager de la perte réelle qu'on éprouve enſuite.

Mais en général les Marchands ne ſauroient tenir les cannes dans un état d'humidité habituelle ; car à moins que d'en avoir un très-prompt débit, elles dépériroient par la ſuite pour leur compte, & ils ne pourroient bien-tôt plus les vendre ; car il n'eft prefque pas poffible de cacher leur mauvaife qualité , en fe fervant des moyens que j'ai indiqués pour s'y connoître.

On me pardonnera fans doute ces obfervations en faveur des perfonnes qui pourront en tirer de l'avantage , foit des Ouvriers eux-mêmes , foit des Cultivateurs , foit enfin de perfonnes qui défireroient entreprendre cette efpece de commerce , & à qui cette ignorance feroit très-préjudiciable. D'ailleurs il y a beaucoup de Peigners qui travaillent fupérieurement & dont les Peignes dépériffent très-promptement , non pas par la mal-façon , mais par la mauvaife qualité de la canne qu'ils y ont employée, faute d'avoir les connoiffances néceffaires pour diftinguer la bonne de la mauvaife , comme fi toute forte de canne pouvoit indiftinctement remplir le même objet.

Les Commerçants en canne & les Peigners ont un intérêt particulier de tenir leurs cannes dans des endroits fecs ; c'eft pourquoi ces derniers qui font obligés de les acheter coupées par tuyaux , ont foin de les placer fur des planches fixées au haut des ateliers en forme de rayons , afin que ces tuyaux ne reçoivent aucune atteinte de l'humidité ; & comme ils ont la précaution de faire le choix des qualités & des groffeurs , ils diftribuent ces planches par cafes , enforte que chacune contient une différente qualité ou une différente groffeur de tuyau : cet arrangement eft fait comme on en voit un *fig.* 12 ; & pour reconnoître les qualités particulieres qu'on y a placées , chaque cafe eft numérotée , de telle façon que le Peigner fait tout de fuite dans quelle cafe de fes rayons , il doit prendre les tuyaux de canne qu'il doit employer pour faire les dents du compte de peigne qu'il veut exécuter.

ARTICLE QUATRIEME.

De la maniere de refendre les tuyaux de Canne pour leur donner à-peu-près la largeur que les dents doivent avoir lorfqu'on monte un Peigne. Defcription des Outils néceffaires à cette opération.

§. I. *Maniere de refendre la Canne.*

LORSQUE tous les tuyaux font coupés par longueurs de dents , ainfi qu'on vient de le voir, on les met tous en pieces à-peu-près de la largeur qu'on veut donner aux dents , pour les paffer enfuite à la filiere & leur donner une parfaite égalité de largeur & d'épaiffeur ; il faut donc refendre ces tuyaux fur leur circonférence en autant de parties que cette circonférence peut en produire. Mais pour faire cette divifion avec quelque précifion, il a fallu employer des outils, toujours plus fûrs que la vue fimple ; encore n'obtient-on que des à-peu-près que la filiere corrige enfuite : voici comment on s'y prend.

Si les dents du Peigne qu'on veut monter doivent avoir deux lignes de largeur quand elles feront finies , il eſt à propos de leur donner d'abord deux lignes & demie quand on les refend , de peur qu'en les refendant du premier coup au point juſte où il les faut , le fil ne ſe trouvant pas parfaitement droit, la fente ne ſe jette à droite ou à gauche , ce qui augmenteroit là largeur des unes aux dépens des autres : auſſi avec une demi-ligne de plus qu'il ne leur faut , quand la Canne eſt bien choiſie , on ne craint pas cet inconvénient , & on les amene aiſément à n'avoir que deux lignes juſte en les paſſant par pluſieurs filieres s'il eſt néceſſaire , comme on le verra par la ſuite : mais voyons maintenant quels ſont les moyens & les inſtruments qu'on employe pour les fendre à une égale largeur.

On ſe ſervoit anciennement pour refendre les tuyaux des Cannes , d'une méthode à laquelle quelques Ouvriers tiennent encore, & qui eſt repréſentée par la figure 1 , *Pl.* 3 ; elle conſiſte à prendre un couteau de la main droite *a*, & tenant debout un tuyau *b*, appuyé ſur le billot ou table *A*, devant laquelle l'Ouvrier eſt aſſis , ou pour mieux dire , qu'il place entre ſes jambes , comme on le voit dans la figure , puis appuyant le couteau ſur le tuyau , toute ſon attention conſiſte à le diviſer en deux parties bien égales ſans les ſéparer. *Voyez fig.* 2 , la poſition du couteau & de la Canne repréſentés plus en grand pour en faire mieux ſentir l'opération. Lorſque la fente eſt deſcendue à trois ou quatre lignes du bas , *voyez fig.* 3 , en *a* ; ce qui ne demande pas que le couteau deſcende auſſi bas , à cauſe de ſon épaiſſeur qui fait l'office d'un coin , il retire le couteau de la fente *b*, & le place ſur le même bout ſupérieur de la Canne à environ deux lignes & demie de la même fente , comme le repréſente la figure 4 , où l'on voit le tuyau géométralement , & les deux fentes *a*, *a* , produites par le premier coup de couteau ; & ce même couteau placé à deux lignes & demie ou environ des premieres fentes. Il ne faut pas placer le couteau du même côté, & décrire ſur cette circonférence ce que les Géometres nomment une *Corde*, mais le couteau doit toujours en paſſant par le centre donner un diametre ; voyez le couteau *B*, ſur le centre *b*, & formant avec la poſition qu'il tenoit à la premiere opération des angles oppoſés au ſommet, égaux. L'Ouvrier continue ainſi ſur toute la circonférence à fendre la Canne à des diſtances de deux lignes & demie , en faiſant toujours deſcendre la fente au même degré qu'on a dit de la premiere , juſqu'à ce qu'enfin il ait diviſé toute cette circonférence comme on le voit *fig.* 5 , qui repréſente un tuyau de quatorze lignes de diametre vu géométralement , diviſé en quatorze parties égales de trois lignes moins un quart ou environ chacune ; car il n'eſt pas poſſible par cette méthode de rencontrer parfaitement juſte. Lorſque la Canne eſt ainſi diviſée , on finit de la ſéparer avec les doigts , ou bien on fait entrer le manche du couteau , qui dans ce cas eſt un peu conique , *voyez fig.* 3 ; & pour peu qu'on force un peu , toutes les parties ſe ſéparent aiſément ; & ſi , comme il ne manque pas d'arriver , toutes les parties ne ſe ſéparent pas , on

Planche 3.

les acheve avec les doigts. Mais comme en se servant du manche du couteau pour écarter toutes les parties, on pourroit se couper avec la lame, il est à propos d'avoir un *Repoussoir* tourné, de la forme de celui qu'on voit *fig. 6*, avec lequel on ne court aucun risque de se blesser, & l'on produit un écartement de toutes les parties qu'on a représenté *fig. 7*, où *B* est le même repoussoir qui entre dans la Canne *A*, & en écarte toutes les parties. A mesure qu'on refend ainsi des tuyaux, on met les morceaux sur une table, *fig. 8*, & ensuite on en forme des paquets pour s'en servir au besoin ; *voyez fig. 9* : après quoi, pour les préserver de l'humidité, il est bon de les serrer dans des boîtes ou tiroirs, *fig. 10*, qu'il vaut cependant mieux tenir découverts pour donner de l'air aux Cannes.

La boîte qu'on voit ici a deux parties, dont l'une est remplie de morceaux de Canne & l'autre est vuide ; en voici la raison : comme il est essentiel de ne pas mêler les qualités des tuyaux qu'on a triés avec soin, il seroit impossible de s'y reconnoître si on les mêloit après les avoir refendus : c'est pour éviter cette confusion qu'on a coutume d'avoir des boîtes à double compartiment, parce que quand on passe ces piéces à la filiere on les remet finies dans l'autre côté du tiroir, & on est assuré de se reconnoître pour l'emploi qu'on en veut faire.

Comme les fibres de la Canne sont placées suivant la longueur des tuyaux, & que si l'on n'y prenoit garde, les parties se sépareroient fort aisément pour peu qu'on fît entrer le couteau, il faut éviter cet inconvénient qui empêcheroit qu'on ne pût continuer la division sur la circonférence : il est vrai que le mal qui en résulteroit n'est pas de grande conséquence ; mais on divise beaucoup mieux & beaucoup plus vîte toutes les parties ensemble que quand elle sont séparées ; voici comment on doit s'y prendre : dès que le couteau est placé à l'endroit nécessaire, on éleve les deux mains, savoir celle qui tient le couteau, & la gauche qui tient le tuyau fortement par en bas, & on frappe quelques coups sur le billot : en peu de temps le couteau entre, & la main gauche empêche la fente d'aller tout du long du tuyau ; ce qui ne manqueroit pas d'arriver, malgré cela, si on n'enfonçoit le couteau qu'autant qu'il est nécessaire pour conduire la fente au point *a*, *fig. 3*.; car le couteau étant nécessairement plus épais vers le dos que vers le tranchant, il fait l'office d'un coin ; & la fente est déja fort ouverte en *C*, quoique le couteau ne soit pas encore à moitié, tandis qu'à peine y a-t-il la plus petite fente vers *a*.

Malgré les soins de ceux qui employent cette méthode, leur promptitude à refendre les Cannes, & leur exactitude à les bien diviser, jamais on ne peut avancer autant, ni diviser aussi également, qu'avec l'instrument qu'on nomme *Rosette*, & dont on va voir l'usage dans l'article suivant.

§. 2. *Defcription des Rofettes pour refendre les tuyaux de Canne.*

Quoique j'aie dit dans l'article précédent, que le couteau dont l'Ouvrier fe fert pour refendre eft courbe, ainfi que la figure le repréfente, néanmoins ce n'eft pas une néceffité; & le premier couteau, pourvu cependant qu'il foit un peu mince, peut très-bien opérer le même effet, mais jamais il ne peut rendre le même fervice que les Rofettes.

Les Rofettes font de petits cylindres de fer autour defquels font diftribués à égale diftance des rayons tranchants par un côté, & pris au même morceau. La figure 13, *Pl.* 3, repréfente une Rofette vue géometralement, compofée de 16 rayons écartés entr'eux d'environ 2 lignes & demie vers leur fommet; car tous rayons divergents doivent être plus rapprochés vers leur bafe. On conçoit que fi ces rayons d'acier font bien tranchants, & qu'on les pofe fur le bout d'un tuyau de même diametre à-peu-près, ils le diviferont en feize parties égales d'un feul & même coup.

Au centre de cette Rofette eft un trou quarré qui reçoit le tenon *A*, du manche de fer *fig.* 14, abattu à huit pans inégaux, pour que les vives-arêtes ne bleffent pas les mains dans l'ufage. La queue *B*, terminée en pointe, qu'on voit à ce fer, fert à le planter dans un billot pour s'en fervir, comme on le verra plus bas.

Le tenon quarré *A*, du manche de fer *fig.* 14, entre jufte dans le trou de la Rofette qui repofe fur l'épaulement *a*; & pour pouvoir changer cette Ro-fette au befoin, on tient ce tenon un peu plus long que la rofette n'eft épaiffe, & on le termine en pointe à quatre pans un peu arrondis.

Comme le diametre des tuyaux varie confidérablement, il eft néceffaire d'avoir plufieurs Rofettes de différentes grandeurs, & les plus grandes ont plus de rayons ou pointes que les autres, parce qu'il eft clair qu'un plus grand cercle fe divife en plus de parties données qu'un petit. On a ordinairement des Rofettes depuis dix lignes de diametre jufqu'à dix-huit & vingt, & depuis dix rayons jufqu'à vingt; & ce diametre fe prend fans compter les rayons, qui doivent être tous également éloignés les uns des autres pour divifer les tuyaux en parties bien égales entr'elles. La figure 16, repréfente en perfpective la Rofette *fig.* 13, montée fur fon manche, & compofée de feize rayons.

Quoique le nombre des rayons varie fuivant la grandeur des Rofettes, ainfi que nous venons de le dire, il ne faut pas pour cela que l'écartement de ces rayons foit le même à toutes les Rofettes, car comme on a befoin de différentes largeurs de dents fuivant les Peignes qu'on veut faire, il y au-roit trop de perte fi toutes les parties refendues avoient la même largeur.

Sans entrer ici dans des calculs de mathématiques qui feroient déplacés, on fait que le rapport du diametre à la circonférence eft à peu-près comme 113 à

355. Mais pour la pratique il fuffit ordinairement aux Ouvriers de favoir que le diametre eft un peu plus du tiers de la circonférence. Cela établi, je fuppofe qu'une rofette ait 18 lignes de diametre, elle en aura 55 ou en viron de circonférence, ce qui fait 4 pouces & demi & quelque chofe. Si donc on veut que l'écartement des rayons foit de deux lignes & demie, on en trouvera 22 fur la circonférence, & les tuyaux qu'on refendra avec cette rofette, feront partagés en 22 parties égales ; mais fi l'on veut leur donner 3 lignes d'écartement, on n'en trouvera que 18, qui diviferont les tuyaux en 18 parties.

Si elle n'a qu'un pouce de diametre, ce qui donne trois pouces, ou 36 lignes pour la circonférence, & qu'on veuille encore donner aux rayons deux lignes & demie d'écartement, on n'en trouvera que quatorze, un peu à l'aife, attendu la fraction qui refte. Et fi on leur donne trois lignes d'écartement on n'en aura que douze, & ainfi pour les autres groffeurs, où ce que je viens de détailler fera fuffifant pour l'entendre ; & quelle que foit la largeur qu'on veut donner aux dents, on fera le calcul de la circonférence de la rofette d'après cette largeur, & on fera toujours fûr d'une parfaite réuffite.

Il faut donc fe pourvoir de rofettes de tous les diametres pour toutes fortes de tuyaux ; car fi on veut en refendre un grand avec une petite rofette, le nombre des parties fera trop petit, ces parties trop grandes, & on aura beaucoup de perte. Mais pour ne pas multiplier à l'infini la dépenfe, on a imaginé de faire faire des rofettes qui peuvent fe placer toutes fur un même manche, quand on le fait comme celui que nous venons de voir ; car nous aurons occafion de parler d'autres rofettes qui reftent toujours montées fur leur manche.

Il y a des Peigners qui, avec les mêmes rofettes obtiennent des parties plus ou moins larges dans les tuyaux qu'ils refendent, parce que les lames des rofettes font plus étendues qu'à l'ordinaire ; il eft facile de concevoir qu'alors fur une même rofette on refend des tuyaux de plufieurs diametres, & que, ceux dont les diametres font plus grands, n'étant divifés qu'en un nombre de parties égales à ceux dont le diametre eft plus petit, les parties doivent en être plus larges ; mais cette méthode eft fujette à un grand inconvénient, en ce qu'on rifque de ne pas avoir toutes les parties d'une égale largeur, à moins d'apporter à cette opération une attention très-particuliere : en effet, fi l'on place le tuyau en le refendant un peu plus d'un côté de la rofette que de l'autre, le côté de la circonférence du tuyau qui fera le plus éloigné du centre produira des parties fenfiblement plus larges que celui qui en fera plus rapproché, ce qui peut devenir conféquent pour la fuite de l'ouvrage ; c'eft-à-dire, qu'il peut occafionner un dégât à la canne & une difficulté à tirer les dents de largeur & d'épaiffeur, parce que fi le tuyau de canne n'a pas été pofitivement placé fur la rofette dans un écartement égal du centre, aucune des parties refendues ne feront égales entr'elles en largeur, à caufe qu'elles auront été refendues chacune au point de ces lames plus ou moins éloigné du centre, & par cette raifon elles auront acquis chacune plus ou moins de largeur ; puisque l'écartement des deux cannes entre lesquelles chacune de ces parties ont été forcées de passer est plus large en s'éloignant de la base qui les contient qu'en s'en rapprochant, & que cette différence de largeur est l'effet de tous les rayons divergents.

Comme il est assez difficile de rencontrer juste la rosette qui convient à chaque tuyau, on a imaginé un moyen très-ingénieux, qui en même temps qu'il prévient toute méprise à ce sujet, rend encore plus solide la position de la rosette sur son manche, dont le tenon à force de changer de rosette diminue insensiblement, & les rosettes n'y tiennent bien-tôt plus. Voici ce que c'est.

On fait le tenon de ces manches un peu plus long qu'il ne faut, on en taraude le bout, & quand la rosette est à sa place, on l'y arrête avec un écrou qui se termine par dehors un peu en cône ; *voy. fig.* 17 & 18. Le quarré qu'on voit en *a*, au manche *fig.* 18, qui n'est représenté qu'en partie, pour ne pas multiplier dans une Planche les mêmes objets, entre dans la rosette, & est un peu moins haut qu'elle n'est épaisse, pour donner lieu à l'écrou de la serrer. La partie *b* est taraudée jusqu'au bout pour recevoir l'écrou *fig.* 17, qui étant terminé en cône, sert à régler la rosette qui convient à tel ou tel tuyau, puisqu'il ne lui permet pas de fendre un tuyau, dans le creux duquel elle ne sauroit entrer ; & de plus elle sert aussi à centrer comme il faut cette rosette, que sans cela on pourroit placer d'un côté ou d'un autre. Il est vrai que pour mettre ce moyen en usage, on doit avoir autant d'écrous différents qu'on a de rosettes ; & qu'étant sur le même *pas-de-vis*, ils iront tous sur le même manche : sans cela il faudroit autant de rosettes, de manches & d'écrous qu'on auroit de tuyaux différents à refendre.

Il faut encore avoir soin que cet écrou, qu'il seroit à propos de faire au tour, ne prenne point sur les rayons, & ne couvre absolument que la partie pleine de la rosette, & prenant la figure 13 pour exemple, il ne doit venir que jusqu'au cercle *a*, *b*, *c* ; sans cela il gêneroit l'office des rayons coupants. On peut voir sur la figure 19, *même Planche*, l'effet de cet écrou *A*, conique, mis en place, qui ne sauroit entrer dans un tuyau, pour permettre aux rayons de le fendre, qu'il n'ait le diametre *a*, *b* ; par ce moyen la rosette descend bien perpendiculairement dans le tuyau, & forme des parties bien égales en tout sens.

Quelques Peigners se servent encore d'un écrou entiérement conique & terminé en pointe, comme celui que représente la figure 20 ; mais il n'est pas taraudé en dedans plus avant que ceux dont je viens de parler plus haut ; il n'a rien, à mon avis, qui doive lui donner la préférence sur l'autre, & le choix m'en paroît fort arbitraire.

Les entailles qu'on voit en *a*, *a*, à l'écrou *fig.* 17, servent à recevoir *le tournevis*, *fig.* 21. dont *a* est la tige, *b* la palette, & *c* est le manche semblable à celui d'une vrille, au milieu duquel est emmanchée bien solidement & rivée par-dessus, la tige quarrée *a*, pour résister aux efforts qu'on est obligé de faire pour serrer l'écrou sur la rosette.

§. 3. Premiere maniere de refendre les tuyaux de Cannes avec les Rofettes.

Après avoir donné la defcription des Rofettes & de leur emploi, il me femble à propos de détailler la maniere de s'en fervir; & comme les Ouvriers même qui en ont de pareilles s'en fervent différemment les uns des autres, je vais les paffer en revue le plus fuccinctement qu'il me fera poffible.

On doit fe rappeller que le manche de la Rofette, fig. 14 *Pl.* 3, a par le bas une partie terminée en pointe *B*; c'eft par-là qu'on la plante debout dans une table, comme on le voit en *A*, fig. 1 *Pl.* 4. Ce tenon quarré entre dans l'un des trous *a, a, a,* &c. qu'on voit fur cette table; la Rofette repofe fur l'épaulement qu'on a pu voir être formé par la forte partie du manche; & par ce moyen réfifte aux coups multipliés de la canne qu'on appuye fur la rofette; fans quoi, elle auroit bien-tôt aggrandi fon trou, & paffé au travers de la table: lorfqu'à la fuite du temps les trous s'aggrandiffent, les rofettes ne tiennent plus folidement; on y remédie en les affujettiffant par de petits coins faits avec de petits morceaux de canne ou de bois, ou bien on enveloppe le tenon avec une bande de papier, de façon qu'il entre bien jufte dans fon trou.

Il y a des Ouvriers qui, au lieu de pointes quarrées, font terminer en vis le bas du manche comme le repréfente la figure 2, où la vis *a* tient lieu du tenon, & le corps du manche fert d'épaulement pour appuyer fur la table. Mais on conçoit que ces vis, à force de ferrer, auroient en peu de temps mangé les pas de leur écrou, fi la table feule leur en tenoit lieu; pour obvier à cet inconvénient, on fait faire des écrous, comme celui que repréfente la figure 5 dont la tige eft quarrée, & tient à une plaque auffi quarrée, qu'on voit de toute fon épaiffeur, pour la faire affleurer en entaillant la table, & on la fixe au moyen de quatre petits clous aux quatre coins *b*, *b*, *b*, *b*; le dedans eft taraudé au pas de la vis: comme la tige *a* entre jufte & même un peu à force dans un trou quarré de même groffeur qu'on pratique dans l'épaiffeur de la table, il n'eft pas poffible que la rofette fe dérange, lorfqu'avec une clef, *fig.* 3., dont *l'etrier B* embraffe le corps du manche, l'Ouvrier la ferre vivement fur la table, ainfi que le repréfente la main *A*, *fig.* 4: on a placé fur cette table les 3 différentes efpeces de rofettes dont nous avons parlé, & trois autres trous de même efpece pour changer les rofettes de place fuivant la commodité ou le befoin.

On fait encore des Rofettes dont les manches font faits, du moins pour la partie fupérieure, comme celui dont on voit le haut *fig 6*; la différence confifte en ce qu'au lieu que le bout qui excede la rofette foit taraudé en vis, il l'eft en écrou, pour recevoir le chapeau *fig.* 7, dont on voit la vis en *E*, la rondelle *F* qui appuie fur la rofette, le quarré *G*, qui fert à le ferrer au moyen du tournevis pareil à celui de la figure 3, & enfin le bout conique qui le termine, le tout fait d'un feul morceau de fer. Après avoir recommandé que les écrous avec

lefquels

lesquels on fixe les Rosettes, n'excedent point le plein, & ne couvrent point les rayons , il est presque inutile d'avertir que la rondelle *F* , ne doit pas couvrir les même rayons. Du reste ces rosettes se placent sur la table *fig.* 1 & 4, comme je l'ai déja dit, & même l'Ouvrier a coutume d'en avoir de trois ou quatre grosseurs différentes,& conséquemment de différents nombres de rayons, pour s'en servir à mesure que les tuyaux qui se présentent sont plus ou moins gros, & ne pas changer de place souvent, ou bien n'être pas obligé de ne fendre que ceux qui seroient de grosseur convenable à la rosette qu'il auroit actuellement sous la main ; ce qui feroit encore un nouveau triage & prendroit beaucoup de temps.

La hauteur de ces manches la plus ordinaire est telle, qu'étant en place, les Rosettes se trouvent élevées à environ quatre pouces de la table ; cette hauteur est très-commode & assez universellement adoptée. Voyons maintenant l'opération.

L'Ouvrier est assis devant sa table *B*, où sont plantées trois ou quatre Rosettes *fig.* 9 ; à sa gauche est une corbeille *C*, remplie de tuyaux, & pour qu'elle soit plus à sa portée, il la place sur un tabouret *D* ; à mesure qu'il en a fendu une certaine quantité, il jette toutes ces parties dans une autre corbeille qu'il a à sa droite. Pour les fendre il en prend une de la main gauche, la place sur la Rosette qui lui convient, & frappe quelques coups de la palette *c*, qu'il tient de la main droite, sur le bout opposé *b* de ce tuyau, qui bientôt est séparé en autant de parties qu'il y a de rayons à la Rosette. J'ai fait représenter à part *fig.* 10, l'effet en grand de la Rosette, à mesure qu'elle entre dans le tuyau : on voit au travers des fentes les rayons *a*, *a*, *a*, &c. qui quoiqu'à peine au milieu du tuyau, ont déja conduit les fentes presque au bout. L'Ouvrier ne se donne pas la peine de ramasser les parties à mesure qu'il les refend, pour ménager le temps ; mais il les laisse tomber au hasard sur la table ; & quand il y en a une grande quantité qui pourroit lui nuire , il les jette par poignées dans la corbeille *E*, placée à terre à sa droite *fig.* 9.

La palette *c* est faite de bois & a la forme qu'on lui voit *fig.* 11 ; on auroit sans doute pu se servir d'un instrument de fer, mais en bois il ménage mieux le bout des tuyaux , on est plus maître de diminuer la force du coup ; & si par inadvertance on frappoit plus fort qu'il ne faut, & que la Canne se fendit promptement, on risqueroit de donner sur la Rosette un coup qui l'endommageroit ; au lieu qu'étant de bois , la palette seule reçoit le dommage, ce qui n'est pas de grande conséquence : quelques-uns lui donnent la forme d'une petite pelle, *fig.* 12 ; au reste tout cela est indifférent : d'autres se servent d'un maillet *fig.* 13 ; mais il semble que la palette frappe plus également.

Comme les morceaux refendus restent sur la table, & qu'on est obligé de temps en temps de les ramasser, ce qui perd du temps, j'ai vu des Peigners qui avoient une table dont la surface forme deux plans inclinés, & au sommet desquels sont plantées les Rosettes (*voyez fig.* 14) : par ce moyen, à mesure que les tuyaux font fendus, les parties tombent à terre par leur propre poids, & l'Ouvrier n'eft obligé de les ramaſſer qu'à l'heure des repas ou au bout de la journée; quelques-uns économiſent le temps, juſqu'à étendre une toile par terre pour ramaſſer tous ces morceaux dans un inſtant, & les mettre dans la corbeille ou autre part tout à la fois. Il me reſte à décrire une autre maniere de monter les Roſettes, & de refendre les Cannes; cette méthode eſt auſſi expéditive que la précédente, ainſi je remplis en la rapportant, une double obligation, & de décrire toutes les parties de mon Art, & de marquer la préférence qu'on doit accorder à tel procédé ſur tel autre moins avantageux.

§. 4. *Defcription d'une autre maniere de monter les Roſettes, & de la maniere de s'en ſervir.*

CHAQUE pays à ſes uſages; mais pour décrire un Art, faut-il rapporter toutes les méthodes, détailler tous les procédés? Non, ſans doute: on n'auroit jamais fini. Faut-il donc ſe contenter de rapporter les principales & négliger le reſte? Tel dont l'uſage eſt le plus vicieux, (& c'eſt dans tous les talents le plus grand nombre), croira que ſon Art n'eſt qu'eſquiſſé, parce que ſa maniere n'y eſt pas rapportée; comment donc faire? Voici ce que j'en penſe. Offrir au Lecteur judicieux les meilleurs procédés, les décrire avec ordre & clarté, & laiſſer parler la critique. Voilà mon but. L'ai-je atteint? Je n'oſe m'en flatter; mais j'y viſe.

Les Peigners de certaines Provinces ſe ſervent d'une autre ſorte de Roſette dont la différence avec les précédentes ne conſiſte que dans la maniere dont elles ſont montées ſur leurs manches. Ce manche dont on n'a pu repréſenter dans la Planche 4, *fig.* 15, que les deux extrémités, & qui eſt cenſé briſé par le milieu, eſt fait de maniere qu'on place à chaque bout une Roſette d'une, grandeur & d'un nombre de rayons différents.

On conçoit à la ſeule inſpection de cette Roſette, que chacune tient lieu de deux des autres; mais en revanche il faut être bien adroit & bien attentif; la moindre négligence peut bleſſer l'Ouvrier; cependant leur commodité les a fait adopter dans beaucoup d'endroits, & même un des principaux Peigners de Paris s'en ſert par préférence.

On peut voir, *fig.* 16 & 17, *même Planche,* ces Roſettes toutes montées, & retenues ſur leurs manches des différentes manieres dont j'ai parlé à l'occaſion des précédentes: celle figure 16, eſt retenue par un chapeau ou bouton conique, tel que repréſente la figure 7; & celle figure 17, eſt retenue par un écrou plat. Au reſte on peut pour les fixer ſur leurs manches, choiſir celle des manieres qu'on a rapportées ci-deſſus qui conviendra le mieux.

Les manches de ces Roſettes ont ordinairement dix pouces de longueur, ou environ; & pour être tenus plus commodément, on obſerve au milieu un renflement qui va en mourant vers chaque bout jusqu'aux Rosettes ; ce renflement, qu'on nomme *poignée de l'outil*, sert à deux usages ; premierement, comme je l'ai dit, on les tient plus facilement, & en second lieu, cette grosseur contribue à faire éclater les tuyaux quand la Rosette est entrée jusqu'à un certain point.

Comme ces Rosettes sont doubles, il est certain qu'on ne sauroit assez les garantir contre l'approche de tout corps dur, ou de tomber à terre, ce qui briseroit leurs lames en très-peu de temps ; aussi est-il dangereux de les garder dans des boîtes les unes contre les autres, & les Ouvriers ont-ils grand soin de les suspendre à des rateliers, *fig.* 1, *Pl.* 5, dont les chevilles sont faites comme on le voit *fig.* 2. Cette cheville est une piece de bois de cinq à six pouces de long, sans le tenon *A*, & de quatre de largeur ou environ sur un pouce ou quinze lignes d'épaisseur. Au milieu est percé un trou rond, plus petit que le renflement du manche des Rosettes, & auquel communique une entaille plus petite que lui pour qu'une fois mises en place, ces Rosettes ne puisse pas en sortir. Cette cheville est assemblée dans une mortaise qu'on pratique sur la piece de bois *A*, *fig.* 1, qui est fixée contre un mur au moyen des pattes coudées *e*, *e*, *e*, & elle y est chevillée, pour plus de sûreté.

Quelquefois on accroche les Rosettes aux chevilles, comme on le voit *fig.* 3, ou elles reposent sur les Rosettes mêmes, qu'on n'a pu représenter pour observer la perspective qui les tient cachées derriere le plat de la cheville. Mais cette méthode est moins bonne que la premiere, parce que les rayons de ces Rosettes doivent être très-minces, & par conséquent susceptibles de se gâter au moindre choc qu'on ne pourroit guere éviter en les ôtant & remettant souvent à leur place. D'autres enfin lient ces Rosettes plusieurs ensemble, & les suspendent hors de toute atteinte.

Lorsqu'on veut se servir de ces dernieres Rosettes, on en prend sur une table près de soi un assez grand nombre, pour n'être pas obligé de se déranger à chaque instant (*voyez fig.* 4,) puis ayant la table à sa droite, l'Ouvrier place entre ses jambes un billot *D*, monté sur trois pieds, & appuyant de la main gauche les tuyaux dessus, il présente pour les fendre la Rosette qui leur convient, & élevant un peu le tuyau & la Rosette ensemble, il frappe quelques coups sur le billot, au moyen de quoi la Rosette entre dans cette Canne. Alors il la lâche de la main gauche, & continue de frapper de la droite, jusqu'à ce que les parties soient entiérement séparées & tombent de tous les côtés. *Voyez fig.* 5, l'opération de la Rosette en grand ; quoique cette Rosette n'ait pas pu être représentée en son entier à cause des bornes de la Planche, on en a fait voir assez pour rendre sensible une opération qui n'est pas fort compliquée. On y voit en *a*, *a*, *a*, &c. les rayons de la Rosette au travers des fentes qu'elles ont faites ; & pour peu que l'Ouvrier frappe encore un coup sur le billot, cette Canne va bien-tôt être séparée en autant de parties, que la Rosette a de rayons.

PLANCHE 5.

On a coutume de donner au billot *D*, fur lequel l'Ouvrier fend fes tuyaux, la forme d'un cône tronqué dont la partie fupérieure a peu de diametre, & feulement ce qu'il en faut pour frapper deffus fans craindre de tomber à faux, à droite ou à gauche. Cette forme eft très-commode pour que les morceaux tombent à terre à mefure qu'ils font fendus, & ne point gêner l'Ouvrier, qui les ramaffe quand il y en a une très-grande quantité; au lieu que fi le bloc avoit une grande furface, ou s'il fe fervoit d'une table comme celle *fig.* 8, ainfi que le font quelques Peigners, il ne trouveroit plus de place pour frapper fes tuyaux.

Quand on a refendu tous les tuyaux dont on a befoin, on ramaffe toutes les parties, on les met d'abord dans une corbeille *fig.* 9, puis on les met en paquets qu'on lie au milieu avec de la ficelle, comme on le voit en *A*, *fig.* 10, puis on les range ainfi liés fur des tablettes *fig.* 11, pour s'en fervir au befoin. Les parties ainfi débitées ne font qu'ébauchées, il faut les paffer à la filiere pour les tirer d'égales largeur & épaiffeur: c'eft-là le travail le plus délicat de la préparation des dents, & dont nous allons donner la defcription dans l'article fuivant.

A R T I C L E C I N Q U I E M E.

De la maniere de tirer les Dents à la Filiere , pour leur donner la largeur
& l'epaiffeur qu'elles doivent avoir.

§. 1. *Premiere façon.*

J'ai dit ci-deffus en décrivant les Filieres, qu'il eft à propos d'en avoir plufieurs, foit pour la largeur, foit pour l'épaiffeur qu'il eft à propos de donner aux dents.

Il eft facile de concevoir que les dents doivent être minces à proportion de la quantité qu'on doit en placer dans un peigne de longueur déterminée ; ainfi le travail du tirage à la filiere confifte à leur procurer cette épaiffeur.

Il y a tant de différents *comptes* de peignes, c'eft-à-dire, de nombre de dents, fur une longueur qui varie prefque à l'infini , qu'il a été néceffaire aux Peigners de fe faire des régles pour les épaiffeurs qu'il eft à propos de donner aux dents, fuivant ces différents comptes, ainfi que leur largeur ; & pour donner une idée de cette variété, il faut favoir qu'il y a des peignes qui fur vingt pouces de largeur ont jufqu'à 1400 dents, tandis que d'autres fur trois aunes & demie, n'en ont quelquefois que neuf cents, ce qui, pour le premier, donne foixante & dix dents par pouce, tandis que les autres n'en ont pas tout-à-fait fix.

Les deux exemples que je viens de rapporter ne font pas encore les extrémités de fineffe & de groffiereté qu'on rencontre affez fouvent dans les peignes ;

car

car il y a des étoffes tellement fines , qu'on est obligé de faire entrer jusqu'à quatre-vingt dents par pouce, & d'autres où quatre dents suffisent; ainsi en faisant des Peignes à tous les termes moyens entre ces deux extrêmes , on trouvera qu'il faut des dents de plus de soixante-dix épaisseurs différentes , parce qu'il y a encore fort souvent des fractions dans le nombre des dents , comme de douze & demi , 20 & un quart , & ainsi du reste. Toutes ces différences sont du ressort du Peigner, le Fabriquant n'a d'autre soin que de commander un peigne d'une telle ou telle largeur qui contienne tel ou tel nombre de dents ; sans même prendre garde si ce nombre de dents s'accorde avec les regles de l'Art du Peigner, à qui seul il appartient de faire des calculs pour les différents nombres qu'on lui demande : il lui suffit que la demande qu'il fait , s'accorde avec le genre d'étoffe qu'il veut fabriquer. C'est donc au Peigner de connoître l'épaisseur qu'il doit donner aux dents à raison du nombre qu'il en doit faire entrer par pouce au peigne.

Ce n'est pas encore là la seule difficulté que les Peigners ayent à vaincre ; il faut aussi qu'il sachent de quelle matiere doit être la chaîne de l'étoffe qu'on veut fabriquer avec ce peigne ; car il est certain qu'une chaîne de laine , par exemple , n'exige pas une aussi forte épaisseur de dents , qu'une de fil ; quoique dans l'une comme dans l'autre étoffe , on soit convenu qu'un peigne d'une longueur égale à un autre , doive contenir le même nombre de dents : car ce n'est pas encore l'épaisseur des dents qui doit seule remplir la longueur du peigne ; & chaque dent doit , ainsi que nous le verrons autre part , être retenue entre les deux jumelles par un tour de ligneul haut & bas , qui fort souvent est plus épais lui-même que chaque dent. Mais ce n'est pas ici l'endroit d'entrer en détail sur cet objet ; j'en traiterai dans un article séparé. Il me suffit maintenant d'observer que les dents doivent souvent être d'une épaisseur bien différente , quoique devant remplir un même espace dans un même nombre , suivant les différentes matieres qu'on se propose de mettre en œuvre.

Pour tirer les Dents d'épaisseur , on se sert des filieres représentées par les figures 13 & 14 , *Pl. 5* , qui ne sont autre chose qu'un bout de fer large d'en- Planche 5. viron un pouce , & long de quatre à cinq , planté dans une piece de bois *B* , ronde ou quarrée , à côté d'une lame de rasoir. Il faut avoir attention en faisant entrer de force ces deux pieces , de leur conserver un parallélisme parfait en- tr'elles ; sans quoi il est aisé de sentir que les Dents seroient plus épaisses par un côté que par l'autre. La figure 14 , représente géométralement le même ustensile , sur lequel on voit en *D* la position respective des deux pieces qui présentent une espece de **V** , dont la pointe offre une ouverture , par où passe la Canne , qui par ce moyen ne sauroit être plus épaisse en aucune partie de sa longueur qu'en l'autre. On peut remarquer sur les figures , que la piece de fer est plus élevée que la lame de rasoir ; cette élévation qui doit être d'environ deux pouces , est nécessaire pour l'opération , ainsi qu'on le verra en son lieu.

Après avoir placé la filiere dont on veut fe fervir fur une table *fig.* 15 , ou fur un billot , *fig.* 6 ou 7 , au moyen des entailles qui y font pratiquées, l'Ouvrier met à fes cotés des boîtes dont l'une contient les morceaux de Canne qui ne font que refendus , & l'autre les reçoit à mefure qu'il les met d'épaiffeur. La pofition des filieres devant l'Ouvrier doit être telle que le bout de fer *B* , fe trouve à droite , & la lame de rafoir à gauche , le dos vers l'Ouvrier , qui procéde comme on va le voir.

Il prend dans la boîte *D* , une poignée des Dents qui ne font que refendues , & les met fur la table ; il les paffe à la filiere l'une après l'autre, ayant foin que l'écorce touche le bout de fer, & non pas la lame de rafoir, parce que , comme nous l'avons déja dit , c'eft cette écorce qui par fa dureté donne de la confiftance aux Dents , & quelquefois même lorfqu'elles doivent être fort minces , cette écorce refte prefque feule.

Il n'eft pas poffible de tirer la Dent d'épaiffeur d'un bout à l'autre, du premier coup ; car il faut toujours la place des doigts qui la tiennent ; & même à caufe de l'effort qu'on a à faire , cette place peut avoir un pouce ou un pouce & demi de long : on ne fait donc gueres paffer dans la filiere de la premiere fois qu'environ les deux tiers de la longueur , enfuite on la retourne bout pour bout , l'écorce toujours du côté du fer , & on enléve l'épaiffeur qui étoit reftée entre les doigts.

Cette façon n'eft pas fuffifante pour donner aux Dents l'épaiffeur qu'elles doivent avoir , & quelque foin qu'on y apporte , on ne fauroit du premier coup les rendre parfaitement égales d'un bout à l'autre : il faut de toute néceffité les paffer dans d'autres filieres qui ne mangent que fort peu , & par ce moyen on eft affuré d'une égalité d'épaiffeur qu'une opération trop précipitée ne pourroit jamais leur procurer.

Quoique la filiere femble fuffifante pour donner aux Dents la largeur & l'épaiffeur qui leur font néceffaires, il eft certain que l'adreffe de l'Ouvrier y contribue beaucoup , ainfi fans une grande attention & même beaucoup d'habitude de ce travail, il eft affez difficile de tirer les Dents d'une largeur & d'une épaiffeur bien égales : l'Ouvrier termine d'abord toutes les Dents fur leur largeur , puis fur leur épaiffeur , & les met dans une boîte *E* , *fig.* 15 , *Pl.* 5 , pour conferver l'affortiment qu'il en avoit fait d'abord en les refendant à la rofette ou autrement. *Voyez fig.* 16 , *même Planche* , l'attitude de l'Ouvrier en travail ; & *fig.* 17 , la maniere dont il tient de la main gauche une poignée de Dents qu'il va y paffer , pour n'être pas obligé de les prendre une à une.

Comme ce travail eft affez fatiguant pour les mains, il eft à propos d'avoir un doigtier de peau au pouce & à l'index, pour n'etre pas coupé par les vives-arêtes des Dents qui gliffent tant foit peu entre les doigts.

On a vu ci-deffus qu'il falloit que le fer *A* , *fig.* 13 , des filieres, fût plus élevé que la lame de rafoir d'environ deux pouces ; il eft à propos d'en ufer

ainfi à toutes, & même au moyen d'un petit coin de bois placé entre ces
deux pieces, on leur procure un peu plus d'écartement par le haut que par le
bas, afin qu'en paffant une Dent entre, on ne foit pas obligé de la réduire du
premier coup à l'épaiffeur qu'elle doit avoir; & comme il eft plus à propos
pour la perfection du travail d'y parvenir petit à petit, on en vient à bout en
defcendant infenfiblement la Dent dans la partie plus étroite, ce qui mange
peu-à-peu l'excédent de ce qu'elle doit avoir de groffeur.

Pour être fûr de defcendre toujours à un même point, on a foin de tenir
ce morceau ou coin de bois un peu en pente du côté de l'Ouvrier; par ce moyen
il n'y a que la partie élevée qui arrête la Dent à une même élévation, ce
qui ne feroit pas auffi exact fi l'on s'y prenoit de toute autre maniere. Ce moyen
fournit un expédient prompt & fûr pour donner aux Dents un peu plus, ou
un peu moins d'épaiffeur ; car en mettant un coin moins haut, ou bien en ajoutant un morceau de bois d'une épaiffeur convenable fur le coin qui y eft déja,
la Dent defcendra plus ou moins bas, & fera par conféquent plus ou moins
épaiffe, felon la volonté & le befoin de l'Ouvrier. On fera donc maître
par ce moyen, de déterminer à un degré bien exact l'épaiffeur des Dents.
Mais il faut faire attention de ne pas faire décrire par la lame de rafoir & la
piece de fer un angle bien ouvert; car alors les Dents fur leur épaiffeur au
lieu d'être planes, fe trouveroient avoir une furface inclinée à l'autre, ce qui
feroit défectueux ; & quand même on chercheroit à y remédier en faifant
paffer au fond de la filiere le côté qui avoit été au premier coup en-deffus
on n'obtiendroit pas pour cela une furface plane, mais on verroit au milieu un
angle formé par la rencontre de deux plans inclinés, ce qui devient infenfi-
ble lorfque l'écartement qu'on a donné aux pieces de la filiere eft peu confidérable.

On peut encore par un autre moyen donner plus ou moins d'épaiffeur aux
Dents, lors même qu'on n'a pas de filieres de tous les écartements poffibles,
& c'eft ainfi que les Ouvriers en tout genre, viennent à bout de fuppléer au
nombre d'outils dont ils ne font pas fuffifamment pourvus par un peu d'induftrie ; ce moyen confifte à tirer la Dent obliquement à la filiere, du côté du fer.
Ce plus ou moins d'obliquité fait mordre la lame de rafoir plus ou moins, d'où
fuit une épaiffeur telle qu'on la défire. Il ne faut cependant pas ufer de cet
expédient habituellement; car comme on ne fauroit régler parfaitement l'obliquité qu'on prend, on auroit des Dents plus minces, & d'autres plus épaiffes,
ce qui eft d'une très-grande conféquence, comme nous le dirons lorfque nous
en ferons au *montage* des Peignes.

Comme cette premiere opération ne fert qu'à ébaucher les Dents, on n'y
apporte pas tous les foins poffibles, c'eft à les finir qu'on donne toute l'attention qui leur eft néceffaire.

§. 2. *De la maniere de paſſer les Dents en largeur.*

A P R è s avoir tiré les Dents d'épaiſſeur, comme on vient de le voir, on les paſſe en largeur; & pour cet effet on ſe ſert d'une filiere, telle que la repréſente la figure 5, *Pl. 6.* Elle eſt ordinairement compoſée de deux lames de rafoir, & toute la différence ne conſiſte que dans l'écartement de ces deux pieces, qui eſt plus conſidérable ſuivant la largeur qu'il eſt à propos de donner aux Dents. Les tranchants de ces lames doivent être poſés obliquement l'un à l'autre, comme les deux jambages d'un V, qui ne ſeroient pas réunis par en bas, mais qui tendroient ſeulement à ſe réunir, & c'eſt l'eſpace qui reſte entre ces deux lames qui détermine la largeur des Dents. Voyons maintenant la maniere de paſſer les Dents par cette filiere.

PLANCHE 6.

On place la filiere *A* par ſon tenon ſur la table *B*, *fig. 6*; l'Ouvrier s'aſſied en face de la table, & prenant les Dents l'une après l'autre dans une boîte *C*, de la main droite, il les fait paſſer dans la filiere en tirant à lui; & pour être plus ſûr de ne pas varier dans ce travail, il tient de la main gauche un petit bâton qu'il appuie ſur la Dent, ce qui la force d'être bien à plat ſur le petit morceau de bois *a*, qui, comme à la filiere dont nous nous entretenions ſur la fin de l'article précédent, détermine l'écartement, en forçant les lames d'être un peu plus écartées du haut pour faciliter l'entrée de la Dent; & par ce procédé il eſt ſûr de donner une largeur parfaitement égale à toutes celles qu'il paſſe dans cette filiere.

Il ne faut pas que le petit bâton avance avec la Dent, à meſure que la main droite la tire, mais il doit toujours être appuyé ferme ſur le coin de bois entre les deux lames, pour empêcher la canne de s'élever à droite ou à gauche, & fixer plus ſûrement l'opération.

Lorſque la Dent eſt miſe de largeur par un bout, on la paſſe par l'autre avec les mêmes précautions, & ce procédé qu'il eſt aſſez long de bien décrire eſt fort court par lui-même.

Il faut avoir attention en finiſſant, que l'écorce de la Dent ſe trouve en-deſſous; & pour ne rien laiſſer à déſirer ſur cette opération, il eſt à propos de ſavoir qu'on doit paſſer chaque Dent pour ſa largeur, quatre fois à la filiere au moins, ſavoir deux fois par un bout, l'écorce en-deſſus, puis en-deſſous, & deux fois de la même façon lorſqu'on l'a changée bout pour bout.

Il ſemble qu'il devroit ſuffire de ne les paſſer que deux fois en tout dans la filiere; mais ſi l'on fait attention que les lames ſont plus écartées par le haut que par le bas, on ſentira la néceſſité de corriger par un ſecond paſſage l'angle que le premier a laiſſé.

Je n'ai inſiſté ſur les détails de cette opération, que parce que beaucoup de Peigners ne portent pas juſques-là leur attention; le biſeau ou talut qui reſte

aux

aux Dents, les rend plus foibles à cet endroit, & quand on vient à monter les Peignes, la force dont on serre le fil pour arrêter les Dents entre les jumelles, fait écailler cette partie qui se trouve trop foible ; les jumelles se rapprochent, le ligneul qui les entoure se relâche, les Dents vacillent & se couchent enfin d'un côté ou de l'autre. C'est ainsi qu'en rapportant les usages je tâche toujours de corriger les erreurs. Heureux si j'y peux parvenir.

Quel remede est-il possible d'apporter à cet inconvénient, s'il arrive pendant la fabrication d'une piece d'étoffe, de toile ? Comment dépasser la chaîne ? Et quand cela seroit facile, le changement de Peigne n'opéreroit-il pas toujours quelque défaut à l'étoffe. Que de raisons pour donner aux Peignes toute l'attention dont ils sont susceptibles.

Il faut donc faire avec soin toutes les opérations qu'on fait subir aux Dents, & prendre garde de ne pas trop en emporter sur la largeur ni sur l'épaisseur : si elles sont trop étroites, elles n'appuyeront pas sur les jumelles, & ballottant sans cesse, elles dépériront promptement ; si elles sont trop minces, une même longueur de Peigne n'en contiendra pas une même quantité : enfin le moindre défaut dans les parties, entraîne la défectuosité totale du Peigne. Voyons maintenant la derniere façon qu'il convient de donner aux Dents avant de monter le Peigne.

§. 3. *De la manière de passer les Dents à la filiere, pour leur donner l'épaisseur convenable à tel ou tel compte de Peigne auquel on les destine.*

Les filieres dans lesquelles jusqu'ici nous avons dit qu'on passoit les Dents ne servent qu'à les préparer, du moins pour leur épaisseur. La premiere fois qu'on les passe s'appelle *ébaucher* ou *dégrossir les Dents*, la seconde sert à les tirer de largeur, & la troisieme sert à les finir ou affiner. C'est de cette derniere opération qu'il faut maintenant mettre le détail sous les yeux du Lecteur.

La filiere qu'on emploie à cet usage est représentée par la figure 7, *Pl. 6* ; elle differe de celles qu'on a vues plus haut en ce que le bout de fer *A*, est mobile, & peut s'avancer ou se reculer par le secours de la vis *a* ; & la lame de rasoir *B*, est immobile comme aux autres. Par ce moyen on est assuré de donner à toutes les Dents une parfaite égalité d'épaisseur qu'aucun autre moyen ne pourroit leur procurer. La piece de fer *C*, dans laquelle passe la vis pour faire mouvoir l'autre piece *A*, étant très-forte, ne permet aucun écartement forcé, d'où suivroit de la variété dans l'épaisseur des Dents. Du reste, on passe les Dents comme aux autres filieres. Il faut dans toutes les opérations qu'on fait subir aux Dents pour les tirer d'épaisseur, avoir soin que l'écorce soit toujours du côté du fer, & jamais ne touche à la lame de rasoir.

J'ai fait repréſenter à part cette eſpece de filiere, & les pieces ſéparées un peu en grand *fig.* 8 , pour rendre ſenſible la différence qu'elle a avec une qu'on a déja vue figure 15 , *Pl.* 1 ; mais ici la vis paſſe dans la piece de fer *C*, qui eſt taraudée, & pouſſe la piece *A*, dans laquelle entre un collet qu'on pratique au bout de la vis , & qui étant rivé par-deſſus , ſans cependant avoir perdu la liberté de tourner, rappelle cette piece quand on détourne la vis pour donner plus d'écartement à la filiere.

La méthode que je rapporte ici eſt ſans contredit la meilleure pour s'aſſurer de l'épaiſſeur des Dents ; mais par un malheur attaché à tous les bons procédés , elle n'eſt preſque pas en uſage : les Peigners ſe ſervent ordinairement des filieres à ébaucher, avec leſquelles ils terminent les Dents, en s'aſſurant du mieux qu'il leur eſt poſſible de l'écartement dont ils ont beſoin. Mais que m'importe que le plus grand nombre des Ouvriers ſoit ignorant , & par conſéquent obſtiné ; j'eſpere que la perfection qui vient à pas ſi lents arrivera enfin , & que les principes que j'établis ici , ſeront reconnus pour ceux qu'on auroit dû ſuivre.

Puiſque nous en ſommes au point eſſentiel de la fabrique des Peignes , je veux dire l'épaiſſeur qu'il convient de donner aux Dents, ſelon le nombre qu'on doit en faire entrer dans une longueur donnée du Peigne , il eſt à propos de remarquer que c'eſt à ce travail qu'on diſtingue l'habile homme de l'ignorant , l'Ouvrier que guide le génie , de celui qui ne ſuit qu'une aveugle routine. La détermination de l'épaiſſeur convenable aux différentes Dents n'eſt pas une choſe aiſée à faire , & les lumieres de la raiſon ne ſont pas ſuffiſantes pour cela : il ſemble naturel que celles dont on fera tenir une plus grande quantité dans un pouce de Peigne , par exemple , doivent être plus minces que ſi dans le même eſpace on en faiſoit entrer beaucoup moins ; ce n'eſt cependant pas toujours cette regle qu'il faut ſuivre : mais il ne s'agit pas ici de l'épaiſſeur des parties que le Peigne doit contenir , mais de leur nature. Ainſi il faut diſtinguer ſi le Peigne qu'on ſe propoſe de faire , doit ſervir aux Etoffes de Soie , à celles de laine , aux toiles de fil , ou enfin à celles de coton ; & pour donner là-deſſus quelques notions générales , on ſait que les brins de Soie ſont tout d'une longueur , & qu'étant dépourvus de leur gomme par le décruage de la teinture , ils ſont réunis par un double tors qu'on leur donne. Ainſi des ſeize & quelquefois vingt brins dont on compoſe chaque diviſion d'une chaîne , & qui paſſent entre deux Dents, on n'en forme pas un ſeul & même brin ; & ils ont la liberté de ſe porter ſuivant la hauteur des Dents : on n'eſt donc pas gêné pour l'écartement , & on peut en faire entrer juſqu'à cinquante dans un pouce de long. Les Ouvriers ſe ſervent dans ce cas de cette expreſſion ; *la matiere de la chaîne n'emplit pas.*

Le fil de lin ou de chanvre dont on fait des toiles , quoique dans la filature chaque brin ne ſoit pas couché de toute ſa longueur , mais pris par ſon milieu

& couché double , eft cependant plus dur & plus ferré. Il n'eft perfonne qui n'ait vu travailler un Cordier ; voici comme il s'y prend : il entoure fon corps d'une certaine quantité de fils de lin , ou de chanvre qui ont été paffés au *feran*, & font par conféquent entr'eux à-peu-près paralleles ; il noue les bouts dés plus longs derriere fon dos , & arrête ainfi le tout à la hauteur de fa ceinture , il prend fon fil au milieu de tous les brins qu'il a devant lui , & qui par ce moyen fe trouvent fans ceffe doubles : une femme à la quenouille s'y prend de la même façon, elle ne tire jamais fon fil des bouts de la filaffe , mais du milieu , raifon pour laquelle on voit au fil moins d'élafticité & plus de roideur qu'à toute autre matiere. Auffi les Dents du Peigne pour les toiles doivent avoir plus de confiftance & d'épaiffeur que pour les toiles de coton ou les étoffes de laine , dont la matiere eft par elle-même très-élaftique ; les parties qui en compofent les brins font toujours féparées les unes des autres , & on ne parvient à les unir qu'à force de les tordre , & encore s'apperçoit-on que pour peu qu'elles ceffent d'être tendues , le brin groffit à vue d'œil. Auffi dans la fabrication a-t-on fouvent befoin de les coller ou de les huiler , pour qu'elles fe prêtent plus aifément à l'emploi qu'on en veut faire.

De toutes ces obfervations , il fuit que les Dents pour une Etoffe de Soie ne doivent pas être auffi minces à proportion que pour une étoffe de laine ou de coton : & en fuppofant qu'on voulût faire un Peigne pour une Etoffe de Soie qui exigeât vingt Dents par pouce , il ne faudroit pas laiffer un auffi grand efpace entre chaque Dent , que fi pour une même étoffe on devoit y faire entrer cinquante Dents : ainfi il faudroit que les premieres fuffent une fois & demi plus épaiffes que les autres. Mais fi avec le premier Peigne on vouloit fabriquer une étoffe de laine , on n'en pourroit pas venir à bout à caufe de l'épaiffeur de ces Dents, ou plutôt parce qu'elles n'auroient pas affez d'écartement entr'elles. Il faut donc que le Peigner fache ce qu'il convient de déterminer pour le genre auquel on deftine le Peigne qu'il entreprend , & qu'il tire les Dents d'une épaiffeur convenable à chacun, & d'une largeur en proportion ; car c'eft un principe reçu que ce qu'elles perdent en épaiffeur, on le leur donne en largeur; par ce moyen la force en eft un peu augmentée.

Telle eft la méthode que l'expérience , de concert avec la théorie la mieux entendue, a fait adopter par nos plus habiles Peigners , & ils ont fur cela établi des regles dont ils ne s'écartent que dans quelques occafions.

Pour fuivre la méthode dont je viens de parler, on fe fert d'une jauge *fig. 9*, *Pl. 6*, dans l'entaille *A*, de laquelle on place un nombre déterminé de Dents: mais on a eu foin auparavant de s'affurer que pour tel compte de Peigne cette entaille, qui n'a ordinairement qu'un demi-pouce de large, doit contenir un nombre connu de Dents. Si elle en contient moins que le nombre connu , c'eft un figne affuré qu'elles font un peu trop épaiffes pour le Peigne qu'on veut faire ; fi au contraire elles tiennent trop au large, on en conclut avec raifon

Planche
6.

qu'elles font trop minces ; il faut donc refferrer ou relâcher la filiere jufqu'à ce que la jauge fe trouve être la mefure exacte de ce nombre de Dents.

Il eft certain que par un femblable procédé on ne rifque pas de faire l'ouvrage au hazard. On n'emploie que les Dents qui ont été jaugées, celles qui fe font trouvées trop épaiffes peuvent être repaffées à la filiere, mais celles qui font trop minces doivent être abfolument rejettées du Peigne auquel on les deftinoit, & mifes en réferve pour un autre auquel elles pourront certainement convenir.

Il arrive fouvent que l'entaille ou jauge doit contenir un plus petit nombre de Dents par rapport à certains Peignes, que par rapport à un autre : je m'explique.

Comme nous venons de voir que l'épaiffeur des Dents ne dépendoit pas toujours du nombre qu'il doit en entrer dans un efpace déterminé du Peigne, mais de l'emploi qu'on doit leur donner ; & que les efpaces qui doivent les féparer les unes des autres font tout l'objet auquel on doit faire attention. Toutes chofes égales d'ailleurs, & les combinaifons étant une fois faites de l'épaiffeur des Dents & de l'écartement qu'on doit conferver entr'elles, il eft toujours à propos de *vuider* un Peigne autant qu'il eft poffible, pourvu que ce ne foit pas aux dépens de la folidité ; car il eft conftant que plus les Dents font larges & épaiffes, plus le Peigne a de folidité. D'ailleurs en cherchant à vuider ainfi les Peignes, on peut donner aux Dents une courbure qui leur foit préjudiciable, & les fils de la chaîne ne feront pas mûs auffi librement que fi l'efpace à parcourir étoit libre ; il fuit de ce défaut une raie occafionnée fur toute la longueur de l'étoffe, & fi le même défaut fe répéte plufieurs fois dans un même Peigne, ce font autant de défectuofités, telles qu'on en voit fouvent dans les petites étoffés qui en font plus fufceptibles, telles que les Taffetas des Indes, &c.

Ce que je dis ici eft fi vrai, que j'ai connu plufieurs Peigners qui n'ont jamais pu réuffir à faire un Peigne paffable dans les *comptes fins*, & j'ai eu occafion de m'appercevoir que ce défaut provenoit de l'inégalité dans l'épaiffeur des Dents, ainfi que dans leur largeur.

La connoiffance effentielle pour les Peigners, eft donc l'épaiffeur relative à donner aux différentes Dents fuivant les différents Peignes ; fans cette connoiffance ils ne parviendront jamais à travailler que par routine.

Lorfqu'on a tiré une certaine quantité de Dents à l'épaiffeur qu'on croit convenable dans la derniere filiere, on en met un nombre connu dans la jauge, *fig.* 10, *Pl. 6*, & fi elle en contient plus qu'il ne faut, l'Ouvrier écarte un tant foit peu la lame de la filiere, & les rend par ce moyen un peu plus épaiffes ; il la refferre au contraire fi elles fe font trouvées trop épaiffes, mais il eft certain que les Dents trop minces ne fauroient qu'être mifes à part pour un autre Peigne. Quant à celles qui font trop épaiffes, on peut auffi les réferver pour un autre Peigne, ou les repaffer à la filiere à la volonté de l'Ouvrier.

La

La variété d'épaiſſeur des dents ne provient pas toujours de l'écartement de la filiere : la main de l'Ouvrier y contribue beaucoup ; car ſi, comme nous l'avons déjà dit, il ne tire pas bien droit à lui les dents qu'il fait paſſer à la filiere, il leur donne plus ou moins d'épaiſſeur ſelon qu'il s'eſt plus ou moins écarté de cette ligne directe ; mais pour n'être pas obligé de recommencer la beſogne faite, quand on en a beaucoup, on les jauge, & ce qui eſt bon, eſt mis à part pour le peigne actuel, & toutes les jaugées où il s'en trouve plus ou moins, ſont ſerrées dans des boëtes avec des numéros pour ſervir au beſoin, & c'eſt de la beſogne d'avance. On a repréſenté *fig.* 11 & 12, ces boëtes à double compartiment qu'on place ſur des rayons contre le mur, & dont on peut former un corps de tiroirs, tel que le repréſente la figure 14.

Si l'on ſuppoſe que les dents ſont parfaitement tirées à l'épaiſſeur convenable, on n'a pas encore pour cela atteint le but qu'on ſe propoſe par rapport à la préciſion que ce travail exige. Et ſi les dents ſont d'une telle épaiſſeur qu'elles rempliſſent le compte que le peigne exige, il faut encore avoir attention à la groſſeur du fil ou ligneul qui doit les entourer & qui doit lui-même être aſſujetti à des groſſeurs différentes, ſelon les différens comptes ; ſans cette précaution, vingt dents, par exemple, qui doivent occuper un demi-pouce, en occuperont un tout entier, ſi le fil dont on les entoure eſt trop gros. Mais ce ligneul varie lui même de groſſeur ſelon qu'il doit entrer un plus ou moins grand nombre de dents dans un eſpace déterminé, & ſelon l'eſpace qu'il convient de réſerver entre les dents.

Nous venons de voir que le moyen qu'on met en uſage pour s'aſſurer de l'é-paiſſeur des dents, eſt de les paſſer à la jauge ; c'eſt auſſi une jauge dont on ſe ſert pour meſurer la groſſeur du ligneul ; mais elle eſt d'une conſtruction toute différente.

La figure 15, *même Planche*, repréſente cette jauge en perſpective, & la figure 17, vue de face ; voici en quoi conſiſte cette opération: on couvre de ligneul le cylindre *A*, depuis *a*, juſqu'en *b*; *voyez fig.* 16, un cylindre couvert de ligneul ; on le ſerre comme il doit l'être ſur le peigne, on compte le nombre de tours qu'il contient ; & après s'être aſſuré du rapport de cet inſtrument avec les jumelles, on ſait que telle groſſeur conviendra ou ne conviendra pas au peigne dont il s'agit. Lorſque je traiterai de la maniere de faire le ligneul, je me propoſe de donner quelques combinaiſons de l'accord des dents avec ce ligneul ſuivant le compte & la groſſeur de l'un & de l'autre. Il me reſte à parler de la derniere préparation qu'on donne aux dents avant de monter le peigne.

ARTICLE SIXIEME.

De la derniere façon qu'il faut donner aux Dents avant de les employer.

LORSQU'ON deftine les peignes à des Etoffes groffières , on emploie les dents dans l'état où la derniere préparation dont je viens de parler les a mifes ; il n'y a que les Etoffes de Soie qui exigent une plus grande délicateffe : auffi lorfque c'eft à ces Etoffes qu'on d'eftine un peigne , les Ouvriers ont-ils foin , après leur avoir donné l'épaiffeur & la largeur que les opérations que nous avons décrites leur ont procurées , de leur donner une douceur & une foupleffe capables de ménager une matiere auffi délicate. Cette derniere façon n'eft pas la même chez tous les Ouvriers , chacun fait myftere de la fienne ; à l'entendre c'eft un fecret que fon voifin ne poffede pas au même degré que lui ; tant il eft vrai que le nombre des Charlatans ne fe borne pas à ces gens qui exercent la Médecine fans connoiffances , au grand dommage de l'humanité.

Quoi qu'il en foit de ces prétendus fecrets , que chacun cache avec grand foin , j'en ai découvert quelques-uns ; & pour ne pas me rendre complice de charla-tanerie , je vais les publier tels que je les ai appris.

Quelques Peigners font fondre du favon gras dans une certaine quantité d'eau bouillante , & dès qu'il eft fondu , ils jettent dans cette chaudiere ou marmite une poignée ou plus de dents qui ayent reçu toutes les préparations ordinaires , & la font bouillir deux ou trois heures environ ; ils retirent la chaudiere du feu , laiffent refroidir le tout , & retirent les dents pour les mettre fécher à l'ardeur du foleil , fi cela eft poffible , ou bien devant un feu modéré fi le foleil ne donne pas , ou bien au moyen d'un poële ; & quand elles font bien feches , on les ferre dans des boëtes ou tiroirs, comme nous l'avons déja dit, en les préfervant foigneu-fement contre l'humidité. Il eft certain que cette préparation donne aux dents une foupleffe & une élafticité très-avantageufes à la Soie , & qui contribue beaucoup à la durée des peignes ; & que, fans cette précaution, la vive-arête que conferve chaque dent, & la rudeffe qui eft inféparable de la canne, font très-pré-judiciables à la chaîne, jufqu'à ce qu'un peu de travail les ait émouffées & adoucies ; & c'eft pour cela que quelques Ouvriers frottent les peignes neufs avec du bois blanc comme du faule ou de l'ofier , quand ils n'y favent pas don-ner d'autre façon.

On peut encore préparer les dents avec une leffive compofée d'urine & d'eau dans la quelle on met fondre du favon & du fuif de chandelle ; on y ajoute une quantité affez confidérable de fuie ; & lorfque le favon & le fuif font fondus , on y jette les dents , & on les y laiffe jufqu'à ce qu'elles aient acquis une cou-leur brune ; alors on les retire & on les met fécher comme on l'a vu ci-deffus. Comme on en prépare ordinairement beaucoup à la fois , on a foin de les tenir en garde contre l'humidité dans des boëtes ou tiroirs dans des lieux fecs.

Des deux procédés que je viens de rapporter, il eſt certain que le ſecond eſt préférable au premier, l'expérience m'en a fait porter ce jugement.

Il y a une troiſieme préparation qui approche aſſez de la derniere, & qui rend les dents à peu-près auſſi douces : toute la différence conſiſte à mettre dans la compoſition un peu de ſel dans l'eau, au lieu d'urine ; mais on y met la même doſe de ſuie, de ſavon & de ſuif : ceux qui préferent cette derniere recette n'ont pas le déſagrément de ſentir l'odeur inſupportable de l'urine, qui eſt très-forte quand qu'elle eſt chaude.

Tels ſont les procédés que j'ai recueillis de divers Peigners. Quelques-uns m'ont aſſuré qu'à ces ingrédiens on pouvoit ajouter de l'alun de Rome ; d'autres m'ont dit que ſa nature cauſtique nuiſoit plutôt qu'elle n'étoit favorable : mais ceux qui l'employent, aſſurent que l'alun n'attaque aucunement l'écorce de la canne & qu'elle ne s'attache qu'à la partie intérieure : que comme il eſt eſſentiel de ne laiſſer aux dents que l'écorce, on s'aſſure par ce moyen de la durée des dents dans les frottemens multipliés que leur emploi leur fait eſſuyer.

Cette remarque n'eſt pas dépourvue de fondement ; car en examinant un vieux peigne, on s'apperçoit qu'il n'y a que la partie intérieure de la canne qui ſoit endommagée, & que l'écorce n'eſt preſque pas attaquée. Quoi qu'il en ſoit de la préférence qu'on veuille donner à ces recettes, il eſt certain que les dents ainſi préparées rendent un peigne bien meilleur, plus ſouple & plus doux. J'ai cependant connu des Peigners qui ignoroient qu'on pût donner aux dents d'autres préparations que de les paſſer à la filiere & d'en faire un choix convenable.

Je n'ai jamais eu occaſion de ſavoir, ſi pour les étoffes de laine, pour les toiles, &c, on préparoit les dents des peignes comme je viens de le rapporter ; mais je penſe que cette méthode ne ſauroit être qu'avantageuſe à tous les peignes, puiſque ce n'eſt pas l'étoffe ſeule qui en reçoit de l'avantage, mais que le peigne lui-même en acquiert plus de ſolidité, & dure davantage.

Je dois cependant avertir que les recettes que je viens de rapporter m'ont été données par des Ouvriers dont j'admirois les Peignes ; mais je ne les ai jamais pratiquées moi-même. En comparant leurs ouvrages avec ceux des autres, je n'ai pu me défendre de leur accorder une très-grande ſupériorité ſur eux.

CHAPITRE TROISIEME.

De la maniere de faire les Ligneuls qui servent à tenir les Dents dans leur écartement respectif, & à les contenir entre les Jumelles ou Coronelles.

ARTICLE PREMIER.

Moyens dont on se sert pour assembler les fils des Ligneuls, & pour leur procurer la grosseur qu'ils doivent avoir.

Premiere méthode pour tordre les Ligneuls.

LE Ligneul est, comme on l'a déja dit, le fil qui fixe les dents haut & bas entre les quatre jumelles, & qui sert en même temps à les espacer comme il faut.

Cela posé, on doit sentir que la grosseur de ce Ligneul varie selon l'écartement qu'on veut observer entre les dents : il faut donc lui donner cette grosseur par des procédés que je vais détailler.

Ce que je vais dire du Ligneul propre aux différents Peignes dont j'aurai occasion de parler, ne doit s'entendre que du corps du Peigne ; car quant aux dents des lisieres, on a coutume de les arrêter avec du Ligneul au moins double en grosseur, tant pour la force que pour l'écartement ; aussi a-t-on coutume de faire deux tours à chaque dent pour les tenir plus écartées.

Le fil dont on fait le Ligneul peut être indifféremment de chanvre ou de lin, filé au rouet ou à la quenouille, peu importe ; mais on ne lui donne aucun apprêt : il doit être d'une certaine finesse, pour qu'en ajoutant au brin qu'on veut composer un ou plusieurs fils, on suive une gradation plus insensible, & par ce moyen saisir plus précisément la grosseur dont on a besoin. Ainsi, si à six brins le Ligneul étoit trop fin, & que le septieme qu'on ajouteroit fût lui-même un peu gros, il arriveroit qu'à six il seroit trop fin, & trop gros à sept.

Pour faire l'assemblage des brins, il faut que le fil soit dévidé sur des rochets, comme on en voit un, *fig.* 1, *Pl.* 7, & rempli comme le représente la figure 2. On met une quantité convenable de ces rochets sur une petite cantre ou jet *fig.* 3, & assemblant les bouts du nombre de ces rochets qu'on a déterminé, *voyez* en *A*, *même figure*, on tord tous ces brins l'un sur l'autre avec un rouet à filer *fig.* 4, & on les couche ainsi ne faisant plus

qu'un

PLANCHE 7.

qu'un brin fur le rochet *B*, qu'on place fur la broche *c*. On ne donne à ce Ligneul qu'autant de tors qu'il lui en faut pour affembler ces brins, & n'en faire qu'un; mais il eft effentiel que dans toute fa longueur il foit également tordu, ce qu'il eft affez aifé de régler en comptant le nombre de tours de roue qu'on donne pour tordre la longueur qui eft entre la broche & la main de l'Ouvriere. Quand cette longueur a reçu fon tors, on le couche fur le rochet, on en prend une nouvelle, qui eft réglée par l'étendue du bras : mais il faut avoir grand foin de ne pas defferrer les doigts dans cette opération, fans quoi le tors pafferoit au-delà de la main, fur la partie comprife entre la main & la cantre; par ce moyen on s'affure de l'égalité de tors, & le fil eft très-uni dans toute fa longueur.

On obferve de ne pas trop tordre le Ligneul, parce qu'il devient trop dur, ce qui le rend difficile à employer, ainfi qu'on le verra lorfque nous en ferons au *montage* des Peignes.

Il ne faut pas tordre également le Ligneul de toutes les groffeurs ; car le plus fin feroit trop mou, & le plus gros trop dur : on a chez les Peigners des à-peu-près qui font toujours fuffifants, & dont les femmes à qui ce travail eft ordinairement abandonné ne s'écartent gueres. Sans cette attention l'Ouvrier en montant fon Peigne ne feroit pas maître d'applatir ce fil pour le forcer à ne pas tenir plus de place qu'il ne faut entre les dents : il ne m'eft pas poffible d'établir de regles précifes pour la groffeur de ce fil; car les Peignes varient fi fort dans le compte des dents qu'ils contiennent, & dans l'écartement qu'on obferve entr'elles, que l'expérience feule peut inftruire un Ouvrier qui cher-cheroit ici à s'en rendre parfaitement au fait.

Second moyen pour tordre le Ligneul.

L e s Peigners de Tours & des villes voifines, ont une autre méthode pour tordre les Ligneuls, du moins quant à la machine dont ils fe fervent pour cela ; car l'affemblage des fils fe fait à-peu-près de la même maniere; mais le rouet eft d'une conftruction tout-à-fait finguliere, & le mouvement de rota-tion eft produit par un moyen auffi ingénieux qu'il eft fimple.

La figure 6, *Pl.* 7, repréfente ce rouet tout monté : je vais d'abord en décrire la conftruction. *A A*, font deux montants d'environ fix pouces de haut, à chaque bout defquels eft affemblée une traverfe *B B* à queue d'a-ronde, ainfi qu'on le voit. Les montants *A A*, font percés au milieu de leur hauteur & de leur largeur d'un trou de huit à neuf lignes de diametre, dans lefquels paffe l'axe *d*, repréfenté féparément *fig.* 8, qui n'eft pas d'une grof-feur égale d'un bout à l'autre; mais en *a* & en *b*, font pratiqués deux collets du diametre des trous qui les reçoivent, de maniere cependant qu'ils puiffent y tourner à l'aife. Et pour mettre cet axe en place il faut démonter la machine ; car le cylindre *F*, étant plus gros que les collets , & à-peu-près égal en longueur à la diftance qui fe trouve entre les montants , ne fauroit fortir dès qu'il eft placé. Après le collet *b*, qu'on a foin de tenir un peu plus long que l'épaiffeur du montant dans lequel il paffe , pour que la roue dont nous allons parler ne frotte pas contre ce montant , eft pratiqué un quarré *c*, deftiné à recevoir la roue *C*, dont l'office n'eft autre que de donner de l'impulfion à l'axe dès qu'il eft une fois mis en mouvement. On a foin de pofer cette roue à l'équerre avec l'axe & de l'y arrêter au moyen de deux petites chevilles , l'une devant , l'autre derriere. Il refte maintenant à favoir de quelle maniere on met cette machine en mouvement : on paffe deux tours de corde fur l'arbre en *f*, & on en attache les deux bouts au bâton *E*, *fig*. 6 ; & prenant la machine de la main gauche , & le bâton de la droite , en ferrant un peu la corde fur l'axe , on baiffe rapidement le bout *d*, ce qui fait tourner cet axe ; & pour ne pas s'oppofer à fa rotation par le frottement , on approche un peu la main droite vers la machine , ce qui lâche la corde & permet à cet arbre de tourner tant que dure l'impulfion que lui donne la roue. Dès qu'on la voit fe ralentir , on donne un nouveau coup de poignet , & ainfi de fuite , ce qui produit un mouvement continu.

Il nous refte maintenant à voir comment on fe fert de cette machine pour tordre le fil ; c'eft ce que nous allons effayer de rendre fenfible.

L'Ouvrier fixe un rochet fur une broche de fer *b*, *fig*. 9, qui eft plantée au haut d'un montant *A*, qu'on a fait entrer à force dans le billot ou pierre *B*, qui lui fert de bafe. Ce rochet eft arrêté fur la broche , de façon qu'il ne puiffe fe dérouler fans un effort affez grand. L'Ouvrier en prend une certaine longueur felon l'endroit où il travaille , fixe le bout fur l'arbre du rouet *A*, *fig*. 10, qu'il tient de la main gauche , & fait tourner l'arbre & la roue , ainfi que nous l'avons vu plus haut ; & lorfque cette longueur eft tordue au point convenable , il la devide fur l'arbre en s'approchant du rochet , & prenant une nouvelle longueur , il la fixe au bout par un nœud-coulant , & réitere cette opération tant qu'il y a du fil fur le rochet , ayant foin que ce qui eft tordu & placé fur l'arbre ne communique pas fon tors à la longueur qu'il va tordre , fans quoi il y auroit des parties plus , & d'autres moins tordues , ce qui , comme nous l'avons dit , nuiroit à l'égalité que doit avoir le Ligneul ; & quand le rochet eft fini on peut lui en fubftituer un autre felon le befoin.

Si l'on craint que le rochet ne fe déroule , à mefure qu'on tord les longueurs de ce fil , on peut fe le faire tenir par un enfant ou autre perfonne , comme le fait voir la fig. 11 , *même Planche*, où on a repréfenté deux mains dont le pouce de chacune s'oppofe au déroulement du rochet , ou bien au haut du montant *fig*. 12 , on met un cheville *b*, fur laquelle on fait faire deux ou trois tours au fil , ce qui fuffit pour l'arrêter ; ou enfin on met un petit coin de bois dans le trou du rochet contre la cheville (voyez en *a*, *même figure*,) & on le retire à chaque nouvelle longueur qu'on veut tordre.

Il eft certain que cette méthode eft plus expéditive que celle du rouet à filer ; mais elle n'eft pas auffi fûre pour donner au fil une égalité de tors dans toute fa longueur dont on eft affuré avec le rouet : on ne fauroit ni compter les tours de roue, ni juger du tors ; & quoiqu'on puiffe compter le nombre de coups de poignet qu'on donne à l'arbre, comme les frottements font très-inégaux ; tel qui aura été plus vif, produira moins de tours qu'un autre qui quoique plus lâche, aura été plus libre ; ainfi tout engage à préférer le rouet à filer.

Cette méthode, toute défectueufe qu'elle me paroît, eft fi univerfellement adoptée dans quelques Provinces où j'ai voyagé, que je n'ai pas cru pouvoir me difpenfer de la rapporter. J'ai fait repréfenter cette machine toute montée & en perfpective dans la figure 6, & en action entre les mains de l'Ouvrier *fig.* 10, pour ne rien laiffer à défirer au Lecteur curieux de connoître toutes les machines & tous les procédés. La figure 13 la repréfente vue de côté, & tout auprès eft la corde qui fert de moteur à la roue & à l'arbre.

Troifieme moyen pour tordre le Ligneul.

Si la bifarrerie du génie des hommes eft fouvent caufe des différentes méthodes qu'on voit adoptées dans telle ou telle Province, il faut convenir auffi que le défir de perfectionner les Arts a de tout temps animé quelques Ouvriers plus intelligents que les autres, & c'eft à eux qu'on doit le degré où ils font portés de nos jours.

Les deux méthodes que je viens de rapporter font très-imparfaites pour donner au fil dont on fait le Ligneul, l'égalité de tors qui lui eft fi effentiel. C'eft fans doute cette confidération qui a fait imaginer le Moulin dont je vais rendre compte, & qui à mon avis atteint le but propofé, autant qu'il eft poffible de l'atteindre. J'ignore quel en eft l'Auteur ; je m'emprefferois d'en publier le nom ; mais je n'en ai vu qu'un, d'abord chez un Peigner à Avignon, puis bientôt après un fecond à Nîmes, ma Patrie. La reffemblance que je lui ai trouvée avec quelque partie du moulinage des Soies dont j'ai toute ma vie été fort curieux, me l'a fait examiner de fort près. Et quoique alors je ne penfaffe pas que ce fût un objet auffi effentiel, de s'occuper du tors du Ligneul avec autant d'application que je le voyois faire, je ne pus me refufer à admirer un moyen auffi ingénieux, qu'on fubftituoit à la méthode ordinaire de faire tordre le fil du Ligneul au fufeau par des femmes. Il n'eft pas de branche dans les Arts qui ne mérite les foins de l'Artifte le plus entendu : telle eft l'injuftice des hommes, que qui n'a pas inventé une grande machine, mais feulement perfectionné un procédé ufuel, puiffe à peine prétendre à la reconnoiffance de fes contemporains ; mais la poftérité eft plus judicieufe ; & dès que le concours des intérêts perfonnels ceffe, on rend juftice au génie, & l'homme utile reçoit la récompenfe due à fon mérite.

Description du Moulin.

L a machine que j'entreprends de décrire est une des plus ingénieuses de celles qu'on employe aux opérations de la Soie, & mérite une attention particuliere; elle est fort compliquée, mais je doublerai d'attention pour me rendre intelligible à tous mes Lecteurs.

La figure 1, *Pl.* 8, représente la cage de cette machine: sur une forte table formée d'une planche *A*, épaisse d'environ deux pouces, & montée sur quatre pieds *B*, *B*, *B*, *B*, assemblés par autant de traverses *C*, *C*, *C*, *C*; sont plantés quatre montants *D*, *D*, *E*, *E*, dont deux, savoir ceux de devant *D*, *D*, sont plus épais que les deux autres pour des raisons qu'on déduira par la suite. Ceux *E*, *E*, sont assemblés à six ou huit pouces de leur extrémité supérieure par la traverse *F*, à tenons & mortaises, & les deux autres *D*, *D*, le sont à quatre à cinq pouces du bas par la traverse *L*, dont nous aurons occasion de parler encore. Chaque couple de ces montants est lui-même assemblé par les traverses *H*, *H*, à la hauteur de celle *L*; mais outre les tenons & mortaises qui forment cet assemblage, on a soin de pratiquer une entaille de l'épaisseur des traverses où elles entrent juste, pour résister mieux à l'ébranlement que reçoit sans cesse cette machine quand elle est en mouvement. Sur l'extrémité des montants *D E*, *D E*, sont placées & chevillées, les traverses *G*, *G*, sur la largeur desquelles est pratiquée une large rainure, profonde d'un demi-pouce ou environ: ces traverses excedent la longueur de la machine de quelques pouces de chaque côté pour l'usage dont nous parlerons. Les deux traverses *I*, *K*, qu'on voit au haut des montants *D*, *D*, y sont attachées, non pas à tenons & mortaises, mais clouées, ou chevillées solidement, l'une *K*, par dedans, & l'autre *I*, par dehors, de maniere que celles *G*, *G*, semblent reposer dessus; au moyen de quoi il se trouve entre ces traverses *I*, *K*, un espace déterminé par l'épaisseur des montants *D*, *D*, qu'on a faits plus épais à ce dessein pour y placer un pignon ou lanternon dont nous parlerons dans un autre moment.

Si le Lecteur veut se donner la peine d'examiner à part dans la *même Planche* toutes les piéces séparées dont nous venons de parler, il y verra d'abord la maniere dont les quatre montants de la cage sont entaillés outre les mortaises pour recevoir les trois traverses d'en bas; il verra aussi l'entaille avec épaulement qu'on pratique au haut des montants *D*, *D*, pour y placer plus solidement la traverse *I*, car celle *K* n'est que clouée contre ces mêmes montants; mais pour lui donner plus de solidité, on attache sous cette traverse & contre chacun de ces montants *D*, *D*, un gousset *N*, sur lequel elle repose.

On peut remaquer aussi aux montants *E*, *E*, un enfourchement pratiqué dans le sens de la traverse *F*, qui ne doit pas y être assemblée, mais dans une mortaise qui se trouve au dessous: cet enfourchement sert à recevoir la traverse

mobile

mobile *M*, repréfentée à part *fig.* 5, dont je vais détailler la conftruction &
l'ufage.

Cette traverfe a vers le milieu de fa longueur fix ou huit pouces de largeur,
& fes extrémités font réduites à deux pouces ou environ. Les trous *a*, *a*, qu'on
y voit, fervent à recevoir les chevilles *B*, *B*, qui paffant en même temps dans
les trous pratiqués au haut des montants *E*, *E*, tiennent cette traverfe *M*, à
différentes élévations fuivant le befoin : l'entaille *A*, qu'on voit au milieu de
cette traverfe, & qui eft profonde d'environ un pouce ou un pouce & demi, fert
à recevoir l'axe d'un guindre ; & pour l'empêcher de fortir de fa place, on ferme
cette entaille au moyen de la petite traverfe *O*, quand le guindre y eft placé,
au-deffus de la figure 5 à part, & à la même place fur la figure 1 : cette traverfe eft
retenue par le fecours des chevilles *p*, *p*, qui entrent dans la traverfe *F*, en *c*, *c*,
fig. 5, en paffant au travers des trous de la petite traverfe qui leur correfpondent.

L'autre bout de l'axe du guindre eft porté par la traverfe *K*, dont nous avons
déja dit un mot ; mais telle qu'on la voit fur la figure 1, elle ne fauroit fe prêter
aux différents degrés d'élévation que nous avons vu qu'on pouvoit donner au
guindre avec la traverfe *M* : il a donc fallu lui donner cette propriété ; & c'eft à
quoi on a pourvu, en pratiquant fur fon épaiffeur (*voyez la figure féparée, même
Planche*) deux mortaifes *a*, *a*, qui la traverfent d'un côté à l'autre, & dans
laquelle entrent les deux clefs *b*, *b*, de la piece de bois *fig.* 7, qu'on peut tenir
à l'élévation convenable, au moyen des chevilles qu'on place dans les trous
c, *c*, *c*, &c. de la traverfe *M*. On pratique à cette piece de bois une entaille
pareille à l'autre pour recevoir l'axe du guindre, & on l'y retient au moyen
de la traverfe *r*, & des chevilles *S*, *S*.

Dans la diftance que l'épaiffeur des montants *D*, *D*, a réfervée entre les
traverfes *I*, *K*, on place le lanternon *C*, *fig.* 2, qui eft fixé folidement fur une
partie quarrée ; & les deux collets *a*, *b*, roulent, favoir celui *a*, dans un conduit
de fer *d*, attaché au-deffous de la traverfe *I*, & l'autre *b*, dans un trou qui
répond horizontalement à ce *conduit*, dans la traverfe *K*, & en dedans de la
machine : après le collet, eft une partie quarrée prife fur l'arbre, fur laquelle eft
fixée une roue dentée *D*, & retenue par l'écrou *c*. La figure 3 repréfente le
plan géométral de ces deux traverfes *I*, *K*, du lanternon *C*, & de la roue
dentée *D*.

Sur la face extérieure & au milieu de la traverfe *I*, eft un autre conduit de
fer dans lequel roule le collet d'un autre axe fur une partie quarrée duquel eft
enarbrée la roue *B*, *fig.* 6, *Pl.* 8, & *d*, *fig.* 3 & 6, *Pl.* 9, qui fe meut horizontalement, & engrene dans le lanternon *C*, au moyen des alluchons dont elle
eft garnie. Il eft aifé de fentir que cette roue paffe par deffous la traverfe *I*,
pour rencontrer le lanternon qui eft lui-même au-deffous de cette traverfe, ainfi
que nous l'avons dit. Au haut de cet axe eft une partie quarrée, *voyez fig.* 8
Pl. 9, qui reçoit la piece de bois *E*, *fig.* 11, *même Planche*, au milieu de la-

quelle eſt un trou quarré à cet effet. Sur la partie allongée de cette piece de bois eſt un autre trou dans lequel on plante ſolidement une cheville, après avoir enfilé une poulie longue *e*, qui y eſt retenue par une tête qui eſt réſervée. C'eſt cette poulie, qui produit une révolution excentrique autour de l'axe quand la roue eſt en mouvement, & fait aller les deux *va-vient* dont nous parlerons bientôt.

La partie inférieure de l'arbre deſcend environ au tiers de la diſtance entre les traverſes *I* & *L*, & eſt terminée par une partie quarrée qui entre dans la manivelle *C*, *fig.* 4, *Pl.* 8, qui eſt parfaitement ſemblable au fût d'un vilbrequin.

Au milieu de la traverſe inférieure, & ſur ſon épaiſſeur, eſt attachée un autre conduit, qui doit être bien à-plomb avec celui d'en-haut. C'eſt-là que paſſe le collet d'un autre arbre, ſur lequel eſt réſervée une partie quarrée pour recevoir la poulie *T*, à double rainure ; le bas de cet arbre eſt terminé en pointe, & roule dans une grenouille de cuivre entrée de toute ſon épaiſſeur ſur la table *A*, de la machine, & le haut eſt un quarré propre à entrer dans la manivelle : nous verrons ailleurs l'uſage de cette poulie.

Il eſt à propos de pratiquer ſur l'épaiſſeur de la poulie *T*, une double rainure, pour y placer deux cordes ſans fin, dont l'une fait mouvoir la poulie *R*, à droite, & l'autre celle *S*, à gauche ; mais en fixant ces 2 dernieres ſur leur arbre, il faut avoir ſoin de les mettre chacune à la hauteur de la rainure de la grande poulie, à laquelle elles doivent correſpondre. La pointe de l'axe de ces trois poulies repoſe dans une grenouille entrée de toute ſon épaiſſeur dans la table, & les axes des poulies *R*, *S*, font tourner les deux rochets *P*, *Q*, dans les trous deſquels ils entrent à frottement dur. C'eſt la rotation de ces rochets qui donne au ligneul le tors qui lui convient ; mais il ne ſuffit pas qu'on parvienne à le tordre, il faut encore qu'il ſe déroule également pour qu'aucune partie ne ſoit plus tordue qu'une autre : nous allons pas à pas découvrir les moyens qu'on a mis en uſage pour obtenir cet effet.

Sur l'axe ou fuſeau qui reçoit les rochets *P*, *Q*, & qu'on a repréſenté à part, *Pl.* 9, *fig.* 5, & au-deſſus de ce rochet, eſt une piece de bois, tournée, de la forme qu'on voit *fig.* 4, *même Planche*, qu'on nomme *coronelle* : elle a la liberté de tourner ſur cet axe qui l'enfile par ſon centre ; & pour donner à cette piece un peu plus de peſanteur, on l'évide par-deſſous, en la tournant, de maniere à en former une eſpece de taſſe dont l'entrée eſt plus étroite que le fond, & qu'on remplit de plomb fondu : mais pour ne pas perdre le trou du centre par lequel elle roule ſur l'axe, on fait entrer dans ce trou une cheville de bois qu'on retire quand le plomb eſt refroidi, & par ce moyen on peut aiſément la mettre en place. Ce n'eſt pas aſſez d'avoir garni cette coronelle de plomb ; on ne donne par là qu'un peu de frottement ſur la tête du rochet, pour que le fil ne ſe déroule pas trop vîte, mais elle pourroit encore ſortir de ſa place ; c'eſt pour cela qu'on l'y arrête au moyen de la petite cheville de bois qui entre dans un trou pratiqué au haut de l'axe, & qui le perce de part en part.

Si l'on eût abandonné le déroulement du fil du rochet au mouvement de

l'afple qui l'attire, comme nous le verrons plus bas, il en feroit fouvent forti
dans le plus grand défordre, comme une pelotte de ficelle qui s'éboule ; c'eft à
quoi on a pourvu au moyen des deux bras *a*, *b*, qu'on voit fur la figure 6, *Pl.* 8,
& dans de fortes proportions *fig.* 4, *Pl.* 9. Ces bras ne font autre chofe qu'un bout
de fil d'archal, à chaque extrémité duquel on forme un anneau ; mais avant on le
paffe par fes deux bouts à la fois dans deux trous pratiqués obliquement fur la
partie convexe de la coronelle, de façon que les côtés par où ils fortent fe
trouvent diamétralement oppofés l'un à l'autre, après avoir fuivi l'efpece
d'enlacement qu'on voit en *a*, *b*, *même figure* 4 ; c'eft après cet arrangement
qu'on fait les anneaux dont il a été parlé, & on les dirige l'un en haut, à peu-
près perpendiculairement à l'axe, & l'autre environ vers le milieu du rochet ;
par ce moyen le fil en fe développant eft toujours dans une pofition à peu-
près perpendiculaire, ce qui empêche qu'il ne fe mêle. Je reviendrai fur tous ces
détails, lorfque pour les faire mieux fentir, je ferai voir au Lecteur la machine
entiere en mouvement.

L'objet de toute cette mécanique, eft de tordre le fil, & de le recevoir à
mefure fur un guindre ou afple, qu'on voit au haut de la machine. Avant de
paffer plus loin, il eft à propos de connoître la ftructure de cet uftenfile ; &
quoiqu'on puiffe le diftinguer affez diftinctement fur la figure 6, *Pl.* 8, je crois
qu'il eft plus à propos d'en aller chercher l'enfemble & les détails dans la *Pl.* 9.

B, *B*, *fig.* 16, font deux croix ou *Croifieres* de bois, affemblées par le milieu
à mi-bois, & dont chaque rayon eft à angles droits avec les deux autres ; au
bout de chacun eft pratiquée une entaille de deux pouces de profondeur ou
environ, & d'une épaiffeur propre à recevoir les aîles *A*, *A*, *A*, *A*, qui y
font ordinairement chevillées : je dis ordinairement, car quelques Ouvriers plus
intelligents ont quelquefois foin de n'en cheviller que deux, pour l'ufage que je
rapporterai ailleurs. Au centre des deux croifieres, eft un trou quarré, fervant
à recevoir l'axe *D*, fur lequel tourne le guindre ; mais cet axe n'eft pas conftruit d'une façon ordinaire, & a befoin d'être détaillé.

La partie *C*, dont la longueur détermine l'écartement des croifieres entr'elles,
eft cylindrique & de bois ; à chacune de fes extrémités eft un trou comme la
figure féparée & cotée *C*, le repréfente au bas de la Planche ; ce trou eft équarri
vers fon entrée, & va en diminuant vers le fond, pour recevoir la tige de fer,
fig. 18, dont les 2 bouts font terminés en pointe, & quarrés pour entrer avec plus
de force dans le cylindre & ne point tourner dedans. La partie pleine *A*, entre
jufte dans les croifieres qui font retenues en place au moyen d'un autre cylindre
fig. 20, & coté *D*, *fig.* 16 ; ce cylindre eft fixé fur le guindre au moyen de l'autre
bout de la broche qui y entre comme à celui *C* ; & par cet arrangement qui fe
répete à chaque bout, ainfi que nous l'allons voir, les croifieres font retenues
folidement en place, fans pouvoir fe déranger : le bout de cette partie de l'axe
eft terminé par un collet *f*, *fig.* 20, par où le guindre repofe dans l'entaille de la

PLANCHES 8 & 9.

traverfe mobile de derriere la machine , *voyez fig. 6, Pl.* 8. La partie antérieure de l'axe eft toute de fer & quarrée , ainfi que le repréfente la figure *19* , où l'on voit en *b*, la queue qui entre dans le cylindre *c*, & retient les croifieres contre l'épaulement *e* ; & le quarré *c , d*, va en diminuant infenfiblement vers *d*, pour que la roue dentée qu'on place deffus ne puiffe pas s'éloigner vers le guindre : enfin on voit en *c*, un collet par où repofe le guindre fur la traverfe mobile du devant de la machine. J'ai eu foin de faire repréfenter à part les pieces féparées pour en rendre la conftruction plus fenfible : la figure 22, *Pl.* 9, repréfente le guindre prêt à être mis en place , & garni de fa roue dentée. Pour voir la machine en mouvement , retournons à la figure 6 , *Pl.* 8.

Au bout de l'arbre *A*, qui porte le lanternon *C, fig.* 2, eft fixée fur un quarré fait exprès , une roue dentée *D* , qui eft retenue en place par le boulon à tête *c* , au moyen de quoi le lanternon *C* fe trouve entre les deux traverfes *I , K* , de la machine , & l'arbre roule fur les deux collets dans l'épaiffeur de ces traverfes: la roue *D* eft en dedans , fans autre appui que ces collets , elle engrene dans celle qui tient à l'axe du guindre , & lui communique le mouvement qu'elle reçoit de la roue horizontale dont les alluchons font tourner le lanternon.

Au haut de l'arbre de la roue horizontale , eft une partie quarrée qui reçoit la piece excentrique *d*, au bout de laquelle eft un trou dans lequel entre à vis le petit boulon de fer *p* , qui paffe au centre d'une poulie qui a environ un pouce de haut , & reçoit les boucles formées aux bouts des ficelles *c , c*, qui menent les va-vient *b , b*, & paffent fur les poulies *l , l*, pour communiquer le mouvement dans la direction des couliffes *G , G* : on fent aifément que lorfque l'excentrique eft à gauche , par exemple , le va-vient de ce côté recule vers le bout de la machine , puifque la ficelle à laquelle il eft attaché eft lâchée de ce côté ; & par un effet oppofé , l'autre eft attiré en devant : pour contrebalancer ces mouvements , on met au bout de chaque va-vient un contrepoids fufpendu à une ficelle qui paffe fur les poulies *f , f*, dont celle à droite eft cachée par le guindre. Il me refte à faire voir la machine en mouvement.

Toutes les pieces étant mifes en leur place , ainfi que repréfente la figure 6 , *Pl.* 8 , l'Ouvrier s'affied au devant de la machine , & prenant de la main droite la manivelle , il la fait tourner de gauche à droite , & opere deux mouvements , l'un en haut pour le guindre & les va-vient , & l'autre en bas pour les rochets qui contiennent le fil.

Il eft , je crois , inutile d'avertir que le fil doit être doublé à la quantité de brins néceffaires quand on met les rochets fur ces fufeaux ; car cette machine ne fert uniquement qu'à le tordre.

D'abord par en haut , la roue horizontale *B*, fait tourner le lanternon , & par conféquent la roue dentée qui eft au bout de fon arbre : cette derniere fait tourner la roue qui eft fur l'arbre du guindre & lui procure un mouvement plus ou moins rapide , felon que cette derniere eft plus ou moins grande. C'eft ici le lieu de faire

fentir

fentir l'utilité des traverfes mobiles qui reçoivent l'axe du guindre ; car fi l'on veut mettre une roue d'un plus grand diametre au bout du guindre, il faut de toute néceffité le hauffer, & c'eft à quoi fervent les trous pratiqués fur la hauteur des queues *b*, *b*, de la traverfe de devant *fig.* 7, & ceux pratiqués dans la traverfe de derriere *M*, & *fig.* 5 ; le guindre tourne donc de droite à gauche, & fi on y attache les bouts du fil qui font fur les rochets *P*, *Q*, il les attirera à lui, & en formera deux écheveaux : jufques là le fil fe développeroit fans fe tordre, fi le mouvement des poulies *R*, *S*, *T*, ne lui procuroit cet avantage au moyen des deux cordes fans fin qui les embraffent, favoir, l'une à droite, & l'autre à gauche ; la poulie *S*, fait tourner le fufeau *O*, fur lequel elle eft enarbrée, ainfi que le rochet qui y eft fixé. La fixation de ce rochet fur fon fufeau, feroit un obftacle au développement du fil, fi la coronelle *r* n'étoit mobile : elle fait moins de tours que le rochet, parce que le fil que le guindre appelle fans ceffe, l'en empêche, pour fe prêter au développement. Il n'eft pas du tout indifférent de quel côté on faffe dérouler le fil de deffus le rochet, & en fuivant le mouvement de gauche à droite à la manivelle, on verra que le rochet tourne de droite à gauche, qu'il femble envelopper le fil au lieu de le développer, ce qui convient parfaitement, pour ne le laiffer échapper qu'à mefure que le guindre le demande & que les coronelles le permettent : c'eft donc du même fens où le fil a été mis fur le rochet, qu'il doit être placé fur la machine.

Le fil ainfi attiré par le guindre en fortant de deffus les rochets qui font placés l'un vis-à-vis l'autre, formeroit un écheveau double dont les brins fe mêleroient enfemble, fi on n'y avoit pourvu par un moyen très-ingénieux, je veux dire les *va-vient* : il a fallu d'abord placer un guide immobile *k*, fur chaque traverfe *G*, *G*, au haut de la machine, perpendiculairement à chaque fufeau, pour que les bras *a*, *b*, des coronelles *r*, ne fuffent pas fatigués par un tiraillement dont la direction variât fans ceffe ; & pour empêcher la réunion des écheveaux au même point fur le guindre, on met fur la longueur des va-vient, à différents trous qu'on y voit, un guide qu'on change de place quand on le juge à propos ; mais il faut toujours avoir foin qu'ils ne fe rencontrent jamais fur une même ligne, car on tomberoit dans l'inconvénient qu'on a deffein d'éviter, la réunion des écheveaux.

Il ne faut pas croire que le plus ou moins de tors qu'on veut donner au fil puiffe fe déterminer par la force ou la lenteur du mouvement de la manivelle motrice de toute la machine ; car fi le mouvement eft très-rapide, il eft clair que les fufeaux tournant fort vîte, le fil femble devoir être très-tordu ; mais en revanche il eft appellé fort vîte par le guindre qui tourne lui-même très-rapidement. On regle le plus ou moins de tors par la grandeur de la roue dentée qu'on met fur l'axe du guindre : & en effet dans un nombre donné de tours de la manivelle, il eft évident qu'une grande roue au guindre lui aura fait faire moins de révolutions qu'une plus petite : il ne faut pour s'en

convaincre que fuivre les révolutions de chaque piece. Suppofons que le lanternon faffe vingt tours, la roue qui eft fur le même arbre en aura fait autant;
fuppofons encore que cette roue ait quarante dents, fi celle du guindre n'en
a que dix, à chaque révolution de la grande, l'autre en aura fait quatre; mais
fi elle en a elle-même quarante, elle fera tour pour tour, & moins fi elle en a
plus. L'explication des Planches que je joindrai à la fuite de cet Ouvrage,
fuppléera à ce qui pourroit manquer à ma defcription, & rendra un compte
plus particulier des piéces qui compofent toute la machine. Je n'ai plus qu'à
ajouter un mot fur un ufage très-vicieux qu'on a adopté pour retirer les écheveaux de deffus le guindre, & à propofer un expédient auffi fimple qu'avantageux pour y remédier.

PLANCHE
10.
La figure 3, *Pl.* 10. repréfente un guindre couvert d'écheveaux à tous les degrés où les guides des va-vient ont permis d'en placer : lorfqu'il s'agit de les
retirer, on ne fauroit en venir à bout qu'avec force, ce qui en peu de temps
fatigue & brife la machine. Ne feroit-il pas plus fimple de ne cheviller fur les
croifieres du guindre, que deux des quatre aîles, & de faire aux deux autres,
les entailles qui les reçoivent plus profondes pour recevoir une traverfe comme
celle qu'on voit en *G*, *G*, *fig.* 23, *Pl.* 9 : ces traverfes font par un bout amincies, & par l'autre réduites à une pareille largeur, au moyen de l'entaille *b*, *b*; de
façon qu'en la frappant vers le bout *a*, elle tombe fur la partie étroite & dans
l'entaille *b*; & la traverfe *H*, en s'enfonçant auffi dans l'entaille donne de la
liberté pour retirer les écheveaux; mais il faut avoir attention que ces encoches
ou entailles foient faites à l'écartement des croifieres; & quand on veut les
remettre en place, on frappe fur le bout *c*, qui les fait remonter ainfi que la
traverfe *H*.

On pourroit encore pour ne retirer les écheveaux dont on a befoin que par
un bout, mettre quatre coins comme le repréfente la figure 1, *Pl.* 10, & en
n'ôtant que ceux d'un bout, voyez en *A*, *fig.* 4, ne retirer les écheveaux que
par là.

L'expédient que je propofe pour retirer les écheveaux de deffus le guindre
a quelques avantages fur les traverfes entaillées dont j'ai parlé plus haut;
entr'autres de ne donner iffue aux écheveaux que par le bout qu'on veut, au lieu
que les traverfes une fois baiffées, tous les écheveaux deviennent lâches & cou-
rent rifque de tomber ou de fe mêler. Il eft vrai qu'en ne retirant les coins que par
un bout, l'autre s'élargit un peu, & la cheville qui retient les aîles fe caffe
aifément à caufe de l'écartement forcé : ainfi tout confidéré, je penfe qu'il vaut
mieux fe fervir des clefs entaillées, on en fera quitte pour un peu d'attention,
& les Mouliniers ne préfereroient pas cette méthode pour la Soie qui eft infiniment plus précieufe, fi les avantages ne l'emportoient pas fur les inconvénients.

Lorfque le fil a reçu par le moyen de cette machine un tors convenable, il eft
néceffaire de le redevider fur des rochets pour lui donner un autre apprêt, qui

confifte à le poiffer, ainfi que nous allons le voir. Mais quoique ce devidage ne foit ni difficile, ni compliqué; comme chaque Art a fes procédés différents, même lorfqu'on fe propofe le même but, il eft à propos de décrire ceux que les Peigners employent à cet effet.

Article Second.

Maniere de devider le fil tordu au Moulin ci-deffus.

Il eft certain que le tors qu'on vient de voir qu'il eft à propos de donner au fil pour en former le ligneul, lui donne beaucoup de roideur & de dureté; c'eft la raifon fans doute pour laquelle les Peigners n'ont pas adopté les devidoirs dont l'ufage eft fi ordinaire par-tout; ils en conftruifent de très-forts & très-folides, tels qu'on en voit un *fig.* 7, *Pl.* 10. Sur la circonférence d'un moyeu *B*, font pratiqués quatre trous à angles droits, deux par deux, fur deux lignes, pour qu'ils ne fe rencontrent pas au travers du moyeu : ces trous doivent être quarrés; ils reçoivent à frottement un peu jufte les quatre aîles *A, A, A, A*, qui forment la croix, & au bout defquels font affemblés à tenons & mortaifes quatre croiffants *C, C, C, C,* placés fuivant la longueur du moyeu. On connoît à la fimple vue de cette tournette, qu'elle peut changer de diametre à volonté, & fe prêter à la grandeur des écheveaux qui varie fuivant les guindres où ils ont été faits; il ne s'agit pour cela que de pouffer ou de tirer à foi chacune de ces aîles : voyez la figure 8, qui repréfente un pareil devidoir vu de face, avec un écheveau deffus. Il eft encore néceffaire de pouffer une des aîles, quand on veut mettre un écheveau fur ce devidoir ou l'en retirer, & quand il y eft placé on doit la retirer au point convenable.

Ce devidoir tourne verticalement fur un axe qui paffe par le centre du moyeu *b* : voyez en *a fig.* 9, la place du moyeu; & pour qu'il n'approche pas trop du montant *F*, on réferve à cet arbre un renflement *E*, qui pofe contre le montant, & à l'autre bout eft un tenon quarré par où il entre dans ce montant qui lui-même eft planté dans un billot ou dans une pierre *G*, affez lourde pour donner de la folidité à toute la machine : toutes les pieces font repréfentées à part fous les mêmes lettres. On arrête la tournette fur fon axe au moyen d'une cheville de bois qu'on met dans le trou *f*, qui eft au bout de l'axe. La figure 10, repréfente une Ouvriere occupée à devider avec cette tournette; mais elle tient fur fes genoux une autre machine dont il eft à propos de rendre compte.

Sur une planche *K*, *fig.* 11, font plantés deux montans *L, L*, à huit ou dix pouces de diftance l'un de l'autre; au haut de chacun eft une entaille *m, m,* propre à recevoir les collets de l'arbre *M*, où il eft retenu par les chevilles *n, n*; enfuite du collet eft réfervée une partie quarrée fur laquelle on place la roue *N*, dont l'office n'eft autre que d'accélérer la rotation de la machine;

& enfin l'arbre se termine en pointe de quatre à cinq pouces de long, d'un diamettre suffisant pour y pouvoir placer un rochet O, fur lequel on devide le fil. L'Ouvriere tient de la main gauche le fil qu'elle conduit fur le rochet, pour qu'il s'y répande également, & de la droite elle frape du plat de la main, en retirant le bras à elle, fur l'arbre entre les deux montants, & procure par-là une rotation très-rapide à cet arbre, & conféquemment au rochet; elle répete ces coups de main auffi fouvent qu'il eft néceffaire pour entretenir le mouvement.

L'arbre de cette machine eft compofé de trois pieces, ainfi que la figure 16, & les pieces qui font au-deffus l'indiquent: le gros de l'arbre eft de bois; à droite eft un collet qui y entre avec effort, & qu'on a repréfenté à part en R, ou l'on voit un de fes bouts terminé en pointe. Dans l'autre extrémité du cylindre P, entre une tige de fer appointie en o à cet effet, enfuite arrondie pour fervir de fecond collet; enfuite eft un quarré qui reçoit la roue, & enfin eft la pointe fur laquelle on place le rochet. Au moyen de cet uftenfile le devidage fe fait fort vite; après quoi on paffe le fil à la poix, comme on va le voir.

ARTICLE TROISIEME.

Maniere de poiffer le Fil pour en faire le Ligneul.

Le Fil avec lequel on arrête les dents fur les jumelles ne prend le nom de Ligneul que lorfqu'après toutes les préparations dont j'ai rendu compte juf-qu'ici, on l'a enduit de poix fondue & préparée pour cela.

La poix dont on fe fert n'eft pas pure, c'eft ordinairement de la noire; on y mêle une certaine quantité de poix-réfine & de fain-doux ou de fuif de chandelle; quant aux dofes dont ce mélange eft compofé, il n'y a rien de déterminé; chaque Peigner le compofe à fa fantaifie; quelques-uns m'ont affuré que fur une livre de poix noire, on mettoit deux onces de poix-réfine neuve, & environ une once de fain-doux ou de fuif; il faut faire fondre cela dans une marmite de terre verniffée neuve, & quand on veut s'en fervir, on met la marmite fur le feu, ayant foin que la matiere bouille continuellement; alors on paffe le fil dedans, & il n'en prend que ce qu'il lui faut pour parvenir à la groffeur dont on a befoin; mais ce n'eft pas affez de l'abandonner ainfi au hazard, on a imaginé diverfes méthodes pour régler cette groffeur dans toute fa longueur. Parmi ces méthodes il y en a fans doute de meilleures les unes que les autres, mais je me contenterai d'en faire voir trois des plus ufitées & des plus commodes, telles que je les ai vu pratiquer aux Peigners les plus habiles, de qui je les tiens.

Premiere maniere de poiffer le fil.

On place dans une cheminée, *fig.* 1, *Pl.* 11, une marmite A, fur un trépied B, & on entretient deffous un feu de bois fuffifant pour tenir la liqueur bouillante.

bouillante. Au côté droit de la cheminée & en dedans, sont scellés deux forts pitons *b*, *b*, dans l'anneau desquels passe une broche de fer sur laquelle est placé le rochet *C*, qui se déroule à mesure qu'on en a besoin.

L'Ouvrier prend un bout de ficelle un peu grosse, & fait un nœud au milieu, dans lequel il fait passer le fil du rochet, & à mesure que ce fil sort de la marmite *fig.* 2, ce nœud lui sert de filiere pour en régler la grosseur : voyez l'Ouvrier tenant cette ficelle de la main gauche, & tirant de la droite le fil qui se déroule à mesure de dessus le rochet.

Il falloit un moyen pour déterminer le fil à aller se plonger dans la poix qui est dans la marmite ; c'est ce qu'on obtient au moyen d'une fourchette de fer *F*, *fig.* 3, au bout de laquelle est un tenon qui passe dans un trou pratiqué au milieu d'un morceau de bois *E*, qui, appuyé contre les parois intérieurs de la marmite, retient cette fourchette dans une position perpendiculaire ; au moyen dequoi le fil qu'on passe d'abord entre les deux pointes *C*, *C*, se plonge dans la marmite, & s'y impregne d'une quantité suffisante de poix, dont ensuite la filiere ôte le superflu.

Il faut dans ce travail avoir attention d'enduire les doigts de la main droite avec un peu de saindoux pour empêcher que la poix ne tienne aux mains, & à mesure qu'elle se dissipe on en reprend dans une terrine qu'on place à cet effet sur la cheminée, ainsi qu'on le voit en *G*, *fig.* 2.

La poix dans cette opération ne se fige pas très-promptement ; c'est pourquoi il faut avoir soin de placer chaque tour par terre, & non les unes sur les autres, du moins autant qu'on le peut, attendu qu'ils se collent ensemble, & que ceux qui sont dans une position inclinée occasionnent l'écoulement de la poix vers la partie inférieure, & le fil par ce moyen devient dans toute sa longueur plein d'inégalités ; inconvénient auquel le but de la filiere étoit de remédier, & qu'on ne sauroit éviter malgré toutes les précautions que je viens de recommander ; on n'est jamais assuré d'une parfaite égalité dans la longueur du ligneul parce que, comme nous l'avons déja dit, quelque soin qu'on prenne pour étendre les tours par terre, à mesure qu'on le tire ; comme la poix reste long-temps chaude, elle descend par son propre poids & se trouve plus épaisse d'un côté que de l'autre ; mais ces défauts n'empêchent pas beaucoup d'Ouvriers de mettre cette méthode en pratique.

Parmi ceux qui en tirant le ligneul le laissent tomber à terre, il y en a qui se servent pour filiere d'une palette de bois, au milieu de laquelle il y a un trou de la grosseur qu'on désire *fig.* 4, *même Planche.* On tient cette palette de la main gauche tandis que la droite qu'on enduit de saindoux, tire le ligneul, ainsi que la figure le représente.

Cette seconde méthode est, sans contredit, préférable à la précédente quand à la filiere dont le trou peut être très-rond, ce que la ficelle ne sauroit produire. On graisse cette palette de temps en temps avec un peu de saindoux, pour que la poix ne s'y attache pas : on a autant de palettes qu'on veut de différentes groſſeurs de ligneul, & on les numérote pour les diſtinguer plus aiſément au beſoin.

Quand on a poiſſé une certaine quantité de ligneul, & qu'il eſt bien refroidi, on le devide par petits paquets entre le pouce & l'index de la main gauche *fig. 6*, ou bien ſur les trois premiers doigts *fig. 5*, en le conduiſant avec la main droite ; on lie enſuite ces paquets par le milieu *fig. 7*, avec la fin de chaque bout, & on l'arrête par un nœud-coulant pour le ſerrer ainſi ſans craindre qu'il ne ſe mêle.

Seconde maniere de poiſſer le fil.

PLANCHES 11 & 12.

Les Peigners qui emploient la méthode que je vais rápporter, placent une marmite remplie de poix & autres ingrédients ſur le feu dans une cheminée, comme on l'a déja vu ; ils ſe ſervent d'une palette dont le trou eſt plus ou moins grand, ſuivant la groſſeur qu'on veut donner au fil, &, faiſant de la main droite tourner l'aſple *fig. 1*, *Pl. 12*, ils l'enveloppent de ligneul à meſure qu'il ſort de la marmite, & en forment par ce moyen un échevau en fort peu de temps.

Cet aſple *fig. 19*, *Pl. 11*, eſt porté ſur un chevalet *fig. 10*, dont la conſtruction n'a beſoin que de ſolidité.

Sur un chaſſis formé de deux pieces de bois A, A, *fig. 10*, aſſemblées par les traverſes B, B, s'élevent deux forts montants C, C, retenus par les arcs-boutans E, E, E, E, qui s'aſſemblent haut & bas à tenons & mortaiſes, ainſi que toutes les autres pieces. Au haut de ces montants eſt une entaille où repoſe l'axe c, d, de l'aſple *fig. 9*, & leur écartement eſt déterminé par la longueur du moyeu D, au milieu duquel ſont percées deux mortaiſes qui ſe rencontrent au centre ſi l'on veut pour plus de juſteſſe, car les tenons des quatre bras G, G, G, G, n'y entrent guere que d'un pouce ou un pouce & demi ; & chaque bout de ce moyeu eſt convexe pour diminuer les frottements contre les montants C, C. Au bout de chaque bras eſt un tenon qui reçoit les aîles F, F, F, F, au moyen d'une mortaiſe pratiquée ſur leur épaiſſeur ; & pour plus de ſolidité, ces aîles y ſont chevillées. L'axe c, d, eſt fait de deux piéces, ainſi que les figures ſéparées le repréſentent : la partie C a un tenon quarré qui reçoit la manivelle, & toutes deux ſont arrondies pour ſervir de collet, & ont leurs extrémités appointies pour entrer quarrément dans le moyeu. La manivelle H eſt faite le plus ſimplement poſſible ; c'eſt un morceau de bois b, de quatre à cinq pouces de long, à l'un des bouts duquel eſt un trou quarré au calibre du quarré de l'axe, & à l'autre eſt un trou rond qui reçoit la cheville à tête e, laquelle entre dans la poignée a. Toutes les pieces de cette machine qu'on voit en action dans la figure 1, *Pl. 12*, ſont repréſentées ſous les mêmes lettres tant dans les *fig. 8, 9 &* 10, *Pl. 11*, que ſéparément dans la *même Planche*.

Cette méthode n'a que l'avantage de la filiere de bois ou palette pour donner au ligneul une égalité de groffeur dans toute fa longueur ; encore fi l'Ouvrier n'y prend garde , le trop de poix que la petiteffe du trou force de refluer contre la palette, s'y fige , fe durcit, & diminue infenfiblement le diametre du trou , au point que fi on n'avoit foin d'approcher la palette du feu de temps en temps le fil fe trouveroit à la fin réduit à un tiers au plus de la groffeur qu'on avoit deffein de lui donner : on peut auffi l'enduire de faindoux à mefure que la poix paroît s'y amaffer.

Il y a un autre inconvénient auquel il n'eft pas fort aifé d'apporter remede ; c'eft que les fils couchés fur l'afple fe trouvent plus chargés de poix , & par conféquent plus gros près des ailes ; en voici la raifon : la poix conferve affez long-temps fa fluidité , & le mouvement de rotation la fait tendre à s'échaper ; mais retenue par une furface qui eft l'aîle , elle s'y fixe, & de proche en proche le fil s'en trouve plus chargé que dans les entre-deux.

Mais , dira-ton , la poix eft-elle tellement néceffaire à ce travail qu'on ne puiffe lui fubftituer des réfines , des gommes & autres fubftances femblables ? oui , fans doute , il faut que la matiere dont on enduit le fil foit dure fans caffer , réfifte aux frottements, & fur-tout puiffe fe prêter aux contours que le ligneul décrit fur les jumelles , fans éclater ou s'égrener ; d'ailleurs lorfque le peigne eft fait & qu'on le met en œuvre dans les rainures du battant qui le reçoit, il y éprouve des faccades & des ébranlements multipliés à l'infini , & fi la matiere dont le fil eft enduit n'étoit pas liante, elle feroit bien-tôt anéantie au grand dommage du peigne dont les dents font comme amalgamées avec les jumelles par le moyen de la poix. Il faut croire qu'on ne s'en tient à cette fubftance qu'après avoir effayé de beaucoup d'autres qui n'ont fans doute pas rempli le même objet.

Je difois il n'y a qu'un inftant que l'ufage de l'afple fur lequel on devide le ligneul étoit fujet à un très-grand inconvénient ; cependant on trouve beaucoup d'Ouvriers qui s'en fervent , & lorfqu'ils le jugent fuffifamment rempli , ils redevident ce ligneul par longueurs entre le pouce & l'index de la main gauche en croifant chaque tour , ou bien fur quatre doigts , comme je l'ai dit plus haut. Voyons maintenant une autre méthode.

Troifieme maniere de poiffer le Ligueul.

La maniere de poiffer le ligneul dont je vais parler n'eft pas entiérement différente des précédentes ; l'Ouvrier place la marmite dans une cheminée fur un trépied , comme on l'a vu , & le rochet fur une broche au côté droit en dedans de la cheminée; mais au lieu d'une palette de bois, il pofe fur la marmite même une planche *B* , *fig.* 2, *Pl.* 12, fixée avec des clous fur des taffeaux *C, C,* dont l'écartement eft à peu-près égal au diametre fupérieur de la marmite, pour qu'en tirant le fil la planche ne puiffe pas fe déranger. Au milieu de cette planche font pratiqués plufieurs trous de différens diametres pour toutes les

Planche 12.

groffeurs de ligneul qui peuvent fe rencontrer. Au moyen de cette planche ;
on a les mains libres pour diriger le ligneul fur l'uftenfile qui le reçoit à mefure
qu'on le tire, fur un afple, comme à la précédente maniere, ou fur un rouet *fig.*
4, qui n'a pas le même inconvénient : un autre avantage que procure l'ufage de
la planche qui fert de filiere, eft d'y attacher la fourchette entre les pointes de
laquelle paffe le fil au fond de la marmite. On eft difpenfé par-là d'arrêter cette
fourchette, comme on l'a vu précédemment ; *voyez la figure* 3, qui en
repréfente l'effet & la pofition dans la marmite dont on a ponctué le profil, &
qui eft cenfée tranfparente pour cela. Ainfi quand on veut paffer le fil fous la
fourchette, on enleve la planche & la fourchette à la fois. Un autre avantage eft
que cette planche fervant de couvercle à la marmite, s'échauffe, & le trou par
où paffe le ligneul n'eft jamais bouché par la poix qui retombe à mefure dans la
marmite.

Il faut avoir foin de placer le rouet *fig.* 4, bien en face de la marmite, afin
que le ligneul ne tombe pas à droite ou à gauche ; & même pour le placer plus
également, on fe fert d'une baguette fur laquelle il gliffe & qui le dirige à
volonté.

La conftruction de ce rouet qui eft contenue toute entiere dans la Planche
12, eft on ne peut pas plus fimple ; ce n'eft autre chofe qu'un bâtis de
bois, compofé des deux pieces de bois *A*, *A*, affemblées par les traverfes
B, *B*, à tenons & mortaifes, fur lequel s'élevent quatre montants *C*, *C*,
C, *C*, affemblés par le haut au moyen des traverfes *D*, *D*, au milieu defquelles eft une entaille où fe place l'axe du rouet : cet axe eft retenu par un
taffeau qu'on fixe avec deux chevilles *d*, *d*, *fig.* 5. Quant à la roue, c'eft à
peu-près celle d'un rouet ordinaire, compofée d'un moyeu *fig.* 8, au centre
duquel paffe l'arbre *b* ; & fur fa circonférence font affemblés fix rayons, au
bout defquels eft retenue la cerce ou cercle de bois mince avec quelques clous
d'épingle ; les deux bouts de ce cercle font amincis pour être l'un fur l'autre,
fans en augmenter l'épaiffeur. La manivelle eft formée d'un morceau de bois
de fix à fept pouces de long, à l'un des bouts duquel eft un trou quarré qui
reçoit le bout de l'arbre, & l'autre reçoit une longue cheville à tête *e*, qui
paffe au travers du manche *E*, & lui permet de tourner quand on la tient dans
la main. Voyez *fig.* 7, la machine toute montée, & le chevalet *fig.* 5 : les
autres pieces font fous les mêmes lettres.

Il eft certain que l'ufage de ce rouet eft préférable à celui de l'afple, parce
que la furface fur laquelle fe couche le fil, étant continue, force la poix de
fe fixer à l'endroit où la filiere l'a placé ; au lieu que, comme nous l'avons vu,
les vuides qui fe trouvent à l'afple, lui permettent de couler vers les aîles. La
maniere de relever le fil de deffus ce rouet eft la même dont on a parlé précédemment.

Obfervations

Observations fur les trois procédés qu'on vient de décrire.

On vient de voir trois manieres dont les Ouvriers fe fervent pour enduire le ligneul. La premiere confifte à l'étaler par terre à mefure qu'on le retire de la marmite, *fig.* 2, *Pl.* 11 ; la feconde en le devidant fur un afple, *fig.* 2, *Pl.* 12 ; la troifieme enfin en le recevant fur un rouet *fig.* 4, *même Planche.* Ces trois opérations exigent que ce travail fe faffe dans une chambre, où le feul remede contre l'odeur forte & infupportable que cette compofition exhale, a été de placer la marmite dans une cheminée, par où le courant de l'air en emporte la plus grande partie ; mais cette odeur fe fait encore bien fentir à tout le voifinage, malgré cette précaution ; c'eft pour cela que plufieurs Peigners ont coutume de faire ce travail dans une cour ou jardin où le grand air diffipe promptement cette odeur : on pourroit même conftruire un hangard propre à cela, qui ne demanderoit pas beaucoup de place. Je vais rapporter le procédé dont on fe fert dans ce cas.

Article Quatrieme.

Autre Maniere de poiffer le fil dans une cour ou jardin.

Lorsqu'on poiffe le ligneul en plein air, comme dans une cour ou un jardin, il faut fubftituer un fourneau à la cheminée, non pas cependant que cela foit indifpenfable, puifqu'on pourroit en conftruire une fous un hangard ; mais pour plus de commodité on fe fert de fourneaux. Chaque pays a encore fes uftenfiles particuliers ; ici on fe fert de fourneaux de tôle, là de terre, & autre part de ceux qu'on voit communément dans les cuifines, conftruits en plâtre & montés fur quatre pieds pour être plus portatifs.

Ceux de tôle ne font autre chofe qu'un cylindre de fer battu qu'on nomme *tôle*, tels qu'on en voit un *fig.* 2, *Pl.* 13 : le fond eft monté fur trois pieds, & emboîte à recouvrement le corps du cylindre, qui y eft attaché avec des rivures. On a auffi coutume, pour plus de folidité, de mettre fur la hauteur deux cercles de fer, l'un au bord fupérieur, & l'autre en bas.

PLANCHE
13.

A peu-près au tiers de fa hauteur eft attaché en dedans un cercle de fer, ou au moins des portions de cercle, pour foutenir la grille *fig.* 4, qui n'eft elle-même qu'un cercle de fer affez fort, fur lequel eft foudée à la forge ou rivée une quantité plus ou moins grande de tringles auffi de fer, qu'il eft à propos de placer triangulairement, & non à plat, afin que la cendre trouvant deux plans inclinés, tombe & ne bouche pas les intervalles, ce qui ralentit l'activité du feu.

Sur le devant du fourneau, (& j'appelle devant, le côté oppofé à la jointure des deux bouts de la tôle) eft pratiquée une ouverture plus haute que large, qu'on ferme au befoin avec la porte cintrée *C* ; & même à cette porte qui fert à mettre le bois ou le charbon dans le fourneau, on en pratique une plus petite *E*, comme à un poële ordinaire ; cette derniere fert à donner de l'air au feu, qui fans cela s'éteindroit ou du moins fe ralentiroit beaucoup. La maniere dont on ferme ces deux portes avec de petits loquets, eft connue de tout le monde.

Pour pouvoir tranfporter ce fourneau plus commodément, on y attache à deux points oppofés de fa circonférence des anfes de fer *M*, qu'on faifit avec des poignées de bois ou quelques chiffons pour ne fe pas brûler.

Il y a des Ouvriers qui, quand ils placent la marmite fur ce fourneau, avant d'allumer le feu, lutent les bords avec de la terre à four ou autre pour concentrer mieux la chaleur fous la marmite. Cet expédient eft fort bon en lui-même ; mais fi l'on n'avoit pas attention ou de laiffer une un deux ouvertures oppofées fur la circonférence, ou de pratiquer quelques trous au haut du fourneau, tels qu'on en voit en *a*, *a*, *fig.* 7 & 8, on verroit infenfiblement le feu s'éteindre, ou pour mieux dire, on ne fauroit venir à bout de l'allumer, car tout le monde fait qu'il lui faut un courant d'air. Pour ne pas me répéter, je me fuis contenté de faire graver dans la même Planche toutes les pieces fous les mêmes lettres ; elles font fi connues de tout le monde que je n'ai pas cru devoir en donner de defcription particuliere : l'explication des Planches fuffira, ce me femble.

La marmite étant fur le fourneau, il eft indifpenfable d'avoir un point d'appui pour placer le rochet fur lequel eft le fil ; c'eft à quoi on a pourvu en imaginant de fe fervir d'une efpece de petite cantre, telle que la figure 9, *même Planche*, le repréfente ; & quand on veut travailler, on place au-deffus de la marmite, la même planche dont nous avons déja parlé, & qui y eft retenue au moyen de deux taffeaux qui y font attachés.

Le rouet fur lequel on enveloppe le ligneul eft entiérement femblable à celui dont nous avons déja donné la defcription ; mais comme le fourneau fur lequel on place la marmite eft beaucoup plus haut que le trépied fur lequel on la mettoit, & qu'il eft néceffaire que cette marmite foit beaucoup plus baffe que le rouet, il a fallu exhauffer ce rouet au moyen des quatre pieds qu'on a plantés fous fa bafe.

Je dis qu'il faut que le rouet foit plus haut que la planche ou filiere qui eft fur la marmite : en effet la direction fuivant laquelle il faut que le fil en forte pour que le ligneul foit rond, eft la ligne perpendiculaire, fans quoi ni la rondeur ni la groffeur des trous qu'on auroit déterminés, n'influeroient fur celles du ligneul qui fe trouveroit d'autant plus applati & menu, que cette direction feroit plus oblique. Auffi le bâton que tient l'Ouvrier à fa main gauche fert autant à relever le fil en fortant de la filiere qu'à le diftribuer également fur le rouet.

On voit dans cette Planche, l'Ouvrier en opération ; à côté de lui eft une corbeille remplie de rochets pleins de fil , & plus loin une autre panier rempli de charbon pour entretenir un feu égal fous la marmite.

Lorfqu'on ne veut pas faire la dépenfe d'un pareil fourneau, on peut fe fervir d'un réchaud de terre de creufet, dont l'ufage eft fi commun, & qu'on voit *fig.* 13; d'autres fe fervent de celui que repréfente la figure 14, qu'on voit dans prefque toutes les cuifines ; mais on y a joute une double porte pour régler plus fûrement la force du feu.

On peut avec ces fortes de fourneaux tirer le ligneul des trois manieres dont j'ai parlé ci - devant. On fe place où l'on veut ; l'odeur s'évapore plus aifément, le jour eft plus beau, & la poix eft bien plutôt refroidie , ainfi tout engage à préférer cette méthode.

Remarques fur les différentes manieres de poiffer le Ligneul.

Les Peigners à qui il importe fi fort que le ligneul foit d'égale groffeur dans toute fa longueur, préferent celui qui a été fait dans un temps froid , à celui qu'on a fait dans l'été ou dans une chambre échauffée. Il eft certain que quand il fait froid, la poix eft fur le champ figée , & que le ligneul eft à la groffeur où la filiere l'a mis. Cette obfervation m'a fait penfer que dans l'une & l'autre faifon fi on avoit foin de faire paffer le ligneul dans de l'eau en fortant de la filiere , on lui procureroit cette égalité fi recherchée, & qu'on obtient fi difficilement. Je vais propofer au Lecteur mes idées à ce fujet , & fi elles peuvent être de quelque utilité je ferai fatisfait.

Premier moyen.

Le premier moyen propre à refroidir promptement le ligneul , eft de monter l'afple ou le rouet *fig.* 2 & 3 , *Pl.* 14, fur une auge de bois remplie d'eau : pour cela il fuffit de pratiquer au milieu de l'épaiffeur des deux grands côtés une mortaife affez profonde pour recevoir les tenons arrafés des montans *a* , *a* , dans lefquels eft une entaille ou repofe l'axe. On voit que le fil ne feroit pas plutôt fur l'afple qu'étant porté dans l'eau, il feroit promptement refroidi, & que la poix acquerroit de la confiftance. D'ailleurs, même avant d'arriver à l'eau, le fil placé à côté d'autre déja très-froid & mouillé , feroit lui-même refroidi , & ne pourroit s'attacher au fil voifin.

Ce moyen eft fujet à un inconvénient , c'eft que la rotation éleve l'eau & en répand au loin de tous côtés : par rapport à l'afple, il n'y a de remede qu'à tenir la manivelle un peu longue, & à s'éloigner de l'auge pour n'être pas mouillé. Quant au rouet, on peut fe fervir du même remede, & de plus, placer à quelque diftance de la roue fur le bord de l'auge une planche ou autre chofe qui rabatte la plus grande partie de l'eau ; ce que les Couteliers, dont la meule trempe fans ceffe dans l'eau , appellent *Rabat-eau.*

Planche 14.

Second moyen.

L e fecond moyen que je propofe eft un peu plus compliqué ; mais il n'eft pas fujet aux inconvénients du premier, les *figures* 8, 9, 10, 11 & 12, en repréfentent tout le détail.

D'abord on place le rochet *B*, fur une broche de fer *D*, au haut d'une cantre *C, C, fig.* 8 ; de là le fil *A*, va au fond de la marmite *E*, *fig.* 9, s'abreuver de poix, & paffe par la filiere dont j'ai déja parlé. J'ai placé cette marmite fur un des fourneaux qu'on a vus dans la planche précédente. A côté du fourneau eft placée une auge de bois fur fon pied, *fig.* 10 ; & fur le bout près de la marmite s'éleve un montant affemblé à tenon & mortaife, au haut duquel eft un enfourche-ment qui reçoit une poulie de deux ou trois pouces de long. Cette poulie a la liberté de tourner fur une broche de fer qui paffe dans l'épaiffeur du montant : au fond de l'auge eft attaché un bâtis de bois, tel que le repréfente la figure 6, qui porte une poulie fous laquelle paffe le ligneul au fond de l'eau, & enfin ce ligneul va fe devider fur l'afple que l'Ouvrier fait tourner avec la main droite au moyen d'une manivelle, tandis qu'avec une baguette il dirige le ligneul de la main gauche.

Le bâtis du fond de l'auge *fig.* 6, eft compofé d'une piece de bois *E*, fur laquelle s'élevent deux montants percés par le haut pour recevoir l'axe qui porte la poulie ; ainfi l'écartement de ces montants doit être à peu-près égal à la lon-gueur de cette poulie. La figure 13 repréfente le chemin que parcourt le fil de-puis le rochet *E*, en paffant dans la marmite *F*, de là dans la filiere *G*, enfuite fur la poulie *B*, au haut du montant qui eft au bord de l'auge, & enfin dans l'auge fous la poulie *C*, après quoi il va envelopper l'afple qu'on n'a pas repréfenté.

Il eft abfolument néceffaire de faire paffer le fil fur une poulie avant d'entrer dans l'eau ; car comme alors la poix eft encore liquide, fi on le faifoit glilfer fur le bord de l'auge ou autre part, il perdroit toute la poix qui a paffé par la filiere & s'applatiroit du côté du frottement.

CHAPITRE QUATRIEME.

De la maniere de monter les Peignes.

SECTION PREMIERE.

Du Métier à monter les Peignes.

Le Métier à monter les Peignes est une table peu élevée *fig.* 1, *Pl.* 15, montée sur quatre pieds *A*, *A*, *A*, *A*, assemblés par le bas au moyen des traverses *B*, *B*, *C*, *C*, & par le haut à tenons & mortaises dans la planche *D* ; cette table est unie au rabot & entourée d'un rebord dont la largeur, outre celle de la planche, est environ d'un pouce ou d'un pouce & demi, pour qu'aucun des outils ou autres pieces qu'on met sur la table ne puisse tomber à terre.

Au milieu de la largeur de cette table, & sur sa longueur, sont pratiqués quatre trous quarrés propres à recevoir les tenons des montants ou poupées *F*, *F*, qu'on y arrête au moyen de clefs ou coins qui entrent dans leurs entailles, en dessous de la table, comme les poupées d'un tour.

Au haut de ces poupées & suivant la longueur de la table, est pratiqué un trou d'un diametre suffisant pour recevoir le canon de fer *b*, *c*, *fig.* 2, à l'un des bouts duquel est soudée une piece quarrée *d*, qui entre de toute son épaisseur dans une des faces de la poupée, & y est retenue par quatre vis à tête noyée, au moyen de quatre trous qu'on y voit. La longueur totale de ce canon, y compris sa tête est égale à l'épaisseur de la poupée qui le reçoit.

C'est dans ce canon que passe le boulon de fer *fig.* 5, dont une partie est ronde & unie, & le reste est taraudé dans toute sa longueur ; à la partie pleine, est une mortaise quarrée un peu allongée, dans laquelle passe la clavette *f*, dont on connoîtra bien-tôt l'usage. On conçoit que le diametre de ce boulon, tant de la partie pleine que de la partie taraudée, doit être tel qu'il puisse couler aisément dans le canon à mesure que l'écrou à oreille *g* l'appelle.

Les clavettes *f*, *f*, servent à contenir les jumelles du peigne, & le boulon étant attiré par l'écrou, leur donne autant de tension qu'on en a besoin pour monter le peigne.

La figure 6 représente la position du boulon dans son canon, selon la place qu'ils occupent tous deux dans la poupée que j'ai fait voir par des lignes ponctuées.

La longueur des boulons doit être telle qu'on puisse s'en servir pour toutes les longueurs de peigne, en changeant les poupées de place. Je m'explique : il faut qu'on puisse tenir avec les clavettes un peigne qui seroit plus court que depuis la premiere entaille de la table d'un côté, jusqu'à la seconde de l'autre côté,

& plus long cependant que l'intervalle compris entre les deux du milieu : par ce moyen il n'eſt pas de longueur qu'on ne puiſſe ſaiſir.

Cette maniere de monter les poupées du métier eſt ſans contredit la meilleure ; mais ces boulons coûtent un peu cher ; & pour épargner la dépenſe, beaucoup de Peigners ſe contentent d'un, comme ceux dont nous venons de parler ; ils le placent à droite, & l'autre eſt un boulon à tête, tel que celui que repréſente la figure 8. Cette tête repoſe contre la poupée & ſoutient l'effort que fait le tirage de l'autre qui eſt à vis. On ne ſauroit abſolument blâmer cette méthode qui remplace fort bien l'autre ; & même on pourroit y trouver de l'économie de temps, puiſqu'on ne touche qu'au montant à droite, l'autre reſtant immobile.

La Table ou le Métier dont je viens de donner la deſcription, n'eſt pas d'une grandeur ſuffiſante pour y fabriquer des Peignes de toutes les longueurs ; auſſi pluſieurs Ouvriers ont-ils, chacun ſelon ſon génie, cherché à ſe procurer les commodités néceſſaires à ce travail. Les boulons à vis, que nous venons de voir, ſont on ne peut pas plus commodes ; on donne par leur moyen autant & auſſi peu de tenſion qu'on en a beſoin. Cette tenſion, qu'on croiroit avoir déterminée d'une maniere ſûre au moyen des vis, augmente à meſure qu'on place des dents dans le peigne, ainſi qu'on le verra en ſon lieu : il faut donc que l'Ouvrier lâche la vis inſenſiblement, ſans quoi les coronelles ou jumelles ne pouvant plus ſupporter un pareil effort, caſſeroient bien-tôt. De plus, pour faire un Peigne, on a beſoin de paſſer entre ces jumelles un inſtrument qu'on nomme *Foule*, & qui leur donne l'écartement convenable : cet uſtenſile en les écartant les racourcit encore & augmente la tenſion. Je paſſe à la deſcription de la figure 9, *même Planche.*

Ce Métier réunit aux avantages du précédent, qui ſont de pouvoir tendre & détendre inſenſiblement les jumelles au moyen du boulon à vis qu'on voit dans le montant *A*, celui de pouvoir ſe prêter plus facilement à toutes les longueurs des Peignes. Voici comment.

Chaque montant eſt fixé ſolidement, au moyen de tenons à enfourchement, ſur une palette *B*, qui le déborde de trois côtés, ſavoir des deux côtés paralleles aux boulons, d'environ deux pouces, & ſur la face intérieure de quatre pouces au moins. Sur les deux petits côtés eſt pratiquée une feuillure telle qu'on la voit en *d*, *fig.* 11, qui repréſente une poupée ou montant ſéparé. Ces feuillures gliſſent ſous une autre pratiquée en ſens contraire ſous les tringles *C*, *C*, au moyen de quoi ces poupées peuvent s'avancer d'une auſſi petite quantité qu'on le juge à propos le long de ces tringles qui doivent être clouées ſur la table bien parallelement entr'elles ; & lorſqu'on veut les fixer, on ſerre contre la table une vis à tête quarrée *a*, qui entre dans un écrou placé ſolidement par-deſſous la planche ou baſe de la poupée de toute ſon épaiſſeur, qui doit être cependant moindre que cette planche. On ſe ſert pour ſerrer cette vis de la clef *fig.* 10, & pour ne pas ufer le bois à force de viſſer & déviſſer, on met ſous la tête de cette vis une rondelle de cuivre qui en ſupporte tout le frottement. La figure 12, qui repréſente une coupe de cette table, fait voir la maniere dont les poupées & leur palette gliſſent ſous la feuillure des tringles. Je ne dirai rien de plus de ce métier.

En parcourant les différents atteliers pour y prendre toutes les connoiſſances qui me ſont néceſſaires, j'avois regardé le Métier que je viens de décrire comme le plus parfait & le plus commode; mais j'en vais décrire un autre que la plus grande partie des Ouvriers eſtiment davantage, à cauſe de ſa grande ſimplicité.

La table de ce Métier reſſemble parfaitement au banc d'un tour. On pratique au milieu une rainure de dix-huit lignes de large ou environ, & preſque auſſi longue que la table même: les montants dont on ſe ſert ne ſont autre choſe que les poupées d'un tour. Voyez la figure 13, qui repréſente le Métier tout monté, & la figure 14, eſt une poupée ou montant ſéparé: la clef *E*, qu'on y voit, eſt ſur ſa largeur, faite un peu en coin pour ſerrer la poupée ſur la table en entrant dans l'entaille, comme on l'y voit par-deſſous; du reſte, les boulons paſſent dans les poupées, comme aux autres Métiers. Il y a cependant quelques Ouvriers qui, pour diminuer la dépenſe, font faire ces boulons en bois, tels que la figure 17 en repréſente un. On y voit un collet percé d'une mortaiſe où entre la clavette ſur laquelle on met les jumelles; enſuite eſt une partie cylindrique de la groſſeur du trou de la poupée, & enfin le reſte eſt taraudé à la filiere en bois; & on ſe ſert, pour tendre les jumelles, de l'écrou de bois repréſenté par la figure 18. Le Métier, ainſi monté, n'eſt certainement pas auſſi ſolide qu'en fer; mais auſſi la dépenſe eſt bien moindre: c'eſt ce qui engage beaucoup d'Ouvriers à le préférer.

Les Métiers dont j'ai parlé juſqu'ici, ſont communément conſtruits dans la proportion de quatre pieds ou quatre pieds & demi; mais cette longueur n'eſt pas ſuffiſante pour beaucoup de Peignes qui ont ſouvent juſqu'à trois aunes & demie de long. Il faut des Métiers capables de les contenir; mais comme ils tiendroient trop de place, on les fait ordinairement de pluſieurs pieces, qu'on aſſemble & qu'on démonte à volonté ſuivant le beſoin.

Les figures 1, 2 & 3, *Pl.* 16, ſont trois parties ſéparées d'un ſeul Métier, dont les deux premieres ſont les extrémités, & la figure 3 eſt le milieu; elles s'aſſemblent au moyen des tenons *b, b, c, c*, qui entrent dans des mortaiſes *d, d*, pratiquées ſur l'épaiſſeur de celui *fig.* 3; & quand elles ſont aſſemblées, elles n'en compoſent plus qu'un, comme on peut le voir *fig.* 4, *même Planche.* Aux parties de droite & de gauche eſt pratiqué un certain nombre d'entailles, pour recevoir les montants ſuivant la premiere méthode que j'ai rapportée, & le boulon à vis ſupplée à leur mobilité. La longueur totale de ces trois parties doit être de quatorze pieds trois pouces, pour y fabriquer à l'aiſe un Peigne de trois aunes & demie de long, qui ne font que 12 pieds 10 pouces ; il reste donc dix-sept pouces tant pour les montants, que pour la distance des premieres entailles aux extrémités.

D'autres Ouvriers construisent ce banc de la maniere que le repréfente la figure 5, où la partie du milieu est affemblée avec des charnieres à l'une des deux autres, & fe replie par-deffus comme la figure 8 le fait voir ; & quand on veut s'en fervir, on abaiffe ce milieu qui vient fe joindre à l'autre, *fig.* 6, au moyen des tenons *b*, *b*, & mortaifes *C*, *C* : on peut encore féparer la partie du milieu en deux, & en faire tenir une à un bout & l'autre à l'autre, comme la figure 7 le fait voir : la partie *C*, *G*, fe replie vers *A*, & celle *G*, *F*, fe plie vers *E*.

On fe fert encore d'une autre efpece de Métier avec lequel on peut faire des Peignes de toutes les longueurs ; ce n'eft autre chofe que deux montants, *fig.* 1 *&* 2, *Pl.* 17, plantés folidement chacun dans une planche *B*, *B*, un peu large, pour pouvoir les retenir à l'écartement dont on a befoin, au moyen d'une groffe pierre dont on les charge, ainfi que le repréfente la *fig.* 3, ou en place de pierre, le montant à droite eft fixé au moyen d'un crochet de fer *a*, enfoncé dans le plancher, & l'autre eft chargé d'une pierre.

PL**NCHE** 17.

Comme l'Ouvrier en travaillant a befoin de plufieurs uftenfiles, ainfi que d'une certaine quantité de dents qui doivent compofer le Peigne, on a imaginé de conftruire une table fort petite qu'on promene de tous côtés, & qui eft beaucoup plus baffe que les boulons des montants, *voyez figure* 3.

Lorfqu'on fait de ces Peignes de longueur extraordinaire, il eft néceffaire de tenir les jumelles un peu plus larges & plus épaiffes, & même on leur donne un peu plus de foule, (qui eft la hauteur du Peigne) : leur longue portée les fait plier, & fi l'on n'y apportoit remede, le Peigne après être fait feroit un peu courbe ; c'eft pour prévenir cet inconvénient qu'on place fous les jumelles un fupport qu'on voit à côté de la table *fig.* 3, & auquel on eft maître de donner telle élévation qu'on défire par les moyens qu'on va voir.

On prend une planche à peu-près quarrée *E*, *fig.* 5, au milieu de laquelle on fait une mortaife qui reçoit le tenon du montant *D*, & au haut de ce montant eft une entaille en enfourchement propre à recevoir la planche *fig.* 6, fur fon épaiffeur : cette planche eft retenue en place au moyen de la cheville qui paffe dedans & dans le montant ; mais pour atteindre plus exactement la hauteur des jumelles, au lieu d'un trou rond dans la planche, on y fait une rainure, & on la fait monter ou defcendre à volonté au moyen de coins de bois ou de canne plus ou mois épais dont on la cale par deffous.

On foutient encore ces jumelles avec un *Couffin*, qui n'eft autre qu'un morceau de bois de la forme d'un *parallélipipede*, *fig.* 7, qu'on met fur la table à mefure que le Peigne avance, tandis qu'avec le fupport on foutient la partie faite, & fouvent même on en met un fecond entre la table & l'autre montant, lorfque

les

les peignes font fort longs ; mais il faut avoir grand foin de conferver au peigne
une pofition bien horizontale & bien droite.

Section Seconde.

Du Montage des Peignes.

Après avoir décrit toutes les opérations & uftenfiles néceffaires à la Fabrication des Peignes, je paffe à la maniere de les monter.

La figure 8, *Pl.* 17, fait voir un métier difpofé à monter un peigne : dans la
mortaife du bout de chaque boulon, on place un tenon de fer plus long que la
plus grande hauteur des peignes, & dont l'épaiffeur doit être égale, à la moindre
largeur des dents ; & lorfqu'on a befoin de plus d'épaiffeur, on y ajoute une ou
plufieurs dents de canne : au lieu que s'ils étoient trop épais, on ne pourroit
pas s'en fervir pour des dents plus étroites. Il faut d'abord avoir foin que les
jumelles foient placées bien horizontalement, ce qui dépend en grande partie
de la hauteur des poupées & de la pofition des tenons. Il faut auffi que les
jumelles dont l'écorce eft en dehors foient bien paralleles, & faffent un angle
droit avec les tenons *a* , *a* , car de là dépend la perfection du peigne.

Planche
17.

La figure 11, *même Planche*, repréfente d'une maniere plus fenfible comment on attache les jumelles deux à deux par leurs bouts avec de la ficelle ; &
pour que la tenfion des boulons ne la puiffe pas faire gliffer, on fait une encoche, au bout de ces jumelles, *fig. 9 & 10*, où fe loge la ficelle qui ne peut
plus en fortir. Dans cet état il n'eft plus queftion que de mettre les dents en
place.

Pour s'affûrer d'un écartement égal entre chaque couple de jumelles, on fe
fert d'un inftrument *fig. 12*, qu'on nomme *Foule*, qui n'eft autre chofe qu'un
morceau de bois entaillé deffus & deffous de rainures qui reçoivent les jumelles :
ces rainures doivent être bien paralleles entr'elles, & avec celles de l'autre
face ; c'eft leur écartement qui regle la hauteur du peigne, & la ligne *a*, *b*,
détermine ce qu'on appelle en terme de Fabrique *la hauteur de la foule*. On ne
court aucun rifque de faire ces entailles un peu plus larges que les jumelles
qu'on y place, car comme elles appuyent vers les faces intérieures, comme je
l'ai fait repréfenter dans la figure 13, c'eft toujours la ligne *a*, *b*, qui regle
l'écartement, les quatre portions de cercle *d*, *d*, *d*, *d*, repréfentent la coupe
des quatre jumelles, & l'on peut voir qu'elles appuyent d'un côté, tandis que
l'autre eft vuide.

Les Peigners ont ordinairement plufieurs foules fuivant les différentes hauteurs
qu'ils veulent donner aux peignes : ces hauteurs font quelquefois données par
les Fabriquants eux mêmes ; mais communément elles varient fuivant le genre
d'étoffe auquel on doit employer le peigne, ou felon l'épaiffeur qu'on doit

donner aux dents. Voici comment cela doit s'entendre.

Si le peigne doit contenir des dents très-fines, & par conséquent plus larges qu'à l'ordinaire, ou qu'on ait befoin de plus de hauteur, c'eft la foule qui la regle ; fi au contraire les dents doivent être minces & étroites, il faut que le peigne foit moins haut, pour qu'il puiffe réfifter aux coups multipliés qu'il éprouve contre la trame ; & fi l'on ne fuivoit pas de regles certaines là-deffus, un peigne dépériroit bientôt. On ne peut s'en écarter qu'en donnant plus de largeur aux dents quand elles font minces, & ce qu'on perd d'un côté fe retrouve de l'autre. Il eft vrai que les fils de la chaîne effuyent plus de frottement entre des dents larges, que quand elles font plus étroites; mais la folidité du peigne eft une loi dont on ne fauroit s'écarter. La regle générale eft que, toutes les dimenfions obfervées, il eft bon de donner plutôt plus de hauteur que moins.

Une autre difficulté que tous les Peigners ne font pas en état dé furmonter, c'eft le rapport de la hauteur qu'on doit donner aux peignes avec leur longueur ; car fi l'on veut donner deux pouces & demi de foule à un peigne qui doit avoir vingt pouces de long, & qu'avec de pareilles dents on veuille en faire un de trente pouces, de la même foule, il eft certain que le peigne ne fera pas affez folide, puifqu'avec les mêmes dimenfions il eft d'un tiers plus long. Il faut donc dans ce cas tenir les jumelles un peu plus larges, & donner un peu moins de foule. Ce que je dis ici de ces deux peignes doit s'entendre en cas qu'ils foient auffi en proportion par rapport aux dents, & que celui de vingt pouces en ait huit cents, & l'autre douze-cents. Tous ces foins font du reffort du Fabri-quant, puifqu'il y a fi peu de Peigners en état de conduire des peignes fuivant ces regles ; & quand j'en ai eu befoin, j'ai été obligé de les diriger.

Il faut encore éviter un défaut dans lequel on tombe, pour vouloir donner de la folidité à un peigne, c'eft de laiffer trop de canne : on doit l'évider autant qu'il eft poffible; car fi la Soie eft *bouchonneufe*; ou qu'elle n'ait pas tout l'apprêt convenable ; fi les dents font trop larges ou trop épaiffes, elles ne permettent pas aux *boucons* de paffer, & même elles écorchent la Soie dont le peu de tors ne lui permet pas de réfifter.

Ce que je dis ici eft appliquable à toutes fortes de peignes, tant pour les Etoffes de Soie que pour tous les autres tiffus, parce qu'il n'eft point de matiere où il ne fe rencontre des inégalités ; ainfi on ne fauroit y donner trop d'atten-tion. J'en reviens au montage des peignes.

Nous venons de voir que le principal objet de la foule eft de déterminer la hauteur du peigne ; un autre avantage, non moins confidérable, eft de procurer affez d'écartement entre chaque couple de jumelles pour y paffer la batte *B*, *fig.* 8, avec laquelle on ferre les dents les unes contre les autres, & qu'on a repréfentée à part *fig.* 14; cette batte n'eft autre chofe qu'une lame de fer à peu-près de l'épaiffeur des dents qu'on emploie, & dont la largeur d'environ deux pouces eft égale d'un bout à l'autre : fa longueur eft de fept à huit pouces.

On y réferve une *Soie* pour l'emmancher comme un couteau.

Lorfque tout eft difpofé comme on vient de le dire, on place la premiere garde *A*, *fig.* 1, *Pl.* 18, & on en arrête les tenons entre les quatre jumelles au moyen de trois ou quatre tours de ligneul qui fe croifent les uns les autres, & qu'on ferre avec force: il eft effentiel que les tenons de ces gardes excédent la largeur des jumelles, tant pour arrêter le ligneul que pour fervir de mefure à la hauteur des dents dans toute la longueur du Peigne; & le corps de ces gardes doit être parfaitement égal à la hauteur de la foule, puifqu'une fois placées par un bout, elles en fervent elles-mêmes.

Quand la premiere garde eft ainfi arrêtée, on fait encore deux ou trois tours de ligneul, tant pour lui donner plus de folidité, que pour mettre une diftance entr'elle & la premiere dent; on ferre ce ligneul; & prenant la batte de la main droite on la fait paffer entre les quatre jumelles, & l'on frappe fur le ligneul pour approcher les tours les uns des autres: on fe fert de battes de différentes épaiffeurs felon la largeur des dents, pour que le coup porte par-tout également.

La premiere dent qu'on nomme *dent de force*, n'eft pas une de celles qui compoferont le peigne, & eft beaucoup plus épaiffe fur la même largeur; on l'arrête par deux tours de ligneul, en frappant à chacun; puis on met huit ou dix dents de lifiere, entre chacune defquelles on place un tour de ligneul en frappant toujours avec la batte : ces dents de lifieres doivent avoir environ le double d'épaiffeur de celles du corps du Peigne. La méthode de ceux qui font ces dents avec du fil d'archal proprement applati, eft préférable à celle de ne mettre que de la canne, parce que ces dents fupportent la plus grande fatigue; il feroit même plus à propos de les faire avec du fil d'acier applati, qui eft toujours plus uni que le fer.

Il faut, après avoir mis les dents des lifieres en place, examiner fi elles occupent l'efpace qu'elle doivent y occuper fur chaque couple de jumelles, & fi elles font plus écartées fur les unes que fur les autres; on les force avec la batte à s'arranger comme il convient. Quand cette opération eft faite, on marque fur chaque jumelle en-deffus, tout contre la derniere dent qu'on vient de placer, un point *a*, *a*, *fig.* 10, & c'eft de-là qu'on fixe la longueur que le Peigne doit avoir, en pofant fur ce point le bout de la mefure qui doit lui fervir de regle, & l'extrémité de cette mefure qu'on marque par un point, eft l'endroit où on doit placer la derniere dent du Peigne : enfuite avec un compas on prend la diftance qu'occupent les dents des lifieres qu'on a déja placées, & on la porte à l'autre bout pour ne rien faire que de très-fymmétrique & d'égal. La figure 3, repréfente les deux bouts d'une jumelle qu'on fuppofe brifée par le milieu, pour ne laiffer voir que les points *d*, *d* à gauche, qui font la place des dents de lifieres de ce côté, & ceux *e*, *e*, qui font celles des pareilles dents de l'autre côté; au moyen de quoi tout l'efpace compris entre ces extrémités eft deftiné à contenir les dents du Peigne.

Planche 18.

Il faut après cela divifer tout cet efpace en pouces, demi-pouces & quarts de pouces, & marquer toutes ces divifions par des fignes différents pour ne les pas confondre. On peut, par exemple, marquer toutes les diftances d'un pouce par des *a*, toutes celles de demi-pouces par *b*, & enfin les quarts de pouce par *c*, comme on le voit fur les jumelles de la figure 10.

Cette maniere de marquer les divifions fur les jumelles varie à l'infini fuivant l'idée de chaque Ouvrier; les uns font toutes les diftances égales, *fig.* 4, & ne les marquent que par des points : d'autres font trois points en largeur aux pouces, deux aux demi-pouces, & un aux quarts de pouce, *fig.* 5.

D'autres divifent leurs Peignes par portées & par demi-portés : ces portées ne font autre chofe qu'un nombre déterminé & connu de dents, comme par vingt ou par quarante : il y a des Provinces où la portée eft de quarante dents ; dans d'autres elle eft de vingt, & dans d'autres enfin elle eft de dix. Ainfi ceux qui divifent la portée en quarante dents, ayant à fabriquer un Peigne de mille dents, par exemple, l'appelleront de vingt-cinq portées, ceux qui la divifent en vingt, l'appelleront de cinquante portées, & enfin fi la portée en contient dix, ce même Peigne fe nommera cent portées: j'ai dû prévenir de toutes ces différences pour rendre compte des ufages de tous les pays.

Cette détermination des portées eft fufceptible de repréfenter différents nombres, même parmi les Ouvriers d'une même Province, fuivant le dénominateur des fractions qu'elles repréfentent ; ainfi la portée que nous venons de voir être le vingt-cinquieme d'un Peigne de mille dents, & en contenir quarante; fi le Peigne eft à huit cents, la portée de quarante dents fera un vingtieme, celle de vingt un quarantieme, &c. enforte que ce rapport fuit celui de la fraction à la portée.

On a auffi coutume de fe fervir dans les Fabriques d'expreffions qui indiquent le nombre de dents dont un Peigne eft compofé, la portée étant, comme on dit, un vingt de Peigne, un quarante, &c. fans les lifieres, ou avec les lifieres, parce qu'elles paffent ordinairement pour un, pour deux ou pour quatre portées. Ceux qui comptent les portées d'un Peigne par 40 dents, regardent les 2 lifieres comme une portée ; ceux qui les comptent par 20, la comptent par 2 portées, &c.

On a jugé à propos de divifer ainfi les dents des Peignes par portées, par rapport au nombre des fils des chaînes aux quelles ils doivent fervir, & fi l'on fe rappelle ce que j'ai dit dans le traité de l'ourdiffage, on trouvera que dans la Fabrique des Etoffes de Soie, & dans certaines Provinces, les portées font de quarante fils, & dans d'autres elles font de quatre-vingt, tandis que beaucoup de Fabriquants d'Etoffes de laine & de Tifferands les fixent toutes à vingt.

Il eft peu de genre d'Etoffe, de la chaîne de laquelle on puiffe placer moins de deux fils dans chaque dent du Peigne qui fert à la fabriquer : il fuit de là que ce font les comptes des portées des chaînes qui ont déterminé ceux des dents ;

&

& pour s'en convaincre il ne faut que faire attention qu'une portée de quatre-vingt fils occupe quarante dents dans le peigne, une de quarante en occupe vingt, & ainsi des autres : de-là vient que ceux qui composent la portée d'une chaîne de quarante fils, par exemple, appellent un peigne de mille dents du nom de cinquante portées; & si ces portées de la chaîne sont composées de vingt fils, le même peigne se nommera de cent portées.

Cette variété de noms & de nombre de dents cause un embarras assez grand à ceux qui parcourent les différentes Provinces où sont les Manufactures, pour pouvoir s'y reconnoître : il seroit à souhaiter que les dénominations & les idées qu'on y attache fussent uniformes. Les Fabriquants de Paris ont remédié à cet inconvénient; ils désignent leurs peignes par le nombre de dents dont ils sont composés; ainsi on dit un mille, un neuf-cents, &c; la seule difficulté est que quelques-uns comprennent dans ce nombre les lisieres, & les autres ne les y comprennent pas; mais plus ordinairement, quel que soit le nombre par lequel on désigne un peigne, on n'y comprend pas les lisieres; & l'on regarde comme étrangere à l'étoffe cette partie, qui ne sert qu'à en faciliter la fabrication, puisqu'en aucun cas, dans l'usage, on ne s'en sert, on la coupe ou remploie toûjours.

Cette digression qui m'a interrompu dans la description du montage des Peignes étoit nécessaire, & devoit, ce me semble, être placée ici, parce que je pense qu'il vaut mieux épuiser ce qu'on a à dire sur un objet, lorsque cela peut servir à expliquer l'opération qu'on décrit, que de le rejetter à la fin, où la file des idées étant interrompue, les observations deviennent des hors-d'œuvre dont on ne sent plus la nécessité : je reviens à mon sujet.

Les Peigners qui divisent la longueur des jumelles par portées, doivent sur-tout connoître combien il en faut placer entre les lisieres; & alors ils divisent cette distance en autant de parties égales qu'elle doit contenir de portées : par exemple, si l'on veut faire un *mille de peigne* (expression adoptée qui signifie un peigne à mille dents, & non pas un millier de peignes comme il seroit plus exact), on divise son étendue en vingt-cinq parties égales; pour un huit-cents on le divise en vingt, pour un neuf-cents en vingt-deux & demi dont chacune contiendra quarante dents : mais comme il seroit difficile de les y placer toutes, parce qu'on ne sauroit juger dans un aussi grand espace si on les serre comme le nombre l'exige, il est plus sûr de subdiviser chaque division en deux parties dont chacune doit contenir vingt dents : il y a même des Peigners qui pour plus d'exactitude, subdivisent en quatre & même en huit parties; ils sont plus sûrs d'observer l'écartement convenable entre chaque dent; au lieu que les divisions étant grandes, on ne s'apperçoit qu'à la fin, si le nombre requis de dents pourra ou ne pourra pas y entrer, & s'il ne sauroit y entrer, on force avec la batte les dernieres à se rapprocher plus qu'il ne faut, tandis que les premieres sont trop espacées.

Cette régularité peut cependant devenir minutieuse, sur-tout lorsque les comptes de peignes sont *fort fins*; car si pour un mille, sur vingt pouces de largeur, on fait une division pour chaque cinq dents, chaque division aura à peu-près une ligne de large, puisque chaque pouce doit contenir cinquante dents, ce qui fait quatre dents & un sixieme dans chaque ligne; & il faudroit dans l'espace de vingt pouces deux cents distances, dont chacune contînt un peu plus de quatre dents.

Il me semble qu'il seroit plus à propos de diviser la longueur des jumelles en pouces, demi-pouces, & quarts de pouce, parce qu'on peut avoir une mesure d'une aune toute divisée, qu'il suffit de présenter aux jumelles pour y tracer les divisions qui sont toutes faites; & moyennant cette operation, il suffit au Peigner de savoir combien le peigne qu'il va faire, doit contenir de dents par pouce; & comme on a vu que les dents & le ligneul ont dû être jaugés suivant la place qu'il doivent occuper sur le peigne, il lui est facile de s'y accorder. Supposons qu'il ait à faire un douze-cents sur trente pouces, il entrera quarante dents par pouce; & si c'est un neuf-cents sur vingt pouces, il y en entrera quarante-cinq. Et pour tous les cas il suffit de savoir le total des dents, & le nombre des pouces; on en concluera aisément pour les demi & les quarts de pouce.

Il est à propos de diviser les jumelles en demi & en quarts de pouce, comme je l'ai dit, pour être plus sûr de la justesse des opérations; néanmoins comme ces soufdivisions donnent souvent des fractions, je vais prendre pour exemple deux cas où il s'en rencontre.

Nous venons de voir qu'un neuf cents, sur vingt pouces de largeur, doit contenir quarante-cinq dents par pouce, ce sera vingt-deux & demi par demi-pouce, & onze un quart par quart de pouce; il faut avoir attention à chaque quart de pouce si on remplit à infiniment peu-près l'espace déterminé, de même aux demi-pouces, & enfin on vient à bout par-là de tomber juste aux pouces.

Le second exemple que je vais proposer est tel, que les fractions qui viennent à chaque pouce, s'accordent avec quelques-uns & ne s'accordent pas à d'autres : je m'explique. Ces fractions sont telles, que de pouce en pouce elles ne tombent pas juste, & ne composent pas un nombre entier de dents, mais dans un retour égal d'un certain nombre de pouces, les fractions s'évanouissent : voici cet exemple.

Soit un huit-cents de peigne sur dix-huit pouces de longueur; chaque pouce contiendra quarante-quatre dents $\frac{4}{9}$, & ces fractions ne formeront de nombre complet qu'à la moitié du peigne, parce que de tous les nombres dans lesquels on peut diviser dix-huit pouces, il n'y a que 9 qui donne un nombre entier, & que les autres sont tous fractionnaires.

On ne sauroit éviter ces fractions ni se dispenser de cette exactitude, lorsqu'on monte un peigne; car comme les largeurs des étoffes sont ordinairement

limitées , on ne s'en écarte que très rarement : d'ailleurs les Peigners ne font
pas maîtres d'ajouter des dents ni d'en retrancher, pour rendre leurs nombres
ronds , parce que le nombre de dents doit s'acorder avec celui des fils qu'on
met à la chaîne & avec la largeur de l'étoffe. Il eſt vrai cependant que ſur une
quantité de dents fort minces , on peut en ajouter une ou deux ; mais ſi dans
le dernier exemple on négligeoit la fraction $\frac{4}{9}$ par pouce , il manqueroit ſur
la totalité du peigne huit dents ; & que ſi on vouloit les ajouter enſuite au
bout du peigne , on le rendroit trop long d'environ deux lignes&demie ; ainſi
on tomberoit toujours dans le même inconvénient.

Plus le nombre de dents eſt conſidérable dans la totalité du peigne, moins
les fractions deviennent ſenſibles ſi on les néglige, & quand ce nombre eſt
petit, il faut en tenir compte ſoigneuſement. On vient de voir que ſur un
peigne de huit-cents dents les fractions négligées faiſoient une différence de
plus de deux lignes ; ſi ce peigne n'avoit que cinq-cents dents ſur la même
largeur, il contiendroit vingt-ſept dents $\frac{7}{9}$ par pouce ; cette fraction $\frac{7}{9}$ étant
négligée à chaque dent , donneroit un déficit de quatorze dents ; & ſi on
vouloit les ajouter enſuite , le peigne auroit près d'un demi-pouce de plus
qu'il ne doit avoir.

On peut éviter les fractions dans beaucoup de cas, en rempliſſant néanmoins
la longueur du peigne du nombre de dents qu'il doit avoir ; voici comme il
faut s'y prendre.

Je ſuppoſe que le nombre de dents donne une fraction par pouce, qui rende
le travail difficile ; on peut alors abandonner la diviſion par pouces & ſe ſervir
de celle par portées , demi-portées , quarts , &c. & la portée contiendra
quarante dents , la demi-portée vingt , &c. ou tel autre nombre.

Les ſubdiviſions que je recommande ſont très-utiles pour corriger les erreurs
que l'inégalité des coups de batte occaſionne ſouvent ; & lorſqu'à chaque
ſubdiviſion on s'appercoit qu'on ne ſe rencontre pas juſte ſur chaque paire de
jumelles , on frappe un peu plus ſur le côté qui avance trop.

Il peut arriver auſſi , quoique très-rarement, qu'on ait trop frappé avec la
batte, & qu'alors les dents occupent moins d'eſpace que la ſubdiviſion ne
marquoit ; lorſqu'on s'en apperçoit, c'eſt une preuve, non pas qu'on a trop ſerré,
car on ne ſauroit trop le faire , mais que le ligneul eſt trop menu, & alors il
faut en prendre de plus gros.

Lorſqu'un Ouvrier a une fois adopté une maniere de diviſer la longueur
de ſon peigne, il doit continuer de s'en ſervir, ſans quoi il riſque de confondre
l'une avec l'autre & de ſe tromper dans le nombre de dents. Il eſt certain que
la diviſion par pouces, demi-pouces, &c. eſt plus ſûre que celle par portées ,
parce que celle-ci ne contient pas un eſpace égal dans toutes ſortes de comptes
de peignes, & qu'elle varie dans preſque tous. Je vais rendre cela ſenſible
par des exemples.

Ayant à conftruire deux peignes, dont l'un ait mille dents fur vingt pouces, & l'autre quinze-cents fur trente, les portées de l'un fe rapporteront aveccelles de l'autre ; mais fi l'on veut faire un neuf-cents fur vingt pouces, ou un mille fur dix-neuf ou fur vingt-deux pouces, ou un neuf-cents fur dix-huit pouces, il n'eft pas poffible de trouver de rapport entre les portées des uns & des autres : il faudra donc autant de différentes mefures pour divifer chacun par portées ; ou plutôt il faut à chaque changement de peigne, combiner les moyens de divifer les jumelles en autant de parties qu'elles doivent contenir de quaran-taines, de vingtaines, de dixaines de dents, &c.

Cette difficulté n'exiftoit pas autrefois, parce que les comptes des peignes étoient prefque fixés pour toutes fortes d'étoffes ; les largeurs & le nombre des brins dont une chaîne devoit être compofée étoient même fixés par des Arrêts & Edits, ainfi qu'on peut le voir par les Statuts & Réglements de toutes les Communautés de Fabriquants d'Etoffes qui font en Jurande. Les Peigners avoient des divifions faites pour chaque compte de peignes en particulier ; mais à préfent que les Fabriquants ont la liberté de donner aux Etoffes la lar-geur qu'ils jugent à propos, & d'employer des chaînes à tel nombre de brins qu'ils veulent, on trouve une variété infinie dans la longueur des peignes, parce que tel Fabriquant eft libre de mettre foixante portées pour un Taffetas en demi-aune de largeur, pour lequel fon Confrere n'en met que cinquante-cinq ; il faut donc que le Peigner, qui travaille pour tous deux, faffe deux peignes différents pour un même ufage. Un autre Fabriquant fera fon Taffetas de la même largeur qu'un autre ; mais pour trouver moyen de lâcher quelque chofe du prix courant fans y perdre, il affamera la chaîne du nombre de brins qu'elle devroit avoir, ce qui rend l'étoffe moins bonne ; & l'Acheteur croit avoir bon marché d'une étoffe dont la largeur le féduit & la modicité du prix le détermine, ne pouvant apprécier à la main la différence des deux.

Cette liberté a fes inconvénients, fans doute, mais c'eft à l'Acheteur à fe tenir fur fes gardes : du refte, elle a influé beaucoup fur la perfection des Manufac-tures, en répandant une variété infinie fur les tiffus de tout genre, & le génie n'a plus connu de bornes à fes productions.

Les Ouvriers fe fervent ordinairement d'un compas pour divifer la longueur de leurs jumelles. Cet inftrument repréfenté *fig.* 2, *Pl.* 18, eft trop connu pour que je m'arrête à le décrire : il faut avoir grande attention dans cette opération que le compas ne varie pas, & que la main foit bien fûre ; la plus petite erreur devient de la plus grande conféquence, parce que d'erreurs en erreurs les dif-férences deviennent très-fenfibles. Indépendamment de l'égalité que doivent avoir les divifions & fubdivifions entr'elles & fur les jumelles, il faut encore que chacune réponde à fa correfpondante fur l'autre jumelle, bien à angles droits, fans quoi le peigne feroit plus long par un bout que par l'autre, & les dents ne feroient pas bien perpendiculaires aux jumelles. Occupé fans ceffe de

mon

mon Art, j'ai fait différentes recherches ; qu'il me foit permis de propofer un inftrument de mon invention, à l'aide duquel il n'eft pas poffible de faire mal ces divifions fur les jumelles.

Cet inftrument eft fort fimple ; c'eft une regle de bois, divifée fur la longueur très-exactement en pouces, demi-pouces & quarts de pouces, en cette maniere : prenez une regle de bois, *fig. 6, Pl. 18,* fur l'épaiffeur de laquelle on fait une rangée de trous à trois lignes d'écartement les uns des autres ; puis à toutes les diftances d'un pouce, on y fiche une lame tranchante de deux lignes de largeur environ : à tous les demi-pouces, on en met une pareille pour le tranchant, mais un peu moins large ; enfin aux quarts de pouces font de petits poinçons, qui, quand on les appuie, ne marquent qu'un point. L'effentiel, dans la conftruction de cet uftenfile, eft d'obferver un écartement égal entre toutes les parties, & de tenir toutes les lames à une égale hauteur, pour être bien fûr qu'en appuyant un tant foit peu cette regle fur les jumelles, toutes puiffent faire une empreinte. La figure 6 repréfente cet inftrument tout monté & garni des lames, que j'ai fait voir à part, figures 7, 8 & 9.

Il eft à propos de faire cette regle en couteau du côté des lames, pour pouvoir, quand on l'applique fur les jumelles, voir aifément où on place les tranchants ; trop d'épaiffeur les cacheroit.

La figure 10 repréfente une partie de peigne fur la jumelle duquel font des traits fins, qu'on fuppofe avoir été empreints par la regle. Il faut avoir foin de placer la premiere lame précifément à l'endroit où, après les dents des lifieres, doit être la premiere du corps du peigne. J'ai fait marquer ces traits par les lettres *a, b, c,* comme les lames même fur l'inftrument. On peut voir que toutes les marques *a,* font à égale diftance, qu'on fuppofe être d'un pouce ; celles *b* font à la moitié entre les premieres, auffi entr'elles à un pouce ; & enfin celles *c,* font à la moitié de celles *b,* ce qui fait le quart du pouce. On peut conftruire de ces regles de plufieurs longueurs, pour ne pas s'embarraffer d'une grande, quand on a un petit peigne à faire, & parce qu'une petite ne conviendroit pas pour un grand peigne.

On pourra peut-être trouver un peu de difficulté à appuyer cette regle fur les jumelles qui plient au moindre effort ; mais en mettant deffous, le fupport ou le couffin, dont nous avons parlé plus haut, on en viendra facilement à bout. On peut même, pour plus d'exactitude, faire ces marques fur les jumelles, avant de les mettre fur le métier ; il ne s'agira plus que de les bien placer vis-à-vis les unes des autres, ce qui fera affez facile en réglant l'encoche par où elles font retenues fur le tenon, à une diftance égale des dernieres marques à chaque bout ; du refte, chacun s'y prendra comme fon génie lui fuggérera.

La longueur qu'il eft plus à propos de donner à ce divifeur eft de trente pouces ; car il eft inutile de penfer à en faire de trois aunes & demie qu'on donne aux plus grands peignes ; & après avoir marqué une longueur de regle, on placera la premiere lame fur la derniere marque, & ainfi de fuite ; par ce moyen on viendra à bout de divifer toutes fortes de peignes.

Quant aux peignes qui auront moins de trente pouces, la regle peut encore fervir ; car il fuffira de compter vingt efpaces d'un pouce , & de contremarquer le refte pour n'y avoir aucun égard : ainfi cet uftenfile me paroît devoir être fort utile. Il feroit bien poffible d'ôter & de remettre les lames à volonté, pour n'en laiffer que le nombre dont on auroit befoin : mais de deux chofes l'une ; ou les trous qui les reçoivent feroient en peu de temps aggrandis, & par conféquent les écartements peu juftes ; ou bien ce qu'il en coûteroit pour le faire conftruire en cuivre ou en acier , où chaque dent feroit retenue à vis , ne compenferoit par l'avantage qu'on en retireroit & le temps qu'on perdroit à le monter & le démonter.

Si la conftruction de ce divifeur , tout fimple qu'il eft , paroît trop difpendieufe , je vais en propofer un fecond moins embarraffant , mais qui va moins vîte. La figure 11 le repréfente tout monté : c'eft une palette d'environ quinze ou feize lignes de long , fur l'épaiffeur de laquelle font placées cinq lames , favoir les deux des extrémités , larges , & écartées d'un pouce ; celle du milieu moins large , pour marquer le demi-pouce , & enfin les deux points $c\ c$ qui marquent les quarts de pouce. Cette palette eft faite en couteau , & n'eft , à proprement parler , qu'une partie de la regle que je viens de propofer. Sur le côté épais H, & au milieu de fa longueur , eft un trou propre à recevoir le tenon du manche I. Pour divifer un peigne avec cet inftrument , il faut l'appuyer fur la longueur des jumelles autant de fois qu'elles ont de pouces , en mettant toujours la premiere lame fur la derniere marque.

Il ne m'appartient pas de faire l'éloge de cet inftrument ; mais à le comparer avec l'ufage du compas , qu'il faut porter quatre fois dans l'efpace d'un pouce , & que le moindre choc peut déranger , je penfe qu'il ne peut manquer d'être adopté.

Il étoit néceffaire de faire connoître toutes les divifions qu'on peut faire fur la longueur d'un peigne ; achevons maintenant d'en décrire la conftruction.

Lorfqu'on a placé la derniere dent de lifiere , on fait deux tours de ligneul fur les jumelles pour la retenir en place & la féparer de la premiere de celles du corps du peigne ; enfuite on place une dent qu'on arrête par un tour de ligneul , puis une feconde , puis la troifieme , & ainfi des autres jufqu'à la fin , ayant foin de mener enfemble les deux bouts des dents , qui fans cela occafionneroient une confufion infinie , fi l'on fe contentoit de lier le premier bout d'abord , & qu'on voulût enfuite en venir au fecond. A chaque deux dents on frappe avec la batte des coups égaux pour que les unes ne foient pas plus ferrées ou ou plus lâches que les autres , puifque la bonté d'un peigne dépend en grande partie de l'égalité qui regne entre les dents. Une difficulté que rencontrent affez fouvent beaucoup d'Ouvriers dans l'ufage de la batte , eft de frapper également à chaque bout des dents ; il faut de l'habitude pour régler le coup & ne pas ferrer plus en haut qu'en bas , encore eſt-il à propos d'examiner ſans ceſſe ſi l'on ſe rapportera aux marques ; & lorſqu'on y eſt arrivé, l'attention qu'on a eue doit diminuer les erreurs , & la derniere dent de chaque portée doit être vis-à-vis des marques ſur chaque couple de jumelles : ſi elle avance plus par un bout que par l'autre , on frappe un peu plus de ce côté ; & ſi l'on ne pouvoir venir à bout de la faire rentrer, il n'y a de remede qu'en défaiſant quelques dents , & corrigeant l'erreur de plus loin : ſi ce défaut vient de l'inégalité de groſſeur du ligneul , on coupe la partie trop groſſe , & on ne ſe ſert que de ce qui convient.

A meſure que le peigne avance, les jumelles ſont d'un côté couvertes de ligneul ; ainſi dès qu'on eſt arrivé à une marque quelconque on ne peut plus juger de ſon écartement avec la ſuivante, puiſqu'on ne la voit plus ; & alors on ne peut pas, à la vérité, ſe tromper pour faire bien rapporter les dents ; mais faute de ſavoir où eſt la derniere marque , on ne ſauroit s'aſſurer du nombre de dents ; il a donc fallu ſe procurer des moyens de s'y reconnoître : quelques Ouvriers mettent entre les deux dernieres dents de la derniere diviſion une dent debout qui forme une tête par deſſus ; & comme ils ſont aſſurés de la marque qui ſuit, ils comptent les dents depuis cette marque. D'autres attachent un fil à la garde du bout du peigne par où ils le commencent , & chaque fois qu'ils arrivent à une diviſion , ils placent ce fil ſur la derniere dent, au moyen de quoi ils ne peuvent ſe tromper.

Il faut avoir ſoin de bien ſerrer le ligneul ſur les dents quand on les entoure ; mais il faut encore le tenir tendu quand on entoure les autres jumelles , & quand on ſe ſert de la batte ; ſans quoi ce fil venant à ſe lâcher rendroit le peigne abſolument défectueux. Pour être le maître de diriger le fil comme on le déſire , comme les bouts ſont aſſez longs, il ne faut pas le laiſſer pendre , ce qui le dépoiſſeroit à force de frotter ſur les dents, & on ne manqueroit pas de mêler les deux bouts enſemble : il eſt donc à propos d'en faire de petits paquets qu'on tient facilement dans la main , & qu'on fait paſſer & repaſſer plus com- modément à meſure qu'on l'emploie ; & même ces petits paquets ſont plus commodes à tenir de la main quand on ſe ſert de la batte.

Comme en coupant la canne pour refendre les dents, on a ſoin de les tenir plus longues qu'il ne faut , on n'eſt pas obligé en montant le peigne à les placer bien également les unes aux autres par leur bout entre les jumelles, elles ne pourroient ſe rapporter que d'un côté , puiſqu'on ne s'aſtreint pas à leur donner une égale longueur : il eſt donc fort inutile de chercher à aligner les bouts, & lorſque le peigne eſt achevé de monter, on les rogne tous comme nous le verrons bien-tôt. On peut même profiter de ce trop de longueur pour placer d'un côté ou d'un autre, une dent à l'un des bouts de laquelle on apercevroit quelque léger défaut ; car, comme je l'ai déja dit , s'il eſt un peu conſidérable , il eſt toujours plus prudent de la rejetter , pour que le peigne n'en foit pas endommagé.

Il faut avoir foin quand on monte une peigne , que l'écorce des dents foit tournée d'un même côté , jufqu'à la moitié du peigne ; & les Peigners ont coutume de la tourner du côté du bout par où ils commencent ; & lorfqu'on eft parvenu à la moitié de la longueur du peigne , on les change de direction , de façon que l'écorce de la moitié des dents regarde un des bouts du peigne , & celle de l'autre moitié regarde l'autre bout ; ainfi les deux dents du milieu font à plat vis-à-vis l'une de l'autre , & le dedans de la canne fe regarde à chacune : en voici la raifon.

Lorfque le peigne eft en travail , ce font les deux extrémités qui fatiguent le plus , enforte que le milieu n'éprouve cette fatigue que par gradation. Or comme le frottement vient des extrémités vers le milieu , il a fallu lui oppofer une plus grande réfiftance , je veux dire l'écorce de la canne , que j'ai dit ailleurs être peu fufceptible de s'endommager. Ce que je dis ici eft fi connu de tous les Ouvriers en tout genre de tiffus , qu'il n'en eft pas , depuis les plus délicats , jufqu'aux plus groffiers , aux peignes defquels les dents des lifieres ne foient plus du double plus fortes , comme devant fupporter les plus grands efforts ; & par la même raifon , les Fabriquants de toute efpece ont foin de faire les fils de lifieres trois & quatre fois plus forts que ceux de l'étoffe. C'eft pour cela que non-feulement elles font plus groffieres dans tous les tiffus , mais auffi qu'on les fait d'une couleur oppofée à l'étoffe.

J'ai recommandé de faire les dents des lifieres plus fortes à tous les peignes : ce foin regarde les Ouvriers. Les Fabriquants favent qu'il faut que les brins des lifieres foient auffi plus forts ; les premiers peuvent en ignorer la raifon , fans conféquence pour leur ouvrage : l'expérience l'a aprife aux autres ; mais il eft à propos d'inftruire le commun des Lecteurs de la raifon phyfique de cette pratique.

Toutes les Etoffes retréciffent à mefure qu'on les fabrique : la premiere caufe qui produit cet effet , eft la tenfion qu'on donne à la trame : mais ce qui y contribue le plus , c'eft la preffion que les fils de la chaîne font fur cette trame ; preffion qui , jointe à celle qu'y fait le coup de battant , lorfque pour en joindre les duites , on frappe le peigne contre avec affez de force , la raccourcit néceffairement , parce que cette trame fe replie un tant foit peu entre chaque brin de la chaîne. Et même chaque dent du peigne produit auffi autant de repliements. Tous ces repliements , multipliés à l'infini ne peuvent fe faire qu'aux dépens de la longueur de la trame. D'un autre côté il n'eft pas poffible d'ajouter à chaque coup de navette de quoi fuppléer à ce raccourciffement , parce que cet effet eft opéré fi rapidement qu'on à peine à l'apercevoir ; d'ailleurs le battant frappe à la fois fur toute la largeur de l'Etoffe , & quelque foin qu'on y apporte , on ne fauroit éviter tous ces replis. Il y a cependant des Etoffes qui fe retréciffent fi fort qu'il a fallu imaginer des moyens pour en prévenir une

partie ;

partie : mais comme je le dis, on ne le prévient qu'en partie.

Les Etoffes qui se rétrecissent le plus, sont celles qui sont le moins fournies en chaîne ; ce qui prouve d'une maniere sensible le repliement de la trame : car pour prendre des exemples parmi des Etoffes de Soie, les Gros-de-Naples ni les Gros-de-Tours dont la chaîne est très-fournie, ne se rétrecissent qu'à proportion de la grosseur de la trame qu'on y emploie ; &, pour le dire en passant, plus on *trame gros* une chaîne, & plus l'étoffe conserve la largeur que le peigne lui a donnée ; & si à cette grosse trame on joint une chaîne fournie, le rétrecissement est de peu de conséquence : mais si l'on fait un Taffetas à deux fils par dents & qu'on ne trame qu'à deux bouts de soie fine, on est forcé de travailler de la maniere qu'en terme de fabrique on nomme à *pied ouvert* : sans cette précaution, les lisieres quoique très-fournies en soie en comparaison du reste de l'étoffe, se cassent & l'étoffe se déchire.

On appelle travailler à *pied ouvert* lorsque la chaîne d'une étoffe est peu fournie, & la trame très-fine, l'attention qu'a l'Ouvrier qui fabrique l'étoffe, de donner le coup de battant sur la trame, sans faire joindre les deux parties de la soie de la chaîne qui l'ont reçue, qu'après que le coup est donné ; je m'explique : on sait que pour incorporer la trame dans une étoffe, il faut séparer la chaîne en deux parties égales, ou autrement, suivant l'étoffe, par le moyen des lisses, & qu'on lance dans cette séparation la navette qui y porte cette trame ; il est certain que si on laisse rejoindre ces deux parties de la chaîne avant que de serrer la trame avec le battant, cette trame sera retenue par la chaîne, & le coup de battant ne pourra la faire joindre aux duites déja passées, sans l'obliger à se raccourcir à cause des replis que nous avons déja vû que le peigne lui fait faire : mais si au contraire on donne le coup de battant avant que d'avoir fait rejoindre les deux parties de la chaîne, on est assuré que les replis qu'occasionne le peigne à la trame, seront pris en grande partie sur la longueur non encore fixée de cette trame qui n'est retenue que du côté d'où vient la navette, & aucunement de celui où elle se trouve ; c'est pourquoi elle fournit de la longueur au repliement qu'occasionne le peigne. Ceux qui ont fabriqué ou vu fabriquer, savent la facilité qu'éprouve l'Ouvrier qui travaille à *pied ouvert*, & au contraire la peine qu'il éprouve quand il travaille à *pied clos*, qui est le contraire.

Il faut donc travailler à pied ouvert toutes les étoffes qui ne sont pas beaucoup fournies en chaîne, ou celles qui l'étant convenablement ne sont pas tramées en proportion de leur chaîne ; & par ce moyen, non-seulement on trouve plus de facilité dans le travail, mais encore l'étoffe en a beaucoup plus d'éclat ; & si l'on adopte souvent l'autre maniere de travailler, ce n'est que pour faire paroître l'étoffe plus forte qu'elle n'est en effet.

Pour se convaincre de la vérité de ce que j'avance, il suffit d'effiler une certaine quantite de fils de trame ; on verra que chaque fil de la chaîne y est marqué par autant de finuofités : il n'eft perfonne qui n'ait effilé de la toile, & qui n'ait remarqué cet effet.

Malgré les précautions que je recommande, l'étoffe tend toujours à fe rétrécir; auffi les Ouvriers en contiennent-ils la largeur au moyen d'un uftenfile qu'on nomme *Tempia*, qu'ils placent fur l'étoffe faite & qu'ils avancent tout contre le bord à mefure qu'ils en ont fait un pouce ou deux tout au plus.

Voilà pourquoi les dents des lifieres doivent être plus fortes que celles du corps de l'étoffe; voilà pourquoi on tourne l'écorce vers les bout du peigne : encore malgré ces précautions s'ufent-ils beaucoup plus & plus promptement aux extrémités : & lorfqu'un peigne eft hors d'état de fervir, on fe contente de changer les dents, d'un pouce ou deux de long à chaque bout, ce qui le rend prefque neuf : on appelle cette opération *enter* un peigne.

S'il eft quelquefois néceffaire d'enter un peigne parce que les dents des extrémités font ufées, fouvent auffi ne le fait-on que parce qu'elles ont contracté un peu decourbure, ou qu'elles font devenues trop fouples & trop foibles; fouvent même cette réparation, quand elle eft bien faite, rend un peigne meilleur qu'un neuf, & elle eft très-économique. J'enfeignerai dans la feconde Partie la maniere d'enter les vieux peignes.

Quand on a rempli le peigne du nombre de dents qu'il doit contenir, on le finit par un nombre de dents de lifieres égal au premier, & de la même groffeur; puis on en met une très-groffe comme la première de l'autre bout, & enfin on met la garde de la même maniere qu'on a pratiqué en commençant le peigne qui fe trouve ainfi terminé, du moins quant au montage; car il a encore dans l'état où nous le fuppofons à préfent bien des façons à recevoir. On commence par le démonter de deffus le métier, ce qui fe fait d'abord en fciant les jumelles du côté où on vient de finir; car j'ai oublié en parlant des jumelles, d'avertir qu'on doit les tenir beaucoup plus longues que le peigne ne doit être, tant pour pouvoir les arrêter fur les montants du métier par des points qu'on ne met point à profit, que pour donner du jeu à la batte dont on fe fert jufqu'à la derniere dent, & de la place à la foule qui y refte jufqu'à la fin.

L'Ouvrier fcie donc les jumelles à environ trois quarts de pouce des gardes par chaque bout du peigne, en le tenant toujours tendu; d'autres lâchent les vis; mais de l'une & de l'autre maniere il faut tenir le *couteau-fcie* de la main droite, & foutenir ferme le peigne avec la gauche, fans quoi on rifqueroit de le caffer.

Voilà quels font les procédés qu'on emploie ordinairement pour monter un peigne : il y en a quelques-uns de particuliers dont j'aurai occafion de parler dans la feconde Partie de ce Traité, au quel je me réfère pour éviter les répétitions. Voyons maintenant comment on rogne les dents.

Section Troisieme.

Maniere de rogner les dents d'un Peigne.

On a vu dans la suite des opérations que je viens de décrire, que les dents n'étoient jamais coupées à la longueur qu'elles doivent avoir, parce que quand on coupe les cannes on ne sait pas à quel peigne elles sont destinées, & que cette hauteur varie; de plus, on ne prend aucune attention à couper ces cannes d'une égale longueur : ainsi il est ordinaire lorsqu'un peigne est fait, de voir déborder les dents sur les jumelles plus ou moins, comme on le voit sur la figure 1, *Pl.* 19, qui représente un peigne dans l'état où on vient de le démonter de dessus le métier. On se sert pour rogner cet excédent des dents, d'un couteau courbe *fig.* 2, & on ne laisse au-dessus des jumelles qu'une ligne ou une ligne & demie. On ne coupe pas ces extrémités à angles droits, mais à pans, comme on le voit *fig.* 3, ou bien en pointe *fig.* 4; par ce moyen, le peigne qu'on place debout dans la rainure du battant, essuie moins de frottement à cause de son peu de surface à cette partie, & se prête plus aisément à tous les mouvements qu'on lui fait essuyer ; si les dents étoient coupées quarrément, comme on le voit en *c, c, fig.* 5, il y auroit à craindre qu'elles ne s'accrochassent en quelqu'endroit de la rainure du battant où le peigne ne tient que par son propre poids.

Pour rogner un peigne, l'Ouvrier s'assied devant une table, & appuyant un des bouts du peigne contre son estomach, il abat tous les bouts du côté droit à angle aigu, avec le couteau qu'il tient de la main droite en le tirant vers lui, tandis qu'avec la gauche ils soutient le peigne. Ce côté étant coupé, il retourne le peigne bout pour bout, & coupe l'autre côté de la même façon; après quoi les dents ont la forme de celle que représente la figure 4.

Ceux qui veulent que les dents soient pointues, n'ajoutent rien à cette opération; ils se contentent d'en faire autant de l'autre côté : mais ceux qui veulent que les dents soient arrondies, abattent la pointe que les deux premiers coups de couteau avoient laissée. Mais pour bien faire cette opération, il faut tenir le peigne bien horizontalement sur sa longueur, & verticalement sur sa hauteur, sans quoi on rogneroit plus par un bout que par l'autre.

Il y a des Ouvriers qui rognent leurs peignes en les tenant perpendiculairement sur une table, sur un banc ou autre ustensile semblable, & ils se servent pour cela d'une lame de rasoir plantée solidement dans un manche *fig.* 8, en commençant par le haut du peigne, comme la figure 7, le représente. Cette maniere paroît plus commode que la précédente, parce que le point d'appui est plus ferme; mais chacun suit à cet égard l'habitude qu'il a contractée.

En faisant l'opération qu'on vient de voir il n'est presque pas possible de ne pas laiffer quelques rebarbes, quelque net que coupe l'outil dont on fe fert ; on les ôte pour approprier le peigne , avec un canif un peu courbé , comme on en voit un *fig. 6 & 7* , fur la table.

Il eft une troifieme méthode dont quelques Peigners fe fervent pour rogner les peignes, & qui me femble la plus fûre ; elle confifte à contenir le peigne entre deux tringles *A, A*, dans l'entaille de deux montans *B, B, fig. 9*. La conftruction de cette efpece de métier, repréfenté par la figure 10 de face, eft très-fimple ; le peigne ainfi arreté ne fauroit vaciller , & l'on eft affuré de couper toutes les dents très-également & fans fatiguer le peigne ; mais pour cette opération on ne fe fert pas des inftruments qu'on vient de voir, mais d'une efpece de plane *fig.* 11, qui n'eft autre chofe qu'une lame tranchante, aux deux bouts de la quelle eft une *foie* qui reçoit les manches *H, H* : la figure 9 repréfente un Ouvrier occupé à rogner felon cette méthode.

La longueur des tringles *A, A*, doit être pareille à celle du banc, pour que l'Ouvrier puiffe être en force en les appuyant contre fon ventre, & même pour pouvoir fervir à différentes longueurs de peigne. Leur largeur doit être moindre de peu de chofe que la hauteur de la foule, pour que le peigne étant faifi contre les dents, repofe fur les jumelles ; au moyen de quoi l'entaille des montans qui reçoivent le tout , doit être à peu-près de cette largeur ; & fi les tringles n'y font pas contenues un peu jufte , on les force avec un coin de bois ou de canne par chaque bout. Il ne faut pas que les tringles preffent les jumelles, parce qu'elles dérangeroient le ligneul , & par conféquent les dents.

Le peigne étant ainfi arrêté fur le métier, l'Ouvrier coupe toutes les dents en bifeau avec la plane , en commençant par le bout du peigne qui lui eft oppofé, & quand ce côté eft fait, il coupe l'autre auffi en bifeau, foit en reftant à fa place, foit, comme quelques Ouvriers le font, en allant à l'autre bout du métier : enfin quand ces deux côtés font rognés, il ébarbe la pointe qui eft reftée, par un coup de plane donné à plat, & termine les inégalités qui peuvent fe rencontrer avec le canif, comme on l'a vû.

Quand ce côté du peigne eft rogné , il retire les tringles des entailles, fans déranger le peigne , & le remet fens deffus deffous , les affujettit de même & y fait la même opération.

Il eft bon d'arrondir le bord extérieur des tringles , pourqu'en penchant la plane à droite & à gauche on n'en rencontre pas la quarre : *voyez fig.* 12 , la coupe de ces tringles , & *fig.* 13 , qui les repréfente terminées en chanfrein.

Le métier que je repréfente ici, ne fert que pour des peignes de 27 à 28 pouces, qui font la longueur ordinaire : lorfqu'on en a de fort longs, il n'eft pas néceffaire d'avoir de métiers faits exprès , on fe fert fimplement de celui fur lequel on a monté le peigne, en fubftituant aux montans qui portent les boulons à vis, ceux qu'on voit ici *fig.* 9, & les y fixant de la même maniere, c'eft-à-dire, avec des clefs ; mais dans ce cas, la longueur du peigne ne lui permet pas de fe

mettre

mettre au bout du métier, comme on vient de le voir, mais il se met au milieu d'un côté, & se penche de maniere que ses deux bras se trouvent à peu près dans la même position que s'il étoit au bout, & s'y prend à plusieurs fois en reculant à chaque.

Cette maniere est sans contredit, la meilleure qu'on puisse mettre en usage, & la plus expéditive.

En parlant des différentes méthodes usitées pour rogner les peignes, je n'ai rien dit des gardes ; il est à propos de les couper d'abord à part, à la hauteur qu'on juge à propos de leur donner : cette hauteur est ordinairement celle des dents mêmes, ainsi que leur forme ; mais je pense qu'il seroit plus avantageux de les tenir d'une bonne demi-ligne plus longues, pour que le peigne étant placé dans la rainure du battant, elles en essuyassent tout le poids, ainsi que les chocs multipliés qu'il y éprouve ; les dents seroient par là ménagées, & on ne les verroit pas, au bout de fort peu de temps, percer le papier dont nous verrons bientôt qu'on entoure les jumelles & le bout des dents, & *toucher*, comme on dit en termes d'Ouvriers, ce qui arrive quand elles rongent le papier en touchant au fond de la rainure.

Quant à la longueur des jumelles, on leur donne ordinairement un demi-pouce après les gardes ; & on aura occasion de voir par la suite qu'il est de quelque conséquence que cette longueur soit la même aux deux de chaque bout pour placer le peigne bien au milieu du battant.

S e c t i o n   Q u a t r i e m e.

De la maniere de Planer les Peignes.

Lorsqu'un peigne est monté, il n'a pas pour cela atteint la perfection dont il est susceptible, & quelque soin qu'on ait pris pour tirer les dents de largeur à la filiere, & pour les placer comme il faut dans les jumelles, on ne sauroit du premier coup leur procurer cet alignement respectif qui fait que chaque duite de la trame, frappée par le peigne, va se placer en ligne droite contre la précédente ; sans l'opération dont nous allons nous occuper, cette duite seroit remplie de sinuosités qui rendroient l'étoffe défectueuse.

Il a donc fallu *planer* les peignes pour les égaliser, & même pour diminuer un peu de la largeur que la filiere a donnée aux dents. Cette opération demande beaucoup de soins, & exige des outils bien tranchants pour couper vif & sans rebarbes, les bords des dents.

Presque tous les Peigners ont chacun une méthode particuliere, & des outils différents : il seroit sans doute trop long de passer le tout en revue ; & parmi les différentes méthodes, j'en rapporterai quatre qui m'ont paru les meilleures.

Premiere méthode.

L E couteau dont on se sert pour planer, est représenté par la figure 1, *Pl.* 20; il ressemble assez au tranchet des Cordonniers; il n'y a que la partie courbe *A B*, qui soit tranchante, & le biseau n'est que d'un côté, sur la partie concave; car indépendamment de la courbure *A B* sur l'élévation, il y en a une autre en plan qu'on n'a pu représenter que par le moyen de l'effet de l'ombre. La longueur totale de cet outil sans son manche est d'environ dix pouces.

Pour se servir de ce couteau, l'Ouvrier le tient par le milieu de la lame, la courbure *A B* tournée vers lui, & la convexité posée sur le peigne; au moyen de quoi, pour couper, il le tire à lui; le biseau se trouve en dehors, & le vif de l'outil pose sur l'ouvrage : l'Ouvrier tient le peigne de la main gauche ayant le coude appuyé sur la table, comme on le voit, tandis qu'avec la droite il est occupé à planer : il faut couper la canne suivant la longueur des dents, car si on suivoit celle du peigne, on risqueroit de les écorcher. On ne coupe pas ces dents de toute leur longueur d'un même coup, mais en commençant à quelques lignes près des jumelles extérieures; on ramene le couteau contre celles qui touchent à la poitrine; & quand ce côté est fini, on retourne le peigne bout pour bout, & on enleve ce que la premiere opération avoit laissé; mais en amenant ainsi les copeaux près des jumelles il faut avoir soin de les dégager par un coup de la pointe de l'outil donné sur toute la longueur du peigne contre les jumelles; & pour ne pas endommager les dents par une coupure trop profonde, il vaut mieux y revenir à plusieurs fois jusqu'à ce que tous ces copeaux tombent d'eux-mêmes. Il faut aussi dans cette opération prendre bien garde d'endommager le ligneul qui retient toutes les dents : la perfection de cette opération consiste à ne laisser sur la longueur du peigne aucune inégalité provenant de ce qu'on en auroit ôté plus dans certains endroits que dans d'autres; enfin après avoir plané une des faces du peigne, on en fait autant à l'autre.

Cette méthode est sujette à plusieurs inconvéniens : premiérement le peigne n'est pas assez solidement retenu dans les mains de l'Ouvrier pour qu'il n'en souffre pas quelque atteinte, enfin le coup de couteau n'est pas sûr, & l'on risque de couper le ligneul au grand dommage du peigne. La méthode qu'on va voir me paroît infiniment préférable.

Seconde méthode.

Pour se servir plus sûrement du couteau dont je viens de parler, quelques Ouvriers fixent le peigne sur une table *fig.* 3, sous une coulisse dont un côté est immobile, & l'autre se meut au moyen des vis *a, a, a, a*, qui glissent dans les entailles *b , b , b , b ,* pour se prêter aux différentes largeurs de peignes : en dessous de la table sont quatre écrous, comme celui qu'on voit *fig.* 4 ; & autant de vis, *fig.* 5 , dont le chapeau repose sur la tringle mobile, vont s'y loger ; & comme leur tête est quarrée, on les serre & desserre à volonté par le moyen de la clef *fig.* 6 ; & pour que les écrous ne puissent pas tourner avec la vis , on y pratique de chaque côté un épaulement qui les rend capables de couler dans les entailles : l'Ouvrier, pendant cette opération, a la faculté de travailler assis, comme on le voit *fig.* 7 , & n'a d'autre soin que de bien conduire son couteau pour n'enlever sur les dents que ce qui convient. Lorsqu'un côté du peigne est fini sur une même face, on l'ôte de sa place, & on le retourne bout pour bout pour achever cette face.

Il paroît qu'il seroit plus simple ou de porter sa chaise de l'autre côté de la table, ou de retourner cette table qui n'est pas fort lourde ; mais les têtes des vis gêneroient la main de l'Ouvrier , & même on a soin de terminer en biseau la tringle immobile *C,* sur sa longueur, pour que le couteau puisse approcher de plus près des jumelles sans gêner l'Ouvrier.

La longueur de cette table est proportionnée à celle des peignes qu'on fabrique le plus communément. J'aurai occasion de dire ailleurs comment on s'y prend pour ceux d'une longueur extraordinaire.

Quelques Ouvriers se servent du métier sur lequel il fabriquent leurs peignes comme de cette table ; mais ils se contentent d'appuyer les jumelles contre la tringle de devant, & tiennent le peigne à plat avec la main gauche, tandis qu'avec la droite ils se servent du couteau pour le planer.

Troisieme méthode.

La méthode que je vais rapporter ne diffère presque des précédentes que par les instruments qu'on y emploie ; car les métiers sur lesquels on arrête les peignes sont à peu-près les mêmes : au lieu du couteau en forme de tranchet , dont nous avons parlé , quelques Ouvriers se servent de celui que représente la figure 8 ; ce couteau ressemble assez à un outil fort commun qu'on nomme plane, il n'a qu'un biseau & deux tenons pris sur la même piece. A l'un est un trou *c ; fig.* 11 , qui reçoit la goupille par où il est arrêté d'un bout sur les deux pieces de bois ou de corne au moyen d'une goupille qui est rivée de chaque côté, de façon cependant que, comme la lame d'un rasoir , il ait la faculté de tourner à frottement dur ; l'autre tenon va reposer sur l'une des deux autres goupilles qu'on voit à l'autre bout *fig.* 14 ; & pour tenir cette *châsse* dans un écartement convenable, en même temps qu'on met les goupilles *a , a , fig.* 14 , on y enfile une languette de fer *fig.* 12 , au moyen des trous *g , g ,* qui correspondent à ceux du manche, & on les rive ainsi qu'on l'a fait à l'autre bout : l'épaisseur de cette languette doit être égale à celle de la lame , pour que quand on travaille, elle ne balotte pas ; & pour plus de sûreté, on enfile dans chaque bout du manche, un cercle de forte peau ou de cuir *E*, *E*, *fig.* 15.

La maniere de se servir de ce couteau n'est pas la même parmi tous les Ouvriers : quelques-uns le tiennent d'une seule main, comme on le voit *fig.* 9, d'autres le tiennent à deux mains, *fig.* 10 ; l'habitude seule peut déterminer en faveur de l'une & de l'autre méthode ; mais dans tous les cas, le tranchant doit être contre les dents & le biseau en dessus.

On emploie encore au même usage un autre couteau dont la différence avec celui qu'on vient de voir, n'est pas assez grande pour que j'aie cru nécessaire de le représenter ; la lame est à peu-près la même, mais le manche se sépare en deux sur la goupille de la tête, comme une lancette & n'est point arrêté par le bas, au moyen de quoi on peut donner à la lame tel degré d'obliquité, par rapport au manche, qu'on juge à propos, & on en retient les deux parties avec un anneau de cuir comme au précédent : la longueur du manche de chaque couteau est de neuf pouces, savoir trois à chaque bout & trois pour la lame, ce qui suffit, soit qu'on le tienne à une ou à deux mains.

La figure 1, *Pl.* 20, représente un Ouvrier tenant l'outil de la main droite, tandis qu'avec la gauche il tient le peigne ; & la figure 5, *même Planche*, représente l'usage du même couteau tenu à deux mains, & alors le peigne est retenu du côté de l'Ouvrier sous la feuillure de la tringle *A*, & de l'autre, fixé au moyen des tenons à coulisse *C*, *C*, dans lesquel passent les vis de bois à tête *D*, *D*.

Lorsqu'on a uni les dents autant qu'on le peut avec le couteau, on y donne le dernier coup avec un canif, *fig.* 2 & 3, & on enleve tous les copeaux en passant ce canif le long des jumelles, prenant bien garde à endommager le ligneul.

J'ai fait représenter dans la figure 4 la table de la figure 5, pour qu'on en sentît mieux la construction.

Je passe à la quatrieme & derniere méthode en usage pour planer les Peignes.

Quatrieme méthode.

L a quatrieme méthode dont il me reste à parler, consiste entiérement dans l'usage d'un outil qui est particulier à quelques Ouvriers ; cet ustensile, qu'ils nomment *plane*, est représenté par la figure 7 ; c'est un parallélogramme tranchant par l'un de ses grands côtés, & à l'autre sont deux manches recourbés qui entrent dans les poignées *A*, *A*, qu'on tient des deux mains, comme la figure 8, dont j'aurai occasion de parler ailleurs, le représente.

Avant de passer aux opérations qu'il est nécessaire de faire aux peignes pour leur procurer une entiere perfection, je crois qu'il est à propos de donner la maniere de planer les peignes d'une longueur extraordinaire.

Il n'eſt pas poſſible aux Ouvriers de ſe pourvoir de tous les uſtenſiles dont ils peuvent avoir beſoin dans des cas extraordinaires ; il leur ſuffit d'avoir les plus courants : auſſi lorſqu'il ſe préſente un peigne plus long que de coutume, à faire, nous avons vu de quelle maniere on ſubſtitue aux poupées ou montants à boulons qui ſe placent ſur la table, d'autres montants qu'on fixe à tel écarte-ment qu'on le déſire, au moyen de pierres dont on les charge, ou de crampons plantés dans le plancher. La figure 8 fait voir ces montants, ſur leſquels il faut ſuppoſer qu'a été monté le peigne qu'on y voit, & que l'Ouvrier eſt occu-pé à planer.

Les efforts du planage ſont plus conſidérables que ceux du montage, auſſi eſt-il néceſſaire de ſoutenir ces efforts au moyen de l'eſpece de table *fig.* 9, qu'on voit ſous le peigne ; cette table eſt formée par l'aſſemblage de deux potences *D*, *D*, plantées ſur la planche *C*, & qui portent celle *E*, qui ſe trouve parfaitement à la hauteur du deſſous du peigne ; & comme les efforts de l'outil portent auſſi contre les jumelles qui ſont du côté de l'Ouvrier, on y remédie en attachant ſur la petite table une tringle *a*, qui retient les jumelles.

Lorſqu'on a plané d'un côté, il faut de toute néceſſité que l'Ouvrier paſſe de l'autre, & change ſa table de poſition, à cauſe de la tringle qui doit toujours ſe trouver de ſon côté ; & quand toute une face du peigne eſt finie, on le retourne ſens-deſſus-deſſous de la maniere ſuivante :

L'Ouvrier lâche la vis du boulon *d*, & comme en faiſant tourner le peigne ſur lui-même, on riſqueroit de le caſſer, ou au moins de le gauchir, un ſecond Ouvrier ſe met à un bout & l'autre à l'autre, & tous deux enſemble font tourner le peigne avec beaucoup d'attention, puis on reſſerre la vis pour tendre le peigne ; on remet la table, & on acheve de le planer.

J'ai oublié, en ſuivant l'ordre des opérations, de dire qu'avant de planer le le peigne, il eſt à propos de rogner les dents, ce qu'on ne ſauroit faire qu'en tournant le peigne ſur ſon champ ou ſur la hauteur, & ſuivant la maniere qu'on a enſeignée plus haut, & pour cela il faut auſſi lâcher la vis, & être deux. Ce n'eſt pas qu'on ne pût le rogner après qu'il eſt plané ; mais comme nous venons de voir qu'on le retient contre la tringle de la petite table, une ligne droite s'adapte mieux ſur une pareille ligne droite, & on évite les tremblements.

Lorſque le peigne eſt parfaitement plané, l'opération ſuivante conſiſte à l'excarner : nous allons voir en quoi elle conſiſte.

Les dents ayant été ſolidement arrêtées entre les jumelles, on ne ſauroit diminuer de leur largeur ſur chaque face du peigne, ſans qu'elles prennent la forme qu'a la figure 10, où les parties *e*, *f*, repréſentent la largeur qu'avoient d'abord les dents, & telle qu'elle eſt reſtée entre les jumelles ; la diminu-tion qu'on voit de *a* en *b*, & de *c* en *d*, repréſente l'effet du planage & l'état où elles ont été réduites.

Il ſemble bifarre de tirer les dents avec tant de ſoin à une certaine largeur, pour les réduire enfuite à la moitié de cette largeur, car ce qu'on en ôte fur chaque face du peigne, va à peu-près au quart ; mais on peut rendre plufieurs raifons de ce procédé.

La premiere eft, que ces tenons qui reftent larges entre les jumelles les y retiennent plus folidement, parce que plus un levier a de longueur, & plus il a de force ; l'expérience a donc appris que cette largeur mettoit les dents plus à portée de réfifter aux chocs multipliés qu'elles éprouvent de la part des *bou-chons*, des *nœuds*, des *tenues*, & autres accidents ; & que fans cette précaution un peigne ne rendroit pas la moitié du fervice qu'on eft en droit d'en attendre.

Une autre raifon, eft qu'étant obligé de procurer aux peignes une égalité par-faite dans toute leur longueur, & n'étant pas poffible de tirer les dents d'une l'argeur parfaitement égale, il a fallu fuppléer à ce défaut par une opération particuliere ; de plus, fi les dents étoient trop larges, elles fatigueroient trop la chaîne, & on a mieux aimé leur en donner d'abord un peu plus, pour les réduire enfuite à celle qui leur convient.

Il me refte en finiffant cet article, à prévenir que les outils dont on fe fert pour planer les peignes, doivent être d'une bonne trempe & bien affilés, tant parce que la matiere qu'on a à couper eft fort dure, que pour que les dents foient coupées vif, & fans rebarbes : auffi les Ouvriers ont-ils coutume d'avoir devant eux une pierre qu'on nomme affiloir, avec lequel ils avivent de temps en temps le tranchant de ces outils.

Quelque foin qu'on prenne à bien planer un peigne, il n'eft pas poffible de n'y pas laiffer de petites arêtes qui nuiroient à la chaîne ; il a donc fallu excarner les dents ainfi qu'on va le voir.

SECTION CINQUIEME.

De la maniere d'Excarner *les dents d'un Peigne.*

LE terme d'*Excarner* aux yeux des perfonnes inftruites, indique fa fignification ; il préfente l'idée d'une opération par laquelle on ôte la chair ou le bois des dents, pour ne laiffer que l'écorce : c'eft de ce travail que nous allons nous occuper.

Le foin qu'on apporte à amincir les dents quand on les tire à la filiere, ne les fauroit réduire à n'avoir que l'écorce, dont on a uniquement befoin ; la largeur à la quelle on eft obligé de les tenir, ne les réduit pas au degré d'épaiffeur où on a befoin de les porter ; je vais effayer de me faire entendre.

L'écorce des dents préfente une portion de cercle : nous avons vu qu'en les paffant à la filiere on ne les entame pas de ce côté ; le dedans de la canne feul eft mangé par l'outil, ainfi l'écorce eft un arc dont le dedans eft la corde : il fuit de là, que les extrémités de la largeur de ces dents offrent un angle très-aigu ; ainfi qu'on peut le voir en jettant les yeux fur les figures 1 & 2, *Pl.* 22. La figure 1 repréfente la coupe tranfverfale d'une dent quand la rofette vient de divifer la canne : la figure 2 la repréfente au fortir de la filiere ; c'eft dans cet état qu'on les place fur le peigne ; mais fi une opération poftérieure au montage , telle que le planage, vient entamer ces dents fur leur angle , elles prendront la forme d'un parallélogramme mixtiligne que repréfente la figure 3. On pouroit tirer une ligne parallele à la droite, des deux bouts de l'arc qu'on voit fur la figure ; c'eft cette ligne droite qu'il s'agit de tracer en quelque forte en ôtant le fuper-flu , & qu'on nomme excarner les dents. Ceci foit dit pour les perfonnes qui aiment à raifonner par principes , tous les procédés ; mais je paffe à l'opération.

On fe fert pour ce travail d'une efpece de canif emmanché comme on le voit *fig.* 4 , & il faut avoir grand foin de ne pas ôter plus de matiere dans un endroit que dans un autre pour que chaque côté des dents foit bien parallele à l'autre ; mais il faut bien prendre garde à ne pas endommager le côté de l'écorce auquel le canif ne doit nullement toucher.

Premiere maniere.

La figure 5 repréfente un Ouvrier affis à côté d'une table , & tenant de la main gauche un peigne prefque droit, & appuyé fur fes genoux, tandis que de la droite, il conduit le canif entre toutes les dents l'une après l'autre ; & pour n'en omettre aucune , on commence par un des bouts du peigne, jufqu'à la moitié, où on doit fe fouvenir qu'elles font tournées en fens contraire ; alors on retourne le peigne bout pour bout , & on fait l'autre côté : j'ai tâché de rendre fenfible la maniere de tenir le canif par la figure 6 ; on le tient entre les trois premiers doigts à peu-près comme une plume quand on écrit. Il eft bon de finir d'abord le peigne fur une face , puis on le retourne pour voir s'il n'y a pas d'iné-galités à l'autre furface, & fi l'on en apperçoit quelqu'une on l'ôte avec le canif ; il y a même des Ouvriers qui fe piquent de travailler avec délicateffe , qui le finiffent entiérement fur une face, & le repaffent entiérement fur l'autre, fans cependant affamer pour cela les dents ; mais je ne faurois recommander trop d'attention pour n'en pas ôter plus à quelques dents qu'à d'autres ; car delà vien-nent fouvent ces raies qu'on apperçoit fur toute la longueur d'une étoffe & qui la rendent défectueufe : il n'y a de remede à ce malheur que de rejetter le peigne.

Seconde maniere.

Cette feconde maniere s'exécute en pofant le peigne horifontalement fur une table, & l'y retenant au moyen d'un poids ou d'un plomb ; puis on fe fert du canif, comme nous l'avons dit ; mais cette méthode eft très-défectueufe en ce que le peigne pofant immédiatement fur la table, ne permet pas à l'inftrument tout le jeu qui lui eft néceffaire ; pour peu que l'Ouvrier l'enfonce un peu plus

PLANCHE
22.

qu'il ne faut, il rencontre la table, ce qui dérange l'opération. Quelques Peigners plus intelligents, ont imaginé d'élever le peigne pour qu'il fût libre par deſſous ; je vais rapporter les moyens qu'ils ont mis en uſage pour cela.

La figure 8, *même Planche*, repréſente un peigne poſé dans une ſituation horiſontale, ſur deux parallélipipedes de bois de 3 pouces à peu-près de groſſeur, ſur huit à neuf de long. Chacun d'eux ſemblables à *C fig.* 9, eſt percé aux deux extrémités d'un trou quarré pour recevoir les boulons *a, a,* dont la tête qu'on voit en deſſous, les retient en place ; ces boulons ſont taraudés de toute la longueur qui ſort du bois, pour, au moyen des écrous à oreilles *b, b,* ſerrer autant qu'on le veut la petite traverſe *D,* & par conſéquent retenir ſolidement le peigne entr'elle & la piece de bois. C'eſt dans cet état que la figure 8 le repréſente : le tout eſt poſé ſur une table ; l'Ouvrier n'eſt aucunement gêné pour excarner, & lorſqu'il a fait les parties qui ne touchent point aux ſupports, il lâche les vis & change le peigne de place.

Il ſembleroit plus naturel de retenir le peigne dans cette eſpece de preſſe par ſes extrémités ; mais la peſanteur des mains, quelque ſoin qu'on y apporte, ne ſauroit manquer de le fatiguer, & de lui faire prendre une tournure défec-tueuſe ; aulieu que l'eſpace contenu entre ces appuis étant plus court, il ne riſque pas de ſe caſſer. Il y a cependant des Ouvriers qui placent le peigne ſur les deux extrémités, & pour ne pas le fatiguer du poids des mains, ils ſe ſervent de l'expédient repréſenté dans la figure 10.

Sur la longueur d'une table, *fig.* 14, & de la moitié de ſon épaiſſeur, ſont pratiquées deux rainures *h, h,* dans leſquelles entre le côté étroit de deux couliſſes *F, F, fig.* 10, & ſéparément, on voit en deſſous de ces couliſſes une feuillure propre à recevoir les tenons *f, f,* d'une piece de bois, *fig.* 11, qui gliſſe ſur la table. La largeur des entailles *g, g,* eſt égale à l'épaiſſeur de la partie large des couliſſes *F, F* qu'elles reçoivent, au moyen de quoi cette piece de bois ne gliſſe qu'avec un peu de frottement. L'autre piece de bois *A,* n'eſt qu'un parallélipipede fixé ſur la table au moyen des têtes quarrées des deux boulons à vis *a, a, fig.* 15, qui entrent dans l'épaiſſeur & en deſſous de cette table & paſſent au travers dans les trous *i, i, fig.* 14 ; les tringles ſont appuyées par leur bout contre cette piece immobile, & l'on voit ſur la figure 14, que les rainures ne commencent que de là. Dans les boulons de chaque piece de bois, l'une mobile *B,* & l'autre immobile *A, fig.* 10, & toutes deux à égale hauteur, entrent deux tringles de bois comme celles qu'on a vues plus haut & dont l'office eſt de retenir le peigne au moyen des écrous à oreilles *b, b, b, b.* Le ſoin que j'aurai de détailler la ſtructure de toutes ces pieces dans l'explication des planches les rendra encore plus ſenſibles : voyons le métier tout monté.

PLANCHE
23.

La figure 1, *Pl.* 23, repréſente un peigne retenu par les extrémités entre les preſſes dont nous venons de parler, qui peuvent ſe prêter à toutes les longueurs poſſibles de ce peigne, au moyen de la faculté qu'a celle *D,* de gliſſer entre les

tringles

tringles paralleles. L'Ouvrier y eft occupé à excarner ; & pour que la longueur du peigne , & la pefanteur des mains n'y faffent aucun tort , il met un , deux & même trois couffins de bois , fur lefquels porte le peigne , & qu'il a la liberté de changer de place à volonté : il peut même fans crainte appuyer le coude gauche fur fon ouvrage , ainfi qu'on l'a repréfenté , fans rien craindre , en plaçant un couffin à cet endroit.

Il eft aifé de fentir que les vis de la piece mobile ne doivent avoir aucune communication avec la table , non plus qu'avec les tringles ; mais les têtes font encaftrées de toute leur épaiffeur dans le deffous de la piece de bois , au moyen de quoi elles n'apportent aucun obftacle à ce que cette piece puiffe gliffer.

Comme ce métier eft fort étroit, il eft peu embarraffant, & l'on peut l'approcher d'une fenêtre pour fe procurer un beau jour , dont on a grand befoin pour cette opération ; & quand on a fini une moitié de la longueur du peigne , on retourne le métier pour faire l'autre. Il y a même des Ouvriers qui fans rien déranger, finiffent un peigne fur toute fa longueur. Comme nous avons vu que la moitié des dents-eft tournée vers un bout , & l'autre vers l'autre , il faut pour cela s'accoutumer à tenir l'outil également bien des deux fens , ce que beaucoup d'Ouvriers ne peuvent faire. On excarne chaque dent en commençant par le bout *a* jufqu'à celui *b*, *fig.* 2 ; puis reprenant au point *b*, on retourne le canif & on le mene de *b* en *a*, pour les dents dont l'écorce eft à droite , & du fens oppofé pour les autres. On en ufe ainfi pour qu'elles fe trouvent parfaite-ment évidées dans toute leur longueur ; car comme il n'eft pas poffible de com-mencer tout contre les jumelles , fi on n'y repaffoit le canif, cet endroit fe trouveroit plus épais , & cette inégalité endommageroit la chaîne , fur tout dans une Etoffe de Soie ; mais dans tous les cas , il faut, quand une face du peigne eft finie , l'ôter de fa place pour le retourner de l'autre côté.

On ne fauroit apporter trop d'attention à bien finir un peigne ; les difficultés augmentent en proportion du nombre de dents dont ils font compofés , & plus les dents font multipliées & fines , plus elles doivent être finies , à caufe du peu de paffage qu'elles laiffent aux fils de la chaîne. Je paffe à une troifieme maniere d'excarner les peignes.

Troifieme maniere.

La troifieme maniere d'excarner les peignes eft , pour le fond de l'opération , la même que celle que nous venons de voir , puifqu'il s'agit toujours d'évider les dents l'une après l'autre ; mais celle-ci confifte à placer la main en deffous du peigne , de maniere que la lame du canif étant paffée entre chaque dent , on la faffe mouvoir de bas en haut , au lieu qu'elle avoit une direction contraire ; mais pour cela il eft néceffaire que ces peignes foient à une certaine élévation du métier pour donner un paffage libre à la main.

La figure 4, *Pl.* 23, repréfente la pofition d'un peigne fuivant cette méthode. Le métier dont on fe fert pour cela n'a rien de particulier, ce n'eft autre chofe que celui fur lequel on a monté le peigne. On y voit même les poupées qui ne gênent aucunement pour ce travail ; il eft feulement à propos de faire connoître la conftruction & la pofition des montants qui portent le peigne.

Chacun de ces montants eft fait comme le repréfente la figure 5 ; c'eft un morceau de bois à peu-près quarré, dont la longueur n'eft pas déterminée, elle dépend de la hauteur du métier fur lequel on les place ; mais en général elle doit être telle qu'un Ouvrier affis puiffe y travailler commodément. Au bas de ce montant eft un tenon par où il entre jufte dans une des mortaifes qui font fur le métier ; ils n'ont pas befoin de plus de folidité, car ils ne font aucun effort. Au haut de ces mêmes montants eft une mortaife quarrée propre à recevoir jufte le tenon du fupport *C*, qui repofe contre le montant, au moyen d'un fort épaule-ment, & va en diminuant vers l'autre bout, par deffous, pour que l'Ouvrier en promenant fes mains ne rencontre rien qui le bleffe : il faut avoir attention que le deffus de ce fupport foit bien à angle droit avec le montant où il eft affemblé : on en place fur le devant du métier quatre, fix ou huit, fuivant la longueur du peigne, & pour cela on pratique fur la longueur, une rangée de trous quarrés dans une même ligne. Comme il faut que le peigne repofe fur ces fupports, on a foin qu'ils foient tous à égale hauteur. Quelques Ouvriers y arrêtent le peigne au moyen d'un poids de fer ou de plomb, comme on le voit *fig.* 4 ; d'autres fe contentent de retenir le peigne avec la main gauche, tandis que la droite travaille. *Voyez fig.* 6, où on a repréfenté la lame du canif paffant au travers des dents du peigne.

Il y a encore une autre maniere de placer le peigne dans cette pofition horifontale ; elle ne differe prefque pas de celle que nous venons de voir ; mais la maniere de placer les montants eft plus recherchée, & peut-être plus commode.

La figure 7, fait voir cet arrangement. Aux deux extrémités d'une table, font plantés des montants *F*, *K*, dont le premier repréfenté à part *fig.* 9, a la forme d'une croix dont le grand croifillon s'éleve au-deffus du métier, à peu-près de la hauteur des montants dont nous parlions il n'y a qu'un inftant, & reçoit le fupport *C*, fait à peu-près comme celui qu'on a vu, mais il eft un peu plus large. Le croifillon oppofé entre dans la mortaife faite au bout de la table, & ce montant repofe fur les deux autres croifillons. A l'autre bout eft une croix femblable à la premiere, & qu'on place de même, voyez la figure féparée *K*, mais le croifillon fupérieur eft fort court. Sur les deux épaulements qui forment ces croifillons, repofent deux tringles quarrées *I*, *I*, qui y font chevillées par les bouts. Dans l'entre-deux de ces tringles, gliffe le montant *fig.* 8, & pour pouvoir l'arrêter où l'on veut, fuivant la longueur du peigne, on pratique au croifillon inférieur, & fur fon épaiffeur, une mortaife *b*, où paffe la clef ou coin de bois *a*, qui le ferre contre les tringles. Au haut eft une mortaife pareille à celle qu'on a vue au précédent, pour recevoir un fupport repréfenté à part en *d*; au milieu de la largeur de ce fupport, & affez près du montant, eft un trou où paffe le boulon à tête *f*, taraudé de plus de la moitié de fa longueur; ce boulon étant en place, la tête en-deffous, reçoit auffi l'autre piece de bois *e*, qui étant preffée par l'écrou à oreilles *g*, retient le peigne par les deux éxtrémités fur le montant, à l'écartement qui détermine fa longueur. Pour ne pas fatiguer le peigne en appuyant les mains deffus quand on travaille, on fait paffer entre les tringles plufieurs fupports comme ceux *L*, *L*, affez longs pour que le peigne pofe deffus fans le forcer; & comme rien ne les retient, on a la liberté de les faire couler à mefure qu'on en a befoin.

Le métier à excarner que je viens de décrire n'étant monté que fur une planche qui lui fert de bafe, on a la liberté de le placer fur un métier à monter les peignes, ou fur des treteaux, comme on le trouve plus commode.

Qu'il me foit permis en finiffant cet article de hazarder mon fentiment. La multiplicité des uftenfiles dans tous les Arts me femble une charlatanerie dont il feroit à fouhaiter qu'on fe défît : pourquoi, par exemple, tant de métiers pour excarner les peignes ; un Peigner un peu occupé qui fe piqueroit de raffembler tous les uftenfiles de fa profeffion, trouveroit à peine de la place pour les loger ; ne feroit-il pas plus fimple de faire l'opération dont la defcription vient de nous occuper, fur le métier même fur lequel on a monté le peigne ! le dernier des métiers que nous venons de décrire, reffemble fi fort à celui à poupées, qu'il femble qu'on n'ait eu en vue que de multiplier les embarras. Je vais offrir au Lecteur quelques réflexions fur les trois manieres d'excarner que je viens de rapporter.

Obfervations fur les trois méthodes précédentes.

Comme cette opération exige que le peigne ait une pofition affurée, & que le moindre mouvement produit des inégalités fur la longueur des dents, il eft certain que la méthode de ceux qui tiennent le peigne fur leur genoux eft défectueufe ; auffi ai-je connu un habile Peigner, qui, faute de connoître les moyens de fixer le peigne, vouloit qu'au moins on l'appuyât folidement contre un mur, une table, un banc, &c.

La feconde maniere eft fans contredit préférable à la premiere, parce que le peigne étant fixé dans une pofition horifontale, on eft plus affuré d'opérer également fur toutes les dents ; mais d'un autre côté, on ne peut pas juger parfaitement de la quantité de matiere qu'on emporte avec le canif, puifque la main cache l'endroit où l'on travaille ; au lieu que par la troifieme maniere on voit à découvert tout le peigne, & l'on peut voir par degrés les dents acquérir la forme qu'on a deffein de leur donner.

Il eft fi important de ne pas faire de dents plus épaiffes ou plus minces dans la totalité de celles qui compofent un peigne, que pour peu qu'il en échappe quelques-unes, on s'en apperçoit auffi-tôt fur l'étoffe; une dent trop mince étant preffée par la chaîne, fe rapproche de fa voifine, & de là viennent ces nuances qu'on apperçoit dans les étoffes qui ne fe mettent point à la foule; ces nuances ne font produites par aucun changement de couleur réel, foit dans la chaîne foit dans la trame; mais comme il ne fauroit arriver qu'une dent foit trop proche de fa voifine d'un côté, qu'elle ne foit en même temps trop éloignée de fa voifine de l'autre côté, de là deux effets qui produifent un changement de nuances qui n'eft qu'apparent. La raie fombre eft produite par les fils qui font trop ferrés entre les dents, & la raie plus claire qui la fuit, provient du trop d'écartement qu'ont entr'eux les fils qui paffent dans la dent écartée; la raifon en eft que les couleurs de la trame très-ferrée entre les fils de la chaîne, qui eft très-ferrée elle-même, n'ont pas autant de jeu que lorfqu'elle eft plus lâche; ainfi ces effets deviennent d'autant plus fenfibles à la vue, que l'étoffe eft fabriquée avec plus de régularité.

L'inégalité d'écartement d'une ou de quelques dents dans la totalité d'un peigne, ne le met cependant pas hors d'état de fervir. On peut en fubftituer une autre à la place de celle qu'on a trop amincie en excarnant. J'enfeignerai dans la feconde Partie la maniere de remettre des dents fans démonter le peigne.

Lorfqu'une dent eft trop épaiffe, il eft fort facile de l'amincir; lorf-qu'elle eft trop écartée on ne fauroit rapprocher les autres fans ébranler tout le peigne. Mais quand il y en a quelques-unes de trop rapprochées des autres, on peut y remédier en les rendant un peu plus minces; par ce moyen on obtient un écartement à peu-près égal, & l'irrégularité devient moins fenfible : malgré tous ces foins on ne peut que rendre un pareil peigne paffable, il ne fera jamais parfait.

J'ai cru devoir faire ces obfervations, pour qu'on pût être en état de juger fi les raies qu'on apperçoit fur la longueur d'une étoffe, viennent des dents trop épaiffes ou trop minces, trop écartées ou trop ferrées, & qu'on pût aifément y apporter un remede convenable dans chaque cas. Je paffe à l'opération qui fuit ordinairement celle qu'on vient de voir.

SECTION SIXIEME.

Maniere de couvrir les Jumelles avec des bandes de papier,
& de redreffer les Dents:

RIEN n'eft auffi aifé que de coller des bandes de papier fur les jumelles d'un peigne; il fuffit d'apporter à ce travail quelque attention, pour que ce papier en entourant les jumelles vienne tout contre les dents fans pofer deffus. Pour

cela

cela on prend avec un peu de papier ou autrement, la circonférence de ces jumelles d'une face du peigne à l'autre, ce qui détermine la largeur des bandes de papier ; on en coupe une certaine quantité que l'Ouvrier qui les colle fixe sur la table avec un morceau de plomb ou autre chose de pesant *E, fig.* 3 , *& N fig.* 4 , puis les enduisant de colle d'un côté, il les laisse sur la table , & pose le peigne au milieu de chaque bande sur la hauteur, comme on le voit en *I, fig.* 4 ; après quoi il le couche de son côté sans perdre le milieu de la bande, & en appuyant sur la longueur des jumelles, il les force à saisir le papier ; & enfin il retourne le peigne de l'autre côté , ce qui acheve de coucher le papier tout autour des jumelles.

Il est difficile de coller ces bandes de papier sans qu'il s'y forme quelques plis ; aussi pour les faire disparoître , & pour forcer le papier à prendre la forme des jumelles , on prend une autre bande de papier plus large , qu'on pose sur celle qui est collée , & on frotte en tous sens pour bien l'unir sans crainte de rien déchirer ; mais il faut pour cela que celle de dessus soit bien seche : quand cette premiere bande est collée , on en place une autre au bout , & ainsi de suite aux autres jumelles.

Comme nous avons vu que les grosseurs du ligneul varient suivant le genre de peignes qu'on fabrique , & par d'autres raisons qu'on doit se rappeller , il est évident que la circonférence des jumelles doit suivre cette variation ; aussi les bandes de papier pour entourer cette circonférence doivent-elles être plus ou moins larges. Mais on ne sauroit leur procurer cette égalité de largeur en les coupant avec des ciseaux, ou avec un couteau en pliant le papier par bandes ; les Peigners ont imaginé l'ustensile que je vais décrire, tant pour aller plus vîte , que pour mieux régler ces largeurs.

La figure 5 représente un Ouvrier occupé à couper son papier par bandes : aux deux extrémités d'une table *A,* sont deux trous quarrés propres à recevoir les têtes quarrées des vis *b, b,* qui passent dans les trous de la tringle *B,* qui leur correspondent. On place une certaine quantité de feuilles de papier l'une sur l'autre, & on n'en laisse déborder en de hors que ce qu'on veut donner de largeur aux bandes ; on marque cette largeur à chaque bout au moyen d'un compas *F,* puis on serre les écrous à oreille, *a, a* qui, en pressant sur la tringle, empêchent le papier de changer de position ; ensuite avec un outil , dont la lame ressemble assez à celle d'un grattoir, *fig.* 7 , mais dont la *soie f* est très-forte & entre dans le manche, *fig.* 8 , garni de viroles, il en sépare d'un seul coup une assez grande quantité. Cette lame a deux tranchants, parce que rien n'émousse autant les outils que de couper du papier ou du carton ; aussi est-il fort souvent obligé de les passer sur un affiloir. Lorsque toutes les feuilles de papier sont coupées, on desserre les vis ; on reprend une autre largeur de bandes qu'on coupe de même , & ainsi de suite jusqu'à la fin, ayant eu soin , avant l'opération, de marquer sur la premiere feuille, avec le même écartement du

compas, toutes les largeurs des bandes qu'on peut y trouver. On ferre à part
toutes les bandes de chaque largeur, & même on a foin de s'en pourvoir abon-
damment de toutes, depuis un pouce jufqu'à deux, de demi-ligne en demi-
ligne, qu'on numérote depuis 1 jufqu'à 24, pour les reconnoître au befoin : les
pieces font repréfentées à part au bas de la Planche.

La méthode que je viens de rapporter eft en ufage dans beaucoup de Provinces, où, faute de reffources, les Ouvriers font obligés de faire tout eux-
mêmes ; mais dans les grandes Villes, ils font couper ce papier par bandes par
des Papetiers ou par des Relieurs, dont la preffe & le couteau à rogner font
bien plus fûrs & plus expéditifs ; on eft affuré par ce moyen de faire ces
bandes bien égales de largeur, & on en peut couper une bien plus grande
quantité d'un coup, puifqu'on rogne une rame de papier à la fois.

Il faut préferver ces bandes ainfi coupées de l'humidité ; le mieux eft de les
mettre fuivant leurs numéros dans les cafes numérotées d'une grande boîte,
comme on le voit *fig.* 1, *Pl.* 25.

Planche
25.

Quelques Ouvriers plus recherchés dans leur travail, fe fervent d'une autre
méthode pour couvrir de papier les jumelles de leurs peignes : voici comment
ils s'y prennent.

Au bord d'une table, comme *A*, *fig.* 2, on plante deux morceaux de bois
dont l'enfourchement faifit jufte l'épaiffeur de cette table, & s'il devient
un peu lâche, on peut y gliffer une ou deux cartes à jouer ; puis avec deux
chevilles de bois *e*, *e*, on y fixe le chaffis *fig.* 4, au moyen des trous *f*, *f*.
Les deux montants *C*, *C*, font affemblés affez fimplement par la traverfe *P*,
ainfi qu'on le voit ; mais au haut de ces montants eft une entaille *g*, *g*, où on
place le peigne fur fa hauteur. Dans cette pofition l'Ouvrier couvre fes jumelles
de papier, & a la liberté de faire tourner le peigne avec le chaffis, & de
régler fon papier en deffus & en deffous à fa volonté. Cette méthode eft fort
bonne ; mais avec de l'attention toutes deux peuvent très-bien remplir le même
objet. Quelques Peigners s'y prennent différemment ; les uns tiennent le peigne
entre leurs genoux, d'autres le font tenir par quelqu'un, tandis qu'ils collent
le papier ; enfin pourvu que la perfection s'y trouve, peu importe comment on
s'y prenne : l'effentiel eft qu'il n'y ait point de plis fur la longueur des bandes,
car elles nuiroient au peigne quand on fabrique l'étoffe.

Maniere de redreffer les Dents.

L'opération du planage, ainfi que celle d'excarner les dents, quelque foin
qu'on y apporte, fatigue néceffairement les dents ; auffi, lorfqu'un peigne eft
fini, on y voit beaucoup de dents qui ont pris un certain degré de courbure
qui feroit fort nuifible à la fabrique, fi on n'y avoit pourvu par la derniere des
opérations qu'il eft à propos de faire à un peigne, celle d'en redreffer les dents.

Entre les différentes méthodes qu'on a adoptées pour cela, je n'en ai remarqué que deux qui méritent d'être rapportées, les voici.

La premiere est représentée par la figure 5, *Pl.* 25 : on voit un Ouvrier tenant de la main gauche un peigne par le milieu, & dont un bout est appuyé contre son estomach, tandis que de la main droite il passe un *dressoir* entre les dents qui se sont courbées. Ce dressoir représenté à part *fig.* 6, n'est autre chose qu'une piece de fer faite comme une palette, ou comme une spatule fort mince par le bout, pour pouvoir entrer entre les dents les plus serrées, & qui va en épaississant insensiblement, jusqu'à l'endroit où l'on voit sa largeur diminuer par deux plans inclinés, qui est beaucoup plus épais : la tige qui, par l'autre bout entre dans le manche, est quarrée, & terminée en pointe pour qu'on puisse l'entrer à force dans son manche. Ces sortes d'outils s'employent chauds, & comme ils sont fort minces ils se refroidissent promptement, c'est pourquoi il est à propos d'en avoir au moins quatre qui chauffent alternativement pendant qu'on se sert de l'un ; & pour plus de commodité, l'Ouvrier a à côté de lui un réchaud de feu où on les voit ; il faut bien prendre garde de se servir de ces fers trop chauds, on brûleroit les dents ; il ne faut que les échauffer pour faire tant soit peu fondre la poix du ligneul, & par ce moyen faciliter la dent à se redresser par sa qualité élastique.

J'ai fait représenter à part, *fig.* 9, un de ces dressoirs, qu'on voit terminé à peu-près en pointe pour qu'on puisse plus aisément l'insinuer entre les dents.

La seconde maniere est absolument semblable à la premiere, le dressoir seul en fait la différence, ainsi que la position du peigne.

La figure 10 fait voir cette seconde maniere : le peigne est dans une position horizontale & est retenu à l'aise dans les entailles L, L, dont on a représenté l'une à part *fig.* 12 ; le tenon qu'on voit au bas, sert à la planter dans des trous pratiqués sur la table : on conçoit que dans cette opération on a besoin que les dressoirs soient courbés pour que la palette se promene entre les dents parallelement à elles-mêmes. Voyez ce dressoir, *fig.* 11, qui dans sa construction ne differe du précédent que par sa courbure ; il est emmanché de même ; & comme la chaleur fait déjetter le bois, il ne tiendroit bien-tôt plus dans son manche, si l'on n'avoit la précaution de le river par le bout de ce manche.

Tels sont les procédés qu'on met en usage pour porter les peignes à la perfection qui leur est nécessaire. Il me reste en finissant, à rendre compte d'une derniere précaution que quelques Ouvriers plus curieux de la perfection que les autres, prennent, pour que leurs peignes ne souffrent aucun dommage dans la rainure du battant où il éprouve des saccades considérables & multipliées.

Le papier dont nous avons dit qu'on couvre les jumelles, sert autant à la solidité du peigne, qu'à empêcher le poix de couler lorsqu'on redresse les dents ; mais sans une grande attention pour bien coller ce papier, la poix durcie par la grande sécheresse s'écailleroit à force de recevoir mille contre-coups ; c'est pour fe raffurer davantage contre un pareil événement, que quelques Ouvriers collent une feconde bande de papier par deffus les premieres ; mais ils ont attention que le premier foit plus foible, fans quoi le fecond ne tiendroit pas, & même ils fe décoleroient tous deux.

CHAPITRE CINQUIEME.

Explication des Planches concernant la premiere Partie de l'Art du Peigner.

PLANCHE PREMIERE.

L A Figure 1 de la Planche premiere, repréfente une partie de Peigne vue de grandeur naturelle, afin de faire appercevoir comment les dents *A*, font contenues par le haut entre les deux jumelles *a*, *a*, & par le bas entre celles *b*, *b*, au moyen des ligneuls *c*, *c*, qui en entourant les quatre jumelles deux par deux, retiennent les dents & les féparent en même temps les unes des autres. Les mêmes ligneuls entourent la garde *B*, haut & bas fur les jumelles, entre lefquelles font placés les tenons: les contours du ligneul font croifés fur ces tenons, de maniere que la garde ne puiffe s'écarter de côté ni d'autre.

La Figure 2 eft un Peigne fini & dans fon entier: il eft repréfenté fur une échelle de 4 pouces par pied. Le ligneul ne paroît pas ici entourer les jumelles comme à la partie du Peigne précédent, parce que quand un Peigne eft fini, on en couvre les jumelles avec des bandes de papier collé.

La Figure 3 fait voir une garde de Peigne, dont le corps eft de forme ovale.

La Figure 4 eft une autre garde qui préfente un corps de forme octogone.

La Figure 5 préfente une troifieme forme de garde, dont le corps arrondi en ovale eft coupé quarrément fur fes extrémités.

La Figure 6 fait voir la maniere de placer les gardes dont le corps eft octogone entre les jumelles d'un Peigne.

La Figure 7 démontre comment doivent être placées, entre les jumelles, les gardes dont le corps eft ovale & les extrémités quarrées, & comment leurs tenons font retenus entre les jumelles haut & bas, par le moyen du ligneul.

La Figure 8 eft un modele des gardes qu'on fait avec de la canne. On y apperçoit la maniere de conftruire les tenons.

La Figure 9 eft la garde dont le corps eft ovale, vue par le bout.

La Figure 10 repréfente la coupe d'une garde octogone.

La

La Figure 11 est le bout d'une garde ovale coupée par ses deux extrémités.

La Figure 12 fait voir un bout de jumelle par sa partie extérieure, & arrondie.

La Figure 13 fait voir une partie de jumelle représentée du côté intérieur, dont la surface doit être applatie & bien unie.

La Figure 14 est une jumelle telle qu'on les prépare avant que d'en arrondir un côté.

La Figure 15 représente une filiere dont on se sert pour passer de largeur les jumelles qu'on fait avec de la canne.

On voit par la Figure 16, une autre filiere, de laquelle on se sert pour fixer l'épaisseur des jumelles de canne.

La Figure 17 est la même filiere vue par-dessus.

La Figure 18 représente la filiere, *fig.* 15, vue géométralement.

La Figure 19 est une garde de canne vue par le bout.

PLANCHE II.

La Figure 1 de la Planche II, représente une table forte & lourde, sur laquelle on place les filieres *I*, *K*, qui servent, l'une à passer de largeur les jumelles de canne, & l'autre sert à les passer d'épaisseur. On apperçoit en *a*, *a*, *a*, *a*, *a*, sur la planche *H*, qui forme le dessus de cette table, des trous propres à recevoir les tenons d'autres filieres, ou à changer de place celles qui y sont deja plantées.

La Figure 2 montre la maniere de faire les gardes des Peignes, soit en bois, soit en os, soit en laiton, bronze, &c. On apperçoit sur cette figure que les deux gardes d'un Peigne se font à la même piece, afin qu'elles soient plus égales ; ensuite on les coupe en *A*, pour les diviser, & les parties *a*, *b*, *c*, *d*, en font les tenons.

La Figure 3 est un couteau en forme de serpette, dont on se sert pour couper les tuyaux de canne, & les mettre à la longueur qu'ils doivent avoir pour être refendus & former les dents.

La Figure 4 est une lame de rasoir telle qu'on les emploie pour former les filieres, soit qu'on en mette deux pour tirer de largeur les dents ou les jumelles de canne, soit qu'on n'en mette qu'une aux filieres qui sont destinées à fixer leur épaisseur.

La Figure 5 représente un Ouvrier assis, & tenant dans sa main gauche une canne, & dans la droite un couteau, sur le tranchant duquel il appuie la canne avec force, pour en séparer les tuyaux l'un après l'autre ; & afin que le couteau coupe avec plus de sûreté, il appuie le pouce sur la canne, pour la presser davantage sur le tranchant, afin qu'il entame mieux l'écorce.

La Figure 6 représente la maniere dont celui qui divise les cannes par tuyaux, doit tenir le couteau de la main droite, & faire tourner la canne ſur le tranchant, afin de l'entailler plus profondément.

La Figure 7 repréſente les bras de la perſonne qui coupe les cannes par tuyaux, dans le moment où elle ſépare un tuyau après en avoir entaillé l'écorce tout autour. On remarque dans cette opération, que l'on tient la canne avec les deux mains bien ferme, & qu'on poſe le pouce de chaque main, près de l'entaille qu'on a faite tout autour de la canne, qu'on fait fléchir dans le moment, comme ſi l'on vouloit faire replier une partie de la canne ſur l'autre. Lorſque l'écorce de la canne eſt entiérement coupée dans toute ſa circonférence, on n'a pas beſoin d'employer beaucoup de force pour la ſéparer en deux, parce que l'intérieur des cannes eſt fort tendre.

La Figure 8 eſt une corbeille dans laquelle on met les tuyaux de canne à meſure qu'on coupe les nœuds qui ſont inutiles. On voit ces nœuds répandus çà & là, & on ne les ramaſſe que pour s'en chauffer l'hiver.

La Figure 9 eſt un tas de bouts des cannes qui ne peuvent plus fournir de tuyaux propres aux dents des Peignes, que néanmoins on ramaſſe pour faire des tuyaux pour les cannettes, des guindres à dévider le fil, la ſoie, &c. des panniers, des corbeilles & autres ouvrages.

La Figure 10 eſt un tas de cannes, où celui qui coupe les tuyaux en prend à meſure qu'il a fini de diviſer celles qu'il a commencées.

La Figure 11 repréſente un Ouvrier occupé à trier les tuyaux de canne quand ils ſont coupés; pour cet effet il les met, après les avoir choiſis, dans une des corbeilles *A*, *B*, *C*, *D*, *E*, *F*, chacun ſelon leur qualité & leur groſſeur.

On voit par la Figure 12, des rayons qu'on place ordinairement dans les ateliers de Peigners, pour y mettre les tuyaux de canne après qu'on les a choi-ſis; ces rayons ſont diviſés en pluſieurs caſes, & chacune contient une des parties des tuyaux dont on a fait choix: ces rayons ſont ordinairement élevés autant que le permet l'endroit où on les met, afin que l'humidité ne gâte pas les tuyaux qui y ſont dépoſés.

PLANCHE III.

L A Figure 1 repréſente un Ouvrier occupé à refendre des tuyaux de canne pour diſpoſer les pieces qui en proviennent à être paſſées à la filiere, & en former les dents des Peignes: il tient de la main droite un couteau, dont il place le tranchant ſur le bout du tuyau, comme pour le ſéparer en deux parties égales: il tient le tuyau avec la main gauche; il en appuie le bout ſur le bloc *A*, qui eſt entre ſes jambes, & ſur lequel il frappe, afin que le couteau entre dedans & le diviſe au point où la lame eſt placée.

La Figure 2 repréfente en grand comment on place fur les tuyaux le tran-chant du couteau qui fert à les refendre.

On voit par la figure 3 , jufqu'à quel point il faut faire entrer la lame du couteau, pour que les parties du tuyau qu'elle refend ne fe féparent pas tout-à-fait ; c'eft pourquoi l'épaiffeur de la lame du couteau fait refendre un tuyau dans toute fa longueur , avant même qu'elle arrive au milieu.

La Figure 4 eft un tuyau vu par le bout avec la lame du couteau qui en fépare la circonférence en deux parties égales. On voit en *a*, *a* , que cette lame a déja fait une premiere divifion fur ce tuyau. C'eft pour marquer l'ordre qu'on lui doit faire tenir tout autour , en divifant ce tuyau en autant de parties qu'il en eft fufceptible, que l'on a deffiné cette figure , où l'on doit remarquer qu'en plaçant la lame du couteau de diftance en diftance fur cette circonfé-rence , on doit toujours le faire de maniere qu'elle la divife en deux parties égales, comme il y eft repréfenté.

La Figure 5 fait voir le bout d'un tuyau refendu en 14 parties égales , qui feront 14 dents.

La Figure 6 eft le repouffoir de bois dont on fe fert pour faire éclatter les tuyaux de canne à mefure qu'on les a refendus en autant de parties qu'on a jugé qu'ils en pouvoient produire , fuivant la circonférence de chacun.

La Figure 7 repréfente ce même repouffoir placé dans un tuyau refendu ; afin d'en féparer les parties avec plus de facilité , & fans craindre de fe bleffer les mains; car les angles de la canne , du côté de l'écorce , produifent un tran-chant très-vif ; c'eft pourquoi l'on a imaginé ce repouffoir , afin de n'être pas obligé de féparer ces parties de canne avec les doigts ; d'ailleurs on avance da-vantage l'opération avec cet outil.

On voit , *fig.* 8 , une table fur laquelle on entaffe les dents , ou plutôt les parties de canne provenant des tuyaux qu'on a dépecés , pour enfuite en former des paquets , & les ranger dans les cafes des rayons , tels que nous en avons vu un , *fig.* 12 , *Pl. II* , ou dans des boîtes ou tiroirs.

La Figure 9 eft un paquet de ces parties de cannes , lorfque , fuivant la méthode de certains Ouvriers , on veut les pendre au plancher.

La Figure 10 repréfente une boîte dans laquelle on met les morceaux des cannes qu'on a divifées : elle eft à double cafe , & l'on ne met de ces pieces de canne que dans une , afin que lorfqu'on prépare ces parties en les paffant aux différentes filieres dont on a befoin pour cette préparation , on les mette dans la cafe vuide à mefure qu'on les a tirées de largeur ou d'épaiffeur.

On voit , *fig.* 11 , une des parties de canne telle qu'on l'a féparée d'un tuyau : elle préfente le côté de l'écorce.

La Figure 12 eft une partie de tuyau femblable à la précédente , mais vue du côté de l'intérieur de la canne.

La Figure 13 repréfente une rofette à feize rayons ou feize tranchants , propre à divifer un tuyau en 16 parties d'un feul coup ; mais il faut qu'on frappe fur le bout fupérieur de ce tuyau , pour forcer le tranchant de ces rayons à en produire la divifion ; on ne le feroit pas avec affez de célérité fi l'on n'employoit que la force du bras , & d'ailleurs on feroit fujet à fe bleffer contre les lames des rofettes.

La Figure 14 eft le manche de la rofette dont on vient d'expliquer les propriétés. *A*, eft le tenon qui entre dans le trou quarré de la rofette, qui vient pofer fur l'épaulement *a*, du manche ; & la pointe *B* de ce même manche, eft ordinairement placée dans un trou fur une table ou un bloc, de maniere que cette rofette tienne fur l'un ou fur l'autre.

La Figure 15 repréfente une rofette pofée fur un manche tel que celui qu'on vient de voir, & vue en face.

La Figure 16 eft une rofette pareille à la précédente , emmanchée de même , & vue en perfpective.

La Figure 17 repréfente un écrou propre à fixer les rofettes lorfqu'elles font emmanchées , & pour leur fervir de conducteur lorfqu'on refend les tuyaux , afin qu'elles fe trouvent au centre de ce même tuyau, & par ce moyen obtenir toutes les parties d'une égale largeur.

La Figure 18 eft un bout de manche dont la partie quarrée *a*, reçoit la rofette , & le bout *b* eft fait en vis pour recevoir l'écrou , *fig.* 17 , qui retient la rofette quand elle eft emmanchée.

On voit par la Figure 19 , une rofette emmanchée & retenue en place par fon écrou *A*.

La Figure 20 repréfente un autre écrou , dont l'effet eft femblable à celui *fig.* 17 , mais dont la forme eft différente , puifqu'il eft terminé en pointe , & que le précédent eft coupé parallélement à fa bafe.

La Figure 21 eft une clef dont on fe fert pour viffer les écrous *fig.* 17 *& 20.

PLANCHE IV.

L A Figure 1 de la Planche **IV**, repréfente une forte table fur laquelle on place les rofettes toutes emmanchées pour refendre les tuyaux : elles y font placées debout, comme on en voit une en *A* ; mais la table peut en contenir plufieurs , au moyen des trous *a* , *a* , *a* , &c. qu'on y pratique. On prend cette précaution, parce que lorfqu'on refend les tuyaux qu'on n'a pas féparés par groffeur, ce qui arrive à beaucoup de Peigners, on place dans ces trous des rofettes de toutes les groffeurs qui fe préfentent ; & quand on a pofé un tuyau fur une rofette qui eft plus ou moins grande qu'il ne faut, on choifit celle fur laquelle le tuyau s'accorde le mieux, & on le refend auffi-tôt ; & comme les manches ont chacun un tenon quarré à leur bout , on les fait entrer aifément dans ces trous ; & fi ces tenons font plus petits que le trou dans lequel on doit

le

le placer , on y met quelque coin fait avec de la canne , ou on les enveloppe de papier.

La Figure 2 eſt le bout inférieur d'un manche de roſette, dont le tenon eſt fait en vis , afin qu'en le mettant ſur la table il ne chancelle pas ; alors tous les trous qui ſont ſur cette table ſont autant d'écrous propres à recevoir cette vis.

La Figure 3 eſt la clef de fer dont on ſe ſert pour faire tourner les manches des roſettes , quand on les place dans leurs écrous ſur la table qui leur eſt deſtinée.

La Figure 4 repréſente une autre table, ſur laquelle on place encore debout les manches des roſettes : elle diffère de celle *fig.* 1 , ſeulement par les trous dans leſquels on met les tenons de ces roſettes ; dans la premiere, les trous ſont quarrés , ſuivant les tenons des roſettes ; mais dans celle-ci tous les trous doivent être garnis d'un tuyau de fer quarré par dehors, formant écrou du même pas que la vis du tenon qu'on doit y placer. On voit en *c* , *c* , deux roſettes déja fixées , & en *d* une troiſieme , qu'on eſt après à mettre en place ; la main *A* tient la clef *B* , avec laquelle on tourne le manche de la roſette *d* ; les plaques *a* , *a* , *a* , indiquent trois trous garnis de leurs écrous , & *b* , *b* , ſont deux trous quarrés tels qu'on les fait avant que d'y placer les écrous.

La figure 5 eſt un de ces écrous, qu'on place dans les trous de la table dont il vient d'être parlé , pour recevoir les tenons des manches des roſettes qui ſont faites en vis. On l'a repréſenté de grandeur naturelle.

La Figure 6 fait voir le bout ſupérieur d'un manche de roſette , dont le tenon *A* , qui reçoit la roſette , forme un écrou propre à recevoir le bout de la vis à chapeau qui doit couvrir & fixer cette roſette.

La Figure 7 eſt la vis à chapeau, faite pour le bout du manche de roſette dont on vient de parler; on ſerre cette vis avec une clef ſemblable à celle *fig.* 3, qui eſt la même avec laquelle on ſerre les manches des roſettes , comme on l'a vu ci-devant.

La Figure 8 fait voir en perſpective une roſette à dix-huit lames , propre à diviſer les tuyaux en dix-huit parties.

La Figure 9 repréſente un Ouvrier occupé à refendre des tuyaux de canne pour les dents des Peignes : il eſt aſſis devant une table *B* , ſemblable à celles *fig.* 1 & 4 ; il tient dans ſa main droite une palette de bois *C* , avec laquelle il frappe ſur le tuyau de canne *b* , qu'il tient , avec ſa main gauche, appuyé ſur une des roſettes *a* , *a* , *a* : d'un côté eſt une corbeille *C* , pleine de tuyaux de canne , placée ſur un tabouret *D* , à portée de pouvoir prendre de ces tuyaux à meſure qu'il a refendu ceux qu'il en a pris ; & de l'autre côté il a une ſeconde corbeille , dans laquelle il jette les pieces des tuyaux qu'il a dépecés.

La Figure 10 eſt un tuyau de canne dont la roſette a fait éclatter les parties presque jusqu'au bout. Il est représenté dans toute sa grandeur & grosseur, afin qu'on en distingue mieux les effets.

La Figure 11 est une palette de bois avec laquelle on frappe sur les tuyaux pour les refendre.

La Figure 12 représente une autre palette au même usage que celle *fig.* 11, mais dont la forme est différente.

La Figure 13 est un maillet dont plusieurs Peigners se servent au lieu de palette pour frapper sur les tuyaux quand ils refendent.

La Figure 14 représente un bloc sur lequel on plante les rosettes pour refendre la canne, & dont plusieurs Peigners se servent au lieu d'une table comme celle *B*, *fig.* 9. Ce bloc est fait en dos-d'âne, pour que les pieces, à mesure qu'elles sont refendues, puissent tomber à terre, & débarrasser l'Ouvrier qui travaille.

La Figure 15 fait voir la forme d'un manche de rosette, différent de ceux qu'on a vus jusqu'à présent; c'est un manche qu'on tient à la main quand on refend les tuyaux de canne: on y place à chaque bout des rosettes de différent nombre de lames, & conséquemment d'une plus ou moins grande circonférence: d'ailleurs les tenons sur lesquels on place les rosettes, sont faits indifféremment, comme ceux des manches qui ont été déja expliqués.

La Figure 16 est un manche semblable à celui dont il vient d'être parlé, garni de deux rosettes, une à chaque bout, lesquelles sont retenues par un chapeau conique, à peu-près comme celui *fig.* 7.

La Figure 17 est encore un manche garni de deux rosettes, mais dont les chapeaux sont coupés quarrément, c'est-à-dire, que les écrous qui les retiennent, sont semblables à celui de la Figure 17, *Pl.* 3.

PLANCHE V.

La Figure 1 de la Planche V, représente un ratelier fixé contre la muraille au moyen de happes qui l'y retiennent. Les chevilles de ce ratelier sont construites de maniere que les rosettes qu'on y suspend ne peuvent être endommagées, parce qu'on place dans l'entaille de chacune de ces chevilles le manche de ces rosettes, & que le renflement du milieu étant plus gros que l'entaille de la cheville n'est large, ne lui permet pas de passer plus bas; par cette précaution, les rosettes qui sont fixées à chacun des bouts de ces manches, ne peuvent toucher à rien qui puisse en émousser le tranchant.

La Figure 2 est une des chevilles séparées du ratelier; l'entaille *D* est plus étroite que le trou *C*, auquel elle communique, pour qu'une fois mises en place, les rosettes ne puissent tomber en devant.

La Figure 3 est un ratelier semblable au premier; mais les rosettes y sont différemment suspendues, ainsi qu'on le voit.

La maniere de refendre les tuyaux de canne avec les rofettes emmanchées comme celles qui font fufpendues aux rateliers qu'on vient d'expliquer, eft repréfentée par la figure 4, où l'on voit en *B* l'Ouvrier qui s'en occupe, en tenant dans fa main droite un manche à deux rofettes, dont une pofe fur le bout fupérieur d'un tuyau de canne qu'il tient dans fa main gauche, lequel appuie par fon autre bout fur le billot qui eft entre fes jambes ; c'eft fur ce billot qu'il frappe le bout du tuyau, afin de faire entrer les rayons des rofettes, & les divifer en autant de parties que la rofette a de rayons. A côté de cet Ouvrier, eft une table *A*, fur laquelle font pofées des rofettes de différentes grandeurs toutes emmanchées, pour fervir aux différentes grandeurs de tuyaux qu'il a à refendre ; & à l'autre côté eft une corbeille *C*, pleine de tuyaux, où il en prend à mefure qu'il les a refendus.

On voit par la Figure 5, un manche de rofette en grandeur naturelle, mais brifé en *A*, parce que la grandeur du deffin n'a pas permis de le repréfenter en fon entier. Ce manche eft affemblé à deux rofettes, dont une eft au bout fupérieur, & l'autre eft dans le tuyau de canne *B*, où l'on apperçoit comment il fend les tuyaux.

La Figure 6 eft un billot femblable à celui fur lequel l'Ouvrier, *fig*. 4, refend les tuyaux. Il eft fait en cône tronqué, afin que les parties des tuyaux tombent à terre à mefure qu'ils font refendus.

La Figure 7 eft un autre billot fur lequel quelques Peigners refendent les tuyaux de la même maniere qu'on vient de l'expliquer ; mais comme celui-ci a une grande furface, les parties des tuyaux qu'on refend reftent deffus, à moins que celui qui s'en occupe ne les retienne dans la main.

La Figure 8 eft une table au même ufage que le billot qu'on vient de voir.

La corbeille, *fig*. 9, fert à recevoir les parties des cannes quand les tuyaux font refendus.

On voit, *fig*. 10, un paquet de pièces de tuyaux refendus, & lié avec une ficelle affez fortement pour pouvoir être fufpendu fans fe défaire.

On apperçoit fur la tablette, *fig*. 11, une quantité de paquets de cannes refendues, qui font expofés à l'air afin que l'humidité ne leur caufe aucun dommage.

La Figure 12 repréfente une filiere telle que celles dont les Peigners fe fervent pour tirer les dents de largeur & d'épaiffeur ; la piece de bois *B*, dans laquelle font plantés le bout de fer *A*, & la lame de rafoir *C*, eft ronde.

La Figure 13 repréfente encore une filiere au même ufage que la précédente, de laquelle elle ne differe que quant à la piece de bois *B*, qui eft quarrée, ainfi que le tenon par où on la place fur la table ; ce qui empêche qu'elle ne tourne quand on tire les dents, comme il arrive à la précédente, dont le tenon eft rond.

La Figure 14 eft la première filiere repréfentée géométralement : on y voit la pofition que doivent avoir le bout de fer & la lame de rafoir, pour procurer aux dents des Peignes la largeur & l'épaiffeur qui leur font néceffaires.

La Figure 15 repréfente un Ouvrier qui s'occupe à tirer les dents en épaiffeur ou en largeur. Comme ces deux opérations fe font de la même maniere, on les a réunies en une feule figure, où l'on apperçoit l'Ouvrier qui tient dans fa main droite un morceau de canne *a*, qu'il fait paffer entre le bout du fer *B*, & la lame de rafoir *C* de de la filiere.

La Figure 16 eft un bras qui fait voir de quelle maniere l'Ouvrier doit tenir les bout de canne pour les paffer dans les filieres, foit en épaiffeur, foit en largeur.

La Figure 17 repréfente une main qui tient une poignée de bouts de canne prêts à être paffés dans la filiere, & tels que l'Ouvrier, qui s'occupe de ce travail, doit les tenir pour n'être pas obligé de porter la main dans la boîte *o*, toutes les fois qu'il a paffé une dent.

PLANCHE VI.

La Figure 1 de la Planche VI, repréfente une table dont le deffus eft percé de deux trous quarrés *a*, *c*, & d'un autre rond *b*, dans lefquels on peut placer les tenons des filieres dont on fe fert pour tirer les dents des Peignes en largeur ou en épaiffeur.

La Figure 2 eft un billot au même ufage que la table qu'on vient de voir.

La Figure 3 eft une table, au milieu de laquelle eft placée une filiere, & fur fes bords font les boîtes *A*, *B*, dont la premiere eft vuide; & c'eft-là qu'il jette les dents à mefure qu'il les paffe à la filiere; la feconde eft pleine de morceaux de cannes qui ne font que refendues.

La Figure 4 eft une filiere difpofée à tirer les dents d'épaiffeur.

La Figure 5 eft une autre filiere propre à fixer la largeur des dents. L'une & l'autre de ces deux filieres ont au bas de l'entre-deux des lames & du bout de fer, un morceau de bois *c.d*, qui empêche que les dents qu'on tire ne defcendent plus bas qu'il ne faut.

La Figure 6 repréfente un Ouvrier occupé à tirer les dents de largeur; on apperçoit qu'avec fa main droite il tient une dent placée entre les lames *b*, *b*, tandis qu'avec la main gauche il tient une baguette *D*, qu'il appuie ferme fur la dent qui paffe entre les deux lames, afin que le mouvement de la main ne la faffe pas vaciller.

La Figure 7 eft encore une filiere dont beaucoup de Peigners fe fervent pour finir les dents.

A, eft la grande piece de fer qu'on fait avancer & reculer à volonté au moyen de la vis *a*.

C, eft la piece de fer taraudée qui reçoit la vis; l'une & l'autre de ces deux
pieces

pieces font vues en face , féparées du bois fur lequel elle doivent être emmanchées.

a , eft la petite vis qui procure le mouvement à la piece *A* , quand il s'agit
de la faire avancer ou reculer.

La Figure 8 repréfente les deux piéces de fer dont on vient de parler , vues
de côté & tenues avec la vis dans l'état où elles font quand on s'en fert.

La Figure 9 repréfente une jauge de bois en grandeur naturelle ; l'entaille
A , d'un demi pouce de large , doit contenir un nombre de dents déterminé, à
raifon de la finefle du peigne pour lequel on deftine les dents.

La Figure 10 repréfente la même jauge , dans l'entaille *A* de laquelle on
apperçoit une quantité de dents déterminée fuivant leur finefle , ce qu'on appelle
jauger les dents

La Figure 11 eft une planche fur laquelle les Peigners rangent des boîtes
pleine de dents tirées & prêtes à être employées.

La Figure 12 eft une de ces boîtes vue féparément.

La Figure 13 eft un tiroir à double cafe & tel que les font faire plufieurs Peigners pour y mettre les dents qu'on a tirées, en les y rangeant par groffeurs, afin
de connoître celles qui font propres pour tel ou tel compte de peigne.

La Figure 14 eft un corps de *tiroirs* deftiné à conferver les dents lorfqu'elles font finies ; les tiroirs qui y font placés font à deux cafes , comme
celui qu'on vient de voir ; chacune de ces cafes contient une différente groffeur de dents, & les tiroirs font numérotés par-deffous , afin de pouvoir au premier inftant ouvrir celui des tiroirs qui contient la qualité des dents qu'on
deftine au Peigne qu'on doit monter.

La Figure 15 repréfente une jauge propre à mefurer la groffeur du ligneul
qu'on doit employer, felon différents comptes de peignes: on doit accorder cette
groffeur de ligneul avec celle des dents.

La Figure 16 fait voir la maniere dont on entoure la jauge avec le fil qu'on
deftine pour faire le ligneul ; c'eft par la quantité de tours qu'on lui fait faire
d'un bord à l'autre de la jauge , qu'on juge de la groffeur qu'il doit avoir.

La Figure 17 eft la même jauge vue en face.

PLANCHE VII.

La Figure 1 eft un rochet vuide , dont fe fervent ordinairement les Peigners
pour devider le fil qu'ils employent pour leur ligneul.

La Figure 2 eft un rochet plein de fil deftiné pour faire le ligneul.

La Figure 3 repréfente un jet ou cantre à quatorze broches , pour recevoir
un pareil nombre de rochets , parmi lefquels on choifit le nombre des brins qui
doivent former la groffeur du fil dont on forme le ligneul.

La Figure 4 eft un rouet à filer , dont une Ouvriere fe fert pour doubler &

tordre en même temps le fil qu'on deftine pour le ligneul des Peignes : l'Ouvriere tourne la roue avec la main droite, & avec la gauche elle tient un certain
nombre de brins de fils qui viennent des rochets qui font fur le jet *fig.* 3 ; elle
les tord enfemble & n'en forme qu'un feul brin, qu'elle devide enfuite fur le
rochet qui eft placé fur la broche du rouet.

La Figure 5 eft le jet qui fert à doubler le fil, dépourvu des rochets qu'on y
met ordinairement.

La Figure 6 repréfente un rouet à main, avec lequel plufieurs Peigners
tordent le fil qu'ils veulent poiffer pour faire le ligneul de leurs Peignes.

Développement de ce Rouet.

La Figure 7 eft la cage du rouet, compofé de deux montants percés en *a, a,*
& de deux traverfes qui les affemblent par le haut à queue d'aronde.

La Figure 8 eft l'axe de la roue, qui d'un bout *e* fert à contenir le fil quand
il eft tordu, & de l'autre il reçoit la corde qui donne l'impulfion à la roue.

C, eft la roue vue hors du rouet eft féparée de fon axe.

La Figure 9 repréfente un montant planté dans une pierre qui lui fert de bafe,
& au bout duquel on place un rochet plein de fil pour le tordre avec le rouet
qu'on vient de voir ; le fil de ce rochet eft compofé d'autant de brins qu'il en
faut pour la groffeur du ligneul qu'on veut préparer.

La Figure 10 eft un Ouvrier qui tient un rouet de la main gauche, & avec la
droite il tient un bâton aux deux bouts duquel eft attachée une corde qui entoure la partie de l'axe du rouet qui eft entre les deux montants ; & par un
mouvement du poignet, il donne des élans à la roue & la fait tourner auffi
rapidement qu'il eft poffible ; par ce moyen le fil qui eft arrêté au bout de l'axe,
fe tord fur lui-même dans toute fon étendue, depuis le rochet qui eft fur
les montants *fig.* 9, jufqu'au rouet *A* ; & quand cette étendue eft fuffifamment
tordue, l'Ouvrier arrête la rotation de fon rouet & devide le fil fur le bout *a*
de l'axe, & enfuite il développe de deffus le rochet une autre longueur qu'il
tord de même que celle qu'il a devidée, & de longueur en longueur il tord tout
le fil dont il a befoin pour le ligneul des Peignes qu'il doit conftruire.

La Figure 11 repréfente deux mains qui tiennent un rochet plein de fil prêt
à être tordu ; ce rochet eft enfilé d'une broche de fer qui lui fert d'axe, & pour
fuppléer au montant *fig.* 9, on fait tenir ce rochet par une femme ou un enfant
qui empêche le rochet de tourner avec fes deux pouces.

La Figure 12 eft un montant femblable à celui *fig.* 9, mais dont on fe fert
différemment : pour arrêter le rochet, on met un petit coin dans le trou du
vuide de la broche qui lui fert d'axe, & lorfque cela n'eft pas fuffifant, on arrête
le fil fur la cheville *b* qui eft plantée dans le montant.

PLANCHE VIII.

La Figure 1 repréſente la carcaſſe d'un moulin propre à tordre le fil dont on fait le ligneul.

A, eſt la table formée de l'aſſemblage de pluſieurs fortes planches ſolidement jointes les unes aux autres.

B, *B*, *B*, *B*, ſont les quatre pieds aſſemblés par le bas, au moyen des quatre traverſes *C, C, C, C*, & qui entrent dans des mortaiſes pratiquées en-deſſous de la table.

D, D, ſont les deux montants du devant de cette cage, dont l'épaiſſeur regle l'écartement des traverſes *I, K*, dont nous allons parler.

E, E, ſont les montants de derriere, moins épais que les autres, mais de la même largeur.

F, eſt une traverſe qui aſſemble par le haut les deux montants de derriere.

G, ſont les deux couliſſes ſur leſquelles poſent les va-vients.

H, H, ſont deux traverſes qui joignent les montants de devant à ceux de derriere; & pour rendre plus ſolide cet aſſemblage, on les fait entrer dans l'entaille qu'on voit à chaque montant.

I, eſt une traverſe appliquée au haut des deux montants de devant au moyen d'une entaille de toute leur épaiſſeur.

K, eſt celle de derriere appliquée ſur la face intérieure des montants.

L, eſt la traverſe d'en bas.

M, eſt la traverſe mobile de derriere; on l'a repréſentée à part dans la même Planche, ainſi que toutes les autres piéces; elle a la liberté de ſe hauſſer & baiſſer à volonté dans les entailles des montants de derriere: les deux trous *a*, *a*, qu'on y voit *fig.* 5, ſervent à la fixer à telle hauteur qu'on veut, au moyen des chevilles *b*, *b*.

N, N, *fig.* 1 ſont les deux taſſeaux ſur leſquels repoſe la traverſe intérieure *K*, pour plus de ſolidité.

La Figure 2 repréſente le lanternon *C*, & la roue dentée *D*, qui ſont enarbrés ſur le même axe *A*; *a*, *b*, ſont les deux parties de l'arbre qui paſſent dans les traverſes, & comme le lanternon eſt entre ces deux traverſes, l'arbre qui y entre quarrément ainſi qu'au centre de la roue dentée, ne les enfile qu'après que ce lanternon eſt en place, & le bouton *c*, empêche la roue de s'échapper.

La Figure 3 repréſente le plan géométral de cette machine; *I* eſt la traverſe de devant, vue ſur ſon épaiſſeur; *C* eſt le lanternon; *K* eſt l'autre traverſe, & *D* eſt la roue dentée; *E, E* ſont les deux montants de devant vus ſur leur largeur.

La Figure 4 repréſente la manivelle qui donne le mouvement à toute la machine: *A* eſt un arbre qui enfile quarrément la roue à aluchons *D*; la partie *A* eſt ronde & tourne dans un conduit de fer attaché ſur l'épaiſſeur de la traverſe *I*.

E , eſt une piece de fer à peu-près ovale rivée par un bout au haut de l'arbre en *e*.

f, eſt une poulie allongée , qui a la liberté de tourner ſur une broche de fer à l'autre bout de cet ovale , & produit le mouvement excentrique aux va-vients.

C , eſt une manivelle ſemblable au fût d'un vilbrequin.

F , eſt une pomme qui tourne ſur un collet ; elle eſt de deux pieces recollées proprement en place ; car il ne ſeroit pas poſſible de la faire entrer ſans cet expédient.

B , eſt un autre arbre qui , ainſi que celui *A* , a une tête quarrée par où la manivelle le ſaiſit pour le faire tourner.

T , eſt la poulie à double rainure qui mene les cordes ſans fin.

La Figure 5 repréſente la traverſe mobile de derriere : *A* eſt l'entaille où repoſe l'axe du guindre & où il eſt retenu par la traverſe *O* , au moyen des chevilles *p* , *p*.

La Figure 6 repréſente la machine toute montée ; mais comme elle eſt très-compliquée , j'en détaillerai les pieces priſes ſéparément , & au moyen des mêmes lettres dont elles ſont marquées par-tout , on les reconnoîtra aiſément.

La Figure 7 eſt une piece qui entre au moyen de ſes deux queues *b* , *b* , dans la traverſe de devant *K* , & qu'on peut fixer à la hauteur convenable , au moyen des petites chevilles qui entrent dans les trous *c* , *c* , *c* , *c* , &c.

La Figure 8 repréſente une roue dentée vue de face, *fig. 9*.

On peut voir ſur les traverſes *I* & *L* la forme des conduits de fer qui em-braſſent le collet des arbres qui tiennent à la manivelle.

P L A N C H E   I X.

Suite du développement de la Figure 6 de la Planche précédente.

L A Figure 1 repréſente un des côtés de la machine vu en face , & garni ſeulement d'un fuſeau *O* , dépourvu de rochets.

La Figure 2 fait voir de quelle maniere les poulies *R* , *R* , & celles *T* , doivent être placées ; on voit en même tems par quel moyen les cordes *S* , *S* , ſe communiquent de l'une à l'autre des poulies.

La Figure 3 repréſente le moulin vu en face , du côté de la manivelle.

La Figure 4 eſt la coronelle , dont les bras en fil de fer ſervent au dévelop-pement du fil qui eſt ſur le rochet.

La Figure 5 repréſente un fuſeau vu hors de la machine , garni de ſon rochet *A* , de ſa poulie *B* , & de ſa coronelle *C* , tel qu'il doit être ſur le moulin.

La Figure 6 repréſente le deſſus du moulin dépourvu de ſon guindre.

La Figure 7 eſt un des deux va-vients , où l'on apperçoit le guindre *i* , & les

deux

deux chevilles *n*, *n*, auxquelles on attache le bout des cordes qui les font aller & venir.

G, *G*, font les deux traverfes dans lefquelles coulent les va-vients; elles font garnies de poulies *f*, *f*, fur lefquelles paffent les cordes des contre-poids, ainfi que celles des poulies *l*, *l*, fur lefquelles paffent les ficelles qui tiennent à l'excentrique, qui eft au bout fupérieur de l'axe de la manivelle.

On voit Figure 8 la manivelle du moulin dépourvue de fes poulies, roues & excentrique.

Développement de cette Piece.

La Figure 9 eft le *Mandre*, ou manivelle.

A, eft la partie fupérieure de l'axe.

B, en eft la partie inférieure.

La Figure 10 eft la roue à alluchons, qu'on fixe fur la poulie *A*, de l'axe.

La Figure 11 eft l'excentrique, qu'on place au bout fupérieur de la partie *A* de l'axe.

e, féparément, eft la poulie de l'excentrique fur laquelle on met les deux cordes qui donnent le mouvement aux va-vients.

f, eft une cheville de fer, dont le bout inférieur eft terminé en vis; elle fert d'axe à la poulie *e*.

E, eft une plaque de fer qui reçoit la cheville *f*; cette plaque doit être placée au bout de la partie fupérieure de l'axe *A*.

La Figure 12 eft la poulie à double rainure circulaire, qu'on fixe fur la partie *B* de l'axe de la manivelle.

La Figure 13 eft un fufeau dépourvu de rochets & de poulie.

La 14 Figure eft un fufeau femblable au précédent, mais affemblé avec la poulie *A*.

La Figure 15 eft un rochet plein de fil doublé prêt à être tordu.

La Figure 16 repréfente un guindre tel que celui dont on fe fert pour le moulin à tordre le fil.

Développement du Guindre.

A, eft une des quatre aîles du guindre.

B, *B*, font deux pieces qui, affemblées à mi-bois, forment une des deux croifieres du guindre.

La Figure 17 repréfente une de ces croifieres toute montée.

La Figure 18 eft une fiche de fer qu'on place dans le trou du milieu d'une des croifieres, au moyen de laquelle on affemble les deux parties *C*, *D* de l'axe.

La Figure 19 eft un boulon de fer quarré qui termine la longueur de l'axe du guindre, & fur lequel on place la roue dentée qui le fait tourner.

La Figure 20 eſt un boulon de bois qui forme la queue du guindre .

C, eſt un autre boulon de bois qui forme la partie de l'axe du guindre qu'on place entre les deux croiſieres *B*, *B* : ces trois partie de l'axe du guindre ſont ici repréſentées en double grandeur de ce qu'elles ſont ſur la figure 16.

La Figure 21 repréſente un guindre, vu en face par un de ſes bouts.

La Figure 22 repréſente le même guindre vu en face.

F, eſt une roue dentée qu'on met aux guindres pour les faire tourner.

La Figure 23 eſt un guindre, dont on ne voit que deux des aîles, qui ſont ſoutenues par les clefs *G*, *G*, au moyen deſquelles on les rapproche l'une de l'autre, afin de pouvoir retirer facilement les écheveaux.

La Figure 24 fait voir la conſtruction d'une de ces clefs.

La Figure 25 eſt une aîle, dont les trous *c*, *c*, ſont allongés, afin que les chevilles qui la tiennent dans les entailles des croiſieres lui laiſſent la liberté de ſe reculer & de ſe rapprocher autant qu'il en eſt beſoin pour lâcher les éche-veaux.

L, *L*, ſont deux coins, qui dans certaine conſtruction de guindre tiennent lieu des clefs *G*, *G*, qu'on voit ſur la figure 23.

PLANCHE X.

La Figure 1 de la Planche **X**, repréſente un guindre dont on ne voit que deux aîles, qui ſont ſoutenues par deux coins chacune, au lieu des clefs qu'on voit au guindre, *figure* 23 de la Planche précédente.

La Figure 2 eſt le moulin entier, garni de ſon guindre, & de tout ce dont il a beſoin pour être mis en œuvre, repréſenté géométralement.

La Figure 3 fait voir un guindre ſur lequel ſont huit écheveaux du fil qu'on a tordu.

La Figure 4 repréſente un Ouvrier qui retire les écheveaux de fil de deſſus un guindre. On le voit courbé, tenant le pied droit ſur la croiſiere inférieure du guindre, afin de tirer avec plus de fermeté les écheveaux avec les deux mains.

La Figure 5 eſt un maillet de bois qui ſert à l'Ouvrier pour *tomber* le guin-dre ; c'eſt-à-dire, qu'il emploie ce maillet pour frapper ſur le bout des clefs, afin de les ôter de leur place, & que les aîles qu'elles ſupportent ſe rap-prochent.

La Figure 6 eſt une cheville plantée dans le mur, où on accroche les éche-veaux de fil qu'on a tordus & noués pour empêcher qu'ils ne ſe mêlent.

La Figure 7 repréſente une autre eſpece de guindre, dont pluſieurs Peigners ſe ſervent pour devider le fil tordu : on s'en ſert auſſi pour devider le fil qu'on veut doubler.

Développement de ce Guindre.

A, *A*, font deux des aîles du guindre, dont une eft emmanchée avec le croiffant *C*, & l'autre les montre féparées.

B, eft le moyeu du guindre.

C, eft un des quatre croiffants, féparé de fon aîle.

La Figure 8 eft le même guindre, tout monté, vu en face.

La Figure 9 eft un montant à pied fur lequel on met le guindre quand on veut devider.

E, eft une pièce de bois qui entre dans le montant dont on vient de parler, & qui fert d'axe au guindre quand on devide.

F, eft le montant féparé de fa bafe.

La Figure 10 eft un guindre porté par fon montant, & dans l'état où il eft quand on devide. On apperçoit une Ouvriere qui a fur fes genoux un devidoir, qu'elle fait tourner, en frappant fur l'axe avec fa main droite, tandis qu'avec la main gauche elle conduit le brin du fil fur le rochet qui le reçoit.

La Figure 11 eft le devidoir dont fe fert l'Ouvriere qu'on vient de voir, mais vu en plus grand.

Développement de ce Devidoir.

K, eft la planche qui fert de bafe au devidoir.

L, *L*, font les deux poupées ou montants qui portent l'axe du devidoir.

N, eft la roue qui donne le mouvement de rotation au devidoir.

La Figure 12 eft l'axe entier de ce devidoir.

P, eft une pièce de bois qui forme une partie de cet axe.

Q, eft une piece de fer fur laquelle on fixe la roue du devidoir, & avec laquelle on enfile les rochets.

R, eft une feconde piece de fer qu'on place à la partie de bois *P*, au côté oppofé à celui qui porte la roue.

n, *n*, font deux chevilles de bois à tête, qui fervent à retenir l'axe du devidoir dans les entailles des montants *L*, *L*.

La Figure 14 eft un rochet vuide, femblable à ceux dont fe fervent les Peigners pour devider le fil.

La Figure 15 eft une tablette fur laquelle on pofe le fil devidé.

S, eft un repouffoir qui fert à chaffer les clefs des guindres, ou les coins qui tiennent les aîles tendues.

PLANCHE XI.

La Figure 1 de la Planche XI, repréfente une cheminée, dans laquelle eft placée une marmite de terre *A*, fur un trépied de fer *B*; cette marmite eft pleine de poix, propre à enduire les ligneuls : on apperçoit dans cette cheminée un rochet *C*, plein de fil, dont le bout vient passer dans la marmite d'un côté, & en sort par l'autre, après s'être enduit de poix. Le rochet qui contient ce fil tourne sur une broche de fer *a* qui lui sert d'axe, tenue par deux pitons de fer *b*, *b*, plantés dans la cheminée.

La Figure 2 représente un Ouvrier assis devant une cheminée, & qui s'occupe à tirer le ligneul qui sort tout poissé de la marmite : il tient dans sa main gauche une grosse ficelle *E*, au milieu de laquelle il a fait un nœud qui forme une espece d'anneau dans lequel passe le ligneul, qu'il tire avec sa main droite. Cet anneau sert de filiere au ligneul, afin qu'il ne soit pas plus gros dans un endroit que dans l'autre.

La Figure 3 fait voir la route que tient le fil en entrant & sortant de la marmite, dont on n'a représenté que le contour par une ligne ponctuée. On voit aussi comment le morceau de bois *E* tient la fourchette de fer *F*.

La Figure 4 représente la même opération que la figure 2, avec la différence que l'Ouvrier qui tire le ligneul tient dans sa main gauche une palette de bois *G*, dont le trou *d* sert de filiere au ligneul qui passe dedans.

On voit, *fig.* 5, les deux bras d'un Ouvrier, qui, après avoir tiré le ligneul de la grosseur qu'il le faut, & l'avoir couché par terre, en entoure les trois doigts de sa main gauche pour en faire de petits paquets, propres à être tenus facilement dans la main quand on monte les Peignes.

La Figure 6 représente à peu-près la même opération que la figure 5 ; la différence consiste seulement, en ce qu'ici l'Ouvrier en entourant ses doigts du ligneul, le fait croiser à tous les tours entre le doigt index & le pouce.

La Figure 7 est un paquet de ligneul, tel qu'on les fait, en le plaçant sur les doigts.

La Figure 8 représente un asple ou devidoir dont plusieurs Peigners se servent pour recevoir le ligneul en sortant de la marmite ; de sorte qu'au lieu de l'entasser par terre ils le placent sur cet asple comme pour en faire des écheveaux.

La Figure 9 représente l'asple séparé de son chevalet.

La Figure 10 est le chevalet.

A, est une des deux traverses qui forment la longueur de la base du chevalet.

B, est une des deux traverses qui déterminent la largeur de cette même base.

C, est un des deux montants qui portent l'axe du moyeu de l'asple.

D, est le moyeu de l'asple.

E, *E*, font deux des quatre arcboutants qui tiennent les montants *C*, *C*, afin que la rotation de l'asple ne puisse pas les ébranler.

F, est une des quatre cornes qui forment les bouts des quatre aîles de l'asple.

G,

G, eſt une des quatre branches qui reçoivent les cornes de l'aſple , & qui par leur aſſemblage en forment les quatre aîles.

a , eſt la *mainote* que l'Ouvrier tient dans ſa main pour faire tourner l'aſple.

b , eſt la manivelle de l'aſple.

c , eſt un boulon de fer qui fait la partie de l'axe de l'aſple du côté de la ma-nivelle.

d , eſt un autre boulon qui fait la ſeconde partie du même axe du côté oppoſé.

e , eſt une cheville qui ſert d'axe à la mainote.

PLANCHE XII.

La Figure 1 de la Planche XII repréſente la même opération qu'on vient de décrire. On y voit un Ouvrier occupé à tirer le ligneul ſur un aſple qu'il tourne avec la main droite , tandis qu'avec la main gauche il tient une palette percée qui ſert de filiere , & en même temps ſert de guide pour placer le ligneul à propos ſur l'aſple.

On voit, *fig.* 2 , une planche percée de pluſieurs trous , dont quelques Pei-gners ſe ſervent pour tirer le ligneul , en la plaçant ſur la marmite; de maniere que les deux morceaux de bois *C* , *C* , qui y ſont adaptés , retiennent cette planche ſur la marmite afin qu'elle ne puiſſe pas aller d'un côté ni d'un autre.

La Figure 3 eſt la même planche , vue de face , à laquelle eſt adaptée la fourchette *D* dont on a expliqué l'uſage ; on n'a que tracé le contour de la mar-mite avec des points.

La Figure 4 repréſente un Ouvrier occupé à tirer le ligneul ſur une roue , au lieu de l'aſple qu'on vient de voir. Ici le fil paſſedans un des trous qui ſont pratiqués ſur la planche *B* , qui ſert de filiere , & l'Ouvrier tient à ſa main une baguette *b* pour conduire ſur la roue le ligneul tout poiſſé.

On voit par la figure 5 le chevalet qui porte la roue ſur laquelle l'Ouvrier devide le ligneul.

A , eſt une des deux traverſes qui forment la baſe du chevalet.

B , eſt une des deux traverſes qui déterminent la largeur de la baſe du che-valet , étant aſſemblées avec les traverſes précédentes.

C , *C* , ſont deux des quatre montants du chevalet qui ſont plantés dans les traverſes *A* , *A* , & qui portent à leurs extrémités celles *D* , *D*.

D , eſt une des deux traverſes qui portent la roue ſur laquelle on devide le ligneul.

c , *c* , ſont les deux petites clefs qu'on met ſur les entailles des traverſes *D* , *D* , afin que la roue ne ſorte pas de ſa place quand on la fait tourner.

d , *d* , ſont les quatre chevilles qui tiennent ſolide la clef *c* , *c* , ſur les tra-verſes *D* , *D*.

La Figure 6 repréfente la roue fur laquelle on place le ligneul, vue en perf-pective, féparée du chevalet.

E, eft la mainote que l'Ouvrier tient à la main pour faire tourner la roue.

C, eft la cheville qui fert d'axe à la mainote.

H, eft la piece de bois, qui avec les deux pieces précédentes forment la manivelle.

d, eft l'axe qui traverfe le moyeu de la roue.

La Figure 7 repréfente la roue placée fur fon chevalet.

La Figure 8 fait voir le moyeu de cette roue, garni de fon axe & de fa manivelle.

La Figure 9 repréfente la roue & fon moyeu, & la manivelle, vus géomé-tralement.

La Figure 10 fait voir en face le moyeu de la roue, garni d'un de fes fix rayons, & d'un fecond prêt à y être planté.

La Figure 11 fait voir la pofition de la marmite dans la cheminée, ainfi que du rochet qui eft en dedans à droite

PLANCHE XIII.

La Figure 1 eft une efpece de marmite dont on fe fert pour faire fondre la poix, & telle qu'il la faut pour placer fur les fourneaux de tôle qu'on em-ploie à cet ufage.

On voit, *fig.* 2, un fourneau de tôle, tel que ceux dont fe fervent plufieurs Peigners : on place ces fourneaux en tel endroit qu'on juge convenable à l'opéra-tion qu'on fait ordinairement à découvert, dans un jardin ou dans une cour.

La Figure 3 repréfente un fourneau, fur lequel la marmite qui doit contenir la poix eft placée.

B, eft un des deux cercles de fer qui font placés haut & bas du fourneau, afin de le rendre folide.

C, eft la grande porte du fourneau qu'on a foin de tenir fermée quand le feu eft allumé, afin de mieux conferver la chaleur & d'économifer le charbon ou le bois.

F, eft la petite porte du fourneau ; elle eft adaptée à la grande porte & fert à animer le feu quand le charbon ou le bois ne font pas tout-à-fait en braife : on a foin de la fermer quand on eft fûr que le charbon eft bien allumé, afin de con-ferver plus long-temps la chaleur.

M, M, font les deux anfes du fourneau, au moyen defquelles on le tranfporte facilement où l'on veut.

a, eft le loquet de la grande porte du fourneau ; celui de la petite eft fait de même.

On voit, par la figure 4 la grille de fer qu'on place dans le fourneau à environ un tiers de fa hauteur, & fur laquelle on met le charbon.

La Figure 5 eft le cercle de la grille, fur lequel on voit les trous qui reçoivent les clous qui y arrêtent les barreaux de fer dont cette grille eft compofée.

b, repréfente un des barreaux de la grille ; fa longueur doit être proportionnée à la partie du diametre du cercle fur laquelle il pofe.

La Figure 6 repréfente un cercle de fer qu'on attache en dedans du fourneau, & qui porte la grille fur laquelle pofent les charbons ; l'ouverture qu'on y apperçoit eft à l'endroit de la porte du fourneau ; par ce moyen la grille trouve un point d'appui prefque dans toute fa circonférence.

Les Figures 7 & 8 font chacune une coupe du fourneau , partagé en deux piéces au milieu de fa circonférence , lefquelles en repréfentent l'intérieur , où l'on peut remarquer en *I*, *I*, comment le cercle , *fig. 6*, y eft placé.

La Figure 9 repréfente une petite cantre dont fe fervent les Peigners qui poiffent le ligueul dans des endroits à découvert.

Les Figures 10 , 11 & 12 repréfentent la maniere de poiffer les ligneuls en fe fervant d'un fourneau.

La Figure 10 repréfente le fourneau : on voit fur cette marmite la planche qui fert de filiere au ligneul.

La Figure 11 eft la petite cantre , dans laquelle tourne le rochet qui contient le fil qu'on poiffe ; & la figure 12 eft le chevalet qui porte la roue *A* fur laquelle on devide le ligneul.

On voit en *C* une corbeille d'ofier, dans laquelle on porte les rochets pleins de fil , tordu & prêt à être poiffé.

D , eft une corbeille ou panier plein de charbon , dont on a befoin pour entretenir le feu dans le fourneau.

E , eft une pelle à feu pour l'ufage du fourneau.

N , eft une pincette pour le même ufage.

O , eft un foufflet.

La Figure 13 repréfente un fourneau de terre , dont quelques Peigners fe fervent pour poiffer le ligneul , au lieu de celui de tôle.

La Figure 14 eft un autre fourneau portatif , & fait à peu-près comme les fourneaux de cuifine.

On voit en *Q* la grande porte de ce fourneau.

R , eft la petite porte de ce même fourneau.

PLANCHE XIV.

La Figure 1 eft une caiffe de bois propre à contenir de l'eau , & dont on peut faire le chevalet d'une roue ou d'un afple , fur lequel on devide le ligneul en fortant de la marmite.

a, *a*, font les deux montants qu'on place dans les mortaifes *h*, *h* de la figure précédente ; les entailles qu'on voit reçoivent l'axe de la roue ou de l'afple.

La Figure 2 repréfente une caiffe, femblable à celle dont il vient d'être parlé, garnie de fon afple.

La Figure 3 fait voir encore une pareille caiffe, dans laquelle, au lieu d'un afple, on place une roue au même ufage.

La Figure 4 repréfente une quatrieme caiffe, dont la conftruction eft pareille à celle qu'on a déja vue; mais dont la grandeur & l'ufage font différents, parce que les précédentes doivent contenir l'afple ou la roue, & qu'il fuffit que celle-ci puiffe donner paffage au ligneul.

La Figure 5 fait voir la route que tient le ligneul en paffant dans la caiffe, & & de quelle maniere il eft attiré au fond par la poulie *C* fur laquelle il paffe.

La Figure 6 repréfente la maniere dont la poulie *C* eft montée, pour pouvoir être fixée dans le fond de la caiffe, *fig.* 5.

C, féparé de la figure, eft la poulie.

E, eft la petite traverfe qui porte les deux montants, que l'on fixe au fond de la caiffe, au moyen d'un clou à chaque extrémité en *a*, *a*.

F, *F*, font les deux montants qui tiennent la broche *b* fur laquelle tourne la poulie.

b, eft la broche qui fert d'axe à cette même poulie.

La Figure 7 fait voir la maniere dont eft montée la poulie *A* fur laquelle paffe le ligneul avant qu'il parvienne dans l'eau.

A, féparé de la figure, repréfente cette même poulie en perfpective.

B, eft le *clocher*, dont le tenon entre dans l'épaiffeur de la caiffe.

d, eft la broche de fer qui fert d'axe à la poulie.

Les Figures 8, 9, 10, 11 & 12 repréfentent l'affemblage des uftenfiles qui fervent à poiffer le ligneul dans l'ordre qu'on doit leur faire tenir.

La Figure 8 eft la petite cantre qui contient le rochet plein de fil, prêt à être poiffé.

La Figure 9 eft la marmite pleine de poix, couverte de la planche qui fert de filiere, & placée fur un fourneau *F*, quarré, femblable aux fourneaux portatifs de cuifine.

La Figure 10 eft la table, fur laquelle eft placée la caiffe pleine d'eau, dans laquelle paffe le ligneul.

La Figure 11 eft l'afple, monté fur fon chevalet, & fur lequel on devide le ligneul en fortant de la caiffe.

La Figure 12 repréfente l'Ouvrier en action; il fait tourner l'afple de la main droite, & tient de la gauche un bâton qui lui fert à conduire le ligneul fur l'afple & à le diftribuer également.

La Figure 13 repréfente en coupe la direction que prend le fil depuis le rochet *E*, de-là dans la marmite, enfuite au travers de la filiere *G*, de-là fur la poulie *B*, puis au fond de la caiffe pleine d'eau, & enfin fur l'afple qu'on n'a pas pu repréfenter.

La

La Figure 14 eft un panier plein de charbon dont on a continuellement befoin.

S, T, font une pelle & une pincette.

La Figure 15 eft un panier qui contient des rochets pleins de fil qu'on met fur la cantre à mefure qu'ils fe vuident.

PLANCHE XV.

La Figure 1 eft un métier dont plufieurs Peigners fe fervent pour monter les peignes : il eft garni de deux vis *e , e*, avec leurs écrous *g , g*, & de leurs tenons *f , f*; les deux poupées *F , F*, peuvent être placées dans les trous *h , h*, qui font pratiqués fur la planche *D* quand les jumelles des peignes font courtes, ou quand on fait des peignes moins longs qu'à l'ordinaire, &c.

Développement de ce Métier.

a, eft la plaque du tuyau de fer dont on arme les poupées, afin que les vis ne rongent pas le bois.

f, eft un des deux tenons fur lefquels on fixe les jumelles quand on veut monter les peignes.

g, eft un des deux écrous qui fervent à rapprocher les deux vis *e , e*, & par ce moyen tendre les jumelles.

La Figure 2 repréfente un des tuyaux de fer dont on garnit les poupées.

La Figure 3 eft une des deux poupées, vue en perfpective, féparée du métier.

G, eft la clef avec laquelle on ferre la poupée par-deffous le métier.

La Figure 4 eft encore une poupée féparée du métier, & dont le tuyau de fer qui garantit le bois eft vu par derriere.

La Figure 5 eft une des vis du métier féparée de la poupée, dépourvue de fon tenon & de fon écrou.

La Figure 6 eft une vis garnie de fon écrou à oreilles, du tuyau de fer dans lequel elle paffe, & du tenon fur lequel on fixe les jumelles : on a ponctué les contours de la poupée fur laquelle elle eft cenfée montée.

La Figure 7 fait voir une troifieme poupée, dans le trou de laquelle eft un boulon de fer, au lieu d'une vis, au bout duquel eft un tenon pour y fixer les jumelles.

La Figure 8 eft un boulon de fer à tête, tel que celui qui entre dans la poupée, *fig.* 7.

La Figure 9 repréfente un fecond métier à monter les peignes, différent du précédent ; ici les poupées *A , A*, peuvent s'avancer & reculer, parce qu'elles font plantées fur des palettes qui gliffent fur les rebords des tringles de bois *C , C*,

& qu'on les arrête au point qu'on defire au moyen des vis *a, a,* qu'on ferre où
l'on veut. Une des poupées de ce métier eft garnie d'un boulon avec fon tenon,
& l'autre eft garnie d'une vis à écrou.

Développement de ce Métier.

La Figure 10 eft une clef propre à ferrer les vis qui affujettiffent les palettes
fur le métier.

La Figure 11 repréfente une poupée féparée du métier, fixée fur fa palette,
& garnie d'un boulon de fer avec fon tenon.

A fait voir cette même poupée de côté, hors du métier, féparée de fa palette,
& garnie de fon boulon.

B, *B*, repréfentent la palette fous trois points de vue différents ; l'un la
fait voir à plat : *a* eft le trou qui reçoit le tenon de la poupée, & *b* eft l'écrou,
au moyen duquel on la fixe fur la table ; l'autre repréfente cette même palette
par un bout, pour faire fentir les deux feuillures par où elle gliffe fous les tringles ; & la troifieme la repréfente vue de côté.

C, *C*, font les deux tringles de bois qui forment le couliffeau des palettes.

a, eft une des deux vis qui fixent les palettes lorfqu'on les a placées à la
diftance convenable.

e, eft l'écrou de la vis ; on le place dans un trou fait exprès fur le devant de
la palette afin que la vis ne ronge pas le bois.

f, eft une petite virole de fer qu'on met entre la tête de la vis & la palette
pour que le deffus n'en foit pas rongé & que la palette tienne plus folidement.

La Figure 12 eft le métier dont on vient de faire l'explication, vu par le
bout ; on peut y remarquer de quelle maniere la palette *B*, qui porte la poupée
A, eft placée dans la couliffe, formée par les tringles *C*, *C* ; on a eu foin pour
cet effet de ne point mettre la tringle de bois qui ferme ordinairement le bout
du banc.

La Figure 13 eft un troifieme métier, dont la conftruction differe des deux
qu'on a vus plus haut, où la poupée *A* de ce métier eft arrêtée à demeure fur
la planche *B* ; du refte la vis, le tenon & l'écrou font de même que ce qu'on a
déja vu ; mais la poupée *C* peut-être avancée, & reculée autant que la fente *D*,
dans laquelle elle eft placée, a d'étendue : cette poupée eft fixée par-deffous le
banc, au moyen d'une clavette qu'on lâche & qu'on ferre à volonté.

La Figure 14 eft la même poupée vue en perfpective & féparée du métier :
elle eft garnie de fa clavette feulement.

On voit, *fig.* 15, le maillet dont on fe fert pour ferrer & lâcher la clef de
la poupée mobile.

La Figure 16 repréfente le deffus du métier, *fig.* 13 : on apperçoit en *G* la
mortaife qui reçoit le tenon de la poupée *A*, & en *H* on voit la fente, dans
laquelle coule le tenon de la poupée *C*. *a*, *a*, font deux rainures pratiquées

fur la longueur de cette planche pour contenir les deux tringles F, F, qui fervent à retenir les dents, & autres chofes, qui fans cela tomberoient par la fente.

La Figure 17 eft une grande vis de bois, dont plufieurs Peigners fe fervent à la place de vis de fer, fur-tout quand ils montent de grands peignes pour les étoffes groffieres.

On voit par la figure 18 un écrou de bois propre à la vis qu'on vient de voir.

PLANCHE XVI.

Les Figures 1, 2 & 3 de cette Planche repréfentent trois pieces féparées, qu'on affemble pour former un feul métier à monter les peignes.

La Figure 1 eft un bout du métier, porté fur 4 pieds ; il s'affemble avec la figure 3, du côté F, au moyen de tenons & mortaifes qui fe correfpondent fur l'épaiffeur de la table.

La Figure 2 eft l'autre bout du métier qui s'affemble avec la figure 3 par fes tenons c, c, avec les mortaifes d, d, qu'on apperçoit du côté E de cette derniere figure.

La Figure 3 eft la piece qui forme le milieu du métier, & qui s'affemble avec les deux autres.

La Figure 4 repréfente ce métier tout monté & prêt à travailler : on voit en C, la piece repréfentée par la figure 1, en D; celle qui eft repréfentée figure 2, & B eft la partie que repréfente la figure 3.

Les Peigners qui fe fervent de ce métier ont la liberté de rapprocher les poupées quand ils veulent monter des peignes moins longs que n'eft la diftance des deux tenons b, b, qui font deftinés à en tenir les jumelles. Ces fortes de métiers ne font employés que pour les peignes de grandeur extraordinaire : on les fait conftruire en trois pieces, afin qu'ils foient moins coûteux, moins em-barraffants, & plus faciles à tranfporter.

La Figure 5 eft encore un métier, au même ufage que le précédent, mais dont la conftruction eft différente : le banc de ce métier eft formé de quatre pieces dont cette figure ne repréfente que la moitié ; la fig. 6 forme l'autre moitié, & doit être femblable à la figure 5 ; mais l'étendue de la planche n'a pas permis de la repréfenter en fon entier.

Les quatre pieces du deffus de ce métier font affemblées deux par deux, au moyen de charnieres de fer a, a, qui permettent aux deux parties du milieu de fe replier fur celles des bouts quand on veut les ranger en quelque coin de l'atelier; & lorfqu'on veut s'en fervir, on ne fait que les tendre & les joindre l'une à l'autre par les tenons b, b, de l'une, avec les mortaifes c, c, de l'autre.

La Figure 6 eft une partie du fecond bout du métier qu'on joint à celle *fig.* 5, pour l'avoir en entier quand on veut monter les peignes.

La Figure 7 repréfente le deffus du métier tout monté, dont les deux parties font affemblées en *G*.

La Figure 8 fait voir comment on replie chacune des deux parties de ce métier quand on ne s'en fert pas.

PLANCHE XVII.

L A Figure 1 repréfente un montant, dont on fe fert comme d'une poupée de métiers ordinaires pour monter des peignes d'une très-grande longueur. On y voit une vis de bois *B*, qu'on fait avancer & reculer au moyen de l'écrou *D* qu'on tourne à volonté: au bout de cette vis, & du côté oppofé à la partie taraudée, eft le tenon de fer *a*, fur lequel on fixe les jumelles.

La Figure 2 eft un montant femblable au précédent; il forme la feconde poupée du métier: on place ces deux montants ou poupées à telle diftance qu'on juge néceffaire, fuivant la longueur des jumelles; on les arrête par leur bafe avec des pattes de fer, ou en les chargeant avec des pierres, de maniere à ne pas craindre que les efforts qu'on eft obligé de faire éprouver aux jumelles, foit en les ferrant, foit en frappant avec la batte, puiffent les ébranler.

La Figure 3 repréfente les deux montants dans la pofition qu'ils tiennent quand on monte de grands peignes: on apperçoit les jumelles *d*, *d*, *d*, *d*, placées fur les tenons *g*, *h*, où elles font liées avec des ficelles entre les tenons & les montants. La bafe d'un de ces montants *A*, *A*, eft arrêtée par un crochet de fer *a*, & l'autre eft rendue folide par une groffe pierre *b* qui y eft pofée. On remarque encore dans cette figure le fupport *C*, fur lequel repofent les jumelles inférieures, & la table *B*, fur laquelle l'Ouvrier met les dents qu'il doit employer, la batte, le ligneul, & enfin tout ce dont il a befoin pour cette opération.

On a repréfenté, *fig.* 4, la table dont on vient de parler.

La Fgure 5 eft le pied du fupport, planté dans la bafe *E*, qui lui donne de l'affiette.

La Figure 6 eft une planche percée qui entre fur fon champ dans l'entaille du pied du montant, & fur laquelle repofent les jumelles.

m, eft la cheville qui la retient en place.

Quand on ne veut pas fe fervir d'un tel fupport, on fe fert d'un couffin de bois repréfenté par la figure 7, qu'on met fur la table, & fur lequel pofent les jumelles.

La Figure 8 fait voir un métier tout prêt à travailler; on y apperçoit les jumelles *b*, *b*, *c*, *c*, fixées fur les tenons *a*, *a*, comme il convient. On y remarque auffi la foule *A*, qui retient ces jumelles dans un écartement déterminé, tant en largeur qu'en hauteur: on y voit encore la batte *B*, placée entre ces mêmes jumelles, de la même façon que l'Ouvrier l'y tient pour frapper les

dents

dents , & ferrer les tours du ligneul les uns contre les autres.

La Figure 9 fait voir l'entaille qu'on fait aux jumelles par chaque bout en *a* ; c'eft dans ces entailles que les contours du ligneul entrent pour les retenir plus folidement.

La Figure 10 eft une jumelle femblable à la précédente , & vue par fon côté plat.

La Figure 11 fait voir dans de fortes proportions comment les jumelles font fixées fur les tenons des boulons.

La Figure 12 fait voir en perfpective une *Foule* qu'on met entre les jumelles pour déterminer la hauteur des peignes.

La Figure 13 repréfente la même foule fur fa coupe longitudinale ; on voit dans les entailles les bouts *d* , *d* , *d* , *d* des jumelles, tels qu'ils doivent y être placés.

La Figure 14 eft une batte , dont on fe fert pour ferrer les dents les unes contre les autres.

PLANCHE XVIII.

La Figure 1 repréfente un Ouvrier occupé à monter un peigne ; il eft affis devant le métier *A* , & tient avec fa main gauche , en deffous du peigne , les bouts du ligneul *c* , *c* , qu'il ferre autant qu'il en eft befoin , & avec fa main droite *E* , il tient la batte *C* , avec laquelle il frappe fur les tours du ligneul & fur les dents, afin de les placer toutes à une égale diftance les unes des autres : il faut remarquer que la batte eft placée entre les deux jumelles *a* , *a* , & celles *b* , *b* , & que la foule *F* tient ces jumelles dans un écartement convenable au mouvement qu'on doit donner à la batte.

La Figure 2 eft le compas avec lequel les Peigners divifent la longueur des jumelles , afin de n'y pas faire entrer un nombre de dents plus ou moins confidé-rable que celui qu'on a déterminé.

On voit par la figure 3 une jumelle brifée à caufe du peu d'étendue du deffein fur lequel on a commencé de tracer l'efpace que doivent occuper les dents des lifieres , dont les deux points *d* , *d* , font pour la lifiere d'un côté , & ceux *e* , *e* , marquent l'efpace de la feconde lifiere.

On voit par la figure 4 , qu'après avoir fixé les dents *B* , d'une des lifieres fur le peigne , on en divife la jumelle *A* , par des points écartés de trois en trois lignes , qui doivent former autant d'efpaces , que l'étendue du peigne a de fois trois lignes , & chacun de ces efpaces doit contenir un nombre égal de dents.

La Figure 5 nous fait voir de quels moyens fe fervent plufieurs Peigners pour divifer l'étendue des deux jumelles fupérieures d'un peigne , par pouces , demi-pouces , & par quarts de pouces: les pouces font marqués par trois points *f* , *f* ; les demi-pouces font marqués par deux points *gg* ; & les quarts de pouce par un point feulement *h* , *h* ; de forte que toute l'étendue de ces jumelles foit ainfi divifée, au moins à la longueur du peigne.

La Figure 5 repréfente un divifeur, au moyen duquel on peut fe paffer d'un compas, & marquer d'un feul coup toute l'étendue d'une jumelle, fur-tout pour les peignes depuis 20 jufqu'à 30 pouces de longueur : ce divifeur eft conftruit de maniere qu'il marque très-diftinctement les pouces, les demi-pouces, & les quarts de pouces, parce que les lames *a*, *a*, &c. font plus larges que celles *b*, *b*, &c. & que ces dernieres font elles-mêmes auffi plus larges que celles *c*, *c*, &c. qui ne font que des pointes.

La Figure 7 repréfente une des lames qui marquent les pouces, féparée du divifeur.

On voit par la figure 8 une lame, femblable à celles, qui dans le divifeur marquent les demi-pouces.

La Figure 9 eft une des pointes qui font deftinées à marquer les quarts de pouces.

La Figure 10 fait voir une partie du deffus des jumelles fupérieures d'un peigne, lefquelles ont été marquées par le divifeur, *fig.* 6 : on voit en *a*, *a*, fur l'une & l'autre de ces deux jumelles, les marques provenant des lames *a*, *a*, &c. du divifeur, qui indiquent les pouces ; en *b*, *b*, on voit celles des lames qui marquent les demi-pouces, & en *c*, *c*, *c*, *c*, on apperçoit les points qui défignent les quarts de pouces : le commencement de ces marques eft pofitivement après les dents *B* de la premiere lifiere.

La Figure 11 repréfente encore un divifeur, qui doit produire le même effet que celui *fig.* 6, mais qu'il faut appliquer fur les jumelles de pouce en pouce, qui eft toute fon étendue ; on eft plus certain de la juftetfe des divifions quand on les fait avec ces divifeurs, qu'en fe fervant d'un compas, tel qu'on puiffe l'employer.

I, eft le manche du fecond divifeur féparé de fa palette.

H, eft la palette, féparée du manche & dépourvue des lames, qui font les mêmes qu'au grand divifeur.

La Figure 12 eft un couteau qui fert au Peigner pour couper le bout des jumelles quand il a fini de monter fon peigne.

La Figure 13 eft une fcie à main, au même ufage que le couteau.

On voit, *fig.* 14, un Ouvrier occupé à fcier les jumelles après avoir fini de monter fon peigne : on apperçoit qu'après avoir fcié les jumelles *a*, *a*, il fcie celles *b* ; il en doit faire autant à l'autre bout en *c*, & enfuite en *d*.

PLANCHE XIX.

La Figure 1 repréfente un peigne fortant du métier, fans être ni rogné ni excarné.

On voit par la figure 2, un couteau en forme de ferpette, dont plufieurs

Peigners se servent pour rogner le bout des dents qui excede hors des jumelles.

La Figure 3 représente une dent de peigne telles qu'elles sont toutes lorsqu'on les a rognées par trois coups de couteau sur chaque bout, qui lui donnent trois faces.

La Figure 4 est une dent de peigne dont on a terminé les bouts en pointe en la rognant par deux coups du tranchant du couteau.

On voit par la Figure 5 une troisieme dent, dont les bouts sont coupés quarrément ; ce qu'on fait d'un seul coup de couteau.

La Figure 6 représente un Ouvrier occupé à rogner les dents d'un peigne ; il tient le peigne *B* par un bout, appuie l'autre bout contre l'estomach, & avec un couteau *C*, qu'il tient de la main droite, il rogne les dents.

La Figure 7 fait voir un autre Ouvrier qui s'occupe aussi à rogner les dents d'un peigne : il est debout devant une table, sur laquelle il appuie son peigne par un bout, & le tient de l'autre avec la main gauche, tandis que de la droite il tient un couteau fait de la lame d'un rasoir, avec lequel il rogne les dents.

La Figure 8 est ce couteau, fait de la lame d'un rasoir, emmanchée solidement dans un morceau de bois.

On voit encore par la figure 9 une troisieme maniere de rogner les dents d'un peigne. Cet Ouvrier se sert d'un couteau à deux manches, dont il tient un dans chaque main : on se sert pour cette opération d'un métier où l'on place le peigne, sans être obligé de le tenir avec la main : il est pressé entre les deux planches *A, A,* de sorte que les efforts du tranchant du couteau *F* ne peuvent l'ébranler en aucune maniere ; la liberté que cet Ouvrier a de gouverner le couteau avec les deux mains, lui donne bien plus de facilité pour rogner proprement son peigne.

La Figure 10 représente le métier qui sert à rogner les dents ; le peigne *F* est placé entre les deux petites planches *A, A,* dont la hauteur doit être à peu-près de la largeur du peigne.

La Figure 11 est un couteau à deux manches, tel que celui avec lequel l'Ouvrier, *fig.* 9, rogne les dents.

A, A, sont les deux tringles de bois entre lesquelles on place les peignes.

B, est un des deux montants, dans l'entaille duquel on place les deux planches ou tringles *A, A.*

a, est une des deux clefs qui assujettissent les montants *B, B,* par-dessous la planche *C.*

La Figure 12 représente les bouts des deux planches qui servent à contenir le peigne ; leurs extrémités sont terminées en rond par un côté, afin que la vive arête de l'angle ne gêne pas l'opération.

La Figure 13 représente encore le bout de ces mêmes planches, dont les bords sont terminés en talut.

PLANCHE XX.

La Figure 1 eſt un couteau ſemblable à ceux dont ſe ſervent les Cordonniers : les Peigners employent cet outil pour planer leurs peignes. Cette opération conſiſte à égaliſer la ſurface des dents entre les jumelles, ſur la hauteur du peigne, afin qu'elles ſoient moins larges que lorſqu'on les y place.

On voit, figure 2, un Ouvrier aſſis devant une table, & tenant de la main gauche un peigne, couché à plat le long de ſon bras ; il a le coude appuyé ſur la table, afin que pendant l'opération le peigne ne vacille pas. Il tient dans ſa main droite un couteau par le milieu de la lame, & avec le tranchant, qui eſt fait en croiſſant, il entame la ſurface du peigne.

La Figure 3 eſt un banc qui ſert à fixer le peigne : afin de n'être pas obligé de le tenir avec les mains pour le planer, on place le peigne entre les tringles *C*, *D*, ſous les rainures que forment ces tringles, & dans leſquelles entrent ſeulement les jumelles des peignes, de maniere à laiſſer à découvert toute la ſurface des dents.

B, eſt la table du métier.

C, eſt la tringle de bois qu'on fixe ſur le métier, & qui eſt immobile.

D, eſt la ſeconde tringle du métier qu'on fixe par des vis, afin de pouvoir la faire avancer & reculer à volonté.

La Figure 4 eſt un des quatre écrous qu'on met dans les mortaiſes pratiquées dans l'épaiſſeur de la planche qui forme le deſſus du métier.

On voit par la figure 5 une des quatre vis qui retiennent la tringle *D* du métier, & par le moyen deſquelles on la fixe, ſuivant la largeur des peignes.

La Figure 6 eſt le tourne-vis dont on ſe ſert pour cet uſage.

On a repréſenté par la figure 7 un Ouvrier qui plane un peigne ſur le métier, *fig.* 3 : cet Ouvrier eſt aſſis devant le métier ; il tient un trancher *A* par le milieu de la lame avec la main droite ; il poſe la main gauche ſur le peigne *B*, afin de mieux guider les mouvements de ſon opération.

La Figure 8 repréſente un couteau à planer dont beaucoup de Peigners ſe ſervent.

La Figure 9 fait voir la maniere de tenir le couteau quand on plane avec une ſeule main, & la figure 10 fait voir la maniere de le tenir avec les deux mains.

La Figure 11 eſt la lame du couteau à planer, ſéparée de ſon manche.

La Figure 12 eſt une piece de fer qu'on met entre les deux pieces du manche du couteau à planer, tant pour fixer leur écartement que pour les rendre ſolides.

La Figure 13 eſt le manche du couteau ſans ſa lame.

La Figure 14 eſt ce même couteau, où l'on voit de quelle maniere on ferme la lame quand on ne s'en ſert pas.

Par la Figure 15 on voit le couteau, tel qu'on le diſpoſe pour s'en ſervir, &

dont

dont la lame eſt arrêtée par les deux viroles de peau *E*, *E*.

P L A N C H E   X X I.

Lᴀ Figure 1 repréſente un Ouvrier occupé à planer un peigne en ſe ſervant du couteau, *fig.* 8, de la Planche XX, qu'il tient avec la main droite ſeulement, tandis que de la main gauche il retient le peigne *A*, qui eſt appuyé d'un côté contre la tringle *B*, afin qu'il ne remue pas à meſure qu'il fait aller & venir le couteau.

La Figure 2 eſt un canif à gros manche de bois, dont la lame eſt courbée en forme de ſerpette ; ce canif eſt deſtiné à couper les arêtes des dents des peignes que les couteaux à planer laiſſent le long des jumelles.

La Figure 3 fait voir les deux bras d'un Ouvrier, occupé à enlever les arêtes des dents, qu'en planant on laiſſe contre les jumelles du peigne ; ce qu'on exécute avec la pointe courbée d'un canif, en tirant un trait d'un bout du peigne à l'autre le plus près poſſible des jumelles, ſans les endommager.

La Figure 4 eſt une table de laquelle pluſieurs Peigners ſe ſervent pour fixer les peignes quand on veut les planer, en employant les deux mains pour tenir les outils qui ſervent à cette opération.

C, eſt une des deux pinces qui ſervent à retenir le peigne ſur la table.

D, eſt une des deux vis de bois qui ſerrent les pinces pour arrêter les peignes.

On voit par la figure 5 un Ouvrier aſſis devant une table, ſemblable à celle *fig.* 4 ; & ſur laquelle eſt fixé le peigne *E*, au moyen des pinces *C*, *C*. Cet Ouvrier tient avec les deux mains le couteau *F* avec lequel il plane : ce couteau eſt le même que celui dont ſe ſert l'Ouvrier, *fig.* 1 ; toute la différence conſiſte en ce que celui *fig.* 1, le tient d'une main, & celui-ci le tient des deux mains. Cette façon de planer eſt plus ſûre & plus parfaite que la précédente.

La Figure 6 eſt un des écrous de bois qu'on enchâſſe dans la table & qui reçoivent les vis de preſſion *D*, *D* : on ſe ſert de ces écrous afin que les vis ne rongent pas le deſſus de la table.

La Figure 7 eſt une autre eſpece de plane dont on ſe ſert pour les peignes, en place du couteau & du tranchet dont on a parlé précédemment. Cet inſtrument eſt tout en fer & forgé d'une ſeule piece ; mais le biſeau eſt d'acier : on y pratique deux tenons courbés où on place les deux manches *A*, *A*, afin de tenir ſolidement cet outil en planant.

La Figure 8 fait voir un Ouvrier qui plane un peigne en ſe ſervant de l'inſtrument *fig.* 7 : on remarque dans cette figure que le peigne eſt encore ſur le métier, & que ce métier eſt celui dont on ſe ſert avantageuſement pour faire des peignes de toutes ſortes de longueurs extraordinaires, puiſque les montants *G*, G, peuvent être reculés autant que la longueur d'un atelier peut le permettre.

On voit auſſi un ſupport *fig.* 9 , qu'on fait courir ſous le peigne à tel endroit qu'on juge néceſſaire , pour ſervir d'appui à l'endroit du peigne qu'on eſt en train de planer.

La Figure 10 fait voir une dent de peigne , dans l'état où elles ſont toutes quand on a plané le peigne.

La Figure 11 repréſente l'état où elles ſont avant de les planer. En comparant cette figure avec la précédente , on apperçoit la différence qu'il y a entre les dents planées & celles qui ne le ſont pas.

PLANCHE XXII.

La Figure 1 repréſente en grand le bout d'une partie de tuyau de canne, tel qu'il eſt avant d'être paſſé dans aucune filiere : les points *A , A,* indiquent l'endroit juſqu'où doit mordre la filiere la premiere fois qu'on les tire d'épaiſ- ſeur.

La Figure 2 eſt le même bout de canne, tel qu'il eſt en ſortant de la filiere qui lui donne la premiere forme.

On voit en *f , f,* des points qui indiquent les endroits que les lames de raſoir enlevent quand on tire les dents de largeur.

La Figure 3 eſt encore la même dent , où l'on remarque de quelle maniere elles ſont réduites toutes quand on les a miſes à la largeur qu'elles doivent avoir. On doit ſe reſſouvenir qu'en les finiſſant, on enleve l'épaiſſeur qui eſt hors de l'é- corce & qu'on rend les deux bords de la largeur extrêmement tranchants, comme ſont les deux pointes *a , a ,* de la figure 2.

Ces trois figures qu'on vient d'expliquer ont été repréſentées bien plus gran- des que ne ſont aucune des dents qu'on emploie aux peignes ; mais on les a deſ- ſinées de cette grandeur , afin de rendre plus ſenſibles les effets qu'on a voulu démontrer.

La Figure 4 eſt un canif à gros manche , tel que ceux dont ſe ſervent les Peigners pour excarner les peignes.

La Figure 5 repréſente un Ouvrier aſſis & occupé à excarner un peigne ; il tient de la main gauche le peigne *B ,* preſqu'à une des extrémités ; l'autre bout du peigne appuyé ſur ſa cuiſſe où il le tient de maniere qu'il ne puiſſe pas s'é- chapper, & de la main droite avec un canif il excarne toutes les dents l'une après l'autre. Cette opération conſiſte à enlever toute l'épaiſſeur des dents qui excede l'intérieur de l'écorce , parce que le planage a découvert une épaiſſeur aux dents, en enlevant des deux côtés la partie tranchante qui avoit été formée par la derniere filiere par où les dents avoient été paſſées.

On voit en *C* une petite table , que l'Ouvrier place à ſon côté pour entrepoſer les outils dont il ſe ſert, ainſi que les peignes , quand il en a une quantité à excarner.

La Figure 6 fait voir comment en excarnant on doit tenir le canif avec la main.

La Figure est une table sur laquelle est un peigne posé à plat, & retenu avec un poids ; ce qui fait voir une seconde maniere d'excarner les peignes.

La Figure 8 est une table, qu'on appelle *Métier à excarner*, & qui sert pour une troisieme maniere d'excarner : elle differe de la précédente en ce que le peigne est élevé sur les coussins C, C, & tenu par les bandes D, D, comme dans deux presses.

La Figure 9 est un des coussins, vu en face, séparé du métier, garni de ses vis & de sa bande.

b, b, sont les deux écrous qui servent à serrer la bande des coussins sur les peignes pour les y assujettir.

La Figure 10 fait voir un métier à excarner, différent de celui dont on vient de parler ; la différence qu'on peut y remarquer est, que le coussin B est mobile, & que ceux de l'autre métier sont fixés tous les deux. Dans ce dernier métier on a rendu un coussin mobile, afin de n'être pas obligé de déranger les peignes dès qu'ils sont posés sur le métier, parce que ce sont les bouts qui posent sur les coussins ; & comme on a des peignes de différentes longueurs à excarner, on avance le coussin mouvant ou on le recule suivant la grandeur du peigne qu'on veut y placer.

La Figure 11 est le coussin mouvant, vu en perspective & dépourvu de ses vis.

a, a, sont les vis du coussin.

b, b, sont les écrous.

La Figure 12 est ce même coussin, vu en face & garni de ses vis : on apperçoit par cette figure à quel endroit du coussin doivent répondre les trous qui reçoivent les vis afin de ne pas gêner le mouvement qu'on peut donner à ce coussin.

La Figure 13 est ce même coussin, vu par dessous, où l'on peut remarquer en f, f, l'endroit où posent les têtes des vis pour laisser libre l'entrée des tenons dans les rainures qui leur servent de coulisse.

La Figure 14 est la planche qui forme le dessus du métier, où l'on apperçoit en i, i, les trous des vis qui retiennent le coussin A qui est immobile, & en h, h, on voit les rainures dans lesquelles on enchâsse les tringles de bois F, F, qui forment les coulisses du coussin mouvant.

La Figure 5 est le coussin immobile, garni de ses vis seulement.

b, b, sont les deux écrous du coussin, vus de deux façons différentes.

D, est une des bandes qui servent à fixer les peignes sur les coussins.

F, F, sont les tringles de bois qui forment les coulisses, où l'on place les tenons du coussin mouvant pour le faire avancer & reculer à volonté.

La Figure 16 est le dessus du métier, *fig.* 8 ; on apperçoit en l, l, l, l, les quatre trous des vis qui fervent à tenir les couffins à leur place , & à fixer les peignes entre les bandes & les couffins.

La Figure 17 eft une piece de bois qui forme un couffin , que l'on place fous les peignes de grandeur extraordinaire , entre les deux couffins fixes du métier *fig.* 10 , afin qu'en appuyant la main fur les peignes en excarnant on ne puiffe pas les endommager ; on le place à tel endroit qu'on juge à propos , & on le fait courir fous le peigne d'un endroit à un autre , afin qu'il ne gêne pas l'opération.

PLANCHE XXIII.

La Figure 1 repréfente un Ouvrier occupé à excarner un peigne , fe fervant du métier *fig.* 10 , dont l'explication eft faite dans la Planche XXII. On a repréfenté dans cette figure un peigne *A,* d'une longueur extraordinaire, qu'on fait foutenir par-deffous par le couffin *G* , qui lui fert de fupport : ce couffin peut être facilement changé de place parce qu'il ne pofe feulement que fur les tringles qui forment les couliffes du couffin mouvant.

On voit par la figure 2 le côté, dont la lame du canif qu'on emploie à excarner les peignes doit être tournée pour la moitié des dents qui eft tournée vers un bout du peigne.

Cette figure repréfente un peigne , coupé fur fa longueur à l'endroit où eft placé le canif , pour laiffer voir la pofition de la lame.

La Figure 3 fait voir que la lame du canif doit être tournée dans un fens contraire au premier quand il s'agit d'excarner l'autre moitié des dents d'un peigne, parce que les deux moitiés font placées à l'oppofite l'une de l'autre ; c'eft pour cette raifon qu'en excarnant il faut changer la lame du canif de pofition, ou retourner le peigne bout pour bout à chaque fois qu'on en a excarné la moitié.

La Figure 4 met fous les yeux un métier particulier pour excarner les peignes. Ici le peigne eft placé fur des fupports *A , A ,* &c. qui font fort élevés & plantés fur un métier à monter les peignes , où on peut voir encore les deux poupées en leur place.

La Figure 5 repréfente un des fupports , vu de côté.

A , eft le montant d'un fupport.

C , eft l'efpece de taffeau qui s'affemble au montant & fur lequel on pofe le peigne.

La Figure 6 eft un Ouvrier occupé à excarner un peigne , placé de la maniere qu'on le voit en *D , fig.* 4 ; cet Ouvrier eft affis devant le métier , de maniere que les fupports fur lefquels eft pofé le peigne *C* , avancent prefque fur lui & lui donnent toute la liberté de faire fon opération. On doit remarquer dans cette figure que l'Ouvrier, au lieu de tenir par-deffus le peigne , la main qui tient le canif , elle eft au contraire par-deffous ; c'eft en quoi l'opération differe de celles qu'on a vues ci-devant.

La

La Figure 7 repréfente un métier à excarner, fur lequel l'opération fe fait de même que fur celui *fig. 6*, mais dont la conftruction eft différente : ici le montant *F* eft fixe, celui *G* eft mobile ; de forte qu'on le fait avancer & reculer autant qu'il en eft befoin, fuivant la longueur des peignes qu'on veut excarner : ce montant gliffe entre les tringles *I*, *I*, qui lui fervent de couliffe ; & quand on l'a mis au point où il doit être fixé, on l'y arrête au moyen de la petite clef *a* qui eft par-deffous. Les fupports *L*, *L*, font mouvants ; on les place à tel endroit qu'on juge néceffaire, afin que les peignes ne fléchiffent point fous les efforts du travail ou fous le poids de la main, qu'on appuie deffus pour fe donner une forte d'aifance à opérer.

La Figure 8 eft le montant mobile, garni de fon fupport & de fa vis.

La Figure 9 eft le montant fixe, garni de même que le précédent.

K, eft le petit montant qui porte par un bout les deux tringles *I*, *I*, qui fervent de couliffe au montant *G* & aux fupports *L*, *L*.

L, eft un des fupports qui foutiennent les peignes fur le milieu de leur longueur, ou ailleurs, afin qu'ils ne fe courbent point quand on les excarne.

A eft la clavette qui affujettit le montant *G*, fous les tringles de bois qui lui fervent de couliffe.

d, eft un des fupports où pofent les bouts des peignes quand on les place fur le métier.

e, eft une des deux petites planches qui pofent fur le bout du peigne, & qui par le moyen des vis, forment avec les fupports deux petits étaux qui tiennent folidement les peignes par leurs deux bouts.

f, eft une des vis qui fervent à ferrer les bouts des peignes entre les planches *e*, *e*, & les fupports *d*, *d*.

g, *g*, font les deux écrous qui ferrent les vis *f*, *f*.

PLANCHE XXIV.

Les Figures 1 & 2 font deux treteaux fur lefquels on pofe le métier, *fig. 8*, qu'on a vu dans la Planche précédente, quand on veut s'en fervir.

La Figure 3 repréfente un Ouvrier qui enduit de colle des bandes de papier avec un pinceau, pour couvrir les jumelles des peignes.

On voit par la figure 4 un autre Ouvrier qui tient un peigne avec les deux mains par les deux bouts. Il a pofé les jumelles inférieures du peigne fur le milieu d'une bande de papier tout collé : fon foin actuel eft de coucher le peigne en avant & en arriere pour que la bande de papier couvre également les jumelles des deux côtés du peigne. On apperçoit fur la table de cet Ouvrier un peigne *K*, dont les jumelles font couvertes de papier : on en voit en *L* d'autres qui ne font pas encore couverts.

La Figure 5 fait voir un Ouvrier occupé à couper des bandes de papier pour couvrir les jumelles des peignes : il est assis devant une table, sur laquelle est une bande de fer, contenue par des vis, & qui forme une espece de presse, sous laquelle on place une quantité de feuilles de papier, dont on a marqué celle de dessus avec un compas, par des points également espacés d'un côté & d'autre, afin que les bandes de papier soient coupées d'égale largeur. On a soin de placer les deux points qui se répondent d'un bout de feuille à l'autre, sur une même ligne, & également distants du devant de la bande de fer *B* ; ensuite avec le coupoir *D*, que l'Ouvrier tient dans sa main droite, il coupe les bandes en appuyant la lame de cet instrument le plus près possible de la bande de fer, & divise par ce moyen toutes les bandes pareilles les unes aux autres.

La Figure 6 est le couteau à couper les bandes.

La Figure 7 est la lame séparée de son manche.

La Figure 8 est le manche, garni de deux viroles de fer pour le rendre solide.

La Figure 9 est le dessus de la table sur laquelle l'Ouvrier coupe les bandes de papier : on apperçoit en *l*, *l*, les écrous des vis qui servent à tenir la bande de fer.

La Figure 10 est la bande de fer qu'on fixe sur la table, pour former la presse qui retient le papier, & empêche que les feuilles ne se dépareillent quand on les divise par bandes.

a, *a*, sont les deux écrous à oreilles qui serrent la bande de fer sur le papier qu'on coupe.

b, *b*, sont les deux vis qui servent à serrer la bande de fer.

PLANCHE XXV.

La Figure 1 de la XXVe Planche, représente une sorte de coffre dont se servent les Peigners pour serrer les bandes de papier : ce coffre est divisé en plusieurs cases, toutes numérotées depuis 1 jusqu'à 24 dont il est composé ; chacune de ces cases contient des bandes de papier d'une différente largeur : on en use ainsi, parce que les jumelles étant plus grosses les unes que les autres, ou le ligneul des différents comptes des peignes les grossissant, il faut nécessairement que les bandes de papier qu'on emploie pour les jumelles les plus grosses, soient plus larges que celles qui servent à couvrir les jumelles des grosseurs inférieures ; c'est pourquoi on a de tant de sortes de largeurs de bandes de papier.

La Figure 2 représente une table, au bord de laquelle est un chassis propre à porter les jumelles des peignes quand on les couvre de papier. Ce sont deux petits montants *C*, *C*, entaillés par leur bout supérieur où l'on place le peigne. Ces montants font mouvants, de forte qu'ils tournent comme fur un axe, au moyen des chevilles *e*, *e* qui les tiennent contre les pinces de bois *B*, *B*; de maniere qu'en couvrant les jumelles, on fait aller & venir ces montants felon le befoin.

La Figure 3 eft une des deux pinces qui fupportent les deux montants *C*, *C*.

La Figure 4 eft l'affemblage des deux mêmes montants avec la traverfe *E*.

C, eft un des deux montants féparé du métier & de fon affemblage.

F, eft la traverfe qui affemble les deux montants.

a, *a*, font les deux chevilles qui affemblent les deux pinces *B*, *B* avec la planche *A*, qui forme le deffus de la table.

e, *e*, font les deux chevilles qui fervent d'axe aux montants *C C*.

La Figure 5 repréfente un Ouvrier, dont l'occupation eft de dreffer les dents des peignes avec un fer chaud, qu'il paffe entre celles que les efforts du planage ou de l'excarnage ont courbées.

La Figure 6 eft un fer, vu en grand, femblable à celui dont fe fert l'Ouvrier, *fig. 5*, pour dreffer les dents.

La Figure 7 eft un réchaud de fer, dans lequel on fait chauffer les fers à dreffer les dents : on y en met plufieurs à la fois pour ne pas perdre de temps, parce qu'à mefure que celui dont on fe fert actuellement fe refroidit, les autres fe chauffent; par ce moyen en en quittant un froid, on en prend un de ceux qui font chauds.

La Figure 8 eft une table devant ou à côté de laquelle l'Ouvrier s'affied pour entrepofer fes outils ou les peignes, avant & après en avoir dreffé les dents.

La Figure 9 eft le fer dont on fe fert pour dreffer les dents, avec fon manche.

La Figure 10 repréfente un autre Ouvrier qui dreffe les dents des peignes avec un fer différent du premier : le peigne eft fupporté fur la table par deux morceaux de bois entaillés, & il eft placé deffus, de façon à ne pouvoir aller ni en avant ni en arriere.

La Figure 11 eft un fer à dreffer les dents : il eft courbé vers le milieu de fa longueur, ce qui le rend plus commode au travail : il eft femblable à ceux dont fe fert l'Ouvrier *fig. 10*.

La Figure 12 eft un des morceaux de bois, dans les entailles duquel on place le peigne pour dreffer les dents, ainfi qu'on en voit deux en *L*, *L*, *fig. 10*.

Fin de l'Explication des Planches.

L'ART DU PEIGNER
OU FAISEUR DE PEIGNES,
TANT POUR LA FABRIQUE DES ÉTOFFES DE SOIE,
QUE POUR TOUTES AUTRES ÉTOFFES ET TISSUS,
COMME DRAPS, TOILES, GAZES, &c.

IIe. SECTION DE LA VIe. PARTIE.

CONTENANT tous les procédés qu'on emploie pour faire les Peignes d'acier liés, & ceux de toute autre matiere qui font ufage dans les Manufactures.

INTRODUCTION.

LES Peignes de canne dont on vient de détailler la conftruction dans la premiere Partie de ce Traité, font ceux dont on s'eft fervi le plus ancienne-ment, & même univerfellement. Ils font très-bons pour fabriquer toutes fortes d'Etoffes, & font encore en ufage dans prefque toutes les Manufactures de l'Europe; on peut même dire que pour certains genres, ils font préférables à ceux d'acier; mais fur la fin du fiecle dernier on vit éclorre plufieurs genres d'Etoffes, dont il paroît que nos Anciens n'ont jamais eu connoiffance: la Mé-canique, portée au plus haut degré de perfection, a fans doute applani les difficultés qu'ils n'avoient peut-être pas pu vaincre jufqu'à ce moment ; peut-être auffi eft-il dans les productions de l'efprit humain des époques affignées, qu'il n'eft pas poffible d'avancer. Quoi qu'il en foit, la néceffité d'exécuter les Etoffes qu'on venoit d'inventer, a rendu infuffifants à beaucoup d'égards les Peignes de canne, dont on ne peut cependant fe paffer pour toutes les autres, & l'obligation de refferrer dans un efpace fort étroit une quantité immenfe de dents, qu'on ne pouvoit plus faire en canne fans leur ôter leur principale qualité, la force, a dû naturellement leur faire fubftituer l'acier, que l'induftrie des hommes gouverne à fon gré, & dont on eft venu à bout de former du fil auffi fin que des cheveux.

Malgré les foins que j'ai pris pour fixer l'époque de l'invention des Peignes d'acier, & en faire connoître l'Auteur, je n'ai pu venir à bout d'en fuivre la trace ; les uns affurent que la France en a le mérite ; d'autres prétendent que nous la devons à l'Angleterre ; d'autres enfin foutiennent que les Italiens les ont les premiers mis en ufage, & donnent pour preuve de cette affertion, que les François n'ont connu les Peignes d'acier que par les Lucquois, dont ils ont appris à fabriquer le Velours & le Damas.

Il eft vrai que cette Ville a fourni à l'Europe entiere de grandes connoiffances fur la fabrique des Etoffes de Soie : les Génois ont auffi contribué à l'avancement de nos Manufactures ; & il paroît affez vraifemblable que ces deux Villes, en communiquant leurs procédés, auront auffi fait part des inftruments qu'ils y employent.

Ce que j'avance ici auroit fans doute befoin de l'appui de quelqu'auteur digne de foi, ou de quelque monument hiftorique qui en conftatâffent l'autenticité ; mais la tranfmigration des Manufactures eft fi moderne, eft fi connue, que j'ai moi-même parlé à des Ouvriers qui avoient connu quelques-uns de ces Lucquois qui étoient paffés en France pour y communiquer leurs opérations : quant aux Génois, j'ai eu occafion de connoître une partie de ceux qui nous ont donné les connoiffances les plus étendues fur les velours *plein* & *à jardin*, dont nous avons tiré les velours *mignature*.

Parmi ces Génois, quelques-uns font encore exiftants à Lyon : ils étoient alors deux freres qui ont fabriqué les premiers les velours plein & à jardin, & leur pere étoit employé à *rafer* le velours plein. Ils avoient d'abord paffé à Tours ; mais attirés par la renommée de la Ville de Lyon, ils y vinrent & furent accueillis, comme on y reçoit ordinairement les talents fupérieurs. Ces détails que j'ajoute ici n'ont pour but que de rappeller à ceux qui les connoiffent, une époque qu'ils ne peuvent avoir oubliée entiérement, & de déterminer par des faits connus, ce que je n'ai pas craint d'avancer.

Quant au paffage des Lucquois en France, il paroît qu'on peut le fixer à la fin du fiecle dernier. Ils vinrent à Avignon ; mais ayant trouvé cette Ville, déja habile dans le talent qu'ils vouloient y exercer, ils n'y furent, par cette raifon, reçus avec aucune autre diftinction que celle d'habiles Ouvriers.

Il n'eft pas vraifemblable, comme le prétendent les Avignonnois, que les premiers Peignes d'acier ayent été fabriqués dans cette Ville ; on n'y en a trouvé aucune marque ni aucun uftenfile ; mais il peut être vrai qu'ils s'en foient fervis les premiers en France, & qu'ils les ayent tirés de l'Italie, avec laquelle ils ont toujours eu une très-grande liaifon, comme étant fous une même domination. Cette conjecture eft fondée fur un fait qui m'eft perfonnel, & qu'il n'eft peut-être pas indifférent de rapporter pour appuyer ma conjecture. Me trouvant un jour à Avignon, j'y achetai de vieux uftenfiles de Fabrique, dans le deffein de les faire tranfporter à Nîmes, ma Patrie : parmi ces uftenfiles il y avoit deux ou trois Peignes d'acier hors d'état de fervir, que celui qui me les vendoit, m'affura venir de fort loin ; d'où je conclus qu'ils n'avoient pas été faits en France ; car il ne m'en auroit rien dit, s'il eût été ordinaire d'en voir de pareils.

J'étois jeune alors, & je réfléchis peu fur cet objet, & ne tardai pas à me repentir de n'avoir pas pris là-deffus des renfeignements plus particuliers.

Quelques Piémontois ont prétendu que la connoiffance des Peignes d'acier en Europe étoit auffi ancienne que celle de la Fabrique des Etoffes de Soie ; ils affurent que les Vénitiens & les Calabrois ont les premiers fabriqué en Europe de ces Etoffes, & qu'ils ont eu en même temps connoiffance des Peignes d'acier, parce que, difent-ils, les Indiens, les Chinois & les Perfes s'en fervoient alors.

Il eft fans doute poffible que ces trois peuples, chez qui l'art de fabriquer les Etoffes de Soie eft beaucoup plus ancien qu'en Europe, puifque c'eft d'eux que les Européens en ont eu les premieres connoiffances, ayent employé les Peignes d'acier dans leurs Manufactures ; mais du moins, rien, à mon avis, ne prouve que l'ufage de cet uftenfile foit auffi ancien en France que nos Fabriques, en adoptant même l'idée des Fabriquants, qui prétendent que l'invention nous en appartient. Ils prétendent que le dépériffement très-prompt des dents des lifieres, tant qu'on les a faites en canne, a engagé à applatir au marteau du fil de fer, pour les faire avec ce métal ; qu'enfuite le laminage de l'or & de l'argent a fait naître l'idée de laminer du fil de fer & de l'employer pour les dents des Peignes. Il eft vrai que le laminage de l'or & de l'argent a un rapport immédiat avec celui des dents de Peignes ; mais on n'en peut rien conclure pour le temps & le lieu de cette invention.

Quoi qu'il en foit de l'invention des Peignes d'acier, il eft certain qu'elle a procuré aux Manufactures d'Etoffes de Soie un avantage d'autant plus confidérable, que ces fortes de Peignes rendent une très-grande quantité d'Etoffes, à la fabrication defquelles on les emploie par préférence, plus parfaites que ceux qu'on fait ordinairement en canne ; mais cette utilité a fes bornes, & telle Etoffe réuffit très-bien avec un Peigne de canne, qui n'en admettroit point d'acier ; c'eft à l'Ouvrier intelligent à faire ce difcernement.

Les Peignes d'acier ne font en ufage à ma connoiffance que dans les Fabriques d'Etoffes de Soie. Je ne crois pas même qu'on puiffe les employer pour les Etoffes de Coton, de Laine ou de Fil ; ou s'il y en a quelques-unes, le nombre en eft fort petit ; car ces matieres font peu capables d'effuyer le choc d'un Peigne, qui ne fauroit avoir autant d'élafticité que ceux de canne ; les frottements même déchireroient les brins de la chaîne, & la mettroient hors d'état de fervir ; d'ailleurs ces Etoffes ne font pas fufceptibles d'un maniment *carteux*, comme le font celles de Soie : il ne s'agit dans leur fabrication que de leur donner une certaine épaiffeur, & de faire joindre également les duites de la trame dans toute la longueur de l'Etoffe, pour leur donner toute la perfection dont elles font fufceptibles : au furplus, les fils de la chaîne de ces fortes d'Etoffes ne font ordinairement paffés entre les dents que deux par deux, & n'y effuyent pas des frottements confidérables ; c'eft pourquoi les Peignes, dont les dents font de canne, & par conféquent flexibles, leur conviennent beaucoup plus, pourvu que leur hauteur, largeur & épaiffeur foient déterminées dans de juftes proportions.

On pourroit, fans contredit, employer les Peignes d'acier à la fabrique de toutes fortes d'Etoffes de Soie, même dans les comptes les plus fins, fans que leur qualité en fût aucunement altérée, & même celles qui ont été ainfi fabriquées, ont un maniment plus carteux, & un éclat au-deffus de celles auxquelles on a employé des Peignes de canne. Cet avantage eft affurément capable de déterminer les Fabriquants à ne fe fervir que de Peignes d'acier; mais toutes les fortes de Soie ne font pas en état de fupporter le frottement de leurs dents. Je ne parle pas même du nombre de brins qu'on mettroit entre chacune; car deux fils d'une certaine qualité de foie pourroient ne pas paffer entre deux dents, tandis qu'on y en feroit mouvoir huit ou dix d'une autre qualité, & même dont les brins feroient plus gros, fans recevoir la moindre atteinte.

Il faut, dans la fabrication des Etoffes, employer des foies de toutes les qualités, fuivant qu'on les a préparées pour les chaînes des différentes Etoffes : elles different entr'elles en groffeur, en nerf, en apprêt; & ces différences exigent plus ou moins de ménagement dans l'emploi qu'on en fait : il faut combiner les frottements que peuvent effuyer telle ou telle efpece de foie, & que les uftenfiles qu'on y emploie, foient proportionnés à leur force. Si, par exemple, ou vouloit faire une étoffe avec une foie fine, & qui eût reçu peu d'apprêt, & qu'on voulût y employer un remiffe de gros fil & un Peigne à fortes dents, il eft certain que les difficultés feroient fans nombre, & l'étoffe défectueufe & fans éclat.

Lorfque la foie eft fine, qu'elle a reçu peu d'apprêt, & qu'elle a été ourdie fimple, on doit fe fervir de Peignes de canne par préférence à ceux d'acier : il y a encore une raifon déterminante pour les Fabriquants, qui leur fait préférer les premiers aux autres; c'eft que ceux d'acier font moins coûteux; mais il me femble que cette différence ne devroit faire impreffion que fur les Ouvriers qui font quelquefois obligés de fe fournir de Peignes; car les Fabriquants retrouvent aifément fur la fupériorité de leurs étoffes, ce qu'un Peigne d'acier leur coûte de plus; auffi beaucoup de Fabriquants ont-ils pris le parti de les fournir euxmêmes à leurs Ouvriers, à qui la modicité du gain ne permet fouvent pas de faire cette dépenfe.

Les Peignes d'acier conviennent parfaitement à la fabrication des gros-de-Tours, des gros-de-Florence, des gros-de-Naples, des Moëres, des gros Satins, auxquels on ne donne aucun apprêt après les avoir fabriqués; des Velours de tout genre, fur-tout quand on veut les rendre *carteux*; car fi on veut les rendre *moëlleux*, le Peigne d'acier leur devient contraire.

On peut établir pour regle générale, que toutes les étoffes qu'on fabrique à la tire, & qui font fufceptibles d'avoir un corps carteux, doivent être faites

avec

avec des Peignes d'acier ; mais celles qui font fufceptibles d'apprêt après leur fabrication, doivent toutes être faites avec des Peignes de canne ; car le Peigne d'acier n'a fur ceux de canne aucun autre avantage que de donner à l'étoffe une force plus confidérable, & de tenir la quantité des fils qui paffent entre chaque dent écartés les uns des autres ; en forte que fi on a mis, par exemple, huit fils entre chaque dent, ces huit fils ne forment point un cordon, mais font diftincts & féparés les uns des autres, & même on en reconnoîtra la pofition fur l'étoffe à l'aide d'un microfcope ; par conféquent la trame eft mieux & plus fortement contenue par des fils qui s'étendent en furface, que par d'autres, qui ne forment pour ainfi dire qu'un feul brin ; & tous les intervalles qui regnent entre chaque fil de cet affemblage, forment une régularité fur l'étoffe qui en augmente encore la beauté.

Les Peignes de canne ne fauroient produire le même effet, parce que la flexibilité des dents ne permet pas aux fils de la trame de fe joindre auffi intimement, & même les fils qui fe meuvent entre chaque dent, couvrent la trame en entier, parce que les dents fléchiffant fous le coup de battant, les brins de foie fe trouvent à cet inftant moins refferrés, s'écartent à droite & à gauche, & ne gardent aucun ordre entr'eux. Lorfqu'on apperçoit fur l'étoffe quelque trace produite par l'épaiffeur des dents, on juge que le Peigne de canne qui la fabrique eft fort de dents ; ce qui provient de ce que la foie trop gênée entr'elles n'y coule pas avec la facilité qui lui eft néceffaire ; & fi ces traces font inégales, c'eft une preuve que les dents n'ont pas été tirées parfaitement d'épaiffeur.

J'ai dit qu'on n'employoit pas de Peignes d'acier à la fabrication des étoffes qui font deftinées à recevoir de l'apprêt ; en voici la raifon. Ces étoffes font ordinairement les plus légeres, auxquelles l'apprêt répare ce qui manque du côté de la matiere ; cet apprêt dérange l'ordre que le Peigne avoit établi entre les fils de la chaîne dans toute la longueur de l'étoffe ; & l'expérience a appris, que lorfqu'une pareille étoffe eft fabriquée avec un Peigne de canne, les fils de la chaîne fe rangent pour ainfi dire d'eux-mêmes fur la trame, & ne font prefque plus fufceptibles de fe déranger, & comme ils fe trouvent moins intimement liés, ils fe pénétrent plus aifément des drogues qui entrent dans la compofition de cet apprêt.

Toutes les étoffes, dont le fond eft fatin, feront mieux fabriquées avec des Peignes de canne, parce que la beauté du fatin dépend de l'égalité dans la difperfion de la chaîne ; ce qui fait qu'on n'y voit aucunement la trame ; auffi plus la chaîne couvre la trame, plus le fatin eft *velouté*. Ceux qui fabriquent des Satins avec des Peignes d'acier, ont intention de leur donner de la force, que ceux de canne ne leur donnent jamais ; mais ils n'acquierent cette force qu'aux dépens de la beauté & de l'éclat qui caractérifent fi agréablement le Satin.

Il eft fi vrai que c'eft la chaîne qui conftitue l'effence du Satin, qu'on en fait paroître à peu-près les fept huitiemes, fur un huitieme de trame, du côté de *l'endroit* ; mais on y emploie les Peignes les plus fins, fans crainte des irré-gularités qui fe rencontrent dans le nombre des fils qu'on paffe dans chaque dent ; les unes en contiennent fix, d'autres cinq, & d'autres enfin en contiennent fept ; quelquefois ces nombres fe répetent fuivant une alternative reglée ; quelquefois auffi cette alternative n'a pas lieu dans toute la largeur de l'étoffe , à caufe du peu d'accord qui fe trouve entre la quantité des dents des Peignes , & le nombre de fils dont la chaîne eft compofée ; & voici comment on en fait la répartition.

Suppofons qu'on ait 6400 fils à paffer dans un Peigne de 800 dents ; en mettant 8 fils par dent , on trouvera l'emploi jufte de tous les fils, puifque 800 fois 8 donnent 6400 ; mais fi la chaîne n'eft que de 6000 fils , & que le peigne foit le même , il faut en mettre alternativement 7 dans une , & 8 dans l'autre, dans toute la longueur du peigne ; ainfi on aura 400 dents à 7 fils , & 400 à 8 ; les 400 dents à 7 fils en employeront 2800 , & les 400 à 8 fils en contiendront 3200 ; ainfi ces deux fommes faifant celle de 6000 , conviendront au nombre total de la chaîne.

Si l'on avoit 6400 fils à diftribuer dans un peigne de 900 dents, il faudroit mettre 7 fils dans 800 dents , & 8 dans les 100 autres : on met le moindre nombre vers les extrémités, alternativement avec les plus forts ; d'autres mettent les divifions de 7 fils au milieu ; mais dans tous les cas on a foin de garder l'alternative de 7 & de 8 fils.

Je ne fuis entré dans ces détails , qui conviendroient mieux à l'endroit où il s'agira dans la fabrique des Etoffes de Soie de monter un métier pour du fatin ; mais j'ai eu deffein de rendre fenfible l'inutilité des Peignes d'acier pour le fatin, fi ce n'eft, comme je l'ai déja dit , dans les petits Satins, dont l'apprêt fait toute la confiftance. Il eft cependant vrai , qu'un fatin tramé à un feul brin peut faire coucher les dents d'un Peigne de canne plus vîte que celles d'un Peigne d'acier ; mais il faut opter entre la crainte d'ufer le peigne un peu plus vîte , & celle de faire le fatin moins beau, & je ne crois pas qu'il y ait à balancer entre la dépenfe d'un peigne & la vente d'une étoffe ; d'ailleurs cette économie eft fort mal entendue , puifque fi un Peigne d'acier dure deux fois autant qu'un de canne , en revanche il coûte le double ; d'un autre côté une trame foible ne fauroit réfifter aux efforts d'un Peigne d'acier comme à ceux d'un de canne.

Comme l'Art du Peigner que je traite n'eft pas un Art ifolé , & qu'il tient de très-près à la Fabrique des Etoffes de Soie , dont j'ai ofé entreprendre la defcription ; fi d'un côté je ne néglige rien pour décrire tous les procédés qui le conftituent , je crois que l'on ne peut me favoir mauvais gré de tourner principalement mes vues du côté de l'Art le plus précieux parmi ceux auxquels il a rapport : tout ce que des Fabriquants d'étoffes de moindre conféquence pourront me reprocher , c'eft d'avoir exigé trop de foins pour les Peignes qu'ils mettent en œuvre ; mais ils peuvent fe raffurer ; les Ouvriers en rabattront toujours affez, & la perfection n'eft jamais un défaut. La perfection des Etoffes de Soie dépend de tant de foins, qu'aucun ne fauroit être négligé fans confé-quence.

C'eft mal-à-propos qu'on nomme *Peignes d'acier* ceux dont la defcription va nous occuper; car on fe fert fort peu d'acier pour faire les dents; elles font prefque toutes de fer, foit qu'il foit moins cher, ou que le fil d'acier foit plus aifé à caffer. Quoi qu'il en foit, les Peignes d'acier, car c'eft ainfi qu'on les nomme dans toutes les Manufactures, fe montent à peu-près comme ceux de canne, & cependant les Peigners qui font les uns, ne font ordinairement pas les autres; ceux qui entreprennent ces deux efpeces n'y réuffiffent pas également, & fouvent même ils ne réuffiffent à aucune, la préparation des dents, & la maniere de les monter étant abfolument différentes.

La préparation des gardes, des jumelles, & du ligneul, eft abfolument la même qu'aux Peignes de canne; les dents font placées & retenues de la même maniere; ainfi je ne répéterai ici rien de ce que j'ai dit dans la Partie précédente, à laquelle je me réfere à cet égard.

Les métiers, dont j'ai donné la defcription, peuvent fervir aux Peignes d'acier; mais comme il y a des ufages particuliers que je fuis obligé de rapporter, je mettrai fous les yeux du Lecteur trois manieres qui font généralement adoptées parmi les Ouvriers de ce genre.

Les dents font, comme je l'ai déja dit, formées avec du fil d'archal applatti, & mis de largeur & d'épaiffeur convenables : ce font ces deux opérations que je vais décrire, & qui feront l'objet du Chapitre fuivant.

CHAPITRE PREMIER.

Description des moyens qu'on emploie pour applatir le fil de fer ,
pour en régler les différentes épaisseurs , & couper les dents
de longueur , suivant la hauteur des foules , &c.

ARTICLE PREMIER.

Du choix du fil-d'archal propre à faire les dents.

L E fil - d'archal dont on se sert pour les dents des Peignes doit être d'un fer
doux , point pailleux , & le plus égal qu'on peut rencontrer. Il ne faut pourtant
pas qu'il soit trop doux , parce que le moindre effort feroit plier les dents , qui ,
n'ayant presque pas d'élasticité , resteroient courbées; & pour en faire l'essai on
prend un bout de fil de fer de 3 pouces de long ou environ ; on le courbe un
tant soit peu , comme on le voit *fig.* 1 , *Pl.* 26 , en le tenant par les deux bouts;
puis l'ayant lâché , il doit se redresser parfaitement comme il étoit auparavant.

PLANCHE 26.

L'attention que je recommande de ne se servir que de fil de fer bien élastique,
est de la plus grande conséquence ; sans cela les dents une fois courbées ne se
redressent plus , & les fils de la chaîne , trop serrés entre les unes , & trop écartés
entre les autres , produisent sur toute la longueur de l'étoffe des rayes qu'il est impossible d'éviter. J'ai , pour rendre ce défaut sensible , fait graver , sous de très-
fortes proportions , *fig.* 3 , un Peigne , où ces inégalités de courbure sont
rendues très-apparentes.

Ce n'est pas seulement sur la largeur que les dents peuvent se courber ; lorsque le fil-d'archal est trop mou , elles se courbent aussi sur leur épaisseur , comme
on le voit par la figure 4. Le défaut que cela produit sur l'étoffe est d'une autre es-
pèce ; la trame qui doit à chaque duite être incorporée avec la chaîne suivant
une ligne droite , déterminée par l'alignement des dents du peigne , forme à
l'endroit de la courbure une sinuosité , qui se répétant à chaque duite , produit
sur la longueur de l'étoffe une raye aussi défectueuse que celles dont j'ai déja
parlé. La courbure dont je parle ne sauroit guere arriver aux dents d'un peigne
que par quelqu'accident étranger à la fabrication ; car comme toutes les dents
d'un peigne portent à la fois contre la trame , il est presqu'impossible qu'elles se
faussent dans ce sens en travaillant. Il faut donc n'employer que de très-bon fil-
d'archal , & même celui d'acier feroit infiniment meilleur à beaucoup d'égards.
Premiérement il a les pores plus serrés , & par conséquent est susceptible d'une
plus grande élasticité ; il prend un plus beau poli , & par conséquent il use

moins

moins les fils de la chaîne , enfin il eft moins fujet aux pailles , aux rugofités ,
& étant mis à une très-foible épaiffeur , eft plus fufceptible de roideur & de
force ; mais le préjugé s'oppofe encore en cette partie à l'avancement de nos
Manufactures ; peut-être qu'un jour on reconnoîtra cette erreur.

Un autre inconvénient auquel les Peignes de fer font très-fujets , c'eft la
rouille ; pour peu qu'un peigne ceffe de travailler , quoiqu'il refte fur le métier ,
& que la chaîne foit paffée dedans , fi l'endroit n'eft pas parfaitement fec , il eft
auffi-tôt faifi de la rouille. Ceux d'acier n'y font pas auffi fujets , & même avec
un peu de foin on pourroit les en garantir fort aifément. Il eft un moyen de dérouiller les Peignes qui n'eft pas facile à pratiquer à caufe de la fineffe des dents ;
mais pour ne rien laiffer à defirer fur cet Art , je donnerai à la fin de ce Traité
les moyens qu'on met en ufage pour cela.

C'eft une chofe prefqu'incroyable que l'ignorance dans laquelle les Ouvriers
les plus intelligents dans leur Art , font à l'égard des autres , dont ils pourroient
cependant quelquefois tirer avantage ; occupé moi-même à toutes les recherches qui concernent l'Art que je décris aujourd'hui , j'ai long-temps confondu
le fer avec l'acier , & ainfi que mille autres , j'ai cru long-temps que l'acier n'étoit
autre chofe que du fer trempé : & comme il eft à peine pratiquable de tremper
des dents , à caufe de leur fineffe , du moins par les méthodes ordinaires , j'étois
fâché qu'on ne pût pas leur procurer les qualités que j'admirois dans beaucoup
d'Ouvrages d'acier. J'apprends avec une entiere fatisfaction qu'il eft poffible de
convertir le fer en acier , dans un Ouvrage publié par l'Académie des Sciences :
j'efpere que nos Manufactures tireront à la fin la perfection à laquelle elles
tendent , de ce trophée , élevé pour l'utilité publique fous les aufpices de cette
favante Académie.

Après avoir choifi la qualité du fer dont on forme les dents , il faut déterminer
les groffeurs qui leur conviennent ; ces groffeurs varient fuivant l'épaiffeur
qu'elles doivent avoir. Le Peigner doit donc favoir quel numéro de fil de fer
convient à telle épaiffeur de dents , fuivant le compte du peigne.

On peut voir dans l'Art du Fil de fer ou Fil d'archal , publié par M. Duhamel
du Monceau , Citoyen zèlé pour le bien public , Académicien diftingué dans
toutes les Sciences , & plus que tout cela encore , Protecteur des Arts , qu'il
cultive & éclaire aux dépens de fa propre fortune , de quelle maniere on tire le
fer par des filieres de différents degrés , pour le réduire à la groffeur d'un fil
très-délié. Les Tréfileurs ou Tireurs de fil le divifent en vingt-neuf groffeurs
différentes , à laquelle ils affignent chacune un numéro , depuis 1 , qui eft le
plus fin , jufqu'à 29 , qui eft le plus gros : c'eft dans ces différentes groffeurs que
le Peigner doit connoître celle qui convient à telle ou telle épaiffeur de dents ,
fuivant le compte du peigne qu'il doit fabriquer.

Tous les Ouvriers n'employent pas à un même compte de dents , du fil de fer
d'une égale groffeur , ou pour mieux dire d'un même numéro : les uns prétendent

qu'il faut l'employer plus fin, d'autres plus gros, & cependant tous deux remplissent le même objet. Qu'il me soit permis d'établir ici une regle générale, que je n'ai puisée chez aucun Fabriquant, & que je m'attends à voir contredire par le plus grand nombre d'entr'eux; mais j'en appelle au public éclairé que je vais faire juge de mon sentiment.

Je suppose qu'il s'agisse de fabriquer un peigne de 800 dents, sur 20 pouces de longueur, & qu'il réussisse très-bien avec du fil de fer du numéro 3: il est assez ordinaire de rencontrer des Ouvriers qui le feront avec un fil du numéro 4; mais pour peu qu'on y réfléchisse, les dents de ce dernier seront plus épaisses ou plus larges, puisque dans une même longueur donnée il y a plus de matiere: si elles sont plus épaisses, la chaîne n'aura pas la même liberté entre les dents, & si elles sont plus larges, elle y essuiera plus de frottement; il vaut cependant mieux tomber dans le défaut de plus de largeur, que de trop d'épaisseur, on en est quitte pour tenir la foule un peu plus haute; ce qui y remédie en partie.

On tomberoit dans un défaut opposé, si, au lieu d'un fil du numéro 3, que je suppose être celui qui convient, on vouloit en employer un du n°. 2; les dents seroient trop foibles, les Etoffes ne prendroient pas suffisamment de *qualité*, les dents au moindre effort se tortueroient & deviendroient courbes, & le peigne entier se *coucheroit* dans toute sa longueur: il faut donc éviter avec soin ce double inconvénient qui peut faire un tort égal à un peigne; & comme il n'est pas de mal-façon à laquelle on ne puisse apporter quelque remede, nous avons vu que quand les dents sont trop larges, il faut tenir la foule un peu plus haute; on emploiera l'expédient contraire si elles sont d'un fil un peu trop foible, & par ce moyen on leur rend un peu de la consistance que trop de hauteur leur auroit ôtée.

De quelque compte de dents que soit un peigne, il ne faut leur donner guere plus d'une demi-ligne de large; mais par rapport à la finesse, il n'est pas possible de la déterminer exactement; c'est d'après le nombre de dents & la longueur du peigne qu'on doit se régler, & c'est alors qu'on varie avec intelligence la grosseur du fil de fer. Il est certain, par exemple, qu'un peigne de mille dents sur 20 pouces, ne doit pas être fait avec le même numéro que celui de 800 sur la même longueur; & pour opérer avec certitude, les Peigners ont une jauge, telle que la représente la figure 5, *Pl.* 26, dont l'entaille *A* doit contenir un nombre connu de dents; & si elle en contient 72 pour un mille dents, sur 20 pouces, elle n'en contiendra que 52, d'un 800 sur la même longueur, & toutes à la même largeur. La différence ne doit donc naitre que de l'épaisseur, & par conséquent des différents numéros du fil de fer; & l'Ouvrier doit donc savoir à quelle largeur & épaisseur sera réduit tel ou tel numéro de fil au sortir du laminoir, que pour me conformer aux termes reçus dans les Manufactures j'appellerai dorénavant *Moulin*.

Toute l'attention du Fabriquant de Peignes d'acier est, de n'employer que des dents, dont la groffeur foit proportionnée à leur nombre ; & quoiqu'il foit poffible de faire un peigne d'un moindre nombre de dents avec des dents plus fines, puifqu'il fuffit alors d'employer de plus gros ligneul, & de tenir la foule un peu plus baffe, il vaut toujours mieux affortir les groffeurs aux comptes de peigne, & ne donner de la foule que convenablement à leur fineffe: fi l'on veut donner la même foule à un 800 qu'à un *mille*, le premier fera trop fort, & l'autre trop foible ; l'un oppofera trop de réfiftance aux fils de la chaîne, & l'autre fléchira trop aifément : de-là vient, pour le dire en paffant, que certains Fabriquants font furpris que tel qui paffe pour bon Ouvrier, ne fabrique pas chez eux d'auffi belles Etoffes qu'il en fabriquoit ailleurs: on s'en prend à la qualité des Soies, à l'Ouvrier ; c'eft au peigne qu'il faut imputer les défauts dont on fe plaint.

Comme dans la defcription d'un Art, ce qu'il y auroit de plus avantageux, feroit d'établir des regles générales fur tous les procédés, & que cela n'eft pas fouvent poffible ; je ne manquerai jamais de faire connoître celles qu'on peut admettre. On peut donc dire en général qu'un Peigne d'acier de 1000 dents, fur 20 pouces de hauteur, doit avoir de 18 à 19 lignes de foule ; & que ceux à 800 dents doivent en avoir depuis 20 jufqu'à 22: cela fuffira je penfe pour fervir de regle à tous les autres ; & plus les comptes font fins, moins on doit donner de foule, pour compenfer par la hauteur ce qu'on ajoute en force.

Article Second.

De la maniere d'applatir le fil-d'archal pour les dents des Peignes, & des moyens de connoître les différentes épaiffeurs qu'il convient de lui donner fuivant le compte des Peignes.

Les Peigners en canne ont coutume, comme on l'a vu dans la Section pré-cédente, de faire en acier les dents des lifieres ; mais comme le nombre de ces dents eft fort petit, relativement à celui des dents du peigne, ils fe contentent d'applatir le fil de fer avec un marteau à tête plate, *fig.* 7, *Pl.* 26, fur une *bigorne*, *fig.* 8, montée fur un billot à la hauteur convenable à un Ouvrier qui travaille affis.

Cette maniere d'applatir les dents eft très-imparfaite ; mais elle fuffit pour celles des lifieres quand les Peignes font de canne ; d'ailleurs la dépenfe d'un laminoir ou moulin, tels que ceux dont on va voir la defcription, eft trop forte pour un ufage auffi borné : les moindres reviennent à 400 liv. ou environ, & lorfqu'ils font bien traités ils vont jufqu'à 600 liv.

Cette différence de prix vient auffi de la différence de leur conftruction ; car la variété que nous avons déja vue parmi les uftenfiles dont on a donné la def-cription, regne encore dans les moulins que nous allons paffer en revue : tous fuffifent à la rigueur ; mais ceux qui font plus parfaits contribuent bien plus fûrement à la perfection des Peignes , ainſi qu'on le verra lorſqu'en détaillant les différences , je ferai remarquer les inconvénients & les défauts.

§. I. *Deſcription d'un Moulin propre à applatir le fil de fer.*

Le moulin dont on ſe ſert le plus ordinairement pour applatir le fil de fer , eſt celui que repréſente la figure 9 , *Pl.* 26 , & dont je vais détailler la conſtruction.

Sur une forte planche *B* , aſſemblée par ſes deux extrémités dans les pieces de bois *C* , *C* , qui débordent ſa largeur pour donner plus d'aſſiette à la machine , ſont plantés deux forts montants auſſi de bois *A* , *A* , retenus par-deſſous la baſe au moyen des clavettes *E* , qui entrent dans les tenons *a* de chaçun : toute cette cage eſt portée par quatre pommelles *D* , *D* , *D* , *D* , ainſi qu'on le voit ſur la figure.

Au haut de ces montants eſt une entaille qui deſcend preſque juſqu'au renflement qu'on y voit ſur leur largeur. Cette forme a été jugée convenable pour donner plus de force à l'empattement dans la baſe ; mais comme trop de largeur par le haut , auroit entiérement caché les meules , on a diminué de cette largeur , comme on le voit : c'eſt dans cette entaille que ſont placées les deux meules , dont il faut faire connoître la forme avant de parler du chaſſis qui les porte. Chacune de ces meules eſt d'acier très-fin , d'environ 6 pouces de diametre , ſur 2 pouces d'épaiſſeur ; elles doivent être faites au tour , & parfaitement cylindriques : après qu'on les a forgées & dreſſées à peu - près à la lime , on perce au centre un trou quarré d'environ 1 pouce de grandeur ; on y fait entrer à force la partie quarrée d'un arbre , *fig.* 13 *&* 14 , qu'on a forgé , limé & tourné à part ; je dis tourné , car les deux collets qu'on y voit , doivent être parfaitement ronds & d'un égal diametre. Vers un des bouts d'un des arbres , on a réſervé un peu de longueur , où on pratique un tenon , dont le quarré eſt inſcrit au cercle du collet , & qui ſe termine en vis pour retenir la manivelle en ſa place , comme on le détaillera plus bas. Il faut en finiſſant cet arbre conſerver les deux points de centre ſur leſquels on l'a mis au tour , car c'eſt ſur les mêmes qu'il faut tourner la meule. Il faut avoir grand ſoin de tourner l'arbre avant de tourner la meule ; ſans cela on ne rendroit pas les collets auſſi ronds. On termine donc ces meules ſur le tour , & on les polit ſur leur circonférence autant qu'il eſt poſſible ; après quoi on les trempe , & c'eſt à quoi il faut apporter la plus grande attention pour qu'elles ne gauchiſſent que le moins qu'il eſt poſſible ; mais on ne leur donne point de recuit , & on les laiſſe de toute leur force ; après quoi on les remet ſur le tour pour corriger ce qu'il pourroit y avoir de gauche , ce qui eſt très-difficile , attendu leur dureté & la difficulté de les entamer ; je ſuppoſe qu'elles n'ont pris aucun gauche , & s'il y en avoit quelqu'un , on pourroit changer l'arbre de centre & chercher celui qui convient aux meules , en ſe jettant un

tant

tant soit peu de côté ou d'autre ; dans ce cas il faudroit retourner les collets, qui, étant de fer, n'auroient pas pris de trempe. Je ne suis entré dans ces détails que pour satisfaire la curiosité de ceux qui desirent connoître la maniere de traiter ces sortes d'ouvrages ; mais comme la fabrication de ces pieces est toute entiere du ressort du Tourneur Mécanicien, j'engage les Lecteurs qui voudront prendre là-dessus les connoissances les plus amples, à lire l'Art du Tourneur Mécanicien, par M. Hulot, Tourneur du Roi, & publié sous les auspices de l'Académie Royale des Sciences.

Quelques Peigners ont essayé de faire forger les meules & leur arbre d'une seule piece, & de les faire tourner dans cet état : on ne sauroit disconvenir qu'elles ne soient par ce moyen beaucoup plus solides ; mais lorsqu'à la longue la meule s'use, & qu'il faut en substituer une autre, on perd l'arbre & la roue ; au lieu qu'en les faisant de deux pieces, on en est quitte pour changer de meule, & l'arbre sert toujours.

Les meules sont placées l'une au-dessus de l'autre dans un chassis, qui lui-même se place dans les entailles des deux montants *A, A, fig. 9* : pour faire mieux sentir la construction de cette machine, je vais la prendre par détails.

Au haut de chacun des deux montants, *fig. 10*, est une entaille *A*, sur l'épaisseur de laquelle est une rainure *g, g*, à droite & à gauche, qui reçoit les languettes *f, f* de la piece de fer, *fig. 15*, qui y entrent juste, tant pour la hauteur & largeur, que pour l'épaisseur. Cette piece de fer est elle-même entaillée en *i*, comme le montant, & a en dedans de l'entaille, sur son épaisseur, des rainures *l, l*, comme celles qu'on a vues au montant : c'est dans ces rainures que glisse juste, & sans balotter, la piece *G*, qui, par ce moyen a la faculté de se hausser & baisser. On peut voir, *fig. 16*, sous de plus fortes proportions, & la construction de ces pieces & leur assemblage. Les pieces *F, F*, sont dans la position qu'elles tiennent sur les montants, & le chassis mobile qui est au-dessus est composé de deux pieces *G, G*, dont on vient de parler, assemblées au moyen des mortaises *a, a*, qui reçoivent les tenons de la piece *L*, qui au moyen de la vis *M* qu'on y voit, conduit toute la machine.

Les pieces *F, F*, une fois mises en place dans les montants, n'en changent plus ; aussi la meule inférieure, dont les collets entrent dans les trous *n, n*, qu'on voit au bas, est immobile, tandis que l'autre meule, dont les collets entrent dans de pareils trous *n, n*, du chassis supérieur, a la liberté de monter & descendre, pour que les plans de ces deux meules puissent s'approcher plus ou moins selon le besoin.

Toutes ces pieces étant mises en place dans l'entaille des montants, il ne s'agit plus que de couronner le tout par une piece de bois quarrée, & aux quatre coins de laquelle, suivant sa longueur, est une mortaise qui reçoit les tenons qu'on voit, *fig. 10*, au haut des montants ; & pour que l'effort du travail ne puisse pas faire sortir cette piece de sa place, on la cheville, comme on peut le voir *fig. 9* ; enfin on ajuste au centre de cette planche un fort écrou de fer, *fig. 21* , dans lequel entre une vis à tête , comme la figure 18 le repréfente. Cet écrou a de hauteur toute l'épaiffeur de la planche dans laquelle il doit être encaftré : les rebords qu'on voit tout autour entrent de toute leur épaiffeur dans celle de la planche *N*, *fig. 9* , & y font retenus par quatre vis aux quatre coins ; de façon que quand cet écrou eft en place , fa furface affleure celle de la planche.

Au haut de la vis eft un anneau , dans lequel on paffe un levier pour la faire tourner , & à l'autre bout eft un collet *r* , qui entre dans le trou de la traverfe *L*, *fig. 16* , & repofe fur fon épaulement ; enfuite eft une partie de moindre diametre *f* , qui reçoit la rondelle *p* , qu'on fixe en fa place , au moyen d'une clavette *q* , qui entre au bout de cette vis en *t* , par-deffous la rondelle.

La machine étant ainfi montée , fi l'on tourne un tant foit peu la vis, elle monte ou defcend dans fon écrou, qui eft immobile ; mais comme cette vis eft retenue dans la traverfe *L* , il faut de toute néceffité qu'elle l'emmene dans fon mouvement , & avec elle le chaffis & la meule ; par ce moyen lorfqu'on veut amincir plus ou moins du fil de fer , on defcend plus ou moins la meule fupérieure , & on obtient l'effet defiré.

Pour rendre plus fenfible la maniere dont la meule *H* peut être éloignée ou rapprochée de celle *I*, j'ai fait repréfenter , *fig. 17* , le moulin vu de face : on y reconnoîtra la piece de fer *L* , menée par la vis *M* , qui tournant à droite ou à gauche , fait defcendre ou monter le chaffis , dans lequel roule la meule *H* , tandis que l'autre refte immobile. J'ai auffi tâché de rendre fenfible une diftance qu'il eft à propos d'obferver entre les meules & les montants , de 3 lignes ou environ de chaque côté.

On ne fauroit conftruire ces fortes de moulins avec trop de précifion , & s'il étoit fujet à fe lâcher , on ne pourroit jamais compter fur l'épaiffeur des dents qui varieroit à chaque inftant , & le peigne feroit par conféquent rempli d'irrégularités. Telle eft la conftruction du premier moulin à tirer les dents d'épaiffeur. Je vais en faire connoître l'enfemble.

§. II. *Maniere de monter le Moulin.*

Pour monter le moulin, tel qu'il eft repréfenté *fig. 9* , on affemble les pieces *C, C,* avec la planche *B* , pour former la bafe ; on y place les quatre pommelles *D, D, D, D* , & on place les deux montants dans des mortaifes , deftinées à cet effet ; puis on ferre la clef *E* par-deffous ; après cela on fait entrer les pieces de fer dans l'entaille des montants , ayant eu foin auparavant d'y placer la meule ; & en faifant defcendre ces deux pieces , il faut obferver de bien garder le niveau ; car fi l'une baiffoit plus que l'autre , on rifqueroit de fauffer l'arbre.

Il s'agit maintenant de mettre l'autre meule en place, & pour cela on affemble

les deux pieces G, G, à la traverse L, en y mettant en même - temps l'autre
meule dans les trous n, n, qui doivent se correspondre bien parfaitement, &
gardant encore la ligne de niveau, on fait entrer le chassis dans les rainures des
pieces de fer qui sont déja en place ; après cela on fait entrer la vis M dans son
écrou, qu'on avoit eu soin de mettre dans l'entaille pratiquée à la piece de
bois N, *fig. 9*, où il est retenu par quatre vis : on fait entrer cette piece dans
ses quatre tenons, qu'on y cheville solidement ; il ne faut plus dans cet état que
mettre la rondelle p sur son tenon S ; car on doit se souvenir que celui r entre
juste dans la traverse L ; & enfin on met la clavette q en sa place t ; après quoi le
métier est monté & prêt à servir. On a représenté dans la même planche, différentes coupes ou profils des mêmes pieces, pour en faire sentir la construction
ou la position ; par exemple, la figure 23 représente l'instant où le chassis supérieur, tout monté & garni de sa meule H, entre dans les coulisses des pieces
qui sont déja en place. La figure 19 représente les pieces de fer qui tiennent la
première meule, vues hors des montants ; enfin la figure 9 représente le moulin
tout monté & vu de profil : on peut y reconnoître toutes les pieces dont on
vient de rendre compte. Par derriere, en k, est une partie de la manivelle qui
tient à l'arbre de la roue inférieure, à laquelle beaucoup d'Ouvriers ont l'habitude de donner la forme d'une S, & d'autres celle d'un C, croyant chacun
gagner de la force par ces différentes formes ; mais depuis que la saine Physique
est venue éclairer les Arts & la Mécanique, on a reconnu qu'une manivelle n'est
qu'un levier, au manche duquel la puissance ou le bras du Moteur, décrit un
cercle ; que c'est suivant le rayon de ce cercle qu'il faut estimer la force ; & que
c'est par une ligne droite, tirée du centre au point où s'applique cette puissance,
qu'il faut compter ce rayon, & par conséquent, qu'une manivelle droite ne le
cede en rien à celle dont les contours sont le plus variés.

La construction de ce moulin le rend très-facile à démonter toutes les fois
qu'on en a besoin : on a coutume de mettre beaucoup d'huile à toutes les parties
qui frottent, comme aux collets des deux arbres & aux coulisses des pieces
mouvantes ; mais c'est encore une mauvaise habitude, qu'il seroit à desirer qu'on
proscrivît dans l'usage de toutes les machines : en voici les inconvénients.

Premiérement, le trop d'huile coule le long des montants & les salit horri-
blement ; secondement, toute la machine est tellement remplie d'huile, qu'on
ne sauroit y toucher sans se noircir les mains, & les vêtements d'un cambouis
qui pénetre très-avant ; mais ce qui mérite le plus d'attention, la grande quantité d'huile qu'on met à toutes les pieces retient la poussiere, qui dans les ateliers
est considérable, forme une pâte, qui en très-peu de temps use les collets, les
trous dans lesquels ils tournent, & donne du jeu aux pieces qui avoient été le
mieux finies. Il faut huiler les pieces des machines, sans doute, puisque les
Montres ne sauroient s'en passer ; mais le moins qu'on en pourroit mettre est le
meilleur, encore je desirerois qu'au moins une fois par semaine on démontât

PLANCHE
26.

toute la machine , & qu'après avoir effuyé toutes les pieces avec foin, on y mît de nouvelle huile, & de la meilleure ; car c'eft encore un abus que de fe fervir de mauvaife huile ; elle eft plus épaiffe, & ne facilite pas autant les frottements ; & fi l'on épargnoit fur la quantité, pour la qualité, la dépenfe reviendroit au même : tant d'Artiftes éclairés ont crié contre cet abus, que je ne me flatte pas de réuffir plus qu'eux ; mais on dira tant de fois les mêmes vérités dans toutes les branches des Arts, que peut-être à la fin le préjugé cédera à l'expérience.

Le moulin qu'on vient de voir n'eft pas le feul dont on fe ferve dans l'Art du Peigner : il en eft d'autres qui ne different de celui-ci que de fort peu de chofe ; il en eft auffi dont la conftruction eft tout à fait différente. Je me garderai bien de les décrire tous ; je n'aurois jamais fait ; mais je vais indiquer en peu de mots en quoi ils different les uns des autres.

La figure 1 , *Pl.* 27 , repréfente une autre manière de faire mouvoir les couliffes qui portent la meule fupérieure: elles s'élevent au-deffus de la couverture *N*, qui eft entaillée pour les laiffer paffer ; alors, c'eft la traverfe *L* qui eft taraudée, & le bas de la vis roule dans un trou pratiqué fur cette ouverture , & y eft retenu de la même manière qu'à l'autre moulin , au moyen d'une rondelle de fer, dont le trou eft quarré , ainfi que le tenon de la vis qu'elle reçoit, & qui eft retenue en place par la clavette *f*. On peut voir , *fig.* 2 , une des couliffes , dont *c, c*, font les languettes, & *d*, eft un des trous qui reçoivent le collet de la meule. La figure 4 repréfente le même moulin , vu de profil, dont on reconnoîtra aifément toutes les pieces ; mais il faut avoir attention de fixer très-folidement la piece de bois qui couvre les montants de la piece de fer *d* ; parce que, dans ce dernier cas, elle fait effort, tant en deffus qu'en deffous , pour preffion , & pour remonter le chaffis.

Pour peu qu'on réfléchiffe fur la nature de l'opération, à laquelle font deftinés les moulins , dont nous fommes maintenant occupés , on fentira que pour peu qu'une meule penche plus d'un côté que de l'autre, le fil de fer ne fauroit être d'égale épaiffeur quand il eft applati, & qu'il doit néceffairement prendre la forme d'une lame de couteau ; mais pour leur procurer cette égalité refpective de leur circonférence, il faut d'abord s'affurer que la premiere meule eft pofée bien horizontalement, ce qui dans tous moulins n'eft pas fort difficile, puifqu'on peut caler à droite ou à gauche le chaffis qui la porte, jufqu'à ce qu'on ait atteint le véritable point. Il n'en eft pas de même de la meule fupérieure ; car à moins qu'on ne faffe paffer le fil de fer abfolument au milieu de la furface que préfente leur circonférence, il eft certain qu'elle ne peut manquer de pencher du côté oppofé, & c'eft à quoi eft fujet le moulin qu'on vient de voir ; ce qui n'empêche pas le plus grand nombre des Ouvriers de s'en fervir. Quelques Peigners plus intelligents ont fenti cet inconvénient, & ont fenti qu'une feule vis de preffion n'étoit pas fuffifante pour la perfection de cet uftenfile, & c'eft ce qui a fait

imaginer

imaginer le moyen que repréfente la figure 5 , où l'on voit le même moulin , auquel on met une vis au-deffus de chaque couliffe ; mais ce moyen , tout ingénieux qu'il eft , ne remédie pas encore à tous les inconvénients , & néanmoins , comme il eft adopté par un affez grand nombre d'Ouvriers , je crois devoir en dire quelque chofe.

Je n'infifterai aucunement fur la conftruction des autres pieces de ce moulin , non plus que fur leur difpofition ; on peut reconnoître à l'infpection de cette figure qu'elles font abfolument les mêmes qu'à l'autre : je ne m'arrêterai donc qu'aux deux vis.

Nous avons vu précédemment , que les deux couliffes qui portent la meule inférieure , étoient affemblées par une traverfe , au milieu de laquelle paffe la vis de preffion. Ici chaque couliffe eft menée féparément par une vis qui lui eft adaptée de la maniere fuivante.

Au haut de chaque couliffe , *fig.* 8 , eft une entaille *E*, à laquelle répond un trou fait au bout fupérieur de cette couliffe , comme on peut le voir au haut de la figure 6 : c'eft dans ce trou qu'entre le tenon du bas de la vis, *fig.* 7 , qui y eft retenue par le même moyen qu'à l'autre moulin, par une rondelle *e* , en deffous de laquelle eft une clavette *f*, ainfi qu'on le peut voir : il eft certain qu'on eft plus affuré par cet expédient de la pofition horizontale de la meule ; mais eft-on toujours fûr de la faire marcher parallélement à elle-même , & un dixieme de tour de vis de plus d'un côté que de l'autre dérange toute l'économie de cette machine. On a cherché à corriger ce défaut ; il ne m'appartient pas de fixer l'invention des laminoirs d'or & d'argent; mais celui que je vais décrire leur reffemble fi fort , qu'il me paroît impoffible que l'un n'ait été fait d'après l'autre.

Les Figures 9 , 10 , 11 , 12 , 13 & 14 , repréfentent différentes manieres de faire & de pofer les écrous des deux vis de preffion *b* , *b*, *fig.* 5 : l'écrou, *fig.* 10, au moyen des deux feuillures qu'on y voit , fe place en deffous de la piece de bois , *fig.* 9 , & remplit une des entailles *a* , & les feuillures *c* , *c*, qu'on y voit ; toutes les autres pieces font des variétés dans les mêmes écrous , imaginées , ou pour les rendre folides , ou pour plus de commodité. Pour ne pas m'arrêter en defcriptions faftidieufes , le Lecteur voudra bien , pour prendre une plus ample intelligence de ces pieces , confulter l'explication des Planches de cette Seconde Partie.

Je paffe à l'explication des pieces d'un autre moulin , où les deux vis de preffion font unies par une roue dentée qui eft entre deux , & qui regle affez bien la montée & la defcente des deux vis de côté. La figure 15, *même Planche*, repréfente ce même moulin , coupé un peu au-deffous des meules ; parce que, comme il eft abfolument femblable à celui *fig.* 5 , pour la pofition des pieces , & à celui qu'on a vu monté dans la planche précédente pour la conftruction des montants & du pied ; ç'eût été perdre de la place que d'en repréfenter ici la bafe.

On voit bien par cette figure que les vis menent avec elles les coulisses, semblables à celle *fig*. 6, & que la position des meules est absolument la même qu'à l'autre moulin : la différence consiste, en ce que les têtes des vis de pression sont quarrées au-dessus du chaperon *d*, *fig*. 19, pour recevoir chacune une roue dentée *a*, *a*, *fig*. 15, qui y est solidement fixée & arrêtée par-dessus au moyen d'un chapeau chevillé ou d'un écrou : le nombre des dents de ces deux roues est égal, pour qu'on puisse être assuré d'un parallélisme parfait dans le mouvement des deux coulisses : la roue du milieu *B* a beaucoup moins de dents pour pouvoir gagner de la force. Il faut que ces trois roues soient parfaitement finies, & que leur denture engrene bien également.

Les deux roues *a*, *a*, étant fixées sur les têtes des deux vis de pression, ne sauroient tourner sans communiquer aussi-tôt leur mouvement aux vis ; mais comme elles suivent ces vis dans leur marche, il est certain qu'elles s'élevent & s'abaissent, selon qu'on les fait tourner à droite ou à gauche ; il a donc fallu que la petite roue du milieu qui les mene, les suivît dans cette marche ; sans quoi, au bout de deux ou trois tours, leurs dents auroient cessé d'engrener : voici comme on monte cette roue. Au haut d'une vis de 5 à 6 pouces de long, on forme une tête, en dessus de laquelle est une tige quarrée qui reçoit le centre de la petite roue ; & comme la tête est plus large que la tige, elle sert d'appui à cette roue, qui est fixée par un chapeau qu'on y cheville, comme on peut le voir par la figure 21. Au haut de ce chapeau est un anneau, dans lequel on passe un levier, comme le représente la figure 16, & qu'on retient à l'endroit qui convient le mieux de toute la circonférence de la roue, au moyen de la cheville *e* qu'on peut changer de place, dans tous les trous qu'on voit au-dessus du moulin que cette figure représente. On a soin que les pas de cette vis soient les mêmes que ceux des vis de pression ; par ce moyen à mesure que celles-ci en tournant montent ou descendent, l'autre la suit : cette vis du milieu passe dans un fort écrou, qu'on *noye* de toute son épaisseur dans la piece à feuillure du dessus du moulin, & à un écartement égal des deux vis de pression, pour que la roue n'essuye pas plus de frottement d'un côté que de l'autre.

J'ai fait représenter géométralement la position de ces trois trous dans la figure 17, pour faire sentir le rapport qu'il convient de donner des deux grandes roues *D*, *D*, à la petite *E*, & pour rendre sensible leur position respective.

Le dessus de ce moulin est beaucoup plus grand qu'aux autres, tant pour contenir plus solidement les roues, & empêcher qu'en débordant on ne les accroche ou heurte contre les murs ou autre part ; que pour pouvoir placer la cheville qui fixe le levier, & par conséquent la roue du milieu.

L'usage de cet ustensile est très-commode & très-sûr ; & lorsqu'on a trouvé le degré de pression convenable à l'épaisseur qu'on doit donner aux dents, il faut y assujettir le levier, au moyen de la cheville qui l'empêche de céder aux efforts du laminage qui tendent à le faire retourner en arriere, & laminer toutes les dents dont on a besoin à cette épaisseur.

Tel eſt le point de perfection où le laminoir des Peigners a été porté par gradation. Quelques Ouvriers ſe ſont apperçus , que ſouvent la meule , à l'arbre de
laquelle eſt adaptée la manivelle , faiſoit plus de révolutions dans un temps
donné , que l'autre ; d'où s'enſuit une irrégularité dans les deux ſurfaces des
dents ; l'une eſt liſſe & plane , au lieu que l'autre eſt remplie de ſinuoſités , qui
proviennent du retardement de la meule ; & pour parer cet inconvénient , on a
adapté au centre , & ſur l'arbre même de chaque meule , une roue dentée *A, B,*
fig. 22, qui ne permettent pas à l'une d'aller plus vîte que l'autre : elles ſont de
plus retenues en place au moyen de quatre vis à tête perdue , dans l'épaiſſeur de
chaque bras de la croix *a , a ,* qui portent la roue.

Cet expédient a beaucoup de partiſans , & mériteroit d'en avoir encore
plus s'il n'étoit ſujet à un très-grand inconvénient , qui conſiſte en ce que c'eſt
un principe de Mécanique , & ſur-tout d'Horlogerie , que les roues dentées ne
ſont ſuſceptibles que d'un ſeul & même écartement pour ſe mouvoir comme il
faut : or , comme à notre Machine , les meules s'écartent & ſe rapprochent plus
ou moins l'une de l'autre ; trop près , les roues eſſuyeront des frottements conſidérables , & trop écartées , elles n'engreneront plus ; mais comme la différence
de l'épaiſſeur des dents ne ſauroit être d'une ligne , on peut à la rigueur s'en
ſervir , en tenant la denture un peu plus profonde.

L'idée d'adapter des roues dentées ſur les meules , ne diſpenſe pas de l'uſage
de celles qu'on met au-deſſus du moulin pour régler leur montée & leur deſ-
cente ; & même les trois trous qu'on y voit , indiquent aſſez que cet uſage eſt
univerſellement obſervé. La figure 24 repréſente la même Machine de profil où
H , H , ſont les roues du haut des vis , & *I* celle du milieu : *A & B ,* celles
qu'on applique ſur les meules *C , D* : *K* eſt la manivelle qui fait mouvoir les
meules , placées du côté oppoſé aux roues , pour laiſſer voir ce qui ſe paſſe dans
l'engrenage & entre les meules.

Pour laminer au moulin que je viens de décrire , il faut être deux ; l'un qui
tourne la manivelle , & l'autre qui guide le fil de fer , & le reçoit au ſortir
d'entre les meules. Je vais mettre ſous les yeux des Lecteurs un troiſieme moulin , qu'un ſeul homme peut mettre en œuvre , & dont la Mécanique , pour
s'aſſurer de l'épaiſſeur du fil de fer , eſt toute différente. Les Ouvriers par qui je
l'ai vu employer , le préféroient à tous les autres : je ne préviendrai pas le jugement des Artiſtes ; ils ne ſeront en état de le porter que quand j'en aurai donné
la deſcription.

ARTICLE TROISIEME.

Description d'un autre Moulin à applatir le fil de fer.

LE moulin que je vais décrire n'eſt preſque autre choſe que le précédent, auquel on a fait quelques changements , & qu'on a monté dans une cage différente.

PLANCHE 28.

La figure 1 , *Pl.* 28 , le repréſente tout monté. *A , A ,* ſont deux montants , qui s'aſſemblent haut & bas dans les traverſes *D , E* : celle d'en haut *E* reçoit ſur ſa largeur deux autres traverſes *M , M ,* dont l'écartement eſt déterminé par celui de la cage qui porte les meules, dont nous parlerons plus bas. Ces deux traverſes vont par l'autre bout s'aſſembler dans deux autres montants *C, C,* dont l'écartement , ainſi que celui des traverſes mêmes , eſt fixé par la piece *G* par le haut , & le bas entre dans celle *F* , dont la longueur eſt égale à celle *D* de l'autre côté. Au milieu des traverſes *M , M ,* & ſur leur largeur , ſont deux autres montants , dont la hauteur eſt telle , que quand par les deux bouts le moulin repoſe ſur cinq pommelles , ils viennent repoſer ſur le plancher ; & pour plus de ſolidité , ils ſont retenus par quatre traverſes *L , L , L , L* : cette baſe ainſi aſſemblée ne ſauroit manquer d'être très-ſolide pour réſiſter aux ébranlements multipliés que reçoit toute la machine.

En deſſus des traverſes *M , M ,* & au milieu de leur longueur , ſont plantés les deux montants *Q , Q ,* qui , au moyen de la large entaille qu'on y voit *fig.* 9 , ſemblent en former quatre. Leur ſurface intérieure affleure celle de l'épaiſſeur des traverſes qui les portent ; & par le haut ils s'aſſemblent à tenons & mortaiſes dans la piece de bois *X* , comme la figure 9 le repréſente.

Sur les faces intérieures des entailles de chaque montant *Q , Q ,* eſt pratiquée une rainure , dans laquelle gliſſent les languettes de pieces de fer , pareilles à celles du Moulin précédent, qui portent la meule inférieure dans une ſituation bien horizontale. Ces pieces *R , R ,* ſont elles-mêmes à rainures pour recevoir les couliſſes *S , S ,* qui portent la meule ſupérieure : la différence de ces pieces, avec celles du Moulin précédent , conſiſte , en ce que le haut de ces couliſſes n'eſt point preſſé par des vis ; mais on a ſoin de les tenir un peu moins longues que la hauteur de la cage. Il ne reſte plus qu'à rendre ſenſible la maniere dont les deux meules ſont déterminées à ſe rapprocher ſuivant l'épaiſſeur qu'on veut donner aux dents.

Preſque au bas de chaque couliſſe *S , S ,* eſt fixée ſolidement une cheville de fer qui a une tête par-dehors ; c'eſt-là qu'on place les étriers de fer *c , c,* dont le ſecond ne peut être vu puiſqu'il eſt derriere la machine. Au bas de cet étrier, dans une partie qu'on a réſervée pleine, eſt un pareil boulon à tête qui reçoit la boucle

de

de la corde *e* , *e* , qui attire la meule supérieure en en - bas & la presse contre l'autre.

Sur les deux traverses *L* , *L* , du devant de la base, sont plantés deux petits montants *P* , *P* , percés par le haut pour recevoir l'axe *a* de la bascule *N* , en dessous de laquelle, & vis-à-vis des montants *B* , *B* , est une traverse de bois *f* qui déborde de chaque côté, pour recevoir une boucle, pratiquée à l'autre bout des cordes qui font le tirage ; & pour que cette traverse *f* ne se dérange pas , on fait sur la face intérieure des montants *B* , *B* , une large rainure, dans laquelle elle glisse de haut en bas.

Dans cet état il ne s'agit plus que d'avancer ou reculer le long de la bascule le poids *O* , pour obtenir plus ou moins de pression entre les meules. On peut voir dans la figure 3 le jeu de la bascule, sa position, & le tirage des cordes, ainsi que le poids dont on la charge.

L'usage du contre-poids sur la bascule est très-commode ; on obtient par ce moyen une pression aussi forte qu'on le desire en l'avançant vers le bout ; & si ce poids n'est pas suffisant, on peut y en ajouter un autre, comme on le voit *fig.* 3 ; on ne doit même pas craindre que les meules penchent d'un côté ou d'un autre, pourvu que les cordes *e* , *e* , soient sur leur cheville tout contre la bascule.

L'usage des boucles de fer *c* , *c* , *fig.* 13 , qui tirent la meule supérieure, n'est pas aussi arbitraire qu'on pourroit peut-être se le figurer, & à la premiere vue il semble que les cordes pourroient elles-mêmes aller saisir les deux bouts de l'axe ; cependant, en y faisant attention, on verra que cet expédient est fort ingénieux, puisque dans la longue ouverture qu'elles présentent, on fait passer d'un côté le bout de l'axe de la meule inférieure, & de l'autre la tige, sur laquelle on place la manivelle, & qui est l'autre bout de l'axe ; & il est aisé de sentir que la corde ne pourroit pas se prêter à tous ces mouvements, qui l'useroient en fort peu de temps.

Il est je pense inutile de faire observer que les cordes *e* , *e* , passent au travers des traverses supérieures *M* , *M* , pour aller chercher la bascule : cela se voit assez sur la figure même.

Il reste maintenant à décrire une commodité qu'on a adaptée à cette machine, & qui fait qu'un seul Ouvrier peut en tournant la meule, tirer le fil de fer d'épaisseur. Aux autres Moulins qu'on a vus jusqu'à présent, il falloit qu'un second Ouvrier dirigeât le fil de fer entre les meules ; mais ici il ne sauroit se déranger, au moyen de l'invention qu'on va voir.

Sur la hauteur des montants *Q* , *Q* , & précisément vis-à-vis de l'entre-deux des meules, sont deux écrous *r* , *r* , *fig.* 8 , solidement fixés dans l'épaisseur du bois, & qui reçoivent les vis *f* , *f* , dont l'office est d'assujettir le guide *z* , comme on le voit *fig.* 9 , & qui dirige le fil de fer entre les meules : ce guide, représenté à part *fig.* 10 , est tout en fer ; sa longueur est déterminée par l'écartement des deux montants. Ses deux extrémités *t, t,* font pliées à angles droits pour s'appliquer fur les montants , & percés en *V, V,* pour recevoir les vis qui l'arrêtent en place: fa largeur peut avoir environ 5 à 6 pouces ; au milieu de fa partie antérieure font ajuftées deux pieces de tôle, qui, diminuant par le bout, font terminées en gouttiere, & qui, s'appliquant l'une fur l'autre, forment au bout feulement *x,* une efpece de tuyau de deux lignes de diametre au plus, par où paffe le fil de fer, qui par ce moyen ne fauroit fe déranger à droite ou à gauche : on conçoit qu'il eft effentiel que le bout de ce guide foit bien au milieu de la largeur, & vis-à-vis l'entre-deux des meules. Le fil une fois paffé dans le tuyau, & faifi entre les meules, eft appellé fans ceffe par la rotation qu'on leur imprime : ce moyen eft très-ingénieux & très fimple. Je vais maintenant faire connoître quelques corrections que différents Ouvriers ont faites à ce moulin, chacun fuivant fon génie ; on fera à portée de juger de leur mérite, & d'accorder la préférence à celle qui le mérite le plus.

Quelques perfonnes ont remarqué, que la boucle à laquelle le poids eft fufpendu, éprouvoit trop de frottements fur la bafcule, & le rendoit difficile à changer de place : on y a fubftitué la méthode que repréfente la figure 6, où la bafcule eft percée d'une entaille, fuivant fa longueur, dans laquelle gliffe la corde qui tient le poids : on y fait un nœud, dans lequel on paffe une cheville, applatie par-deffous, & ronde par-deffus, qui a la liberté de parcourir tout l'efpace contenu dans l'entaille : au bout de la même corde on fixe une autre cheville, qui fert à tirer le poids à foi plus commodément. A l'autre bout de la bafcule eft un trou qui la traverfe d'un côté à l'autre fur fon épaiffeur, & dans lequel entre la cheville de fer *a,* qu'on y voit fur la machine, *fig.* 1 : quelques-uns au lieu des montants *P, P,* en fubftituent deux autres, femblables à celui qu'on voit en *n, fig.* 8, qui entre dans la traverfe *L,* qui eft arrêté par deffous au moyen de l'écrou à oreilles *p,* qui procure la facilité de lâcher ou raccourcir le montant, felon que les cordes *e, e,* du tirage deviennent plus ou moins lâches, felon la féchereffe ou l'humidité, & par-là ils empêchent le contre-poids de traîner à terre dans des temps fort fecs.

Quant à la traverfe qui paffe fous la bafcule, & que faififfent les boucles des deux cordes *e, e,* elle doit être applatie fur la face par où elle touche la bafcule, & arrrondie par-deffous, pour ne pas couper la corde par de vives arêtes ; du refte elle doit couler aifément dans les entailles des montants *B, B,* qui lui fervent de guide.

On a encore cherché à rendre l'ufage de la bafcule plus fûr pour régler le laminage, & pour cela on a imaginé de lui fubftituer un levier, pareil à celui d'une romaine ou pefon, dont les Bouchers des grandes Villes fe fervent pour pefer la viande : on peut le voir, *fig.* 7, *même Planche,* avec toutes les pieces qui y ont rapport ; *a,* eft un palonnier, aux extrémités duquel font les boucles des cordes de tirage *b, b* ; au milieu de ce palonnier eft un boulon à crochet *c,* qui reçoit une S, *a*, laquelle entre dans le trou d'un tenon qu'on a pratiqué en deſſus du corps du levier *e* : au bout eſt un trou qu'enfile un anneau *k*, dans lequel on met une autre S, *i*, qui s'accroche à un boulon à crochet *h*, fixé dans la traverſe *g*, & cette traverſe eſt elle-même fixée aux deux montants *f*, *f*, pareils à ceux qu'on voit en *P*, *P*, ſur la machine, *fig.* 1. La branche du levier eſt graduée par de petites encoches, ſur un des angles de la forme loſange qu'elle préſente ; & comme cet angle de la branche eſt en deſſus, l'anneau, auſſi de forme lozange qui ſe promene deſſus, étant un peu tranchant en dedans, ſe fixe d'une maniere certaine à chacune des entailles où on le deſire, & par ce moyen on eſt aſſuré d'une preſſion toujours égale.

Le défaut que je trouve dans cette baſcule eſt, que pour peu que le tirage ne ſe faſſe pas parfaitement au milieu du palonnier *a*, (& la moindre choſe peut le déranger), un des bras de ce levier devenant par-là plus long que l'autre, la meule ne manque pas de pencher de ce côté, & l'on tombe dans le défaut qu'on avoit le plus grand intérêt d'éviter.

Je penſe que l'idée de ce levier gradué eſt fort bonne, s'il étoit ſubſtitué tout ſimplement à la baſcule ordinaire : au reſte, il en eſt de cette machine comme de toutes les autres ; ceux qui s'en ſervent ne manquent pas de raiſons pour la trouver préférable à celles qu'ils ont rejettées ; & quant à moi, ma tâche eſt je crois remplie, quand j'ai décrit les inſtruments & rendu ſenſibles les opérations ; chacun eſt le maître de n'en prendre que ce qui lui convient. Qu'il me ſoit du moins permis en finiſſant cet Article, de propoſer mon avis ſur l'uſage des cordes qui operent la preſſion des meules. Ces cordes ſont ſuſceptibles de s'allonger & de ſe raccourcir ſelon la température de l'air : ne vaudroit - il pas mieux leur ſubſtituer deux tringles de fer, terminées par un bout en étrier *i*, *i*, *fig.* 5, & par l'autre, par un œil quarré *l*, *l*, qui embraſſeroit juſte la traverſe de deſſous la baſcule *h* ? & pour plus de légéreté on pourroit en amincir la tige *g*, *g* ; on n'auroit par ce moyen aucunes variations à craindre, & la preſſion ſeroit toujours égale.

Parallele des deux Moulins précédents.

En comparant les deux Moulins que nous venons de voir, on trouvera que ceux dont les meules ſont conduites par des vis reglent bien plus ſûrement l'épaiſſeur des dents : ceux au contraire, dont la preſſion eſt déterminée par la baſcule, tendant toujours à preſſer le fil de fer, ne déplacent de la matiere que ce que l'eſſai qu'on a dû en faire, avoit fait voir qu'on peut déplacer : s'il ſurvient quelque inégalité dans la texture du fer ou de la part de la matiere, ou quelque irrégularité dans ſa groſſeur, la preſſion pouvant ſe prêter à toutes ces variations, produit des inégalités dans l'épaiſſeur. Il paroît donc que l'écartement des meules, produit par des vis, eſt plus ſûr à tous égards que l'uſage du contre-poids. D'un autre côté ne peut-on pas dire, que le moulin à vis ne permettant aucune variété dans l'épaisseur, fait casser le fil de fer lorsqu'il s'y rencontre quelque endroit plus aigre, & que s'il ne casse pas, la surface des lames est ondée & le poli altéré? A juger de la préférence qu'on doit accorder à l'un sur l'autre, par l'usage plus ou moins reçu de l'un des deux, on est tout aussi embarrassé; car j'ai vu l'un adopté dans certaines Provinces toutes entieres, & proscrit dans d'autres, où le second étoit en usage. Les uns vantent celui à vis, par l'égalité des lames qui en sortent, & croyent, qu'avec le soin de bien choisir le fil-d'archal, ou de s'assurer du pays d'où il vient, on peut compter sur un assez grande uniformité de douceur & de liant de la part de la matiere: les autres prétendent qu'avec les mêmes précautions, l'inégalité qu'on craint de la part de la bascule se réduit à rien. Quant aux différentes épaisseurs des lames, ils prétendent connoître assez bien l'effet de la bascule, pour qu'en plaçant le poids à tel ou tel point de sa longueur, ils soient assurés de cette épaisseur.

A juger maintenant du mérite de ces deux ustensiles par l'usage qu'on en fait dans l'Orfévrerie & la Bijouterie, où on est venu à bout de laminer des feuilles d'or & d'argent à des épaisseurs presque surprenantes, puisqu'on y réduit ces métaux à n'être que du clinquant, & ce qui mérite encore plus d'admiration, sur des largeurs de 4, 5, & même 6 pouces. Quelle perfection n'a-t-il pas fallu leur donner pour que les plans de ces meules fussent & bien droits & bien paralleles; car dans l'état où on réduit ces lames, un peu plus de pression dans un endroit que dans l'autre, les réduiroit à rien, & fendroit en plusieurs endroits le bord le plus mince: or la construction des laminoirs en or & en argent, beaucoup plus parfaite que celle des ustensiles que nous avons décrits, tient de celui que représente la figure 15, & nullement de celui à bascule: on peut donc penser qu'en perfectionnant celui-là, il seroit seul digne d'être adopté.

Néanmoins les Moulins à bascule sont d'un usage plus général parmi les Peigners; ils connoissent parfaitement l'effort de leurs contre - poids par des graduations qu'ils se font eux-mêmes, d'après leur expérience, & dont chacun fait un mystere; & s'il faut juger des ustensiles par l'ouvrage, il semble, à voir la précision qui regne dans les Peignes d'acier dont les dents ont été tirées au Moulin à bascule, qu'on ne puisse rien y desirer. Ils prétendent qu'avec le Moulin à vis on ne sauroit jamais atteindre à une épaisseur parfaitement égale à celle qu'une opération intermédiaire a fait perdre, & qu'on voudroit retrouver.

On peut répondre à cette objection, qu'en adaptant un cadran immobile audessus de la roue du milieu, qui mene celle des vis, & fixant une aiguille à l'axe de cette roue, on pourroit avec la plus grande justesse retrouver une même épaisseur, en la mettant au numéro qui a donné l'épaisseur qu'on veut avoir: mais comme les efforts qu'essuie cette Mécanique sont considérables & multipliés, au bout de fort peu de temps les pieces prennent du jeu, & on ne peut plus compter sur la justesse du régulateur; d'un autre côté les meules s'usent

sur

fur leur circonférence, & tel numéro qui a donné telle épaiffeur il y a deux ans, & qu'on veut affortir aujourd'hui, ne la donnera plus; défaut auquel n'eft pas fujette la bafcule graduée.

Je me fuis un peu étendu fur tous ces effets, parce que l'uftenfile dont j'entretiens le Lecteur eft dans l'Art du Peigner en acier, le plus effentiel pour faire un peigne avec précifion : j'ai beaucoup vu de moulins; j'ai conféré avec les plus habiles Ouvriers, & je ne rapporte ici que le réfultat des obfervations des uns & des autres; enfin, & pour me déterminer, je penfe que chacune de ces machines exigeroit que quelque Artifte éclairé leur procurât la perfection qui lui eft néceffaire; mais telles qu'elles font, je penfe que l'ufage du moulin à bafcule eft préférable : chacun en jugera fuivant fes lumieres : je n'ai porté mon jugement que fur le concours de ceux des Artiftes les plus habiles dans l'Art que je décris.

Il faut maintenant voir l'opération du laminage. Pour que le fil de fer ne fe mêlât pas, il a fallu prendre quelques précautions & le placer fur un cylindre avant de paffer fous les meules; c'eft pour cet ufage qu'on pratique fur la traverfe fupérieure *E*, du moulin, *fig.* 1, *Pl.* 28, deux mortaifes *i, i*, propres à recevoir les montants *A, A*, qui portent le cylindre *B*, qui repréfente la figure 1, *Pl.* 29. Ce cylindre a à chacun de fes bouts, au centre, une cheville de fer *a*, entrée à force, qui lui fert d'axe; c'eft-là qu'on place les paquets de fil de fer, comme des écheveaux de fil fur un guindre; mais comme ce fil de fer s'échapperoit à droite & à gauche, on perce fur la circonférence du cylindre deux rangées de trous circulairement, comme on le voit *fig.* 3; & comme ces trous ont une inclinaifon vers le milieu de la longueur du cylindre, les chevilles *e, e, e, e*, &c. qu'on y place, *fig.* 4, vont en s'écartant, comme on le voit. Le nombre de ces chevilles n'eft pas déterminé; mais plus on en met, mieux le fil eft contenu, & moins il eft fujet à fe mêler, ou à fe plier en petits nœuds; ce qui peut faire tort au laminoir même.

Tous les numéros de fil de fer ne font pas devidés fur des rouleaux de même diametre dans les Manufactures; & quoiqu'il parût plus commode à ceux qui l'employent, qu'il fût uniformément devidé; avec un peu de réflexion, on verra qu'un fil fin, s'il offroit un cercle de grand diametre, feroit fujet à fe plier au moindre choc; au lieu que quand il eft d'un très-petit diametre, il eft fufceptible d'une très-grande réfiftance qui le garantit : d'un autre côté, le gros fil de fer ne fauroit être devidé auffi fin, puifqu'il offre plus de réfiftance à être courbé, & que par la même raifon on auroit plus de peine à le redreffer. On peut voir dans l'Art de l'Epinglier la maniere auffi ingénieufe que fimple dont on fe fert pour redreffer parfaitement, tant le fil de fer, que celui de laiton, pour en former des épingles & des clous-d'épingles : il a donc fallu augmenter le diametre des cercles que décrivent les paquets de fil de fer dans la même proportion que leurs numéros. Les Peigners doivent donc avoir des cylindres de toutes les groffeurs, fuivant les numéros qu'on emploie ordinairement ; du moins à peu près, car la régularité n'eft pas fort néceffaire.

On pourroit à la rigueur fe fervir de poulies fort étroites, ou de cercles montés comme la roue d'un rouet ; mais ces machines n'ayant pas affez de pefanteur, laifferoient le fil fe dérouler trop vîte, & ne lui conferveroient pas la tenfion dont il a befoin pour être droit au fortir du laminage.

Il eft vrai qu'on pourroit donner du frottement à l'axe, ou fur la circonfé-rence de ces roues trop légeres, à peu-près comme nous avons vu lors de l'our-diffage, qu'on empêchoit les roquetins qui contiennent l'or ou l'argent en lame de tourner trop vîte, ou par les moyens dont on fe fert en pliant les chaînes, pour empêcher le tambour de fe dérouler trop vîte ; mais comme ces moyens ne font point en ufage dans les Fabriques, je ne les propofe ici que comme un objet de perfection, qu'il feroit à defirer qu'on adoptât ; il ne faudroit pour cela que tourner un collet, en forme de poulie, qu'on envelopperoit d'un ou deux tours de corde, au bout de laquelle feroit un contre-poids.

ARTICLE QUATRIEME.

Des différentes manieres de laminer le Fil de fer.

§. I. *Ufage du premier Moulin fans Devidoir ni Guindre.*

IL n'eft perfonne qui ne connoiffe la maniere dont le fil de fer eft roulé dans les Manufactures, & tel qu'on nous l'envoie pour les ufages ordinaires. La figure 5 repréfente un de ces paquets, dont le dernier bout entoure la totalité dans un endroit, tant pour empêcher qu'il ne fe mêle, que pour qu'on puiffe reconnoître le bout par lequel on a fini de le devider ainfi, & par lequel il faut commencer à l'employer : l'autre bout n'eft pas à beaucoup près auffi aifé.

La figure 7, *Pl.* 29, repréfente deux Ouvriers occupés à laminer du fil de fer ; mais pour laiffer voir le jeu des meules & la tenfion du fil, on a fupprimé tout le corps de celui qui tourne, & on n'a repréfenté que fes deux mains *A, A.* L'autre Ouvrier *B*, ayant jetté à terre fon paquet de fil, le tient dans fes deux mains ; favoir, de celle *G*, qui tire un tant foit peu pour le dreffer, & l'autre *C*, qui le dirige entre les meules, pour qu'il garde toujours le milieu. L'attention de cet Ouvrier confifte à ne laiffer gliffer le fil de fer, qu'autant qu'il eft appellé par le moulin ; de façon cependant à entretenir toujours une tenfion égale ; de-là dépend la régularité ou l'irrégularité du laminage.

Quant à l'Ouvrier qui tourne les meules, il doit avoir foin de n'aller pas plus vîte dans un inftant que dans l'autre ; & dès qu'on a commencé à laminer une partie de fil de fer, il ne faut pas quitter l'ouvrage qu'il ne foit entiérement fini ; car il n'eft pas poffible que ces deux reprifes donnent au fil une égale épaiſſeur , même ſans qu'on touche aucunement à la vis.

Il faut auſſi tourner plutôt vîte que doucement, & l'égalité de mouvement n'eſt pas indifférente. L'expérience a appris que le fil qui a été laminé vîte eſt plus épais que celui qui l'a été plus lentement : voici la raiſon phyſique de ce phénomene.

Il ne paroît pas poſſible au premier coup d'œil, que du fil qui paſſe entre deux meules, dont l'écartement eſt déterminé , puiſſe en ſortir plus épais dans un cas que dans un autre ; mais ſi l'on y fait attention, on ſentira que quand les meules tournent doucement , les molécules déplacées, étant retenues plus long-temps en preſſion , ont la faculté de s'arranger les unes avec les autres , & qu'a-lors c'eſt l'écartement des meules qui détermine , à bien peu de choſe près , l'é-paiſſeur du fil ; au lieu que quand la rotation eſt plus vive , les parties ſont bien également déplacées, mais elles n'ont pas le temps de s'arranger , & reprenant une partie de leur reſſort , elles tendent à occuper la place qu'elles avoient au-paravant ; de ſorte qu'il n'y a que les moins élaſtiques qui ayent entiérement cédé à la preſſion des meules.

Avant de paſſer le fil à la filiere , il faut développer le bout qui entoure cha-que paquet ; & comme ce commencement eſt plein de ſinuoſités , il vaut mieux couper ce bout à l'endroit où commence la courbure du cercle du paquet même : on ſe ſert pour cette opération des mêmes ciſeaux, *fig.* 1, *Pl.* 30, avec leſquels nous verrons plus bas, qu'on coupe le fil applati par longueurs pour en former les dents , & que dans tous les Arts on connoît ſous le nom de *Ciſailles.* On applatit enſuite le commencement du fil avec un petit marteau, *fig.* 2, ſur un *tas, fig.* 3, que, pour pouvoir s'en ſervir commodément, on monte ſur un morceau de bois de figure rectangle , ou ſur un billot peu élevé: il faut faire cet applatiſſement ſuivant la courbure du fil de fer , que l'on préſente enſuite au moulin , du ſens qui paroît devoir envelopper la meule inférieure. Cette at-tention n'eſt point du tout indifférente; autrement, en abandonnant au hazard le paſſage du fil entre les meules, on ne ſeroit jamais aſſuré d'avoir des dents bien droites ſur les bords ; ainſi il faut qu'en paſſant par le lamnioir ce fil ſe redreſ-ſe parfaitement ; ce qu'on obtiendra toujours avec le ſoin que je recommande.

Il eſt difficile avec l'uſage du moulin dont je parle , qu'on parvienne aiſément à laminer le fil du ſens de ſa courbure ; car ſi l'on prend garde à la poſition du fil qui repoſe à terre ; on verra qu'il doit néceſſairement entrer de côté , par rap-port à cette courbure , ſous le laminoir: l'attention de l'Ouvrier ne ſauroit guere corriger qu'en partie cet inconvénient; & pour l'anéantir entiérement , il faudroit que l'Ouvrier tirât tellement le fil depuis le point où il eſt ſaiſi entre les meules , qu'il pût le redreſſer parfaitement, ce qui n'eſt pas poſſible; au lieu que la méthode qu'on va voir procure cet avantage au laminage, au moyen du guindre ou cylindre horizontal , qui, en développant le fil, le préſente du ſens où il doit être. Un guindre , pour s'en ſervir commodément, doit être très - fort , autrement il plieroit , & fe cafferoit très - promptement.

§. II. *Ufage du Moulin à bafcule.*

LA figure 4, *Pl.* 30 , repréfente le moulin à bafcule en travail : on voit l'Ouvrier qui n'eft occupé qu'à tourner les meules , entre lefquelles il a eu foin en commençant de placer le bout du fil de fer , après l'avoir applati au marteau , comme je l'ai dit plus haut. On voit auffi de quelle maniere le cylindre , fur lequel a été devidé le fil de fer , eft porté par deux montants D , D , dont la hauteur eft telle qu'il fe trouve à celle du guide. Ce fil , appellé fans ceffe par la rotation des meules , fe déroule , & paffant dans le tuyau que forme le guide , fe préfente en ligne droite pour entrer fous les meules. Il fort du moulin en lame, ainfi qu'on peut le voir en F ; & par un ufage très-blâmable , mais univerfellement adopté , on l'abandonne à fon propre poids au fortir du moulin ; de forte qu'il traîne à terre pendant l'opération , après laquelle on le recueille en rouleaux pour s'en fervir au befoin.

J'ai dit qu'on a tort d'abandonner le fil laminé à fon propre poids ; il vaudroit mieux qu'un enfant, une femme , ou quelqu'un dont l'induftrie ne fût ni chere ni précieufe , le tînt par le bout , & reculant à mefure qu'il fort du laminoir , l'étendit par terre par longueurs. Après avoir coupé les dents de longueur , il faut s'occuper à les redreffer parfaitement : cette opération ne feroit ni fi longue ni fi difficile , fi on avoit pris la précaution dont je viens de parler : c'eft ordinairement le Maître , ou du moins un Ouvrier habile & de confiance à qui on abandonne l'opération de redreffer les dents , tant elle eft effentielle à la perfection du peigne ; mais enfin , c'eft ainfi qu'on en ufe ; & je ne puis que faire connoître ce qu'il y a de vicieux dans chaque ufage.

Pour fuivre l'idée que je propofe , fi l'on trouve que le temps du fecond Ouvrier eft affez inutilement employé à cet ouvrage , on peut fubftituer à ce moyen une infinité d'autres moyens qui dépendront du local de l'atelier & de l'induftrie des Ouvriers. On peut, par exemple , pofer à une diftance convenable du moulin , une efpece de cantre , comme le repréfente la figure 5 , au haut de laquelle eft une poulie où paffe une ficelle , qui d'un bout tient à la piece L , *fig.* 6 , & de l'autre à un contre-poids , qui , à mefure que le fil fe lamine , l'attire à lui.

La cantre dont il eft ici queftion , n'eft autre chofe que l'affemblage de deux montants , plantés folidement dans une planche longue, large & épaiffe fuffifamment , pour donner à cet uftenfile affez de folidité : ces montants font percés par le haut pour recevoir une broche de fer , qui fert d'axe à une poulie , auffi longue que les montants ont d'écartement , & fur laquelle gliffe la ficelle , au bout de laquelle eft le contre-poids.

Si cet atelier où on lamine eft un peu long ; on peut écarter la cantre à quelque
diftance

diftance du moulin , & comme le contre-poids feroit trop tôt arrivé en bas , on peut fe fervir de divers moyens , ou pour lui faire parcourir de plus grands efpaces , ou pour , dans une moindre courfe , lui faire déployer beaucoup de corde. Pour le premier moyen , il fuffit de doubler la direction de la corde , à peu-près comme la figure 8 le repréfente. *R* eft la poulie féparée de la cantre ; *V* eft une autre poulie , attachée par fa chappe au plancher , ou autre endroit élevé ; alors le poids parcourt dans fa defcente un affez grand efpace , qui eft le même à la lame.

On pourroit , fi l'atelier eft au haut d'une maifon , faire defcendre le poids par la fenêtre ; mais ce qui réuffira le mieux , c'eft d'attacher une poulie au plancher , comme on le fuppofe en *V*, *fig.* 8 ; & au lieu que le poids fût attaché au bout de la corde , comme on le voit , ce poids porteroit une poulie , & le bout de la corde feroit fixé au plancher : par ce moyen le poids , en parcourant un affez court efpace , développeroit beaucoup de corde ; on pourroit auffi moufler toutes ces poulies ; mais je reviens à l'opération.

La piece avec laquelle on faifit le fil de fer , eft repréfentée , *fig.* 7 : elle fait reffort par le bout inférieur , & tend à refter ouverte. Le coulant ou boucle *c*, gliffe fur fa longueur , & la force de refter fermée quand on y a pincé la lame dans l'ouverture *b* : à l'autre bout eft un crochet que faifit un nœud , qu'on pratique à un bout de la corde, comme on le voit en *d*, *fig.* 6 : à chaque longueur on coupe la lame , & on la couche par terre en un tas , *fig.* 9 , & enfuite on en fait un paquet , lié de plufieurs liens , comme *e* , *f* , *g* , *g* , *f* , *e* , *fig* 10.

Je ne fuis entré dans tous ces détails que pour apporter quelque remede aux défauts , de tous les procédés qu'on emploie. Quelques Peigners placent en devant du moulin un fecond guindre horizontal fur lequel ils enveloppent le fil à mefure qu'il fort du moulin : lorfqu'on fe fert du moulin fans bafcule , on monte ces guindres fur des pieds , tels qu'on en voit un , *fig.* 3 , *Pl.* 29, dont la hauteur égale celle des meules ; mais quand on fe fert du moulin à bafcule , on peut fur les deux montants de devant placer un cylindre , comme on voit celui de derriere , & pour les faire mouvoir tous deux , voici comme on s'y prend.

La figure 1, *Pl.* 31 , repréfente cette mécanique ; les deux cylindres ne font pas tout-à-fait femblables à ceux que nous avons déja vus. A l'un des bouts de chacun eft une poulie , placée fur l'axe du cylindre , & dont le diametre eft plus petit à celui *B* , qui reçoit la lame , qu'à celui *A* , qui contient le fil de fer , & cela afin qu'il aille un peu plus vîte : en voici la raifon. Le fil en paffant par le laminoir s'applatit , tant aux dépens de fon diametre , que de fa longueur ; il faut donc que le cylindre que recueille la lame , aille un tant foit peu plus vîte que l'autre ; puifqu'en fuppofant qu'il y eût quarante tours de fil de fer , on peut trouver quarante-cinq ou quarante-huit tours de lame. Ces deux cylindres font menés par le moyen d'une corde fans fin *E* , qui paffe fur les

PLANCHE
30.

PLANCHE
31.

deux poulies, & la lame qui attire le fil de fer eſt elle-même attirée par l'autre cylindre.

Il n'eſt pas aiſé de déterminer au juſte le rapport du diametre d'une poulie, à celui de l'autre poulie ; mais il n'y a pas un grand inconvénient à craindre. Il vaut mieux que la poulie du cylindre qui reçoit la lame, ſoit plus petite que plus grande : car ſi étant un peu petite elle eſt déterminée à tourner plus vîte que la lame ne lui permet, en tenant la corde ſans fin un peu lâche, elle gliſſera ſur ſa poulie, & n'ira pas plus vîte qu'il ne faut. On a coutume de ſe précautionner d'un certain nombre de poulies, qu'on change à volonté, ſelon que l'un des deux cylindres va trop vîte ou trop doucement ; & pour cela chaque poulie a à ſon centre un trou quarré, juſte à la groſſeur du quarré, pratiqué ſur l'un des bouts de l'axe des cylindres : on retient ces poulies en place au moyen d'une cheville *d* qui paſſe au travers de l'axe, en dehors de la poulie, qui par ce moyen ſe trouve retenue ſolidement.

Il ne nous reſte plus qu'à lever la difficulté qui réſulte de l'inégalité du diametre des poulies ; c'eſt le trop ou le trop peu de tenſion de la corde ſans fin : l'une & l'autre extrémité eſt nuiſible ; il a donc fallu la corriger. Voici comment on en eſt venu à bout.

Remettons ſous les yeux la figure 1, & voyons de quelle maniere les montants *F, F,* y ſont placés : nous y remarquerons que ces deux montants ſont mobiles ; de maniere qu'on peut les avancer & reculer à volonté par le ſecours de deux vis, comme celle *G,* qui adaptent à la traverſe *H* deux pieces de bois, ſemblables à celle *I,* qui portent la traverſe *K* ; mais comme la force de ces vis ne ſeroit pas ſuffiſante pour ſupporter une maſſe auſſi forte que le cylindre *D* ; on a ajouté une piece de bois *L,* qui tient ſolidement dans la traverſe *K,* & qui entre avec une certaine force dans le milieu de celle *H.* Comme l'enſemble de la machine ne permet pas qu'on apperçoive l'arrangement de ces pieces, j'ai cru qu'il étoit néceſſaire de faire voir cette partie du moulin ſéparément ; ainſi la figure 5 va nous mettre tout-à-fait à portée de voir tout ce mécaniſme, qui devient interreſſant, pour connoître à fond le moyen qu'on a employé pour tendre ou pour lâcher la corde ſans fin *E.* Les montants *F, F,* de cette derniere figure, ſont ſolidement plantés dans la traverſe *K* : cette traverſe eſt aſſemblée avec celle *H,* de maniere à pouvoir être menée en avant & en arriere, parce que les pieces de bois *I, I, L,* peuvent gliſſer dans les entailles ou dans les mortaiſes qui les contiennent. Les deux premieres de ces pieces ſont un peu plus larges dans leur épaiſſeur par-deſſous que par-deſſus, & l'entaille que chacune d'elles occupe, eſt faite en conſéquence ; ce qui commence à donner un premier point d'appui pour s'oppoſer à la lourdeur du cylindre qu'elles doivent aider à ſupporter : on apperçoit à chacune de ces pieces une longue rainure *g, g,* dans laquelle entre une des vis *G, G,* par le moyen deſquelles on aſſujétit ces pieces ; de façon que lorſqu'on a déterminé la longueur qu'il faut donner à la

corde fans fin, on les ferre ; les vis aident auffi a fupporter le fardeau ; mais
comme on a apperçu que ce moyen n'étoit pas fuffifant pour oppofer une force
majeure, on y a ajouté la troifieme piece *L*, qui entre dans une mortaife pratiquée au milieu de l'épaiffeur de la traverfe *H* à frottement dur, de forte que lorfqu'on veut reculer ou avancer le cylindre, on eft obligé de frapper deffus, afin
de la faire entrer ou fortir : cette piece elle feule oppofe plus de force que les
deux précédentes. Pour finir de connoître cette machine il faut voir la figure *6*,
qui repréfente la traverfe *H*, féparée du moulin : on y voit les entailles *h*, *h*,
où l'on place les pieces de bois *I*, *I* : on apperçoit au fond de ces entailles un
trou taraudé qui fert d'écrou aux vis *G*, *G*, qui fixe les pieces qu'on met dans
ces entailles ; la mortaife *l* reçoit la piece de bois *L*, & les deux mortaifes
m, *m*, font pour les tenons des grandes traverfes *M*, *M*, du moulin. Cette
traverfe eft elle-même fupportée par deux montants qui fervent de pied au moulin, de même que ceux *N*, *N*, *fig*. 4, *Pl.* 30. Voilà le feul moyen que j'aye
vu pratiquer pour tendre les cordes fans fin qui font tourner les cylindres ; mais
je dois prévenir encore d'un autre foin que doit avoir le Lamineur ; il confifte à
prendre garde de faire diftribuer également la lame fur le cylindre, entre l'efpace
des chevilles, afin qu'elles ne s'entaffent pas trop l'une fur l'autre, parce que la
quantité augmenteroit bien-tôt le diametre du cylindre, & alors il tireroit davantage de lame que n'en fourniroient les meules ; on feroit forcé de changer
la poulie *B*, pour une d'un plus grand diametre, afin qu'elle fît tourner moins
vîte le cylindre.

Quoique cette façon de laminer foit adoptée par plufieurs Peigners, je ne
faurois l'approuver, parce que la lame qui fe roule fur ce cylindre contracte une
courbure nuifible, que fon élafticité, quelle qu'elle foit, ne fauroit lui faire
perdre : il faut donc que, lorfqu'on a coupé les dents de la longueur qu'elles
doivent avoir, on ait foin de les redreffer, en faifant le choix de celles qui pourront fervir.

Je reviens encore à mon premier fentiment, qui eft de faire tirer la lame par
longueurs : il faudroit même que le fil de fer qu'on emploie à l'ufage de cet
uftenfile n'eût jamais été en maffe : je voudrois que les Peigners euffent corref-
pondance eux-mêmes avec les Tréfileurs ; qu'ils leur demandaffent de tirer
le fil de fer dans les numéros convenables, par longueur de 8 à 10 pieds, &
qu'on les empaquetât comme je l'ai dit ci-devant pour les longueurs laminées,
conformément à la figure 10 de la planche précédente, & que dans cet état ce
fil fût envoyé aux Peigners, qui le lamineroient longueur par longueur ; alors
on n'auroit aucune courbure à craindre, on fe ferviroit feulement de la méthode
que j'ai propofée & établie par les figures 6 & 8 de la Planche 30.

J'ai dit plus haut que l'on fe fervoit d'une jauge, *fig.* 5 *& 6*, *Pl.* 26, pour apprécier l'épaiffeur des dents qu'on avoit à employer pour tel ou tel compte de
peigne ; cet ufage eft adopté généralement par tous les Peigners en acier ;

PLANCHE
31.

mais il faut obferver que cette jauge n'eft pas fuffifante pour cette appréciation , parce qu'elle ne peut décider que d'une grande quantité enfemble ; c'eft-à-dire , qu'il faut que fon entaille foit remplie de dents pour favoir le nombre qu'elle en contient. Ce moyen n'eft pas propre à décider de l'épaiffeur qu'il leur faut donner , parce qu'il faudroit laminer tout de fuite une longueur de fil , affez grande pour la couper & en faire des dens , & les jauger enfuite toutes à la fois : cette opération exige trop de temps , & je doute même qu'elle foit auffi précife qu'une méthode que j'ai vu pratiquer chez un des meilleurs Peigners en acier qui ait encore paru , & que la Fabrique de Lyon a eu le malheur de perdre prefqu'à la fleur de fon âge : je veux parler du fieur Mangeot pere ; fa réputation étoit fi bien établie , qu'il étoit connu dans toutes les Manufactures d'Etoffes de Soie de l'Europe : il ne pouvoit pas même remplir toutes les commiffions qu'on lui donnoit , parce qu'il n'admettoit aucun aide dans fon travail , tant il comptoit peu fur le travail des autres : fes Peignes balançoient prefque la bonté & la beauté des Peignes Anglois. Mon deffein n'eft pas de déprimer les talents de quelques autres habiles Peigners qui fe font fait un nom dans leur état ; mais j'ofe avancer qu'il n'y a aucun Fabriquant qui ait employé des Peignes du fieur Mangeot , qui ne les ait préférés à tous autres du même genre.

C'eft chez cet habile homme que j'ai puifé les principales lumieres que j'ai acquifes fur l'art de faire les peignes. Je reviens à la méthode du fieur Mangeot , pour régler fon moulin , & pour fe procurer les épaiffeurs des dents , convenables aux comptes des peignes qu'il vouloit exécuter ; outre les connoiffances particulieres fur les moulins à vis , & fur ceux à bafcule , dont il poffédoit parfaitement les propriétés , il avoit des procédés particuliers , & entre autres une jauge , telle que celle qu'on voit *fig.* 7 , *Pl.* 31 , qui n'eft autre chofe qu'un gros fil de fer formant une efpece d'S , dont une des ouvertures *n* , *o* , détermine l'épaiffeur des dents : il avoit plufieurs de ces jauges , dont chaque bout numéroté indiquoit les différentes épaiffeurs qui pouvoient y entrer. On peut avoir une jauge qui comprenne de fuite tous les numéros poffibles : elle eft connue parmi beaucoup d'Ouvriers fous le nom de *Calibre* , & eft repréfentée par la figure 13 ; on y voit de quelle maniere les écartements de chaque tour vont en diminuant infenfiblement depuis *A* , jufqu'au bout *B*.

Quoique j'aie reconnu dans le fieur Mangeot tout le talent imaginable pour la conftruction des peignes , je ne me fuis pas borné à ne voir que lui feul fur cet objet ; car , foit par occafion , foit par recherche , j'en ai vu autant qu'il m'a été poffible , & j'ai tâché de découvrir leur fentiments fur les différentes manieres de travailler ; & comme par mes recherches j'avois affez d'expérience pour difcerner les bons , des mauvais procédés , je n'ai jamais eu pour but que de connoître à fond l'Art que je décris aujourd'hui.

Comme je n'ai jamais exercé cet état , on pouroit imaginer que j'ai avancé bien des chofes au hazard , ou que je n'ai pas affez pris de connoiffances dans cet

Art

Art pour ofer le mettre au jour. Quoique je n'aie jamais exercé le talent de
Peigner, j'ai néanmoins fait les expériences les plus difficiles, & toutes les fois
que j'ai cru que fur les différentes opérations qu'on m'expliquoit, il y avoit quelque chofe à defirer, j'ai engagé ceux à qui je m'étois adreffé, non - feulement
d'opérer devant moi, mais de me laiffer opérer feul, ou pour le moins de permettre que j'aidaffe à l'opération; de forte qu'il n'eft aucune des opérations principales que je n'aie exécutée & vue exécuter; & à force de recherches, j'ai
réuni en moi les connoiffances des différents genres d'Ouvriers; c'eft en prenant
des lumieres chez les uns & chez les autres, que j'ai trouvé toutes les différentes
façons de travailler que je rapporte: l'opération du laminage, étant en quelque
façon la partie la plus effentielle du peigne, j'ai cru auffi que ce feroit l'endroit
où ceux qui la connoiffent porteroient plus d'attention, & que par conféquent
il falloit y apporter plus de foin. Je dois prévenir le Lecteur, que toutes les fois
que je mettrai en avant quelque chofe, dont l'ufage ne fera pas reçu dans
quelque partie que ce foit de l'Art du Fabriquant d'Etoffes de Soie, &c. j'en
défignerai les Auteurs; & fi c'eft quelque chofe qui vienne de ma part, j'en
uferai, comme j'ai déja fait: au furplus, je ne parlerai de ces procédés, généralement ignorés ou nouvellement inventés, qu'autant que je les connoîtrai
préférables aux procédés ordinaires, foit à caufe de la célérité, foit pour la plus
grande perfection de la chofe en elle-même; j'aurai foin de les donner pour tels
qu'ils font. Je ferai obferver, avec la plus exacte vérité, les avantages qu'ils
peuvent avoir fur les autres; d'après cela, je crois que je ne dois pas être en
peine de ce qu'en peut dire la critique.

Qu'on ne foit pas furpris fi j'entre ici dans une differtation qui paroît étrangere
à mon fujet; mais comme je fai que quelqu'un a voulu contre-dire les procédés
que j'ai rapportés dans ce qui a déja paru de mon Art, où l'on n'a pas fûrement pris garde aux avantages qui en réfultoient: je fais que non-feulement on
n'a pas trouvé bon que je donnaffe des moyens de perfection, tant aux machines,
qu'aux opérations; mais on a trouvé mauvais que je rapportaffe les méthodes
reçues dans de principales Villes de Manufacture, à caufe qu'on les ignoroit
dans d'autres.

Quelques perfonnes ont penfé que j'aurois dû m'en tenir aux feules méthodes
ufitées à Paris & à Lyon, fans faire aucune mention de celles d'Avignon, de
Tours & de Nîmes; mais j'ai toujours cru qu'il n'étoit pas poffible de traiter la
Fabrique des Etoffes de Soie avec quelque clarté, fans rapporter les différents
procédés des principales Manufactures: la plus favante doit fans doute éclairer
l'autre, qui peut à fon tour lui communiquer quelques éclairciffements; au
furplus, j'ai pris là-deffus l'avis de perfonnes très-éclairés, & je ne crains pas de
m'égarer.

Il eft bon avant de finir l'article du laminage, d'obferver que, quand par malheur on s'apperçoit que le fil n'a pas été réduit en lames, de l'épaiffeur requife,

on peut le paſſer une ſeconde fois au moulin ; mais il faut à cette ſeconde fois apporter beaucoup d'attention, & ne pas abandonner la baſcule au même poids, ſans quoi il deviendroit tout de ſuite trop mince : il faut donc eſſayer à quel point le contre-poids doit être placé pour donner l'épaiſſeur convenable ; & ſi c'eſt au moulin à vis qu'on lamine, on court moins de riſque à la vérité ; mais il faut encore tâtonner, en ſerrant peu à peu, juſqu'à ce qu'on ait acquis le degré juſte. L'inconvénient le plus ordinaire quand on repaſſe le fil une ſeconde fois au moulin, eſt de lui occaſionner des ſinuoſités ſur le tranchant de la lame, qui le rendent entiérement défectueux & le mettent hors d'état de ſervir ; mais enfin, quand le mal eſt fait, il faut y chercher un remede ; & quand par oubli ou par négligence on a manqué ſon épaiſſeur du premier coup, il faut s'y reprendre, & tout ce qu'on peut employer eſt autant de moins de perdu.

Le laminage des Bijoutiers & des Orfévres eſt tout différent du nôtre ; ici il faut obtenir du premier coup l'épaiſſeur de la lame, qui n'a ſouvent qu'une demi-ligne de large ; au lieu que le clinquant, ou autre partie d'or ou d'argent qu'on paſſe au laminoir, a ſouvent 6, 7, & même 8 pouces de large, & on ne la réduit auſſi mince qu'on la voit, que par degrés, & en changeant ſans ceſſe la preſſion.

Nous venons de voir les moyens uſités pour mettre les dents d'épaiſſeur ; voyons maintenant ceux qu'on emploie pour les couper de longueur.

ARTICLE CINQUIEME.

De la maniere de couper les dents de longueur.

§. I. *Premiere Méthode.*

QUELLE que ſoit la maniere dont on reçoit la lame au ſortir du moulin, l'opération ſuivante conſiſte à la couper par longueurs pour en former les dents : cette longueur, comme on l'a déja dit, varie ſuivant la hauteur de la foule ; c'eſt-à-dire, que cette foule elle-même change ſuivant la fineſſe des dents ; mais enfin cette hauteur de foule une fois déterminée, il faut faire le calcul ſuivant. Je ſuppoſe que cette hauteur doive être de 19 lignes ; chaque jumelle peut avoir environ 3 lignes & demie, ou 3 lignes 3 quarts de largeur, ce qui fait 7 lignes & demie pour les deux : le ligneul peut occuper une demi-ligne, & enfin les dents doivent déborder d'une ligne haut & bas ; ce qui, compté tout enſemble, fait 29 lignes. Ce calcul eſt néceſſaire chaque fois qu'on fait un peigne d'une hauteur de foule différente, & les Peigners un peu occupés ont toujours des dents coupées à toutes ces longueurs, ſuivant leur degré de fineſſe.

Il n'en eſt pas des dents de fil de fer comme de celles de canne, que nous

avons vu qu'on n'eft pas obligé de couper auffi exactement de longueur , puifque , quand le peigne eft fini , on rogne l'excédent des dents par chaque bout :
ici cela n'eft pas pratiquable , ou du moins on ne le fait pas ; auffi faut-il apporter
la plus grande attention à les couper parfaitement de longueur : voici comment
il faut s'y prendre. Je fuppofe d'abord qu'on a reçu le fil par longueur au fortir
du laminoir : l'Ouvrier que je fuppofe affis , tient de la main gauche un petit
morceau de bois *a* , *fig.* 8 , dont la longueur eft connue , & détermine celle
qu'on doit donner aux dents ; il applique deffus la lame , ayant foin qu'elle
affleure exactement par le bout celui de la *mefure* , & avec des cifailles *f* , qu'il
tient de la main droite , il coupe toutes les longueurs , ayant foin de ne pas laiffer
échapper le bout qu'il feroit obligé de ramaffer à terre à chaque dent. La figure
10 , *même Planche* , repréfente un Ouvrier qui coupe les dents de la même
maniere ; toute la différence confifte , en ce qu'il a enlevé le cylindre qui a
reçu la lame de deffus le moulin , & l'a placé fur deux montants *B* , *B* , plantés folidement dans une planche , à côté de lui , où il fe déroule à mefure
qu'il l'attire à lui : à mefure que cet Ouvrier coupe les dents , il les jette dans
une boîte qu'il a à côté de lui , pour empêcher qu'elles ne fe gâtent en traînant
par terre.

Je ne faurois trop recommander de couper toutes les dents fur la mefure
qu'on s'eft faite , & non pas fur des dents qu'on coupe à mefure, comme le font
beaucoup d'Ouvriers. Il n'eft pas poffible que l'épaiffeur de la cifaille lui permette d'approcher tout contre le bout de la mefure ; d'où s'enfuit un peu plus
de longueur ; & comme on a compté ou dû compter fur cet excédent , les dents
ne fe trouvent qu'à la longueur néceffaire ; au lieu que fi l'on fe fert pour mefure
indifféremment des dents dernieres coupées , chaque excédent ajouté à la
fomme des précédents , fait qu'au bout d'une certaine quantité on trouve les
dents d'une , & quelquefois deux lignes plus longues que les premieres ; ce qu'il
eft toujours aifé d'éviter quand on ne change pas la mefure.

Je n'ai vu employer dans les ateliers que j'ai parcourus , que la méthode que
je viens de rapporter ; mais un très-habile Fabriquant m'a donné la defcription
d'une méthode qu'il a vue pratiquer , & que je ne faurois laiffer ignorer au
Lecteur. Cette méthode eft préférable à la précédente , & pour la juftéffe qu'elle
procure aux dents , & pour la célérité ; puifqu'un Ouvrier , même ordinaire ,
peut y couper quatre fois plus de dents dans un temps donné , que le plus habile n'en fauroit faire dans le même temps ; encore ne lui eft-il pas poffible fans
une mal-adreffe extrême , ou une inattention impardonnable de les couper plus
ou moins longues qu'il ne faut : c'eft de quoi nous allons nous entretenir dans le
Paragraphe fuivant.

§. II. *Seconde maniere de couper les dents des Peignes.*

Pour couper les dents fuivant la feconde méthode, on fe fert d'un inftru-ment, repréfenté par la figure 1, *Pl.* 32, que je nommerai *Coupoir*, faute de favoir le nom que fon Auteur lui a donné. Ce font deux lames *A*, *B*, jointes enfemble en un point *C*, comme des cifeaux, au moyen d'une vis, affez forte pour réfifter aux efforts multipliés qu'on leur fait éprouver. La lame *A* eft terminée par un de fes bouts par une queue *F*, à l'extrémité de laquelle eft un trou, dont on fera connoître autre part l'ufage; l'autre bout, qui, quand on l'a forgé, a été réfervé femblable au premier, eft relevé & arrondi dans la partie *D*, & va fe terminer en une pointe, affez fine pour entrer dans toute la longueur du manche *E*, garni d'une virole par un bout, & par l'autre d'une *contre-rivure*, fur laquelle eft rivé le bout de la queue ou foie *C*. L'épaiffeur de cette lame peut être de 5 à 6 lignes, & à fa partie inférieure fe termine en bifeau très-obtus, pour que le tranchant ne s'émouffe pas aifément, feulement depuis *d*, jufqu'en *e*, dont l'inclinaifon eft dirigée vers le milieu de la largeur de cette lame, ainfi qu'on le voit : l'autre lame *B*, repréfentée par fa face extérieure, *fig.* 3, eft un parallélogramme de même épaiffeur que la premiere lame, & beaucoup plus long, ainfi qu'on peut en juger. A peu-près au milieu de fa largeur eft un bifeau de *i* en *k*, auffi long qu'à l'autre lame, & fait de même : *h*, eft le trou taraudé, dans lequel entre la vis *C*, & enfin aux quatre angles eft un trou par où on fixe ce coupoir fur les montants deftinés à le porter.

Pour que la lame *A* ne defcende pas trop bas quand on l'abandonne à fon propre poids, on réferve un épaulement à la naiffance du manche en *f*, par où elle repofe fur l'autre lame. Il ne s'agit plus que de faire fentir de quelle maniere ce coupoir doit être monté.

Comme l'objet de la figure 7, qui le repréfente en œuvre, eft de faire fentir l'action de l'Ouvrier, les pieces de ce coupoir y font trop peu fenfibles pour pouvoir fervir à notre explication ; je vais le préfenter fous différents points de vue, felon les pieces que j'aurai à faire connoître.

Sur une bafe, forte & pefante, comme *K*, *fig.* 4, eft affemblé à tenons & mortaifes, un très-fort montant *I*, au haut duquel font fixées toutes les pieces qui compofent ce coupoir. Les angles de devant des deux joues de l'entaille *M*, qu'on y a pratiquée, font armés de fortes équerres de fer *L*, *L*, telles qu'on en voit une à part en *L*, & qu'on peut auffi voir en *L*, *L*, *fig.* 5. Ces équerres font fixées en place par-deffus, au moyen d'une vis qui entre dans un trou qu'on y voit, & qui fe viffe dans le bois ; & par-devant, au moyen d'une broche de fer, qui, paffant dans l'épaiffeur de chacune des joues du montant, enfile un trou correfpondant, pratiqué fur le côté de l'équerre, comme on le voit en *l*, dans celle qu'on a repréfentée à part. Quant aux deux trous, pratiqués fur le

devant

devant de l'équerre, ils sont taraudés, & au même écartement que ceux qu'on voit au bout de la lame, *fig.* 3, pour servir à la tenir en place : cela posé, je pense que la fixation du coupoir sur son montant, doit être intelligible. Il me reste à décrire un autre moyen, aussi simple qu'ingénieux, qui sert à déterminer la longueur qu'il convient de donner aux dents selon le besoin, & pour cela le Lecteur voudra bien jetter les yeux sur les figures 5 & 6, dont on a ôté le coupoir, pour ne plus laisser voir que ce dernier objet dont nous allons nous occuper.

Sur les deux angles intérieurs des deux joues du montant, *fig.* 6, est une entaille *x*, *x*, refouillée, comme on le voit en *y*, *y*, qui reçoit le coulisseau *q*, représenté à part sous la même lettre. Cette piece, qui est de fer, est faite de façon qu'elle puisse remplir les entailles *x*, *x*, *y*, *y*; & elle est fixée par des vis qui entrent dans les quatre trous *a*, *a*, *a*, *a*, pratiqués sur sa hauteur, & ceux *b*, *b*, sont entiérement taraudés pour recevoir les vis de pression *S*, *S*, qui, serrant les deux tringles de fer *r*, *r*, forment une espece de presse dont on va voir l'usage. La figure *R* n'est autre chose qu'une plaque de tôle d'une épaisseur convenable, aux deux côtés de laquelle sont attachés solidement à une égale hauteur les tenons *t*, *t*, qui saisis entre les deux tringles de fer *q*, *q*, *r*, *r*, peuvent être aisément fixés à l'endroit où on le desire pour déterminer la longueur des dents, qui, appuyant contre cette plaque, sont toutes coupées à la longueur qui se trouve entre le coupoir & la plaque : au bord inférieur de cette plaque est un rebord, dont l'utilité est d'empêcher que le fil de fer ne descende plus bas qu'il ne faut, & par conséquent ne varie de longueur ; ce qui arriveroit infailliblement, à cause de la courbure qu'a nécessairement contractée le fil sur le cylindre, ou en le laissant traîner à terre : au moyen de cette précaution l'Ouvrier n'a plus de soin que de présenter son fil bien perpendiculairement à la plaque ; car il est aisé de sentir que toute ligne qui ne seroit pas la perpendiculaire, seroit plus longue qu'elle, & que par conséquent les dents seroient tantôt longues & tantôt courtes. L'Ouvrier occupé à cette opération, comme on le voit *fig.* 7, prend de la main droite le manche du coupoir, & étant assis, il pose ses pieds sur la base de cette machine, & de la main gauche, il avance la lame à mesure qu'il coupe les dents, qui, par leur propre poids tombent dans un tiroir, qui entre dans un élargissement fait entre les deux joues du montant, *fig.* 6 ; & pour qu'il n'ait pas la peine de relever son outil, ce qui au bout d'une journée ne laisse pas de fatiguer, au bout de la tige *F*, *fig.* 7, est une ficelle, à laquelle pend un contre-poids qui ouvre les ciseaux tout naturellement, au moyen de quoi l'Ouvrier n'a d'effort à faire que pour couper les dents, en appuyant autant qu'il est nécessaire.

On voit dans cette figure 7, que l'Ouvrier a placé par terre à sa gauche le cylindre *B*, monté sur la base, dont nous avons déja eu occasion de nous entretenir.

Pour ne rien laisser à desirer sur la construction de cette machine , j'ai fait représenter dans la figure 6 les entailles χ, χ, dans lesquelles on loge les équerres de fer , sur le devant desquelles on fixe la lame immobile du coupoir, au moyen de quatre vis , dont les têtes sont noyées dans son épaisseur pour ne pas nuire au mouvement de l'autre lame. Le montant de cette figure , ainsi que celui de la figure 5 , est représenté brisé sur sa hauteur, parce que nous n'avions besoin pour notre démonstration que de sa partie supérieure.

On a soin pour gagner du temps, de tracer sur les deux tringles q, q, qui remplissent les longues entailles des deux joues du montant, des lignes paralleles, & peu distantes entr'elles ; au moyen de quoi, quand une fois on s'est mis au fait de ces marques, on y fixe les deux tenons qui supportent la plaque , & on est assuré d'obtenir des dents d'une longueur connue.

Quelle que soit la méthode dont on s'est servi pour laminer le fil de fer , il faut avoir grand soin de le présenter au coupoir , de façon que la courbure soit du sens que représente la figure 7 , comme s'il sortoit de dessus un cylindre : le rebord qu'on a pratiqué au bas de la plaque , indique assez combien cette précaution est nécessaire ; sans cela le fil montant plus ou moins haut, on tomberoit dans l'inconvénient qu'on a un si grand intérêt d'éviter.

Je ne pense pas que la premiere méthode puisse supporter la comparaison avec celle-ci ; l'une est lente, ennuyeuse , & fatigue extrêmement la main droite qui tient la cisaille ; au lieu que l'autre méthode n'ayant pas besoin de mesure , est plus aisée & plus expéditive. On pourroit même , en tirant le fil par longueurs, passer dans le coupoir trois ou quatre lames à la fois , & alors il suffiroit de s'assurer qu'elles appuyent exactement toutes contre la plaque , pour leur procurer une égale longueur ; enfin , soit prévention ou autre sentiment mieux fondé, je ne pense pas qu'on puisse imaginer de méthode plus simple & plus expéditive. Il me reste à décrire l'opération qu'on fait aux dents après qu'on les a coupées de longueur.

Article Sixieme.

Des façons à donner aux Dents quand elles sont coupées de longueur.

Pour peu que l'Ouvrier aille un peu vîte en coupant les dents de longueur, il faut qu'il vuide son tiroir assez souvent , sans quoi elles monteroient jusqu'auprès du tranchant du coupoir, & lui nuiroient infailliblement ; il a donc soin de temps en temps de les mettre dans quelque grande boîte ; & quand cette premiere opération est finie , il les choisit une à une, les redresse si elles ont contracté un peu de courbure, & les examine attentivement pour voir si elles n'ont point de pailles, de fentes ou de gerçures ; auquel cas il faut absolument les mettre au rebut.

Parmi les dents où l'on apperçoit des gerçures, il y en a en qui ce ne font que des pailles fort légeres : on ne met point celles-là au rebut ; mais les ayant toutes mifes fur une table bien unie, on y jette un tant foit peu de pierre de ponce en poudre, & avec un morceau de liége de la forme d'un bouchon, mais un peu plus gros, on les frotte fur leurs deux faces ; & comme cette opération feroit trop longue fi on les poliffoit l'une après l'autre, on en prend plufieurs à la fois, & on les retourne fens deffus deffous, & bout pour bout. Quand on les a ainfi toutes frottées, on les examine de nouveau, & on met à part celles en qui cette opération a fait difparoître les pailles, & on rejette abfolument les autres ; on les effuie, on ôte cette ponce, & on les nettoie avec un autre bouchon, qu'on frotte fur une plaque de plomb ; d'autres les frottent avec un morceau de plomb même, en les tenant toujours bien à plat fur la table pour ne leur faire contracter aucune courbure ; enfin on les effuie parfaitement & on les met parmi les autres, dont elles ont par ces préparations acquis la perfection.

Je n'ai jamais pu concevoir quelle pouvoit être la raifon de l'ufage du plomb pour polir les dents : la pierre-ponce eft très-incifive, & a la propriété d'ufer en fort peu de temps la furface à laquelle on l'applique, avec le moindre frottement ; mais fi cette poudre raye les dents, a-t-on prétendu remplir ces rayes ou ces inégalités avec le plomb ; je n'en crois rien : d'ailleurs, en prenant ainfi le plomb à fimple frottement, on n'en enleve que des parties fi déliées, qu'on n'en a guere que la teinture, & le moindre attouchement qu'effuyeront les dents, la leur fera perdre. Je crois pouvoir ranger cette recette parmi ces vieux procédés que l'ignorance a introduits, que l'ufage perpétue, & dont on ne fauroit donner aucune raifon. Nos peres avoient tant de bonhommie ! & quand on fe rappelle toutes les puérilités dont on s'occupoit férieufement il n'y a pas encore long-temps, doit-on être furpris que les Arts s'avancent à pas fi lents vers la perfection. Voulez-vous polir les dents, confultez ces Artiftes, qui d'un nombre infini d'efpeces de têtes de clous, nous font autant de miroirs à facettes, dans lefquelles le foleil fe multiplie, au grand dommage de notre vue, fur les habits des hommes : je fais cependant que les roues de plomb font un des intermedes dont on fe fert pour parvenir à ce beau poli ; mais ce n'eft pas immédiatement après la ponce, qui raye fi fort tout ce qu'elle approche, & encore faut-il un frottement très-rapide & confidérable, dont n'approchent pas ceux qui frottent un tant foit peu les dents avec du liége.

L'ufage de certains Ouvriers de mêler enfemble les dents, qui du premier inftant fe font trouvées bonnes, avec celles à qui il a fallu donner l'apprêt dont nous venons de parler, pour qu'on pût s'en fervir, eft très-défectueux : quel-que peu que ce poli diminue fur chaque furface, il diminue enfin ; & fur la quantité de ces dents on ne fauroit manquer de s'en appercevoir : le mieux eft donc de les mettre à part pour fervir à l'épaiffeur où elles fe trouvent réduites.

Quoique l'ufage de la jauge en *S* foit fort bon, il eft toujours plus fûr, après

Planche 32.

que les dents ont été coupées de longueur, de les jauger encore dans l'entaille *A*, *fig.* 5, *Pl.* 26 ; après cela on les range dans des boîtes ou tiroirs numérotés, fuivant les numéros des dents elles-mêmes, & dans lefquels on doit les préferver avec grand foin contre la moindre humidité. Qu'il me foit permis de le dire en paffant, il ne faut jamais recevoir de ces tiroirs que les Menuifiers font avec des douves de tonneaux ; le vin qui y a féjourné y dépofe des fels, qui quelque feches que foient ces douves, en fe volatilifant, rouillent tous les inftruments de fer ou d'acier qu'on y entrepofe : le mieux eft de les faire en chêne neuf ou en noyer. Les Ouvriers ont la précaution pour empêcher la rouille, d'enterrer les dents dans du fon, où elles fe confervent très-bien : le parti le plus fûr eft de ne pas tirer beaucoup plus de dents d'épaiffeur qu'on n'en a befoin; & j'infifte un peu là-deffus, parce que j'ai vu beaucoup de Peigners, dont l'ufage eft de faire de très-grandes provifions de toutes longueurs & épaiffeurs : il eft vrai qu'on peut les envelopper librement dans un papier gris, un peu imbibé d'huile d'olive, & même il eft bon d'en répandre quelques gouttes fur les dents & de les remuer enfuite pour répandre également cette huile ; & quand on veut monter un peigne, il faut les fécher avec grand foin, fans quoi la poix du ligneul ne prendroit pas, & elles feroient fujettes à gliffer lors même qu'elles feroient entre les jumelles.

C'eft donc une attention, qu'on ne fauroit avoir trop grande pour préferver les dents de la rouille ; & fi, malgré toutes les précautions elles en font prifes, il faut faire un choix de celles où il n'y a que la fuperficie d'entammée, d'avec celles, où ayant pénétré un peu avant dans l'épaiffeur, il faudroit fe fervir de limes aux dépens de cette même épaiffeur, ce qui les mettroit hors d'état de fervir ; & fi la fineffe, à laquelle elles fe trouveroient réduites ne les rendoit pas entiérement défectueufes, le temps qu'on employeroit à les limer & polir, ne feroit pas compenfé par leur valeur intrinfeque. Quand à celles qui ne font que légérement attaquées de la rouille, voici la maniere d'ôter cette rouille : on enduit ces dents d'huile d'olive ; enfuite on les met dans une boîte dans de la farine, & on les expofe deux jours de fuite à l'ardeur du foleil ou à un grand feu pendant l'hiver ; & quand on voit que la farine, qui s'étoit attachée autour de chaque dent, eft un peu tachée par la rouille, on les retire, & en les effuyant on a la fatisfaction de voir difparoître prefque toute cette rouille. Si cette opération ne réuffit pas de la premiere fois, on la répete une feconde, & on peut être affuré d'une parfaite réuffite. Si quelqu'une réfifte à ces opérations, il faut voir fi c'eft que la rouille eft trop enracinée, ou fi le frottement de la pierreponce en poudre, comme nous l'avons vu plus haut, ne la feroit pas entiérement difparoître ; mais quoique dans tous les Arts on poliffe l'acier & le cuivre avec la ponce & de l'huile, les Peigners ont l'habitude de l'employer à fec : ils prétendent que la ponce, s'imbibant d'huile, fait une pâte qui émouffe le tranchant de cette poudre, & l'empêche de mordre auffi bien. Ils ont raifon à cet

égard ;

égard ; mais c'eſt par-là qu'on empêche que l'ouvrage ne ſoit rayé, ce qui à ſec ne peut manquer d'arriver ; c'eſt auſſi par la même raiſon, que quand on polit à la lime douce, on l'enduit de quelques gouttes d'huile pour polir plus fin ; l'uſage eſt contraire, je dois ſans doute le rapporter ; mais je ne me crois pas obligé de l'approuver.

Je ne me ſuis jamais annoncé que pour un Artiſte ; en cette qualité je dois rendre compte de tous les procédés mis en uſage dans chacune des parties que j'entreprends de décrire : le Savant & le Phyſicien auroient une toute autre tâche à remplir. Aſſidus obſervateurs & ſcrutateurs des ſecrets de la nature, on attend d'eux de rendre compte de toutes ſes productions & de ſes écarts même : cette tâche eſt certainement bien au-deſſus de mes forces & de mes connoiſſances, & lorſqu'il m'échappe quelques réflexions ſur les cauſes phyſiques des effets que je décris, je ne fais que propoſer modeſtement mon avis, que je ſoumets entiérement aux lumieres ſupérieures. Sans être Phyſicien, j'ai comme tout homme ſage réfléchi ſur les cauſes ; je m'en rends compte du mieux que je puis, & c'eſt-là ce que je propoſe au public. Mais ce ſeroit pour le Chimiſte un objet de recherches, que d'expliquer pourquoi les dents rouillées, miſes pendant fort long-temps dans l'huile, ne ſe dérouillent pas à beaucoup près auſſi bien que quand on y joint de la farine : ne s'y établiroit - il pas une fermentation, qui, donnant du mouvement aux parties, arrête d'abord la décompoſition du fer qui produit l'ocre de la rouille, & bientôt *déterge*, s'il m'eſt permis d'employer ce mot, ces mêmes parties ulcérées. Je vois d'ici le Lecteur crier après le Fabriquant-Chimiſte ; mais les Arts ſont freres, & s'ils ne ſe connoiſſent pas bien tous c'eſt que la parenté eſt un peu longue.

Voilà en général ce qui concerne la préparation qu'il convient de donner aux dents, & le ſoin de les préſerver ou de les guérir de la rouille. Je paſſe à l'emploi qu'on en fait pour monter les Peignes.

CHAPITRE SECOND.

De la maniere de monter les Peignes d'acier.

L e s Peignes, dont les dents font d'acier, fe montent fur leurs jumelles avec du ligneul, tel que celui dont on a parlé pour les Peignes de canne : il feroit fans doute très-déplacé d'entretenir ici le Lecteur de tous les procédés qui font communs aux uns & aux autres ; le plus fimple eft d'y renvoyer. La maniere de monter les peignes eft à peu-près femblable à la premiere : je ne ferai donc ici que rapporter en peu de mots les particularités adoptées par les Peigners en acier ; particularités qui confiftent en quelques machines, & quelques procédés qu'ils fe font rendus propres à eux feuls.

A la rigueur on peut donc monter les peignes d'acier fur les mêmes métiers où on monte ceux de canne ; mais on va voir que les moyens dont on fe fert pour frapper les dents, ainfi que les autres opérations, font fort ingénieux.

J'aurois defiré pouvoir rendre un compte un peu circonftancié d'un moyen très-heureux qu'un habile Peigner de Rouen a imaginé pour monter un peigne fans le fecours des mains. Ce moyen eft très-expéditif ; il confifte à faire entourer les jumelles par le ligneul à mefure que les dents prennent leur place, par une mécanique bien entendue, & enfuite à frapper fur la dent qui vient d'être placée.

L'Auteur de cette invention prétend que des machines mues également travaillent bien plus réguliérement que les bras d'un homme, dont la volonté feule réglant l'action des mufcles, ne fauroit produire une parfaite égalité. Cette machine, dont l'Auteur fait myftere, n'eft pas venue à ma connoiffance ; il ne l'a communiquée qu'à l'Académie des Sciences, & tout ce que j'ai pu en apprendre, c'eft que les jumelles font enfermées dans une boîte où fe paffe toute l'opération. J'ai craint de commettre une indifcrétion en cherchant à pénétrer l'intérieur de la boîte ; & quand l'Auteur veut s'envelopper dans la nuit du myftere, eft-ce à moi d'y porter le flambeau de la curiofité. Je configne ici ce fait ; heureux qui pourra en acquérir de plus grands éclairciffements, & fi j'euffe defiré de connoître ce chef-d'œuvre, c'étoit pour en faire part au public & le tourner à l'avantage de mon Art. Si l'amour de la gloire doit inviter les Artiftes à publier leurs découvertes, on peut fans crainte de reproches, fe réferver celles dont le fuccès peut indemnifer des dépenfes & du temps qu'elles nous ont coûtés : tout ce que la patrie a droit d'exiger, eft qu'on n'enfeveliffe pas ces utiles fecrets. Il faut efpérer que les raifons d'intérêt particulier ceffant, l'Auteur nous laiffera le détail de fes procédés. J'apprends qu'un Peigner d'Aix en

Provence vient d'inventer une Machine qui produit les mêmes effets : ont-ils employé les mêmes moyens ? c'eſt ce que la ſuite nous apprendra ſans doute.

Ces deux inventions prouvent la néceſſité de perfectionner cette partie de la Fabrique des Etoffes de Soie , puiſque des gens de génie s'en occupent avec ſuccès. Le but de cette Machine n'eſt pas la célérité de l'ouvrage ſeule ; des perſonnes qui ont vu des peignes qui ſortent de cette Fabrique , aſſurent qu'ils ſont très-réguliérement faits. Je reviens aux opérations qu'on met en uſage pour monter les peignes.

Article Premier.

Premiere maniere de monter les Peignes d'acier.

§. I. *Deſcription du Métier.*

La figure 1 , *Pl.* 33 , repréſente un métier à monter les peignes, dont le Lecteur peut reconnoître la conſtruction pour l'avoir vu employer à monter les peignes de canne. On a ſeulement à celui-ci le ſoin de tenir la table de ce métier un peu plus large, pour y placer les deux couliſſes i , i , formées par les rainures de deux tringles c , c. C'eſt ſous ces couliſſes que gliſſe la planche d , qu'il eſt à propos d'examiner à part pour en ſentir mieux la conſtruction , *fig.* 2 : aux deux bouts de cette planche eſt une feuillure g , g , dont l'épaiſſeur de la languette h , h , coule aiſément dans la rainure des deux tringles : au milieu de cette baſe eſt plantée une équerre de fer e , qui porte la batte m , dont nous allons parler ; mais comme cette piece eſt ſans ceſſe en mouvement, & qu'elle frappe ſans ceſſe des coups redoublés contre les dents du peigne , elle a beſoin d'être très-ſolidement fixée dans ſa baſe ; pour cet effet le bout inférieur de cette équerre , *fig.* 3 , eſt taraudé , comme on le voit en o , & entrant dans le trou p de la piece de fer quarrée , *fig.* 5 , ſans cependant s'y viſſer , le quarré de cette piece entre juſte dans une entaille de pareilles dimenſions q , pratiquée ſur l'épaiſſeur de cette plaque , d'environ 3 lignes , & par-deſſous eſt arrêtée au moyen d'un écrou quarré *fig.* 6 ; enſuite de quoi eſt une autre plaque de fer de 2 ou 3 lignes d'épaiſſeur , *fig.* 9 , entrée en-deſſous de la baſe de toute ſon épaiſſeur dans le bois , & arrêtée par les quatre coins : cette plaque reçoit dans le trou y du centre, le bout o de l'équerre *fig.* 3 ; au moyen de quoi la batte ne ſauroit s'incliner en devant ou en arriere : la plaque de fer, *fig.* 5 , eſt auſſi noyée de toute ſon épaiſſeur en-deſſus de la baſe pour plus de propreté : à l'autre bout de l'équerre eſt un tenon qui reçoit la piece de fer l , *fig.* 4 , aux deux bouts de laquelle on a réſervé une maſſe de fer z , z , pour lui donner de la peſanteur. La mortaiſe l qui reçoit le tenon k , *fig.* 3 , doit être bien juſte à ce tenon , & bien au milieu de la longueur de la piece ; de-là dépend l'égalité des

Planche
33.

dents par rapport à leur épaisseur, comme nous le verrons dans l'opération. Cette piece est fixée en place, au moyen d'une cheville de fer qui entre dans le trou *m*, *fig.* 2, qui repréfente la batte toute montée. Quand on veut mettre cette batte en place, on l'entre par le bout des tringles *A*, qui ne vont pas contre la poupée à gauche ; mais elles y vont tout-à-fait par l'autre bout pour donner plus de courfe à la batte. On conçoit à l'infpection feule, que la piece de fer, repréfentée par la figure 4, gliffe entre les jumelles, pour aller frapper contre les dents, dont elle doit avoir tout au plus l'épaiffeur ; mais pour gagner de la folidité on la tient fort large, fans quoi elle plieroit au moindre choc, & ne rempliroit pas fon objet. Le plan de la table de ce métier, & celui de deffous la bafe *d*, ne fauroient être trop unis pour diminuer les frottements, & même il eft à propos de frotter de favon, tant ces deux plans, que les deux couliffes : la hauteur de cette batte doit être telle, que la lame puiffe glifter parallélement aux deux jumelles, & pour fe régler, on peut prendre la hauteur des tenons *g*, *g*, des deux poupées *E*, *E*, *fig.* 1. Il faut encore avoir grand foin que l'équerre foit montée fur fa bafe, parfaitement à angles droits avec les poupées, pour qu'en frappant fur les dents, on foit fûr de leur procurer une pofition perpendiculaire avec les jumelles, comme je l'ai dit en parlant des peignes de canne, où je recommandois de frapper avec la batte, également fur les deux bouts des dents. Je paffe à la maniere de fe fervir de ce métier ainfi monté.

§. II. *De la maniere de monter les Peignes en fe fervant de la batte qu'on vient de décrire.*

Les préparatifs néceffaires avant de monter les peignes d'acier font abfolument les mêmes que pour les peignes de canne : le métier eft le même ; les montants font garnis de vis & de tenons, fur lefquels on fixe les jumelles en les attachant l'une à l'autre avec une ficelle dans des encoches, ainfi qu'on l'a vu plus haut : les gardes fe pofent de la même maniere, & on les fixe, ainfi que les dents des lifieres, comme aux peignes de canne. Il faut auffi avant toutes ces opérations, marquer fur les jumelles de deffus, les divifions par pouces, demi-pouces, &c. ou par portées, demi-portées, avec les inftruments qu'on a rapportés à ce fujet : les dents fe placent enfuite de la même maniere, en les entourant chacune d'un tour de ligneul, & frappant avec la batte pendant qu'on tient les deux petits paquets de ligneul de la main gauche un peu tendus ; mais comme cette opération ne differe des précédentes que par l'ufage & la forme de la batte, car les dents, quoique d'une autre matiere, fe placent de même ; c'eft à cela feul que nous nous arrêterons.

L'Ouvrier prend la batte au milieu de fa hauteur, & la faifant glifter fur fa bafe, il appuie & frappe le plus également qu'il lui eft poffible contre les dents, & pour cela il a plufieurs précautions à prendre. Premierement, comme

le

le frottement qu'essuie la base de la batte dans sa coulisse diminue la force qu'on lui imprime; il faut s'habituer à bien régler son coup, & pour cela prendre son élan à une égale distance; secondement, avoir attention de prendre la tige au milieu de sa hauteur; &, si pour avoir plus de force, on vouloit la prendre un peu plus haut, la base ne suivant plus un mouvement parallele, s'engageroit entre les tringles, & l'opération seroit retardée; si au contraire on la prend trop bas, le levier de la résistance étant plus long que celui de la puissance, on ne frappera plus, même avec d'assez grands efforts, que de foibles coups, & l'on ne pourra serrer les dents autant qu'il est nécessaire.

Il y a des Ouvriers, qui, pour ne pas prendre les dents l'une après l'autre sur le métier, ou dans une boîte qu'ils ont à côté d'eux, en prennent une petite poignée de la main gauche, quoi qu'ils tiennent de cette main les deux petits paquets de ligneul: cette pratique est fort expéditive quand on peut en prendre l'habitude; mais la main droite doit être libre pour empoigner la tige de la batte.

Il y a pourtant un inconvénient dans cet usage pour certaines personnes qui suent des mains, & donnent par là lieu à la rouille; dans ce cas, il vaut mieux placer les dents sur une tringle de bois sur le métier, pour qu'ayant un bout en l'air on puisse les prendre sans peine. Chacun en use suivant l'habitude qu'il a contractée; mais je pense qu'en effet cet inconvénient mérite considération; car les dents une fois placées, ne peuvent plus être essuyées, & avec beaucoup de soins depuis que le peigne est fait, on est fort surpris de le voir rouiller.

Les attentions que je recommande si fort paroîtront sans doute minutieuses à bien des personnes; mais elles sont essentielles pour l'Ouvrier, qui ne peut trouver son bénéfice que dans la célérité.

S'il s'agissoit de me déterminer sur la préférence qu'on doit accorder à l'une des battes dont nous avons indiqué l'usage, tant pour les peignes de canne, que pour ceux d'acier: il me semble que la derniere est préférable à beaucoup d'é-gards; mais d'un autre côté l'habitude peut rendre l'Ouvrier aussi habile avec l'une qu'avec l'autre: un avantage réel avec la derniere, c'est que, si elle est bien faite, & posée bien d'équerre en tout sens, elle dispense du soin particulier de placer les dents *b* à angles droits avec les jumelles, puisque cela ne peut manquer d'arriver. L'Ouvrier n'a d'autre attention que de bien serrer son ligneul, & de faire tomber juste sur chaque division marquée, le nombre de dents qui leur convient. Quelle attention ne faut-il pas pour frapper également sur chaque extrémité des dents, lorsque le bras qui conduit la batte décrit un arc de cercle! il est fort difficile de corriger cette courbure, & le moindre défaut est considérable. Enfin nous avons vu que pendant que l'Ouvrier place & en-toure les dents de ligneul, la batte repose entre les jumelles, & ce poids, quoi-que peu considérable, imprime insensiblement au peigne une courbure, que tout Peigner qui démonte le métier a soin au premier instant de redresser, sans même s'inquiéter de cette cause ; mais cet inconvénient qui paroît de si peu de conséquence, devient confidérable, & n'arrive-t-il pas par-là que chaque dent change de pofition refpective avec les dents voifines, & que le ligneul fe lâche & ne les faifit plus avec autant de force, fur-tout au milieu du peigne où la courbure étoit plus grande & le déplacement plus confidérable. Ce n'eft pas quand le peigne fort des mains de l'Ouvrier qu'on peut juger de ce dérangement ; mais il devient plus fenfible quand il a travaillé quelque temps. Il nous refte à parcourir quelques méthodes particulieres pour monter les peignes, qui ne confiftent que dans la maniere de frapper les dents, & dans les machines qu'on a inventées pour cet ufage.

ARTICLE SECOND.

*Defcription d'un fecond Métier à monter les Peignes d'acier,
& de la maniere de s'en fervir.*

§. I. *Defcription du Métier.*

LA figure 11, *Pl.* 33, repréfente un métier à monter les peignes, que j'ai vu mettre en ufage dans quelques Provinces, & qui a fes avantages, ainfi que fes inconvéniens. La table ou le banc de ce métier eft monté à peu - près de la même maniere que les précédents ; mais au lieu des poupées qu'on y a vues, on fe fert de deux montants *A*, *A*, qui en font l'effet, & de plus vont à environ 4 pieds s'affembler dans les bouts des deux traverfes *F*, *F* ; à la hauteur des poupées qu'on a vues, ces montants font percés & garnis de fer pour recevoir les boulons à vis *D*, *E*, que le Lecteur doit parfaitement reconnoître, & dont par conféquent je ne dirai rien. Il ne me refte à décrire que la batte *I*, qui fe meut par le moyen d'un balancier, comme on va le voir. Au haut de chacun des montants *A*, *A*, & fur leur épaiffeur, font deux entailles ou feuillures qui reçoivent les tenons des crémailleres de fer *F*, *F*, qui y font attachées. Ces tringles ont peu d'épaiffeur ; mais pour ne pas perdre de la force, on leur donne une certaine largeur ; leur épaiffeur eft abattue en chanfrein des deux côtés, & forme un bifeau, fur la longueur duquel eft une certaine quantité d'encoches anguleufes, c'eft-à-dire, de la forme d'un *V* ; mais comme il faut que ces encoches fe répondent parfaitement l'une à l'autre, on faifit les deux tringles dans un étau ou dans une entaille, puis on trace, & l'on forme chacun de ces crochets d'un même coup. Je paffe au balancier.

A environ 4 pouces du bout fupérieur de la tige de fer *H*, eft une mortaife *d*, *fig.* 13, dans laquelle entre jufte la petite traverfe, *fig.* 12, qui y eft chevillée, comme on peut en juger par les trous *e* de l'une, & *f* de l'autre : les deux bouts de cette traverfe ont leurs plans abattus en bifeau, & forment une efpece de lame de couteau *b*, *b*, *fig.* 12 , d'environ 2 pouces de long chacun , & la longueur comprise entre les épaulements *c*, *c*, est à peu-près égale à la distance qui regne entre les deux crémailleres *F*, *F*: à l'autre bout de la tige *H*, ou *fig.* 13, est un tenon quarré *g*, taraudé au centre, formant écrou *n*, pour recevoir la vis *l* de la piece *L*; de maniere que quand ces deux pieces sont vissées ensemble, elles ne laissent d'écartement sur leurs quatre faces que la longueur du tenon *g*, dont on connoîtra bientôt l'usage. L'autre bout de la piece *L* est aussi taraudé , & va se visser dans un écrou *p*, pratiqué sur la boule de fer *K*, ou *fig.* 17, qui ne sert qu'à donner de la pesanteur au levier, & par conséquent plus d'impulsion à la batte. Cette batte qu'on voit en *I*, *fig.* 11, & qui est représentée à part *fig.* 14, est une lame de fer ou d'acier, dont l'épaisseur est à peu-près égale à la largeur des dents , & au centre de laquelle est une mortaise , juste aux dimensions du tenon quaré *g*, qui y entre sans balotter : on sent aisément que ce tenon , n'ayant tout au plus de longueur, que l'épaisseur de cette lame ou batte , quand on visse la piece *L*, cette batte se trouve prise solidement en tout sens : toute l'attention qu'il faut avoir consiste, à ce que cette batte, quand elle est à sa place, soit parfaitement à la hauteur des boulons *D*, *E*, des montants *A*, *A*; sans quoi , en glissant entre les jumelles, elle les fatigueroit considérablement : quelques-uns font faire la piece *L*, cylindrique comme la figure 18 la représente , & interposent entre elle & la batte une rondelle , *fig.* 19, en place de la plaque , *fig.* 16, que d'autres mettent à la tige quarrée au-dessous de la batte.

Cet ajustement de pieces multipliées me paroît sujet à se déranger fort aisément ; ne seroit-il pas meilleur & plus simple de pratiquer après le tenon quarré du bas de la tige, *fig.* 13, un long tenon qui passât au travers de la tige *L*, qu'on perceroit pour cela , & qu'après y avoir enfilé la boule, qu'on pourroit aussi faire de plomb, on fixât le tout en place par le moyen d'un écrou à pans ou à oreilles par-dessous la boule ? mais l'usage en a décidé autrement.

D'autres ont fait faire tout d'une piece la tige & la boule , & pratiquant à la hauteur du peigne un épaulement sur chaque face , ils enfilent la batte qui vient y reposer, & est ensuite arrêtée par une clavette qui presse une rondelle sur la batte.

§. II. *Usage du Métier.*

La figure 1 , *Pl.* 34 , représente un métier à monter les peignes, garni de la batte, en forme de balancier : cette batte est entre les jumelles , & au milieu de l'espace compris entre les dents & la foule , dans l'état d'inertie où tout corps grave qui se meut autour d'un centre , tend à se placer. L'Ouvrier qu'on n'a pas jugé à propos de représenter, seroit ici derriere le métier. Après avoir fixé les jumelles sur les tenons *b*, *b*, qui sont aux boulons à vis, il attache la garde du côté gauche du peigne, ensuite les dents des lisieres, & enfin les dents du peigne ; & à mesure qu'il les place l'une après l'autre, il les arrête d'un tour de ligneul haut

& bas, & ne cesse d'en tenir les bouts de la main gauche, tandis que de la droite il écarte le balancier un peu vers sa droite, & le ramene avec un peu de force frapper contre les dents c; mais dans ce travail il faut apporter quelques soins.

La batte étant fixée en un point de la longueur du balancier, ne sauroit décrire qu'une portion de cercle dans le mouvement qu'on lui imprime ; or cet arc tend à faire écarter les jumelles; il faut donc que la foule A leur procure un écartement suffisant, & que le point de repos du balancier soit assez près des dents pour ne pas fatiguer ces mêmes jumelles ; il seroit donc à souhaiter que le point même de repos fût contre les dents, & que l'Ouvrier l'écartât un tant soit peu pour placer sa dent ; alors l'arc de cercle auroit un de ses bouts contre les dents, & pourroit s'étendre à l'aise de l'autre côté entre les jumelles écartées : aussi l'art des Ouvriers est de tenir la batte à la plus petite distance possible des dents.

Il est aisé de sentir qu'à mesure que le peigne se garnit de dents, la batte cesse d'être perpendiculaire ; aussi a-t-on imaginé l'usage des crémailleres, sur les dents desquelles on peut reculer à volonté son point de suspension.

Réflexions sur la maniere précédente de frapper les dents.

QUELQUE ingénieuse que soit l'invention du balancier qu'on vient de voir, il est certain qu'elle est sujette à de grands inconvénients ; j'en ai déja annoncé quelques-uns, & je crois y en appercevoir d'autres. La batte, dans son mouvement circulaire, ne présente pas le côté de son épaisseur qui frappe les dents, parallelement à elles ; ou si le parallélisme s'établit à la fin, ce n'est que parce que les dents ont pris l'obliquité de la surface qui les frappe ; ce défaut est d'autant plus sensible, que nous avons fait voir que le côté des dents devoit être perpendiculaire aux plans des jumelles, pour que les fils de la chaîne trouvassent moins de résistance. On pourroit ce semble corriger ce défaut, en donnant un peu d'obliquité au côté de la batte qui touche les dents; mais pour peu qu'on fasse réflexion à ce qui se passe dans la suite de cette opération, on sentira, qu'à mesure qu'on place des dents, l'arc de cercle que décrit la batte raccourcit insensiblement, & qu'on ne sauroit changer la suspension du balancier assez souvent pour réduire à zéro ces variations : il n'y auroit absolument que le moyen dont j'ai déja touché quelque chose, de suspendre le balancier, de façon que son point de repos fût toujours celui où la batte toucheroit les dents; alors on seroit presque sûr du parallélisme entre le côté frappant & la dent qui reçoit le coup. J'ai vu plusieurs Peigners à qui ce défaut avoit fait chercher les moyens de le corriger; chacun s'y prend selon son génie: voici un de ceux qui m'ont paru mériter le plus d'être rapportés.

La figure 2, *même Planche*, représente un métier à monter les peignes, qui ne differe du dernier qu'on vient de voir que par la maniere dont le balancier

est

mife en mouvement ; du refte les boulons à vis font placés de même dans les
trous qu'on a repréfentés en *i*, *i* : on a, pour fimplifier les objets, fupprimé
toute la table du métier, parce qu'on n'en a pas befoin pour le faire entendre.
A la partie inférieure de la bafcule en *G*, eft un tenon quarré, femblable à
celui qu'on a vu, & qui entre jufte dans un trou de mêmes forme & dimenfion,
fait au centre de la batte qui y eft retenue par la piece *H* qui reçoit le bout de ce
tenon, & y eft arrêtée, au moyen de deux chevilles ou clavettes de fer, affez
folidement pour empêcher que la batte ne balotte ; (la batte n'eft pas repréfentée ici) ; le bas de la piece de fer, dont on va faire connoître la forme & les
ufages, eft armée d'un poids très-lourd *I*, & lorfqu'on veut s'en fervir, l'Ouvrier place le balancier, de façon que fon repos foit à 2 ou 3 lignes de la derniere dent ; & comme il nuiroit à l'opération, fur l'épaiffeur du petit chaffis de
fer *H*, eft un trou qui reçoit la cheville *g*, à laquelle on attache le bout d'une
corde *M*, dont l'autre va paffer fur la poulie *N*, & fe fixer par un nœud en
deffous de la marche *L*, qu'elle tient à 7 ou 8 pouces d'élévation de terre. L'autre bout de cette marche a une entaille ou enfourchement *d*, par où elle repofe
contre une cheville *e*, qui eft plantée dans le plancher & l'empêche de reculer.

On fent que quand l'Ouvrier pofe le pied fur la marche, le contre-poids &
la batte font attirés à droite & écartés des dents ; pendant ce temps-là, il
place une dent, l'entoure de ligneul haut & bas, & laiffe aller la marche ; au
moyen de quoi le poids, par fa tendance à la ligne perpendiculaire à l'horifon,
vient frapper contre les dents un coup, dont on eft affuré de la force, puifque
l'élan eft toujours à peu-près le même. Lorfqu'on a placé un nombre de dents,
à peu-près égal à l'écartement des encoches des crémailleres, on recule d'un cran
le point de fufpenfion.

Quelques Ouvriers ont trouvé, que d'abandonner ainfi le poids à lui-même, ne
lui donnoit pas affez de force pour preffer convenablement les dents ; ils ont attaché à la même cheville *g*, une feconde corde, qui, paffant fur une autre poulie
R, tient fufpendu par le bout un contre-poids *P*, qu'on peut rendre plus lourd ou
plus léger à volonté : par ce moyen, quand on laiffe aller la marche, non-feulement la pefanteur du poids *I*, le porte vers les dents, mais le contre-poids l'appelle encore.

Il reftoit une difficulté à vaincre, c'eft qu'à mefure qu'on fait avancer le
point de fufpenfion *V*, la corde qui tient à la marche devient trop longue, &
l'autre trop courte. Voici comment on y a remédié : la figure 3 repréfente le
même poids *I* fous de plus fortes dimenfions, & fous les mêmes lettres. A un
des bouts de la cheville *g*, eft enarbrée une roue à *rochet n*, dans les dents de
laquelle repofe une efpece d'encliquetage *m*, pofé fur le plat de la cage comme
le loquet d'une porte. Il tourne par un bout fur une vis *o*, eft retenu par le milieu contre la cage, au moyen d'une *gachette*, en terme de Serrurerie ; l'autre

bout tombe par fon propre poids entre les dents : on voit que le bout de chaque corde étant paffé dans un des deux trous pratiqués fur le corps de la cheville, au milieu de la cage, de maniere que l'une enveloppe le cylindre, tandis que l'autre fe déroule, quand on tournera la roue dentée, la corde de la marche fe raccourcira, & l'autre s'allongera ; ce qui convient parfaitement à l'ufage qu'on en attend. L'entaille de la cage dans laquelle les cordes s'entortillent, doit être capable de les contenir, fans que les tours de l'une chevauchent fur ceux de l'autre ; au furplus, comme on fe fert de cordes à boyau d'une ligne ou une ligne & demie de diametre, pour peu qu'on y prenne attention, on ne court pas rifque de tomber dans cet inconvénient.

Ceux qui ne fe fervent point de contre-poids font également ufage de la roue à rochet, à la tête de la cheville *g* ; & alors ils fe contentent de développer la corde de la marche à mefure que le peigne avance. Il refte une difficulté, c'eft que quand la traverfe à couteaux qui fufpend le balancier dans les encoches des crémailleres, eft une fois au fond des encoches, plus le poids eft lourd, & plus on a de peine à la faire fortir de ces encoches ; il faut que l'Ouvrier fe leve, qu'il fouleve la tige, & la place dans les encoches fuivantes ; ce qui le dérange & le fatigue beaucoup : pour remédier à cet inconvénient, il me femble qu'on pourroit employer l'un des deux moyens fuivans. Le premier, eft de tenir les encoches d'un angle plus obtus, & au lieu d'un couteau à chaque bout de la traverfe *V*, *fig.* 2, on y pratiqueroit un tenon bien rond & bien poli, qui, entrant dans de petites roulettes, pafferoit aifément d'une encoche à l'autre, comme on le pratique à certains métiers d'Etoffes de Soie, & comme on le voit repréfenté, *fig.* 4, ou *q*, repréfente la roulette dans une entaille.

L'autre moyen confifteroit à faire les dents précifément comme celles d'une crémaillere ou d'une fcie, penchées toutes vers un bout, & à angles droits, par rapport à l'autre. On placeroit une poulie au milieu de la largeur du montant à droite, & avec une corde, dont le bout feroit attaché au milieu de la traverfe *V*, on tireroit la bafcule de cran en cran, à mefure que l'ouvrage avanceroit.

Il faut avoir attention de placer le poids, de maniere que fon centre de gravité foit au centre de la figure, ainfi que s'expriment les Phyficiens ; fans cela la batte frapperoit plus fort fur un bout des dents que fur l'autre. Voyons maintenant le parallele de ces deux méthodes.

Parallele des deux battes précédentes.

EN comparant ces deux méthodes, on trouvera qu'elles ont des avantages & des inconvéniens : toutes deux donnent affez d'expédition à l'ouvrage ; l'une frappe toujours les dents dans la ligne perpendiculaire, au lieu que l'autre ne le frappe qu'au bout d'un arc, qui fatigue toujours les jumelles ; enfin la derniere paroît préférable, en ce que l'Ouvrier a les deux mains libres pour placer fes dents , & n'a qu'à lever le pied pour les frapper. Encore une fois ce n'est pas à moi à prononcer sur la supériorité de ces sortes d'ustensiles & d'opérations : les Ouvriers qui ont long-temps pratiqué l'un & l'autre , sont seuls compétents pour porter ce jugement.

Planche 43.

Je pense cependant que l'usage de la batte à la main est préférable ; car , quelque égale que soit la force qui vient frapper sur les dents , il faudroit avoir réglé le poids avec une justesse mathématique , pour être sûr que tel nombre de dents entrera exactement dans la division marquée sur les jumelles ; & si l'on s'apperçoit qu'on ne pourra pas l'y faire entrer , l'Ouvrier en lâchant la marche , ne sauroit donner à la bascule plus de force que l'écartement , à laquelle il l'amene , ne peut lui en procurer ; il faudroit l'écarter davantage à la main , & l'appuyer plus fort ; ce qui ne sauroit avoir lieu. La premiere méthode remédieroit mieux à cet inconvénient ; mais la batte à la main est plus sûre , parce qu'on peut redoubler le nombre de coups , & augmenter leur intensité , jusqu'à ce qu'on voie que les dents prennent l'arrangement qu'on veut leur procurer.

Il est si vrai que la méthode qu'on vient de voir est sujette à des inconvénients , qu'on a cherché à la perfectionner , en procurant à la batte la liberté du mouvement pour la faire frapper plus ou moins fort , selon le besoin ; mais comme l'usage de la marche est très-avantageux , puisqu'il laisse la liberté aux deux mains , on a adapté à ce mécanisme le mouvement de la même marche , comme on va le voir à l'instant.

La nécessité seule de décrire l'Art du Peigner dans toutes ses parties , a pu me déterminer à rapporter tous les procédés que je fais passer en revue : les méthodes qu'on vient de voir n'ont pas lieu pour la Fabrique des Etoffes de Soie ; les peignes n'en seroient pas assez parfaits ; mais en Flandres où on fabrique beaucoup de Toiles & de Mousselines ; c'est ainsi qu'on fait les peignes , & je ne sais aucun autre endroit où on les fasse de cette maniere. J'ai toujours cru qu'un Art n'étoit complet , qu'autant qu'on y consignoit tous les usages , pour qu'il en résultât une masse de connoissances dont chacun pût tirer avantage. Versé dans la Fabrique des Etoffes de Soie , je ne me crois pas juge compétent des ustensiles & des procédés qu'on emploie dans les autres Arts qui y on rapport ; aussi je m'abstiens d'en porter aucun jugement.

ARTICLE TROISIEME.

Defcription d'un troifieme Métier à monter les Peignes,
& de la maniere de s'en fervir.

§. I. *Defcription du Métier.*

LE métier que je vais décrire me femble le plus ingénieux de tous ceux que j'ai vus , & cependant je dois avouer , que dans nos grandes Villes de Manufactures il n'eft aucunement mis en ufage , & peut-être même n'y eft pas connu. Il n'y a pas dix ans qu'un Peigner d'Anvers l'inventa , & en fit conftruire un : fon exemple fut auffi-tôt fuivi par tous fes confreres de la même ville. Je ne l'ai pas vu , & je ne le connois que par les détails que je m'en fuis procurés : la bonne-foi exige de moi cet aveu ; & fi la defcription que j'en donnerai n'eft pas entiérement conforme à celle de l'original , je crois par mon aveu me mettre à l'abri de tout reproche.

La figure 5 , *Pl.* 34 , repréfente un troifieme métier à monter les Peignes ; on voit à la fimple infpection que fa conftruction eft fort compliquée ; mais avec un peu d'ordre j'efpere la rendre fenfible.

La bafe de ce métier eft une efpece de tréteau , compofé de deux pieces de bois *A , A* , montées fur quatre pieds *B , B , B , B.* Au milieu des pieces de bois *A , A* , eft une entaille en queue d'aronde , de 4 à 5 pouces de large à fa partie fupérieure, qui eft plus étroite, & de 2 pouces de plus large au fond. Tout contre les deux joues de cette entaille , qu'on peut voir en *N, fig.* 7 , font affemblées deux longues traverfes *C, C,* dont on peut voir le bout des tenons *i i* fur la même figure , qui repréfente la coupe tranfverfale de la machine : les faces intérieures de ces traverfes font inclinées comme celles de l'entaille *N* , & c'eft-là que gliffe une autre piece de bois dont nous parlerons bien-tôt. Sur l'épaiffeur de chacune des traverfes *C, C,* & en dehors , eft une rainure à 2 pouces de fa face fupérieure , dans laquelle s'affemble à languette , ainfi que fur l'épaiffeur des pieces *A , A* , une planche , fur le bord de laquelle on attache avec des clous, une tringle *P,* qui affleure le deffus & le bout des pieces de bois *A, A,* & forme une efpece de tiroir , dans lequel on entrepofe les dents & autres outils.

Dans la couliffe que forment les deux traverfes *C, C,* eft une longue piece de bois *D,* à queue d'aronde qui y gliffe ni trop jufte ni trop aifément ; à chacun de fes bouts eft planté un montant *E,* ou poupée, femblable à celles qu'on a vues aux métiers précédents ; à chacune eft un boulon à vis avec un tenon , comme aux autres ; & quand le peigne eft folidement retenu entre les deux poupées, il a la liberté d'avancer & de reculer au moyen de la crémaillere *m* ,

qui

qui eſt fixée par les deux extrémités ſur la piece mobile *D*, & à qui le réglet de fer *Q* ne permet pas de changer de place ſans la volonté de l'Ouvrier.

Tout contre l'entaille de la piece de bois *A*, à droite, ſont plantés deux montants *H*, *H*, au haut deſquels eſt un enfourchement qui reçoit une des poulies *b*, *b*, ſur leſquelles paſſe la corde qu'on y voit : cette corde paſſe au travers d'un trou, pratiqué ſur l'épaiſſeur de la batte *I*, & eſt arrêtée de l'autre côté au moyen d'un nœud ; l'autre bout de ces cordes, après avoir paſſé dans un anneau *R*, de peur qu'elles ne ſe dérangent, va paſſer au travers de la marche *K*, en deſſous de laquelle elles ſont auſſi arrêtées par un nœud.

La marche *K* ne doit pas être plus longue que les deux tiers du métier ou environ, parce que ſi elle étoit de toute ſa longueur, le pied auroit trop de chemin à parcourir pour lui faire décrire un arc égal à celui qu'elle décrit à la longueur que je recommande. On la fixe en un point, au moyen d'une broche de fer *d* qui paſſe au travers de ſon épaiſſeur, & roule dans les pitons *e*, *e*, qui ſont enfoncés dans le plancher. La batte que la figure 8 repréſente à part, eſt une planche large & mince, au milieu de laquelle eſt réſervée une épaiſſeur, dans laquelle on pratique un trou *y*, *ʒ*, où paſſent les deux cordes *f*, *f*, auxquelles ſont ſuſpendus les contre-poids *M*, *M*, & qui ſont retenus par un nœud en *y*, *fig.* 5 : à peu-près au tiers de la longueur des deux traverſes *C*, *C*, eſt plantée une piece de bois, telle qu'on le voit *fig.* 6, & en *L*, *fig.* 5, en dehors de laquelle, & près de ſes angles, ſont deux poulies *h*, *h* : au - deſſus ſont deux autres poulies, placées horiſontalement *g*, *g*, ſur leſquelles paſſent les cordes *f*, *f*, avant de paſſer ſur celles *h*, *h*. Les traverſes *C*, *C*, ſont percées perpendiculairement aux poulies pour laiſſer paſſer les cordes, auxquelles quand elles y ſont, on attache les contre-poids : pour achever de décrire cette machine, je vais la ſuppoſer en mouvement.

Suppoſons donc qu'entre les deux poupées *E*, *E*, on a placé les jumelles d'un peigne aux deux tenons *a*, *a*, ainſi qu'on l'a déja vu pluſieurs fois : on tend ces jumelles au moyen de l'écrou *G* qu'on voit au boulon à vis de la poupée à gauche : l'Ouvrier attache les gardes de ce côté, & appuyant le pied ſur la marche, il place les dents des liſieres, puis celles du peigne même, & chaque fois qu'il en a placé une, il leve le pied de deſſus la marche, qui eſt auſſi-tôt attirée par les contre-poids ; & comme le peigne peut avancer & reculer à volonté avec la piece de bois qui porte les jumelles, on le met au degré convenable par le moyen de la crémaillere qu'on fixe par le réglet *n*, qui, pris lui-même entre les deux entailles *Q*, *Q*, ne ſauroit éprouver ni permettre aucun balottement. La batte eſt placée entre les jumelles, & n'a pas plus d'épaiſſeur que les dents, & étant appellée fortement contre les dents, elle ne ſauroit s'écarter du parallélifme, & frappe auſſi fort qu'on le deſire ; après quoi l'Ouvrier remet le pied ſur la marche, & attire la batte vers l'autre bout du métier, ce qui lui donne de la place pour opérer commodément, & placer une nouvelle dent, qu'il frappe de même, & ainfi des autres ; mais comme le peigne fe garnit infenfiblement de dents, la batte n'a bien-tôt plus affez de courfe : l'Ouvrier fouleve le réglet *n*, & fait glifler d'un cran la piece de bois *D*, & par conféquent avancer le peigne ; ce qui donne toujours la même force pour frapper les dents : il faut cependant prendre garde de ne pas trop tirer le peigne vers la droite, car la marche pourroit toucher à terre, fans appuyer fuffifamment ou même aucunement contre les dents ; un peu d'expérience met bien-tôt au fait.

Je penfe avoir rendu fenfible la defcription de cette machine ; je n'ajouterai plus que quelques mots fur la conftruction de quelques - unes des pieces qui la compofent : *C*, au bas de la planche, eft une des deux traverfes qui s'affemblent aux deux tretaux *A*, *A*. La face contre laquelle glifle la piece *D* qui porte les poupées, eft cenfée derriere : j'ai fait repréfenter la rainure dans laquelle on fait entrer la languette d'une des planches, qui forment le tiroir dont j'ai parlé. *O*, eft le trou par où paffe la corde d'un des contre-poids ; *p*, eft la mortaife, où l'un des tenons du chevalet *L*, ou *fig. 6*, entre à force ; & *q* eft celle qui reçoit le tenon d'une des entailles *Q*, *Q*. La piece qu'on voit tout au bas de la planche repréfente la traverfe qui entre jufte dans les entailles *Q*, *Q*, par fes parties quarrées *x*, *x*, & les deux plans inclinés *s*, *t*, qui fe rencontrent au milieu du plan inférieur, forment un bifeau qui entre dans les crans de la crémaillere, & rendent folide la piece mobile *D* & les poupées.

La figure 7 repréfente le métier vu par un de fes bouts ; on y voit la coulifle à queue d'aronde *N* ; les bouts des tenons *i*, *i*, des traverfes *C*, *C* ; ceux *l*, *l*, des planches qui forment des efpeces de tiroirs, & enfin les montants *H*, *H*, & les poulies dans leurs entailles.

On peut remarquer fur la figure 5, que la poupée à gauche eft tout près du bout de la piece mobile *D*, tandis que l'autre en eft à une certaine diftance ; je n'en fais pas précifément la raifon ; mais je ne crois pas qu'elle puiffe être autre que d'empêcher cette piece, quand on la pouffe tout-à-fait vers la gauche, de tomber à terre, fi elle fortoit de l'entaille faite fur le treteau ; ainfi, quelque avant qu'on la pouffe à gauche, on n'a pas à craindre qu'elle forte de l'entaille.

Il eft néceffaire dans la conftruction de cette machine d'en difpofer les pieces, de maniere que la batte fe meuve bien parallelement au banc du métier, ou, pour mieux m'exprimer, dans la même ligne des boulons à vis qui tiennent le peigne ; & pour cela il faut avoir égard aux épaiffeurs des bois, des cordes, & à la pofition des poulies ; ainfi, quoique la pofition des montants *H*, *H*, foit à la hauteur des boulons à vis, il faut encore que les entailles qu'on y voit, foient telles, que les poulies débordent un peu leur bout, pour que l'axe de la corde réponde bien parallelement aux deux tenons *a*, *a* ; fans quoi la batte frottera contre les jumelles de deffus ou de deffous. Maintenant il faut prendre d'autres

dimensions pour placer les poulies *g* , *g* ; car comme les cordes *f* , *f* , qui passent
dessus prennent leur origine au - dessus de l'épaisseur de la batte , il faut tenir
compte de cette épaisseur , & que les rainures des poulies *g* , *g* , répondent au trou
où passent ces cordes. Ce n'est pas tout , il faut poser une regle sur chaque bout
des tenons *a* , *a* de chaque boulon des poupées , après s'être assuré de leur parallélisme , & voir si la batte suit bien également le bord de cette regle : avec
toutes ces précautions on peut être assuré de l'exactitude de la machine , & des
peignes qui y seront fabriqués. Pour un Artiste intelligent il n'y a rien à négliger ; une somme d'erreurs insensibles , est une erreur considérable qu'on
apperçoit bien , & dont on ne peut souvent pas deviner la cause. Il est à propos
en finissant , d'avertir que l'Ouvrier doit être en travaillant assis , plutôt plus
haut que trop bas , sans quoi le mouvement du pied sera gêné ; au lieu que plus
la jambe & la cuisse approcheront d'être en ligne droite , moins les muscles em-
ploieront d'efforts pour obtenir de grands effets.

Ce métier me paroît mériter la préférence sur tous ceux qu'on a vus jusqu'ici ;
il n'y a d'inconvénient que l'attention qu'il faut avoir pour mettre des contre-
poids *M* , *M* , égaux de pesanteur , sans quoi un bout des dents sera plus pressé
que l'autre. Au dernier métier qu'on a vu , l'Ouvrier étoit obligé de se déranger
assez souvent pour reculer la bascule d'encoches en encoches : ici il est obligé
d'arrêter son travail pour avancer la piece mobile qui porte le peigne. Ne seroit-
il pas possible d'adapter en dessous du métier une roue ou pignon denté , qui ,
au moyen d'une manivelle , fît avancer & reculer cette piece à volonté , à
l'aide d'une barre dentée , comme l'est celle d'un *cric* , que tout le monde
connoît ? mais ce qui me paroît plus facile encore , on pourroit y adapter le
moyen si simple & si ingénieux dont on fait mouvoir le *train* d'une presse d'Imprimerie en caracteres : ce n'est autre chose qu'un cylindre , sur lequel sont
arrêtés les deux bouts de deux cordes, dont l'une tient à une extrémité du train ;
& l'autre , après avoir fait plusieurs tours sur le cylindre , va se fixer à l'autre
extrémité : à l'axe du cylindre est une manivelle, & en faisant tourner le cylindre
à droite ou à gauche , on fait avancer ou reculer la piece qui y est fixée.

Il paroîtra peut-être surprenant , qu'un métier aussi-bien entendu & aussi commode , soit à peine connu dans les principales Villes de Manufactures , & qu'il
n'y soit pas mis en usage ; mais voici la raison que j'en soupçonne. Le nombre des
Ouvriers en peignes n'est pas fort considérable , & comme chacun d'eux est à
peu-près fixé dans la Province où le sort ou bien sa naissance l'a placé ; attaché
aux méthodes qu'il a adoptées , il les préfere à celles dont il n'a d'autre occasion
pour les connoître que d'en entendre parler. Un Ouvrier un peu habile peut faire
un peu plus d'un peigne par jour ; ainsi le nombre de Maîtres dans cet Art qui suivent les Villes de Fabrique , est toujours suffisant pour les entretenir de cet
ustensile.

Les métiers dont je viens de donner la description dans cette partie , convien-

droient certainement à la Fabrique des Peignes de canne ; j'aurois peut-être pu
les décrire dans la premiere Partie ; mais pour mettre de l'ordre dans mon Ouvrage , j'ai cru qu'il étoit plus à propos de parler des peignes de canne avec les
métiers dont on se sert pour les Fabriquer , & de ceux qui servent aux peignes
d'acier séparément : le Lecteur , & ceux qui chercheront dans ce traité des lumieres sur leurs méthodes , seront à portée de comparer les différents usages :
j'ai mis chaque chose à sa place ; c'est à celui qui en a besoin à l'y aller prendre.

Chaque pays a ses usages , chaque Nation ses avantages ; c'est l'aliment de l'é-
mulation : nous aurons beau nous évertuer ; le velours de Gênes aura long-temps
la préférence sur tous les autres : Lyon n'atteindra peut-être jamais à la perfection
du Satin des Indes. L'Angleterre l'emporte sur nous dans la Fabrique des Moëres:
peut-être ces préjugés , fondés en raison dans leur origne , ne sont-ils plus en-
tretenus que par leur ancienneté : la prévention fascine les yeux , & lorsqu'on
m'a cru aveuglé par l'amour de ma Patrie , lorsque j'assurois à la Ville de Lyon
la primauté sur les autres Fabriques , on avoit tort : prêt d'avouer que nos voisins
l'emportent sur nous dans quelques parties , j'ai prétendu démontrer que nous
leur sommes supérieurs dans l'universalité. Je ne déclame pas , je raisonne , je
calcule ; je ne suis ni patriote outré ni *cosmopolite* ; je cherche la vérité , & j'ai
le courage de la publier. Revenons à nos métiers.

J'ai dit que le dernier métier étoit préférable aux autres ; en effet , l'Ouvrier
ayant à placer des dents , auxquelles on est forcé de donner du premier coup l'a-
lignement quelles doivent avoir , a bien plus de facilité à les aligner lorsqu'il a
les deux mains libres que quand il est obligé de quitter & de reprendre sans cesse
la batte : il peut , s'il le veut , avoir devant lui une regle qui s'appuie sur les dents
déja placées , & détermine la position de celles qu'il va mettre : à la monture des
peignes de canne , ce soin n'est aucunement nécessaire , on a la facilité de les
rogner quand le peigne est fini ; mais les dents d'acier , une fois mises en place ,
ne peuvent plus recevoir de façon , & si ce peigne est mal , c'est un peigne gâté ,
ou qu'il faut démonter.

J'ai dit en parlant des peignes de canne , qu'il étoit à propos que la longueur
des gardes excédât par chaque bout celles des dents d'une ligne ou environ : il
faut bien se garder d'en user ainsi aux peignes d'acier ; les dents , ébranlées sans
cesse par les secousses qu'elles éprouvent dans la rainure du battant , descendroient
insensiblement , sur-tout quand le papier qui entoure les jumelles seroit usé : on
n'a pas cet inconvénient à craindre à celles de canne ; leur légéreté est si grande ,
l'extrémité par où elles sont prises entre les jumelles est bien plus large ; ainsi
tout s'oppose dans les unes à ce qu'elles changent de place , & tout les y invite
dans les autres.

ART.

Article Quatrieme.

De la maniere de polir les Peignes d'acier.

Quand un peigne est monté, l'opération suivante consiste à le polir avec de la pierre-ponce : quelques Peigners intelligents couvrent auparavant les jumelles avec des bandes de papier, comme nous l'avons enseigné à la fin de la premiere Partie de ce Traité, en parlant des peignes de canne ; d'autres aiment mieux ne les couvrir qu'après les avoir polis. S'il m'est permis de dire ce que j'en pense, ces derniers ont tort, parce que la ponce, mise en poudre, s'attache au ligneul, & le ronge insensiblement, à cause des frottements réitérés que le peigne éprouve dans la rainure du battant. Je ne répéterai ici rien de ce que j'ai dit dans la premiere Partie, des moyens usités pour couper les bandes de papier & pour en couvrir les jumelles ; cette répétition ne sauroit être que très-fastidieuse & déplacée.

Lorsque j'ai détaillé la maniere d'applatir les dents au laminoir ou moulin, j'ai dit que leur épaisseur ne recevoit aucune sorte d'apprêt : ordinairement elles sont sur cette dimension très-minces, & à les regarder chacune en particulier, après que le triage en est fait, on n'y apperçoit rien ; cependant quand le peigne est monté, on voit qu'elles ont besoin d'une légere façon pour présenter ensemble une surface unie : cette opération tient lieu du planage qu'on fait aux dents de canne. Voici comment on s'y prend.

Quelques Ouvriers se contentent de poser le peigne à plat sur une table, & le tenant de la main gauche, ils frottent les dents avec la pierre-ponce ; cette méthode est vicieuse, en ce que, quelque force qu'on y emploie, on ne sauroit empêcher le peigne de remuer sur un plan, où rien ne lui sert de point d'appui : la ponce se met en poudre, qui en peu de temps ronge le papier, & même le ligneul qui entoure les jumelles.

D'autres fixent le peigne sur la table, par les mêmes moyens que ceux qu'on a vu employer pour placer les peignes de canne sous la feuillure d'une tringle fixe & d'une mobile qu'on arrête avec des vis : avec cette attention on ne craint pas que les jumelles reçoivent aucune atteinte. Il reste à dire comment on se sert de la ponce : on choisit les pierres les plus légeres, & qui soient sans veines, on les dresse sur une face avec une grosse lime plate, & on frotte les dents suivant leur longueur, & non pas suivant celle du peigne. Il faut avoir grande attention de ne pas aller frapper contre les jumelles ; car l'angle aigu qui forme le plan inférieur de la pierre avec ses côtés, auroit bien-tôt coupé le ligneul, & c'est pourquoi il est à propos d'y mettre une bande de papier, qu'on peut renouveller ou recouvrir si elle se trouve un tant soit peu endommagée. Il ne faut pas promener la pierre suivant la longueur du peigne, parce que les

Etoffes de Soie. VI. Part.   L 7

dents contracteroient une courbure qu'il ne feroit plus poſſible de redreſſer ; d'ailleurs, en uſant un tant ſoit peu ſur l'épaiſſeur, ce mouvement jetteroit entre les dents une rebarbe qui déchireroit la ſoie qu'on y enfile ; ainſi tout engage à prendre les plus grandes précautions dans ce travail.

Lorſque le peigne eſt poſé ſur une face, on l'ôte de ſa place, & on retire avec un balai de plume la ponce que ce travail a miſe en poudre, & on la garde pour le beſoin : on remet le peigne ſur l'autre face, & on y donne la même façon ; après quoi on le retire encore pour nettoyer la place, & ramaſſer la pouſſiere, qu'on paſſe au tamis de ſoie, pour qu'elle ſoit plus fine. Pour nettoyer le peigne parfaitement, on ſe ſert d'une forte vergette ou broſſe à poil de ſanglier qui pénetre entre les dents, & ôte toute la ponce qui pourroit y être reſtée ; alors on remet encore le peigne ſous les tringles ; puis aminciſſant en forme de biſeau un morceau de bois blanc, tel que du ſaule, qui eſt fort bon pour cela, d'un pouce ou un pouce & demi de large, & enterrant pour ainſi dire le peigne dans cette pouſſiere fort fine, on frotte les dents avec ce bâton, juſqu'à ce que les dents entrent dans le bois, & qu'on ſoit ſûr de leur avoir procuré une forme arrondie ſur leur épaiſſeur. On paſſe enſuite à d'autres, mais ſans abandonner celles qui ſont finies, dont on prend encore quelques-unes pour que le peigne ne ſoit pas ondé ſur ſa longueur, & on continue juſqu'au bout en prodiguant la pouſſiere, qui n'eſt pas perdue, & qu'on ramaſſe pour une autre fois : à meſure que le bâton s'uſe, & que le biſeau qu'on y avoit formé eſt fendu par les dents, on le refait avec un couteau pour s'en ſervir juſqu'au bout. On fait la même opération ſur les deux faces du peigne, après quoi on le broſſe bien ; de maniere que les poils de la broſſe s'inſinuent entre les dents & contre les jumelles ; ce qui n'eſt pas difficile s'ils ſont longs & roides ; & quand on eſt aſſuré qu'il ne reſte plus de ponce, on refait le biſeau du bâton de ſaule, & on le paſſe à ſec ſur les dents, ſuivant leur longueur, comme on l'a toujours dû pratiquer ; & enfin l'ayant refait une autre fois, on y met un tant ſoit peu d'huile, & on le repaſſe encore ſur les dents. On prétend que cette derniere façon préſerve les dents de la rouille : cela eſt aiſé à concevoir ; mais il faut mettre bien peu d'huile, autrement la chaîne de l'étoffe en ſeroit tachée.

Il y a des Ouvriers qui, au lieu d'huile pour derniere façon à donner aux dents, préparent un morceau de plomb de la forme du bâton de ſaule, & les frottent aſſez fort. J'ai déja dans un endroit de cette Partie dit ce que je penſe de cette recette, digne d'Albert-le-Grand ; mais une autre qui n'eſt pas dépourvue de bon ſens, c'eſt de prendre un bouchon de liége, de le faire un peu brûler à la chandelle, & d'en frotter les dents ; & quand la partie charbonneuſe eſt uſée, on le brûle de nouveau pour répéter la même opération. Ici le liége brûlé eſt une poudre impalpable, qui, à l'aide du liége qui n'a pas été brûlé, peut produire un peu de luſtre ; au ſurplus je rapporte un procédé reçu. Quand toutes ces opérations ſont finies, on prend une vergette à longs poils, & on l'infinue de tous fens dans l'intervalle des dents , & fur-tout entre les jumelles , pour en faire fortir la ponce ou le liége qui pourroient s'y être introduits.

Le Lecteur qui n'a aucune connoiffance de la fabrique des peignes , croira aifément ce que je dis ici de la difficulté qu'on rencontre à fabriquer un peigne, pour le porter au point de perfection où il doit être ; mais parmi les Ouvriers , ceux qui n'ont pas porté leurs vues au-delà des bornes ordinaires, croiront que je me forme des monftres pour les combattre : voici ma réponfe ; elle eft, je crois, fans replique. A l'inftant où j'écris ceci , j'ai fous les yeux un peigne d'acier, provenant d'une Manufacture très-bien uftenfilée ; j'avoue que je n'y ai pu diftin-guer aucun défaut , ainfi que plufieurs bons Ouvriers a qui je l'ai montré , & cependant en l'envoyant à Paris on a écrit deffus dans la Fabrique même : *il ne peut fervir comme il eft , on l'a effayé de toutes les façons* : on s'eft enquis des défauts qu'il occafionnoit à l'étoffe ; & on a répondu qu'il fabriquoit fort bien , que l'étoffe n'avoit aucune inégalité , aucune rayure ; mais qu'il faifoit caffer les brins de la foie : on a cherché fi les dents fur leur plat ne feroient point pailleufes ou écorchées, mais à l'aide d'un microfcope on n'y a rien pu découvrir: ce qu'il y a de fort fingulier c'eft , qu'ainfi qu'à beaucoup d'autres peignes que j'ai vus, la feule opération qu'il foit à propos de lui faire , feroit de le démonter & de le faire remonter par un autre Ouvrier. Qu'on foit après cela furpris de me voir tant infifter fur les foins qu'on doit apporter à la fabrication de l'uftenfile qui contribue peut-être le plus à la perfection des étoffes. J'ai cru que l'exemple que je viens de rapporter répondroit mieux aux objections, qu'un long raifonne-ment.

Il y a encore des Ouvriers qui poliffent leurs peignes avec de l'oignon blanc. Il eft à peine croyable qu'on ofe appliquer fur une furface polie, & fur un métal, un acide auffi violent : qui ne fait l'effet que produit fur la lame d'un couteau le jus d'un oignon, qu'on a coupé avec fans le bien effuyer ; & peut - on effuyer parfaitement un peigne , fur-tout entre les dents ? Oh ! fous combien de formes fe produit la folie! Ce qu'il y a de plus furprenant, c'eft que, quoique vous difiez à ces gens-là , ils ne fe rendent pas ; ils ne manquent pas de réponfes à tout ce que vous leur démontrez...... Laiffons-les faire.

Il eft à propos en finiffant cet Article de faire remarquer , que pendant qu'on polit les dents fur une face du peigne , l'autre face fe trouve porter à faux , puif-que les jumelles font une épaiffeur : il feroit bon de faire une cannelure de chaque côté fur la longueur d'une planche , pour que les dents paffant deffus ne puffent recevoir aucun dommage.

Dans l'état où nous venons de quitter le peigne, il n'eft pas encore fini ; la nature du métal dont font faites les dents, ne lui permet pas d'être auffi docile aux volontés de l'Ouvrier qu'on le defireroit : on a beau dreffer parfaitement les dents , les monter avec beaucoup de foin , on eft tout furpris après tout cela de les voir fe porter à droite ou à gauche , & en touchant leur voifine, empêcher la chaîne de se mouvoir comme il est nécessaire. Nous avons vu qu'on redresse celles de canne avec un fer chaud: nous allons enseigner la même opération pour celles de fer; mais il y a quelques manipulations particulieres qu'il ne faut pas obmettre.

Le Lecteur doit se souvenir de la maniere dont j'ai fait voir qu'on redresse les dents des peignes de canne; alors la courbure venoit de la nature élastique & fibreuse de la canne; mais au peigne d'acier on ne sauroit venir à bout de redresser que les dents, qui, ayant été un peu forcées par le serrement du ligneul, ont contracté une légere courbure: il faut donc apporter une très-grande attention pour ne les forcer contre aucun corps dur ou autrement: les dents, qui ayant été d'abord bien dressées, ne se sont courbées que par la gêne où les tient le ligneul, doivent nécessairement par leur élasticité, tendre à se redresser, pour peu qu'on leur en facilite les moyens; c'est ce qu'on se procure au moyen d'un fer chaud, qui, faisant fondre le ligneul, permet aux dents de s'étendre. On se sert donc de fers à dresser, semblables à ceux qu'on a déja vus: on les fait chauffer plus fort que pour la canne; mais cependant pas assez pour donner du recuit aux dents; ce qui leur feroit perdre de leur élasticité, & les empêcheroit de se redresser quand les chocs qu'elles éprouvent en travaillant les courbe un tant soit peu.

A moins d'avoir l'usage de travailler les métaux, on sera peut-être en peine des moyens de s'appercevoir quand une dent s'échauffe trop: voici à quoi on peut s'en tenir. Le fer ou l'acier, quand ils sont polis, prennent au feu différentes couleurs, suivant le degré de chaleur qu'on leur donne; quand on y fait attention, on les voit devenir petit jaune, ensuite couleur de paille, puis couleur d'or, puis gorge de pigeon, ensuite violet, après cela bleu, & enfin gris: c'est d'après ces différentes couleurs que les Ouvriers en métaux s'assurent de la dureté qu'il convient de donner à leurs outils tranchants, ou autres. On peut se convaincre aisément du tort que fait le recuit aux lames de fer dont on fait les dents; il suffit pour cela de prendre une dent non chauffée par un bout, entre les doigts, & avec l'autre main de la tirer un peu en devant; si elle est de bon fer ou d'acier, elle doit retourner à sa place, c'est-à-dire, en ligne droite, après une certaine quantité de vibrations; mais si la chaleur l'a plus ou moins détrempée, elle fera très-peu de vibrations, & restera plus ou moins courbe, selon qu'elle aura été plus ou moins recuite.

Il y a des Peigners qui pour redresser les dents, au lieu de les chauffer avec un fer, comme je viens de le dire, font chauffer les jumelles d'un bout à l'autre, & quand ils jugent que la poix peut être très-amollie, ils tordent le peigne en différents sens, & prétendent par-là rendre aux dents la facilité de se redresser: ils ont raison à cet égard; mais si le ligneul constitue l'écartement des dents, la poix y entre assurément pour quelque chose; & quand elle est fondue, elle s'insinue par-tout indifféremment,

&

& l'on ne peut être affuré que le peigne étant refroidi, foit auffi folidement
monté qu'il l'étoit auparavant.

J'ai rapporté cette méthode , toute vicieufe qu'elle eft , pour l'oppofer à
celle dont j'ai précédemment rendu compte.

Le poli que je viens de faire voir qu'il convient de donner aux dents ,
eft la derniere opération qu'on y fait. Quelques Ouvriers terminent leur
ouvrage par coller de fecondes bandes de papier fur les jumelles ; cette précaution eft fort bonne & les conferve très-bien. Il ne refte plus qu'à ferrer ces
peignes dans des boîtes bien clofes , & à l'abri de toute humidité dans du fon,
pour prévenir la rouille. Je paffe à d'autres fortes de peignes qui fervent
pour les Paffementiers , les Rubaniers , & pour les Galonniers.

CHAPITRE TROISIEME.

De la fabrique des Peignes , propres aux Paffementiers , aux Rubaniers & aux Galonniers.

LE titre de ce Chapitre annonce trois fortes d'Artifans qui pourroient paroître
faire trois corps différents , & qui cependant n'en font qu'un. Le Rubanier
eft celui qui fabrique tous les rubans, tant en foie qu'en fil , unis & rayés ,
ainfi que les chenilles de foie & de laine. Le Paffementier fabrique les rubans à
fleurs brochés , ou autrement , & le Galonnier fait les galons, les *fyftêmes* &
les livrées. Chacun de ces Artifans emploie des peignes différents tant pour
les dents que pour la monture, qui fe font par les mêmes Ouvriers. Les
uns fe fervent de peignes d'os, d'autres de cuivre , & d'autres enfin d'acier.
La façon de ces derniers ne reffemble guere à ceux dont on vient de voir la
defcription ; les dents fe préparent d'une toute autre maniere, & même depuis
quelque temps on a adopté une nouvelle maniere de les monter ; c'eft ce que
je vais décrire affez briévement. Je commence par les peignes des Rubaniers
& des Paffementiers ; car ceux de cuivre, d'acier & d'os, appartiennent aux
Galonniers.

Article Premier.

Des Peignes propres à la Rubanerie & à la Paſſementerie.

§. I. *Des Peignes pour les Rubans.*

On peut dire en général que les peignes, propres à fabriquer les rubans, font, à la longueur près, femblables en tout à ceux des Etoffes de Soie ; les dents en font ordinairement de canne, les jumelles de bois ; on les monte avec le ligneul, & la fineſſe des dents dépend de la fineſſe des rubans qu'on veut fabriquer. Les rubans fe diſtinguent par numéros, & les plus larges ont le plus fort nombre : il eſt encore généralement vrai, que les numéros des rubans, & par conféquent leur largeur, ne change rien à leur fineſſe, & le *grain* en étant une fois déterminé, un ruban large reſſemble parfaitement à un plus étroit. Ces largeurs font ordinairement fixées pour chaque numéro ; mais l'uſage a introduit des largeurs *bâtardes*, qui font moindres que celles dont elles portent le numéro ; ainſi, fuppoſons qu'un ruban d'un pouce foit du numéro 8, on en fait de 10 ou 11 lignes qui portent le même nom : il ne m'appartient pas d'en deviner la raiſon précife ; peut-être a-t-on voulu par-là pouvoir donner à meilleur marché un ruban qui paſſe pour le numéro que l'acheteur defire ; peut - être bien auſſi a-t-on eu en vue de gagner davantage fur celui qu'on vend pour le numéro dont il ne porte que le nom.

On diſtingue dans la Rubanerie, les rubans de taffetas, unis & bordés ; les *nompareilles*, les faveurs, &c. les rubans à gros grain, les rubans à cordon bleu, ceux pour les bourfes à cheveux, &c. &c. Après eux viennent les rubans fatinés, cannelés, & ceux à grain d'orge. Les rubans façonnés par une double chaîne, ceux brochés en foie, les brochés en or & en argent. Toutes ces efpeces de rubans exigent autant de fortes de peignes particuliers, tant dans le compte de dents, que dans les largeurs ; c'eſt au Peigner intelligent à les connoître toutes, pour n'être point embarraſſé dans leur fabrication. Il y a cependant des Rubaniers qui ont des comptes de peignes particuliers ; dans ce cas, il eſt de toute néceſſité d'en donner l'explication aux Peigners, qui ne les font que quand ils leur font commandés ; au lieu qu'on trouve des peignes tout faits pour les efpeces courantes de Rubanerie, fur-tout dans le pays où ce genre de commerce eſt en pleine vigueur, comme à Paris, à Lyon, à Tours, à Saint-Etienne-en-Forez, à Saint Chaumont, &c.

Comme le nombre des dents, dont un peigne à rubans eſt compofé, eſt peu confidérable, il ne feroit pas poſſible, ou du moins il feroit trop vétilleux de monter fans ceſſe ces peignes l'un après l'autre ; c'eſt pour cela que quand les jumelles font une fois montées fur les poupées, comme on l'a vu, tant aux

peignes de canne, qu'à ceux d'acier, & comme le repréfente la figure 1 , *Pl.* 35,
on fait tout de fuite 8 , 10, 12 , plus ou moins de peignes , comme on peut
le reconnoître par les lettres *a , a , a ,* &c. qui chacune en repréfentent un féparé de fes voifins ; & quand ils font tous finis , on les fépare les uns des autres
avec une fcie, comme on le dira en fon lieu.

On n'eft pas aftreint à faire tous ces peignes du même compte , ni d'une
même largeur ; comme ils n'ont rien de commun entr'eux , que les jumelles ,
on eft abfolument maître d'efpacer les dents à volonté.

Lors donc qu'un Peigner fe propofe de monter un certain nombre de peignes ,
il met fes poupées au plus grand écartement poffible , & il y proportionne fes
jumelles pour y trouver un plus grand nombre de peignes. Il divife les jumelles
en autant de parties qu'elles peuvent contenir de peignes, y compris un demi-
pouce ou environ de diftance qu'il doit y avoir entre chacun , puis il marque la
place des gardes , & enfin celle des deux ou trois dents de lifieres ; & pour être
plus fûr d'efpacer comme il faut le petit nombre de dents, qu'un auffi petit
peigne contient, il divife l'efpace deftiné aux dents en parties égales , dans
chacune defquelles il puiffe placer un nombre connu de dents ; ou fi le
nombre étoit impair, ou ne fe pouvoit pas divifer en parties égales, il fera des
divifions égales , & mettra le refte dans un efpace qui y ait rapport.

Il n'eft je crois pas néceffaire de dire qu'il faut commencer par le peigne du
bout à gauche ; ce qu'on a déja vu de la maniere de monter ceux dont nous
avons parlé , fuffit pour faire comprendre qu'on ne peut s'y prendre autrement :
lorfqu'ils font tous finis , on les fépare avec une fcie les uns des autres , & alors
ils reffemblent tous à celui que repréfente la figure 2 , qui eft double de grandeur à ceux de la figure 1. Les peignes étant ainfi féparés, on les rogne , enfuite
on les plane & on les excarne , & enfin on les couvre de bandes de papier ,
comme ceux des étoffes qu'on a vus.

Si pour ces fortes de peignes, pour la Rubanerie ou la Paffementerie , on
emploie des dents d'acier , on peut fe fervir de celles des peignes d'étoffes ,
pourvu que le compte fe rapporte.

Ce que j'ai dit qu'il falloit monter tout de fuite le nombre de peignes que
peuvent contenir les jumelles, ne doit pas fe prendre à la lettre ; on pourroit
les monter les uns après les autres , & les féparer à mefure ; mais on perdroit
trop de temps à remettre les jumelles fur les tenons, & à les bien dreffer ; d'ailleurs on perdroit auffi de la longueur des jumelles ; ainfi ce que j'ai recommandé
n'a pour but que l'économie du temps & de la matiere.

§. II. *Des Peignes pour faire les Chenilles.*

Je ne répéterai rien ici de ce que j'ai dit de la nature de la chenille & de la
maniere de la fabriquer : quoique je ne fois entré dans aucun détail confidérable,

le Lecteur peut confulter l'Art de faire les Canettes, Chapitre V, Section 7, page 196 : j'y ai dit que les peignes pour la chenille étoient formés par quatre dents, placées comme à l'ordinaire, & qu'on laiffoit entr'elles & les quatre fuivantes un efpace de deux dents ; mais pour parler d'une maniere plus générale, on réferve entre chaque couple de dents un efpace égal à elles, & à la diftance qu'elles tiendroient avec leurs voifines. On faifira mieux cet effet en jettant les yeux fur la figure 3, qui repréfente une partie de peigne à chenille, de grandeur naturelle. La foule ou hauteur de ces peignes eft plus forte qu'à tous autres, ce qui donne plus d'aifance à les fabriquer ; mais en revanche les dents font beaucoup plus groffes, & le peigne a très-peu d'étendue : quand au nombre de paires de dents, il varie fuivant l'idée des Fabriquants, & felon les groffeurs des chenilles qu'on veut fabriquer ; cette groffeur provient plutôt de la longueur qu'on laiffe au poil qui veloute, qu'à la groffeur du fil qui le contient ; plus les paires de dents font écartées les unes des autres, plus la chenille eft groffe ; parce que ces intervalles étant plus confidérables, laiffent plus d'étendue à la trame, & que c'eft la trame qui forme le velouté de la chenille ; ainfi on met ordinairement depuis fix, jufqu'à douze & quatorze paires de dents, & delà réfulte une chenille très-groffe ou très-petite. Voyons maintenant la maniere de monter les peignes.

§. III. *Maniere de monter les Peignes pour la Chenille.*

La maniere de monter les peignes pour la chenille eft abfolument la même que pour le ruban ; mais comme les efpaces qu'il convient d'obferver en conftituent toute la différence, je vais en peu de mots paffer en revue l'opération.

On a coutume, comme aux précédents, de faire fur une longueur de ju^a melles, à la fuite les uns des autres, autant de peignes qu'elles en peuvent contenir : on place d'abord une garde au bout à gauche ; & comme on a dû marquer fur les jumelles les efpaces qu'il faut obferver, on entoure les jumelles de ligneul l'efpace de 8 à 9 lignes, comme le repréfente la figure 4, & à chacun on le frappe avec la batte, comme fi l'on plaçoit des dents : on met enfuite deux ou quatre dents, felon l'idée du Fabriquant pour qui le peigne eft deftiné, & à chaque deux ou quatre dents on fait un efpace reglé par trois, quatre, plus ou moins de tours de ligneul, ainfi qu'on le voit fur la figure ; quand le nombre de dents néceffaire eft rempli, on finit par autant de tours de ligneul qu'on en a mis en commençant ; enfuite de quoi vient la feconde garde, qu'on attache auffi folidement que la premiere : on laiffe enfuite un efpace de 6 à 8 lignes ; après quoi on met une nouvelle garde pour un fecond peigne, & ainfi de fuite, jufqu'à la fin. Quand les peignes font montés, on les fépare, on les rogne, excarne & plane comme les autres, & enfin on y colle des bandes de papier.

Certains

Certains Fabriquants prétendent que les peignes à quatre dents font plus parfaits que ceux à deux : on ne laiffe entre chaque quatre dents que l'efpace d'une dent. La raifon de fupériorité qu'ils en apportent eft, que les trois fils de foie qui lient la chenille, c'eft-à-dire, la trame qui la forme, étant plus refferrée au milieu de ces quatre dents par le mouvement des deux fils de lin qui font paffés dans les deux voifines, font plus folidement retenus en leur place, & conféquemment le velouté de la chenille eft plus fin & plus beau ; d'ailleurs, difent-ils, le fil de lin qui paffe dans la diftance, obfervée entre chaque affem-blage de dents, tient le tiffu plus large en cet endroit, & facilite davantage le paffage des cifeaux ou *forces* dont on fe fert pour découper les cordons qui forment autant de brins de chenille ; ce qui n'arriveroit pas fi ces deux fils fe mouvoient entre deux dents, efpacées comme à l'ordinaire. Cet détails, qui, s'ils étoient plus confidérables, feroient déplacés ici, fuffifent pour faire fentir la fupériorité des peignes, dont les dents font affemblées quatre à quatre ; mais pour avoir là-deffus des idées bien nettes, il faudroit que les perfonnes qui defirent connoître cet Art, euffent quelque connoiffance de la Rubanerie & de la Paffementerie.

ARTICLE SECOND.

Des Peignes en Acier, & de ceux en Cuivre ou Laiton.

§. I. Préparation des Dents de cuivre.

Les dents de laiton & celles d'acier, dont on fait les peignes pour les Galonniers, ne fe préparent pas comme celles pour les Etoffes de Soie : ici ce ne font plus des brins de fil-d'archal qu'on paffe au laminoir, & qu'on monte enfuite : voici comment on s'y prend. Je commence par les dents de cuivre.

Les Peigners ne fe chargent pas de régler l'épaiffeur des dents, ou du moins des pieces de cuivre dans lefquelles on les prend : ils achetent du cuivre en plaque, battu & forgé à une certaine épaiffeur qu'ils ordonnent ; & quand ces plaques font fuffifamment écrouies, ils les diftribuent par lames de trois lignes de largeur ou environ, par le fecours de fortes cifailles, femblables à celles avec lefquelles les Chaudronniers coupent ou rognent leurs pieces.

Les Ouvriers qui fe chargent de préparer le cuivre pour les dents, ont coutume de prendre une plaque de 15 à 20 pouces de longueur, fur un pied ou même moins de largeur. Ils forgent cette plaque fur un *tas* bien dreffé, & avec un marteau convenable, jufqu'à ce qu'ils fentent que la matiere, ne cédant plus, répercute les coups qu'on lui donne : l'ufage apprend à ne s'y pas tromper. On fent bien que cette opération, qui diminue l'épaiffeur, doit néceffairement augmenter les deux autres dimenfions, longueur & largeur ; auffi la plaque après cela a-t-elle acquis 24 ou 26 pouces, fur 15 ou 16 de large ; enfuite on polit cette plaque , tant pour dreſſer parfaitement ſes deux plans , que pour les unir parfaitement ; après quoi on la coupe par longueurs de 4 pouces ſur la largeur , & de toute la longueur de la plaque ; c'eſt dans cet état que le Peigner achete le cuivre , & c'eſt à lui à couper les dents à même cette plaque , à la meſure qu'il juge convenable.

Cette opération , quelqu'intelligence & quelque habitude qu'on ſuppoſe à l'Ouvrier , ne ſauroit procurer des dents d'une égale épaiſſeur , & je ſuis ſurpris que la perfection où les Arts Mécaniques ſont portés de nos jours, n'ait pas engagé quelque Artiſte à perfectionner cette branche : le laminage eſt ſi fort perfectionné , qu'il n'eſt rien qu'on ne ſoit en droit d'en attendre ; mais enfin on s'en contente , comme je viens de le faire voir.

La ſeule réponſe qu'on puiſſe faire à mon objection , c'eſt que les peignes des Galonniers n'exigent pas une régularité auſſi grande que pour les Etoffes de Soie ou pour la Rubanerie ; mais pourquoi abandonner la perfection à laquelle tous les Arts doivent tendre ; eh , n'en décheoit-on pas toujours aſſez !

La largeur à laquelle on coupe ces dents à même les plaques , n'eſt pas celle qu'il convient de donner aux dents ; on aime mieux les tenir trop larges pour les dreſſer & les polir ſur leur épaiſſeur ; car la ciſaille ne ſauroit couper aſſez net , & l'on n'eſt jamais aſſuré de les couper aſſez droit , pour qu'on ne ſoit pas obligé de leur donner une façon avant de les employer ; c'eſt de quoi nous allons nous occuper dans le paragraphe ſuivant.

§. II. *Maniere de mettre les Lames de cuivre à égales longueur & largeur, pour en former les Dents.*

Pour donner aux dents de cuivre la largeur qu'elles doivent avoir , on en prend une certaine quantité entre les deux tringles de fer A , B , *fig. 5* : à chaque bout de ces tringles eſt un renflement circulaire, au centre duquel eſt un trou , uni à l'une des tringles , & taraudé à l'autre. Il faut que ces quatre trous ſe correſpondent parfaitement deux à deux pour recevoir les vis h , h , à l'aide deſquelles on ſaiſit entre les tringles les dents i , *fig. 6*. Les ſurfaces ſupérieures & inférieures de ces deux régles doivent être bien dreſſées ; car de là dépend la perfection des dents. Pour ſe ſervir de cet outil , on deſſerre les deux vis ; on place entre les tringles quatre ou ſix dents , plus ou moins , de maniere qu'elles débordent toutes autant en-deſſus qu'en deſſous : on les ſerre en place , puis mettant le tout entre les mâchoires d'un étau , on lime l'excédent avec une lime, dont le grain ne ſoit ni trop fort ni trop fin, juſqu'à ce qu'on affleure la ſuperficie des dents , ſans cependant l'entammer , & quand on a limé un côté , on retourne l'outil ſens-deſſus-deſſous , & on en fait autant de l'autre côté. Pour ne pas multiplier les Planches , je n'ai pas fait repréſenter cette opération , qui d'ailleurs peut être aiſément entendue de tout le monde. Il y a des Peigners , qui au lieu de vis pour retenir les dents entre ces tringles, ne se servent que de goupilles, & les assujettissent dans l'étau d'une maniere invariable ; d'autres ne se servent point d'étau, & se contentent du serrement produit par la vis ; mais comme ils ne peuvent limer qu'avec une main, l'autre étant occupée à tenir l'ouvrage, ils ne sont jamais assurés de dresser parfaitement les dents.

Après avoir rapporté la méthode & l'ustensile, je vais en faire sentir la défectuosité. Il n'est personne qui ne sente, que quelqu'attention qu'on y apporte, il n'est pas possible de ne pas endommager insensiblement les régles : au bout de fort peu de temps elles deviennent ondées, & les dents contractent la même inégalité. Pour remédier à cet inconvénient, je voudrois que ces régles fussent d'acier trempé ; alors quand on auroit usé tout le cuivre excédent, on ne pourroit entamer leur surface, & toujours les dents seroient parfaitement droites. Je sais bien aussi qu'il n'est pas possible d'affleurer les dents aux deux régles, sans que la lime ne les touche un tant soit peu, & que cette lime touchant un corps très-dur, perd de son âprêté & ne mord bientôt plus ; mais à cela deux réponses. 1°. On peut acquérir assez d'habitude pour que l'attouchement de la lime se réduise presque à zéro ; secondement une lime n'est pas un objet fort cher, & les Ouvriers qui en consomment beaucoup, trouvent encore à les vendre quand elles ne peuvent plus leur servir.

Il est rare que les dents n'ayent pas contracté une certaine courbure lorsqu'on les coupe à la cisaille ; aussi est-il à propos de les redresser avant de les mettre à la largeur, & le serrement qu'on leur fait éprouver dans l'étau, est suffisant pour achever de les rendre droites : on les dresse sur une enclume ou tas, garni d'acier trempé de tout son dur & poli, avec un marteau uni, qui ne gâte aucunement le poli qu'on a d'abord donné à la plaque.

Quant à la maniere de couper les dents à la longueur qu'elles doivent avoir, les Peigners ont presque tous des méthodes différentes, les uns se servent de cisailles, avec la mesure dont on a parlé à l'Article des dents d'acier ; d'autres, mais c'est le plus petit nombre, ont un instrument, qu'ils nomment *appareilleur*, & qui me semble le plus sûr de tous : il est représenté par la figure 7. Cet instrument n'est autre chose qu'un fragment des régles, entre lesquelles nous venons de voir qu'on égale les dents de largeur. Les deux tringles K, L, tournent sur un clou a, qui entre juste dans leur tête, & font l'effet d'une charniere. On voit aisément que les dents qu'on peut, pour plus de diligence, y placer par quatre ou six à la fois, posant contre le clou, ne sauroient être rognées à une plus ou moins grande longueur que le bout t, t des regles ne le permet. Quand les dents sont saisies entre ces régles, on met le tout debout dans un étau, le plus près de t t qu'il est possible, pour empêcher le tremblement, & avec une lime moyenne on use le bout jusqu'à ce qu'il affleure les régles.

Les têtes de ces deux régles ne sont pas également percées : l'une, *fig.* 8, a un trou quarré m, dans lequel entre juste la piece o, p, *fig.* 10, & l'autre régle eſt taraudée , comme on le voit en *n* , *fig.* 9 , & reçoit la vis *q* , de la même piece , *fig.* 10 ; mais en fabriquant cet inſtrument , il faut avoir attention , que quand la vis repoſe ſur ſon épaulement *o* , la face la plus large du tenon *o* , *p* , réponde à angles droits , aux faces intérieures des deux régles , pour que les dents repoſent ſur cette face d'une maniere fixe. Il eſt aiſé de ſaiſir entre ces deux régles une quantité plus ou moins grande de dents , pourvu qu'on ait eu ſoin de dreſſer d'abord le bout qui repoſe ſur la tringle , & en rognant l'excédent *r* , *fig.* 7 , on ne craint pas d'en trouver de plus coûrtes les unes que les autres. Lorſqu'à force de ſervir la vis vient à s'uſer , & que la face de la tringle n'eſt plus d'équerre avec la longueur des deux régles , on y remédie aiſément , en enfilant entre la tête & l'épaulement de la vis , une rondelle de carte ou de papier , plus ou moins , & mieux encore de cuivre mince , au centre de laquelle on fait un trou.

Quelques Ouvriers , pour s'aſſurer davantage que les bouts des dents ſont limés bien d'équerre , par rapport à leur longueur , après avoir rogné les dents par un bout , les retiren t d'entre les tringles , & les y remettent bout pour bout ; & comme elles n'excéderoient pas l'extrémité des régles , ſi l'on ſuppoſe qu'elles y ont déjà été affleurées , ils mettent entre le clou ou tige , *fig.* 10 , & le bout déja dreſſé des dents , une calle plus ou moins épaiſſe , ſelon la longueur que les dents doivent avoir ; l'autre bout des dents excede d'autant , & offre de la matiere à rogner.

Il eſt certain qu'au ſortir de cette opération les extrémités des dents ſont très-vives ; auſſi a-t-on ſoin de les paſſer une à une ſur une lime bien douce , pour émouſſer les angles & les vives-arêtes : on en uſe de même ſur la longueur des dents. Je paſſe à la préparation des dents d'acier.

A R T I C L E   T R O I S I E M E.

Maniere de préparer les dents d'acier pour les Galonniers.

LES dents d'acier dont on fait les peignes pour les Galonniers , ſont priſes en grande partie dans des bouts de reſſorts de pendules. Quelques Taillandiers qui fabriquent des lames de ſcies , font auſſi des plaques d'acier ou de fer à l'épaiſſeur qu'on leur commande , & enſuite c'eſt l'affaire du Peigner de les débiter par longueur & largeur , ſelon les dents ; mais ſoit difficulté ou manque d'uſage , on ne trouve guere de ces plaques plus larges que 2 pouces & demi , & par conſéquent , au lieu de prendre la longueur des dents en travers de ces plaques , comme nous avons vu qu'on le pratique aux plaques de cuivre : on coupe les plaques d'acier par longueurs , ſuivant celles des dents , & on les refend ſur leur largeur pour y trouver plus ou moins de dents. Comme la matiere eſt fort dure , on apporte la plus grande attention à les couper à fort peu près de la largeur

convenable ,

convenable, à quoi on ne prenoit pas garde de si près aux dents de cuivre, tant parce que la matiere n'est pas fort dure, que parce que la cisaille les force un peu sur leur longueur. Quand on a coupé un certain nombre de dents, on les lime à la largeur convenable dans un outil, semblable à celui dont on se sert pour celles de cuivre; & pour le dire, en un mot, on y fait les mêmes préparations. Les vives-arêtes qui se trouvent nécessairement sur l'épaisseur des dents, ne s'abattent pas à la lime, mais avec la ponce en pierre, quand le peigne est monté, comme nous l'avons vu aux peignes d'acier. Après ce que j'ai dit de la maniere de monter toutes sortes de peignes, je n'ai rien à ajouter de particulier pour ceux-ci; je me réserve seulement de rapporter une invention ingénieuse, qui m'a été communiquée par l'Auteur même, habile Peigner à Paris; mais il faut auparavant parler des dents d'os & d'ivoire.

A R T I C L E   Q U A T R I E M E.

Des Dents d'Os & d'Ivoire.

L'usage des dents d'os & d'ivoire n'est pas fort commun dans les Fabriques; mais enfin il y a des Fabriquants qui tiennent à cette méthode, & je dois en dire quelque chose.

Il n'est pas du ressort du Peigner de refendre l'os ou l'ivoire en lames, propres aux dents; il seroit difficile qu'ils s'en acquitassent aussi-bien & à si bon marché que les Marchands de qui on les tire; ce sont les Tabletiers, ou du moins quelques-uns d'entreux, qui débitent en lames de toutes longueurs & épaisseurs, de fort gros morceaux d'ivoire, & les vendent à si bon marché, que ce seroit duperie de s'en occuper. Ces lames servent pour des jettons, des évantails, & beaucoup d'autres objets qu'il est inutile de rapporter; on peut comprendre par-là comment un Ouvrier, qui travaille à un même objet toute sa vie, y acquiert une perfection que l'Art imiteroit avec peine. Ces Ouvriers sont tellement habitués à mener leur scie, que les lames qui en sortent ont l'air d'avoir été polies; & ce qu'il y a de plus surprenant encore, c'est la parfaite égalité d'épaisseur à laquelle elles sont refendues: j'en ai vu qui n'avoient pas même un tiers de ligne, & sans un parallélisme parfait dans le mouvement de la scie, elles viendroient à rien sur le bord: c'est à ces Ouvriers que les Peigners se fournissent de lames dont on fait les dents. On les commande à l'épaisseur qu'on veut, & pour être physiquement sûr de cette épaisseur, il suffit de les jauger, & de racler un tant soit peu celles qui en ont besoin.

Quand au montage des peignes d'ivoire, il est le même qu'aux autres; quelques Peigners cependant se servent de ligneul, moitié plus fin qu'il ne faudroit, pour faire deux tours à chaque: ils en usent de même pour les peignes de cuivre, & quelquefois pour ceux d'acier: ils prétendent par-là remédier à l'effort de la batte , qui frappant quelquefois la dent à faux , en caffe quelques-unes.

Les Galonniers qui fe fervent de peignes d'acier , de cuivre ou d'ivoire , n'abandonnent pas pour cela ceux de canne ; il y a même certains galons qui ne peuvent fe fabriquer qu'avec de pareils peignes ; ils reffemblent à ceux deftinés aux étoffes ; mais on les tient plus larges & plus épais.

Article Cinquieme.

Nouvelle méthode pour monter les Peignes , propres aux Galonniers , inventée par le Sieur Gourdet, Peigner à Paris.

La maniere de monter les peignes , propres aux Galonniers, inventée par le fieur Gourdet , eft fi ingénieufe , que dans la Province même elle eft très-connue , quoique fous le nom de *monture de Paris* ; auffi les matériaux qu'on emploie pour ces peignes , font les mêmes que pour les autres ; ce n'eft que la maniere de les monter qui la fait rechercher.

La figure 1 , *Pl.* 36, repréfente la monture de cet uftenfile , dépourvue de dents ; voici en quoi elle confifte. Deux pieces de bois *A, A,* fervent de jumelles , & au bout de chacune eft une mortaife, dans laquelle entrent les tenons pratiqués à chaque extrémité des deux gardes : la feuillure de chaque piece fervant de jumelles , eft affez profonde , comme on le voit à part, *fig.* 4 , pour recevoir la traverfe dentelée, *fig.* 6 , dont l'épaiffeur eft telle, qu'elle affleure les épaulements qu'on voit en *i, i, fig.* 4 : elles font retenues en place par le moyen de deux petites tringles qui s'appliquent fur celle qui entre dans la feuillure, comme on peut le voir fur la figure 2 : on conçoit aifément que quand ces tringles font en place , elles appuyent contre l'épaiffeur des dents , qui par conféquent ne peuvent plus fortir de place ; mais ces tringles font elles-mêmes retenues par trois vis *e, e, e, fig.* 1 , tant en haut qu'en bas, qui tournent dans autant de trous , formés fur les tringles , *fig.* 3 & 6, & dont les pas prennent dans les jumelles en *m, m , fig.* 4. Il faut affembler les gardes , de façon qu'elles affleurent l'intérieur des feuillures pour que la tringle ne foit pas écartée, & même pour plus de folidité , les deux vis des extrémités entrent en même-temps dans les tenons des gardes , auxquelles elles fervent de chevilles. On a imaginé de ne placer ces dents que d'une maniere aifée à démonter , pour les changer de place à volonté, ainfi que nous le verrons inceffamment : il faut , avant de fixer les tringles dentelées dans leur feuillures , s'affurer que les entailles fupérieures correfpondent bien parfaitement avec celles d'en-bas , pour que les dents foient placées bien à angles droits avec les jumelles ; auffi , pour plus d'exactitude , fait-on ces entailles aux deux tringles d'un même coup , en les pinçant dans un étau ; après quoi on les fixe en place avec de la colle forte , ou bien avec des clous d'épingles. Je ne crois pas que l'infpection des figures , tant principales , que de développement, laiſſent rien à deſirer ſur la conſtruction de ce peigne, dont on ſentira de plus en plus la perfection quand nous le verrons en travail : il ſuffit d'avertir que toutes ces pieces doivent être conſtruites dans la plus grande perfection ; qu'elles ſoient toutes bien dreſſées pour qu'elles appliquent parfaitement les unes ſur les autres, & par-là éviter le ballotage ; & quand ce peigne eſt tout monté, les pieces *A*, *A*, *fig.* 1, doivent être arrondies extérieurement & reſſembler aſſez bien aux jumelles d'un peigne.

De toute cette machine, c'eſt aux tringles dentées qu'on doit apporter le plus grand ſoin ; il ne faut même pas juger de l'écartement qu'elles doivent avoir par celui que je leur ai donné ſur la figure ; mais ne pouvant rendre ſenſibles ces entailles, ſous d'auſſi foibles proportions, j'ai pris le parti de les groſſir conſidérablement. L'attention de l'Ouvrier doit rouler preſque toute ſur la diviſion, la largeur & la profondeur des dents : comme j'ai recommandé de faire les pieces qui tiennent lieu de jumelles, rondes par dehors ſeulement, elles n'eſſuient preſque pas de frottements dans la rainure du battant quand on fabrique l'étoffe.

L'uſtenſile que je viens de décrire, a ſur tous les autres peignes beaucoup de ſupériorité ; lorſque la monture en eſt bien faite, elle peut uſer quatre garnitures de dents, fuſſent-elles d'acier. La faculté qu'on a de changer les dents, d'en ôter & d'en ajouter, ſoit par uſure, ſoit ſuivant l'ouvrage, lui aſſurent l'avantage ſur tous les autres : on peut avec un tel peigne fabriquer toutes ſortes de galons, dont le compte de fils ſe rapporte avec celui des dents ; mais ſi le nombre vient à changer, on peut aiſément aux tringles *f*, *f*, *fig.* 2, en ſubſtituer d'autres, dont la diviſion ſoit conforme au nombre deſiré, quoique ſur les mêmes dimenſions extérieures ; du reſte quand on veut faire un galon étroit, on peut ne mettre au peigne que le nombre de dents néceſſaire, & l'augmenter ou diminuer à volonté. Ces peignes ſont ordinairement faits pour les plus forts nombres de dents qu'on puiſſe employer au galon ; ainſi dans tous les cas on n'eſt jamais embarraſſé.

Article Sixieme.

De la maniere de monter les Caſſes *pour les Galonniers.*

Les Galonniers appellent *Caſſes*, ce que les autres Fabriquants en tiſſus nomment *Peignes*. La néceſſité où ils ſont pour ce genre de travail, d'élargir & de rétrécir ſans ceſſe leurs galons, & par conſéquent les peignes, a fait imaginer cette machine : voici en quoi elle conſiſte. La figure 8 fait voir une eſpece de ratelier, formé de l'aſſemblage de deux planches *D*, *D*, dont la figure 9 repréſente l'une à part : vers les deux extrémités *F*, *F*, eſt une entaille quarrée, propre à recevoir les tenons de l'eſpece de garde qu'on voit ſur la figure 8, & à part, *fig.* 10, où les tenons *p*, *p*, ſont repréſentés d'une maniere ſenſible : chacune de ces planches eſt entaillée, comme on le voit ſur ces figures, d'un

nombre déterminé de traits de scie dans lesquels on place les dents : ces planches
sont retenues en place sur l'épaulement des tenons des gardes, & fixées par le
moyen de deux tours de ligneul, croisés comme on le voit en *o*, *o*, *o*, *o* : il faut
sur-tout avoir soin que les deux planches à entailles affleurent parfaitement les
gardes, & pour que le ligneul ne nuise pas à cet effet par sa grosseur, on entaille un tant soit peu la place qu'il doit embrasser haut & bas : les choses étan
en cet état, on recouvre les dents d'une petite tringle *L*, *L*, *fig.* **12**, qui les
empêche de tomber en devant ; sans leur ôter la faculté de s'enlever par en haut,
suivant les cas. Comme on n'a pas besoin pour déplacer les dents d'ôter les
tringles *L*, *L*, on les fixe très-fortement avec un ou deux tours de ligneul,
comme *t*, *t*, *t*, *t*, le représente : voyons maintenant comment on place & déplace
les dents. Les dents dont on garnit cette casse sont d'acier ordinairement, comme
celles des autres peignes ; mais elles sont plus longues & plus larges, telles
enfin que celle qu'on voit représentée à part, *fig.* **11**, qui est coupée quarrément par un bout, & terminée en pointe par l'autre : elles ne font que passer
dans les entailles des deux rateaux *D*, *D*, haut & bas, & n'y sont retenues que
par-devant, au moyen des deux tringles de fer *L*, *L* : dans cet état il ne seroit
presque pas possible de changer ce peigne deplace sans crainte que les dents ne
glissassent de leurs entailles, où elles sont ordinairement peu serrées ; aussi a-t-on
coutume de coller en-dessous des tenons inférieurs des deux gardes, une bande de
fort papier, qui en même temps qu'elle leur sert d'appui, réfléchit un peu de
lumiere dans la rainure du battant, pour faire appercevoir les entailles quand on
déplace quelqu'une des dents : il est aisé de voir que cette maniere de supporter
les dents est vicieuse. Comme elles ne sont pas retenues fortement dans leurs en_
tailles, & qu'elles éprouvent à chaque coup de battant des secousses considérables, le papier est bien-tôt percé & c'est toujours à recommencer : j'en ai conféré avec le sieur Lemaire, habile Peigner à Paris, de qui je tiens tous les
détails & tous les procédés que je rapporte sur les peignes de Galonniers, & de
concert nous avons imaginé les corrections qu'on va voir, & qu'il a lui-même
exécutées. Les deux rateaux *M*, *M*, *fig.* **13**, qui contiennent les dents, &
dont on voit une à part, *fig.* **14**, ont par leurs extrémités des tenons à enfourchement qui entrent dans des mortaises & entailles pratiquées à chaque bout des
gardes. La figure **15** représente une de ces gardes, où *b*, *b*, sont deux mortaises
qui traversent d'outre en outre, & qui reçoivent le tenon du milieu des bouts de
chaque rateau ; & *c*, *c*, sont des entailles destinées au même usage : quand ces
pieces sont en place, on les y retient au moyen de clefs *d*, *d*, en dehors des
gardes. Au-dessous de ces rateaux est une traverse qui s'assemble aussi à tenons &
mortaises, à 6 lignes plus bas qu'eux dans les gardes, & qui sert à supporter les
dents ; & pour ne pas perdre l'avantage du papier blanc qui réfléchit les rayons
du jour pour faire appercevoir les entailles, on peut la couvrir également d'une
bande de même papier, qui fera le même effet ; mais comme rien n'est aussi

gênant

gênant que de faire le nœud de la ficelle qui retient les tringles de fer *L, L*, en devant , nous fommes convenus de faire repofer ces tringles fur deux crochets de fer chacune *g , g* , &c. qui en même - temps les tînt ferrées & contre les gardes & contre les dents; & comme ces tringles pourroient gliffer à droite ou à gauche , on réferve à chaque rateau , *fig.* 14 , un épaulement aux deux bouts , jufte à la longueur de ces tringles ; par ce moyen le peigne fera rendu on ne fauroit plus folide.

Quant à la matiere dont font faits les rateaux , c'eft ordinairement de corne ; la préparation qu'on leur donne n'eft pas du reffort du Peigner; ils achetent ces morceaux de corne chez les Tabletiers qui font les peignes à cheveux ; mais cette matiere n'eft pas fort bonne & fe déjette en peu de temps à l'humidité ou à la chaleur; auffi le fieur Lemaire m'a-t-il fait part de la monture qu'il fubftitue à celle de corne. Je crois devoir aux perfonnes qu'un long ufage détermine à fe fervir de ces dernieres , le détail des moyens qu'on emploie pour les redreffer lorfqu'ils fe font courbés: on chauffe un peu fort ces pieces de corne fur un réchaud , & on les met réfroidir entre deux planches , dans une preffe fi l'on en a la commodité ; il vaudroit mieux encore les preffer entre deux plaques de fer ou de cuivre un peu épaiffe qu'on auroit fait chauff er.

Article Septieme.

Nouvelle maniere de monter les Caffes.

Comme la maniere de monter la nouvelle caffe pourroit embarraffer quelques Ouvriers, je vais en peu de mots leur en indiquer les moyens. On fait couper , à même une planche de cuivre d'une ligne & demie d'épaiffeur, deux régles , de longueur & largeur fuffifantes; (on trouve de cette efpece de cuivre dans toutes les grandes Villes); on le bat fortement avec un marteau uni fur un *tas* ou enclume, auffi très - uni; ce qu'on appelle *forger* une piece ou *l'écrouir* : lorfqu'après avoir paffé le marteau fur tous les points de la fuperficie , on fent que la matiere réfifte, le morceau eft fuffifamment dur: à la fuite de cette opération on doit s'attendre de voir augmenter en longueur & en largeur chaque piece ; ce qui fe fait aux dépens de l'épaiffeur qui eft confidérablement diminuée. On fait avec un *foret* d'acier trempé , à chaque bout, un trou qui correfpond aux deux plaques; ou pour mieux dire , on les pince dans un petit *étau* , & on les perce par chaque bout toutes deux à la fois dans un endroit, où par la fuite on n'ait ni dent ni entaille à pratiquer , mais dans une partie qui doive refter pleine : avec un clou de cuivre ou de fer on rive ces deux regles l'une fur l'autre pour être plus affuré de les faire égales entr'elles. On fait d'abord les deux épaulements *f , f* , puis ayant marqué très - exactement avec un compas les divifions des dents, on refend les entailles avec une fcie trempée, dont la denture foit un peu fine ; enfuite avec la même fcie on refend les entailles *a*, *a*, à chaque bout à une égale profondeur : ce n'eft pas affez, il faut que les entailles foient également profondes, & pour s'en affurer mieux, on enchâffe entre deux régles de cuivre un bout de lame d'acier dentée très-fine, de maniere qu'elle déborde de la quantité dont on veut enfoncer ces entailles ; & comme le bord de devant a dû être bien dreffé, on fait entrer cette fcie, qu'en terme d'ateliers de Mécanique on nomme *lime à doffier*, jufqu'à ce que les régles appuyent fur le bord de la piece : on dreffe l'autre bord des plaques, on *recale* les tenons pour qu'ils foient bien droits, & enfin on fait avec un forêt deux trous en *e*, *e*, aux deux bouts ; mais comme ces trous font ronds, & qu'il les faut quarrés, voici la maniere de les équarrir ; on lime un petit morceau d'acier de la forme qu'on veut donner à la clavette, plus gros que le trou qu'on a fait : on le met au feu de charbon, & quand il eft d'un rouge couleur de cerife, on le jette précipitamment dans de l'eau froide & nette, puis on polit un tant foit peu ce *mandrin*, non pas avec des limes qui n'y mordroient pas, mais avec un peu de pierreponce ou de grès, & quand il eft blanchi fur fes quatre faces, on le tient audeffus d'un feu de charbon fur un morceau de tôle, le remuant fans ceffe pour qu'il chauffe également : dans cette derniere opération il ne faut pas perdre la piece de vue un feul moment ; car on la voit d'abord devenir petit jaune, enfuite plus foncé, que les Ouvriers appellent *couleur d'or*, bien-tôt pourpre, & enfin bleu, ce qui fe fait prefqu'en un clin d'œil : dès qu'il commence à bleuir on le jette dans de la graiffe ou de l'huile, & on peut être affuré de la trempe fi l'acier eft bon. Comme on a dû lorfqu'on a formé ce mandrin à la lime, le faire plus menu d'un bout que d'un autre, on le fait entrer quarrément, c'eft - à - dire, fuivant le quarré de la plaque, dans le trou qu'on rend quarré à coups de marteau, ce qu'on nomme *étamper* un trou : on lime enfuite ces pieces fur toutes les parties qui leur font communes, & enfin on lime les rivûres & on fépare les deux rateaux : on les lime fur le plat deffus & deffous avec une lime *bâtarde*, puis avec une lime douce on abat toutes les vives-arêtes ; & dans cet état il ne s'agit plus que de faire les gardes en bois ; mais il feroit bien plus propre & plus folide de les faire en cuivre ; dans ce cas on en fait une en bois, & on la donne pour modele au Fondeur, qui en coule deux toutes pareilles, que l'on repare & ajufte aifément enfuite : quant aux tringles *o*, *o*, qui retiennent les dents, elles feront mieux en acier, dont on trouve chez les Marchands de petites tringles d'un pied de long & de toutes groffeurs ; enfin la régle fur laquelle repofent les dents, peut être de cuivre ; mais, je le répete, il faut être un peu habitué à travailler les métaux, ou bien adroit, pour monter comme il faut une pareille caffe, dont tout le mérite eft la folidité qui dépend de l'ajuftage des pieces qui la compofent. Je penfe que cet uftenfile étant fait foigneufement, ne laiffera rien à defirer aux Ouvriers qui le mettront en œuvre.

Article Huitieme.

Defcription d'un Peigne particulier à certains tiffus.

Le peigne dont je vais détailler la conftruction, fert pour quelques étoffes, & pour des gazes à bandes : dans les étoffes il fert à fuppléer aux inégalités des bandes qui font quelquefois plus & quelquefois moins fournies que le fonds. Il a donc fallu mettre plus de brins à la chaîne dans certains endroits que dans d'autres ; quant aux gazes, où l'on ne met gueres qu'un ou deux fils par dent, il a fallu fournir les bandes un peu plus, où quelque-fois le fond plus que les bandes.

Quoique dans la Fabrique des Etoffes on ait coutume, quand le befoin l'exige, de faire paffer plus de fils dans certains endroits d'un peigne que dans d'autres, il eft certain qu'on ne réuffit jamais auffi-bien que quand le peigne eft fait exprès ; mais la dépenfe deviendroit immenfe fi l'on vouloit faire faire un peigne chaque fois que telle ou telle rayure l'exige. Ce n'eft pas ici le lieu d'expliquer ce mécanifme, il fuffit pour faire entendre le peigne qui y fert, d'en donner une legere notion : on doit donc favoir qu'il y a des étoffes où, pour varier agréablement, on fait une bande de taffetas, une de fatin, une de ferge ou de cannelé, & qu'il feroit à de-firer que dans un même peigne chaque partie de la chaîne fût fabriquée par une partie de peigne propre à chaque genre ; d'autres fois c'eft lorfqu'on fabrique des étoffes à bandes, en or ou argent, & il eft certain que la lame tient plus de place que de fimples fils de foie. En voilà affez pour le préfent, je me réfere à ce que j'en dirai dans le Traité de la Fabrication des Etoffes, qui fuivra immédiatement celui-ci.

La figure 1, *Pl.* 37, repréfente un peigne, où les dents font diver-fement efpacées ; il eft deffiné dans la proportion de 4 pouces par pied : les dents des parties *a*, *a*, &c. qui doivent former les bandes, font plus ferrées que celles *b*, *b*, &c. qui font deftinées à former le fond : on peut aifément concevoir un peigne où les dents fuffent dans une difpofition inverfe de celui-ci ; telle eft la différence qui fe trouve entre ces fortes de peignes, qui d'ailleurs fe fabriquent de la maniere qu'on a vue, & ceux dont nous avons traité jufqu'ici : il faut cependant avouer que ce peigne, qui fervoit beaucoup autrefois, commence à être profcrit de la Fabrique des Etoffes de Soie, & qu'il eft prefque entiérement abandonné aux Gaziers, qui même, à caufe de la variété qui s'eft introduite dans ce genre de tiffu, ne fert pas très-fouvent.

Planche 37.

On monte ces fortes de peignes abfolument comme tous les autres ; on y obferve feulement de tenir les dents un peu plus fortes dans les endroits où elles sont plus espacées ; & pour trouver plus d'écartement entre les unes qu'entre les autres, on se sert d'autant de sortes de ligneul, qu'on a d'écartements différents à produire. Suppofons, par exemple, un peigne où la partie des bandes soit en proportion de huit cents dents, sur vingt pouces ; les dents qui y entreront seront celles qui auroient composé un peigne plein du même compte, ainsi que le ligneul dont on s'y feroit servi : si le fond répond à un douze cents sur la même largeur, les dents & le ligneul feront dans la même proportion. Il suffit donc dans ce cas au Peigner de bien faire ses divisions, pour que les bandes & le fond occupent les places qui leur sont destinées, & qu'il n'y entre pas plus ou moins de dents qu'il n'y en doit avoir.

C'est ordinairement le Fabriquant lui-même qui donne au Peigner les proportions du peigne qu'il veut faire construire ; ces divisions se marquent sur une bande de papier ou sur une régle de bois, & à chaque division on écrit le nombre de dents qui doit y entrer.

Après avoir parcouru toutes les fabrications de peignes dans tous les genres, il ne reste plus qu'à parler en finissant de la maniere d'entretenir les peignes, & de les raccommoder lorsqu'il leur arrive quelque accident.

CHAPITRE

CHAPITRE CINQUIEME.

De l'entretient & du raccommodage des Peignes, tant par les Ouvriers Fabriquants, que par les Peigners.

Article Premier.

Du raccommodage des Peignes par les Ouvriers Fabriquants.

J'ai dit en quelque endroit de la premiere Partie de ce Traité, que les dents des bords d'un peigne s'ufent beaucoup plus vîte que celles du milieu; il faut dans ce cas leur en fubftituer d'autres; c'eft de quoi nous allons nous occuper en peu de mots.

En réfléchiffant fur les effets de l'incorporation de la trame dans la chaîne, on voit que cette trame tend fans ceffe à faire rétrécir l'étoffe, & que ce rétréciffement fe fait particuliérement reffentir fur les bords; delà viennent ces défauts, fouvent légers, qu'on apperçoit aux étoffes, près des deux lifieres: ce même rétréciffement entraîne avec lui les dents, & leur fait contracter une courbure qui nuit au mouvement des brins de la chaîne, fur-tout dans les Etoffes de Soie. Les dents de canne s'ufent en fort peu de temps; celles d'acier même à la longue n'y fauroient réfifter, & font fujettes à fe *coucher* fur les bords.

C'eft improprement qu'on a donné à ce défaut du peigne le nom de *couchure*. La véritable couchure eft celle qui provient de la foibleffe du montage d'un peigne, dont le ligneul venant à fe relâcher, fait perdre aux dents la direction d'équerre qu'elle forme avec les jumelles, & dans ce cas une jumelle s'avance par un bout, & l'autre par l'autre.

Lors donc que quelque dent du corps du peigne; (car celles des lifieres étant beaucoup plus fortes, ne font pas fujettes à ce défaut), vient à fe courber, fauffer, ou contracter quelqu'autre défectuofité, il faut la changer; & fi l'on étoit obligé d'aller chercher un Peigner pour cette opération, on n'auroit jamais fini. Il eft à propos qu'un Fabriquant lui-même fache remettre les dents, parce qu'aucun Ouvrier n'eft en état comme lui de ménager la chaîne de l'étoffe, cet ouvrage devant fe faire fur le métier même. Ce n'eft pas un fecret, quoi qu'en difent quelques Ouvriers, ou s'ils en font un, voici en quoi il confifte.

On commence par retirer le peigne de la rainure du battant pour travailler plus à fon aife, & ayant choifi quelque bonne dent d'un vieux peigne, du même compte de dents & de la même foule, on les fubftitue aux mauvaifes; pour cela on coupe au milieu la dent qu'on veut ôter, & l'on en fait fortir les deux parties, l'une par en haut, l'autre par en bas ; ce qui n'eft pas difficile fi l'on fe rappelle que les dents de canne forment par leurs deux bouts une efpece de pelle ; mais il faut auparavant avoir déchiré le papier, qui couvre le ligneul à cet endroit feulement. Il n'eft pas poffible de mettre la nouvelle dent dans la place de l'ancienne ; il faut agrandir cette place : on fe fert pour cela d'un poinçon applatti, que l'on enfonce entre les jumelles en haut & en bas, & quand on juge que la place eft fuffifante, on fait entrer la dent, & dès qu'elle paffe en dedans de la foule du peigne, on la faifit avec des pinces fort plates & fort minces, on l'amene vers les autres jumelles, & on la fait entrer dans le fecond trou : on peut faciliter la defcente de la dent par quelques petits coups ; mais comme cela fatigue le peigne, il vaut mieux s'en abftenir. On change ainfi de fuite toutes les dents qu'on a à fubftituer, & comme le poinçon leur forme une ouverture, dans laquelle elles balottent, on fe fert d'un autre poinçon, avec lequel on écarte un peu les dens voifines, pour rendre aux dernieres l'écartement uniforme à toutes celles du peigne ; avec un peu d'attention dans ce travail on n'eft pas obligé de caffer les brins de la chaîne, & fi l'on a eu foin de conferver la féparation de chaque dent qu'on déplace, on en remet une nouvelle dans le même endroit, & l'étoffe n'en eft aucunement endommagée.

Il n'eft guere poffible au Fabriquant de raccommoder ainfi plus de trois ou quatre dents de fuite, attendu la difficulté de rencontrer les mêmes hauteur, largeur & épaiffeur, & d'obferver les mêmes écartements ; mais comme il arrive quelquefois à des Ouvriers de *crever* des peignes, c'eft-à-dire, de caffer ou fauffer des dents l'efpace d'un pouce ou même plus, on peut le raccommoder fur le métier même, ce qui eft très-difficile à bien faire, ou enfin on coupe la chaîne pour remonter le peigne plus à fon aife. Cette opération eft du reffort du Peigner, & il eft rare qu'un Ouvrier ordinaire foit affez entendu pour la bien exécuter ; dans ce cas on ne prend point de dents à un vieux peigne ; on en fait de neuves, que l'on égalife d'épaiffeur & de largeur autant qu'il eft poffible, & on les rogne, plane, & finit d'excarner quand elles font en place, même fans fortir du métier ; mais, je le répete, cette opération eft très-difficile & demande la main la plus légere & l'Ouvrier le plus intelligent.

Ce que je viens de dire, de fubftituer des dents neuves à celles qui font caffées, doit s'entendre du milieu du peigne ; car quand ce font celles des bords qui font ufées, on *ente*, ou *tefte* les deux bouts : ces deux expreffions, qui font fynonymes, ne font cependant pas adoptées dans toutes les Fabriques de peignes, je les rapporte pour les faire entendre. Cette opération fe fait de plufieurs manieres ; mais je n'en rapporterai que deux ; l'une eft fuivie par tous les Ouvriers, quoique moins bonne ; la feconde m'a été enfeignée par le fieur Lemaire, Peigner de Paris, dont j'ai déja parlé, & qui a eu la complaifance de la faire exécuter à loifir fous mes yeux : ce font ces deux méthodes qui vont faire la matiere des deux Articles fuivants.

Article Second.

Premiere maniere de tefter *ou* enter *les Peignes.*

Pour enter un peigne , on commence par ôter la garde d'un des bouts par où l'on veut commencer , enfuite on retire les dents dès lifieres , que l'on garde fi elles font d'acier , fans quoi on les néglige ; enfin on coupe avec un fort canif les dents de canne jufqu'à l'endroit où le peigne à befoin d'être raccommodé ; mais avant toutes ces opérations il eft néceffaire de s'affurer du compte de dents que contient le peigne , & pour ne commettre aucune erreur , on compte bien exactement les dents qu'on retire pour n'en remettre ni plus ni moins : on coupe les dents haut & bas , prefque tout contre le ligneul , qui , ne trouvant plus d'obftacle , fe déroule aifément , pour peu qu'on le tire fuivant la longueur des jumelles , au moyen de quoi les extrémités des dents qui étoient reftées entre les jumelles , tombent à terre. Quand on a fait cette opération haut & bas , on coupe le ligneul qui ne peut fervir , tout contre la premiere des dents qui reftent , & on le joint au nouveau , dont on va fe fervir par le moyen d'un nœud très-folide , comme de Tifferand ou de Charretier , &c. En plaçant les dents , qu'il doit avoir apprêtées du même compte , ou prendre dans un vieux peigne où elles foient encore bonnes , l'Ouvrier doit fe guider fur les anciennes marques qu'il doit retrouver fur les jumelles , & qui ont réglé le premier montage : dès qu'il s'eft affuré du nombre que chaque divifion doit contenir de dents , il procede à remettre des dents ; mais fi les marques étoient totalement effacées , il doit , fuivant la méthode qu'il pratique ordinairement , les remarquer , pour ne pas travailler au hazard : tout étant ainfi difpofé , il s'affied devant une table , *fig.* 4, fur laquelle eft tout ce dont il peut avoir befoin , comme de dents *A* , d'un canif *B* , de la garde qu'il a retirée , & ainfi du refte ; puis prenant fous fon bras le peigne *D* , comme on le voit *fig.* 5 , il tient contre fa main gauche le bout où il va opérer , & en même-temps tient dans cette main les deux bouts de ligneul , puis il place une dent , l'entoure de ligneul haut & bas , & frappe avec la fourchette , qui tient ici la place de la batte. Cette fourchette eft repréfentée à part *fig.* 6 : elle eft fort commode pour cette opération ; l'Ouvrier la prend par le manche *F* , & fait paffer la lame entre les jumelles , & frappe autant de coups qu'il eft néceffaire pour donner aux dents l'écartement qui leur convient , précifément comme on a fait avec la batte. On répete cette opération à chaque dent , & quand elles font toutes en place , on remet les dents des lifieres fi on les a confervées , finon des neuves ; & pour les efpacer comme il faut , on les entoure de deux tours de ligneul , après quoi on met la garde , que l'on arrête très-folidement ; & enfin on rogne les dents , on les plane & excarne , comme on l'a dit plus haut , & l'on en fait autant à l'autre bout du peigne ; car il eft rare

qu'il n'en ait befoin que par un bout, néanmoins il y a des Ouvriers qui ne
l'ufent que d'un côté.

Il peut paroître furprenant que le peigne s'ufe plus d'un bout que de l'autre :
comme tout ce que j'ai à traiter concourt au but général, je veux dire l'intelligence de l'Art qui fait mon principal objet, celui des Etoffes de Soie : je vais
en faire fentir la raifon. On peut fe rappeller ce que j'ai dit des Ouvriers qui
travaillent à *pied ouvert*, & d'autres à *pied clos* : il eft rare que chacun d'eux,
même travaillant à pied ouvert, fuive cette même méthode des deux mains, &
j'en ai obfervé un très-grand nombre qui tiennent la marche baiffée en frappant
fur la trame lorfqu'ils ont lancé la navette de droite à gauche, par exemple, &
frappent à pied clos après avoir lancé la même navette de gauche à droite. Si
j'ai fait voir que le trame tire beaucoup plus les lifieres à pied clos que
de l'autre maniere, il eft évident que travaillant toujours à pied ouvert d'un
côté, & à pied clos de l'autre, ce dernier côté ufera le peigne beaucoup plus
vîte par ce bout. Cette maniere de travailler eft très-vicieufe, & eft tellement
paffée en habitude chez certains Ouvriers, que rien ne pourroit les en détourner.
On peut aifément fe convaincre de la vérité de ce que je dis, en examinant
quelques étoffes ; celles où l'on trouvera une lifiere plus étroite, indiquera que
l'Ouvrier travailloit à pied clos en lançant la navette de ce côté. Au refte toutes
ces obfervations n'ont pour but que l'avantage du Fabriquant, qui fe trouvera à
portée de conferver fes uftenfiles en fachant d'où procede le mal ; c'eft à lui à
s'oppofer à de pareilles habitudes lorfqu'il forme de jeunes Ouvriers. Je paffe à
la feconde méthode de tefter les peignes.

Article Troisieme.

Seconde maniere de tefter *les Peignes.*

Cette maniere de tefter où enter les peignes, ne differe de la précédente
que par la pofition du peigne pendant l'opération : il faut commencer par défaire
les vieilles dents, comme on l'a vu, après quoi on place le peigne *H*, fur une
piece de bois *I*, *fig.* 7, qu'on met fur le banc *K* du métier à monter les
peignes. Cette piece de bois eft repréfentée à part, *fig.* 8 : on la fixe par fon
tenon *L*, dans une mortaife, pratiquée exprès fur la longueur du banc, où on
l'affujettit, au moyen de la clavette *M*. Le peigne eft faifi entre la piece de bois
& celle de fer *N*, comme dans une preffe, puifque les écrous *a*, *a*, la ferrent
à volonté, au moyen des vis *b*, *b*, dont la tête eft placée dans les entailles *c*, *c*,
de la piece de bois, *fig.* 8, & recouverte par un morceau de bois qui y entre à
force. Ces vis font repréfentées à part, *fig.* 9, & la piece de bois qui les
recouvre, *fig.* 10. Cette derniere eft fixée par quelques vis à bois, au moyen
de quoi on peut aifément démonter toutes ces pieces. Les lignes *h*, *h*, qui font
tracées fur la figure 8, fervent à placer le peigne dans un alignement convenable,

comme

comme elle l'ont entre les deux poupées des autres métiers. La piece de bois O n'eft placée là que pour y pofer la batte, quand la main eft occupée à placer une dent. On met la batte à cette hauteur pour imiter mieux la pofition qu'elle tient entre les jumelles quand on fait un peigne neuf, & parce que l'Ouvrier eft habitué à cette hauteur : à chaque dent qu'il place, il gliffe la batte entre les jumelles, & frappe convenablement à l'écartement qu'il faut donner aux dents ; il les entoure toutes d'un tour de ligneul, qu'il tient tendu de la main gauche pendant qu'il frappe, & enfin il met les dents des lifieres & les gardes comme on l'a déja dit ; & quand le peigne eft ainfi raccommodé par les deux bouts, il recouvre les jumelles avec une ou deux bandes de papier.

Cette méthode eft infiniment préférable à la premiere, en ce qu'elle eft plus expéditive & ne fatigue pas tant les peignes ; je fuis perfuadé qu'elle n'a befoin pour être univerfellement adoptée que d'être connue de tous les Ouvriers.

Quoique je n'aie promis de rapporter que deux manieres de enter les peignes, je ne faurois réfifter à l'envie d'en rapporter une troifieme, que je ne tiens que par le récit qu'on m'en a fait : la voici.

Après avoir défait les dents par un bout, auffi avant qu'il eft néceffaire, on monte l'autre bout qui refte encore entier, fur le tenon du boulon à vis des poupées fur lefquelles on monte ordinairement un peigne, & profitant de l'entaille, qui, au bout de chaque jumelle fert à retenir le lien des gardes, on y attache quatre bouts de jumelles de 6 à 8 pouces de long, auxquels on fait auffi des entailles pour qu'ils ne s'échappent pas : les chofes étant en cet état, on monte ce peigne fur les poupées, comme fi on en alloit monter un neuf : on le tend autant qu'il eft néceffaire, & on a la facilité de raccommoder le peigne, comme fi on le finiffoit neuf ; mais comme la batte ne pourroit pas gliffer aifément entre les jumelles, on fait les quatre bouts qu'on y ajoute, du double plus épais que les jumelles même ; & ayant pratiqué une entaille au bout qui tient ces jumelles, leurs faces intérieures s'affleurent & ne préfentent aucun obftacle à la batte quand on la fait gliffer.

Quand un bout du peigne eft fini, on le retourne bout pour bout, & on en fait autant à l'autre, fe fervant des premieres fauffes jumelles, ainfi que des fecondes, pour le fixer fur les poupées, & lorfque le peigne eft achevé, on le démonte entiérement pour y mettre les gardes ; ce que le peu de longueur qui refte ne permet pas de faire fur le métier même.

Quoique les dents d'acier foient bien plus de réfiftance que celles de canne, on pourroit très-bien enter les peignes d'acier comme ceux de canne ; mais il eft rare qu'on les raccommode par les bouts feulement ; on préfere de les faire remonter entiérement, en ne confervant que les dents & les gardes : j'en dirai un mot dans la fuite, après avoir rapporté les moyens mis en ufage pour dérouiller les peignes, qu'on n'a pu défendre contre cet accident.

Étoffes de Soie. VI. Part. R 7

ARTICLE QUATRIEME.

Maniere de dérouiller les Peignes d'acier.

LES peignes d'acier exigent le plus grand foin pour n'être pas en peu de temps attaqués de la rouille. J'ai recommandé de les tenir dans des lieux fecs ; cette précaution eft bonne quand ils ne travaillent pas ; mais quand ils font placés fur le métier , pour peu que l'endroit foit humide , ou qu'on foit quelque - temps fans s'en fervir, ils deviennent tout rouillés, & pourroient même déchirer les fils de la chaîne fi l'on n'y remédioit.

On ôte le peigne de fa place , & avec attention on frotte les dents d'huile d'olive , de maniere qu'il n'en vienne pas jufqu'aux jumelles , car la poix feroit en peu de temps rendue liquide , & le peigne fe lâcheroit : on couvre les dents de ce côté avec de la farine ; on en fait autant de l'autre côté , & on laiffe ce peigne au foleil ou à la chaleur d'un poële ou d'un feu modéré , pendant deux ou trois fois vingt-quatre heures , jufqu'à ce qu'on voie que la farine devient roufsâtre & tombe par petits grumeaux ; alors on met le peigne à plat , avec les précautions que j'ai déja rapportées , & on le frotte avec un bâton de faule , coupé en bifeau de chaque côté : fi l'on s'apperçoit que l'opiniâtreté de la rouille ne lui permette pas de céder du premier coup , on réitere l'opération , & enfin on fe fert de la pierre-ponce fi ces effais font infructueux. Quand les peignes font revenus à leur ancien poli, on recouvre les jumelles avec de nouvelles bandes de papier, attendu que les anciennes imbibées d'huile ne peuvent plus fervir , & gâteroient la foie.

Comme les dents des peignes peuvent , par une interruption de travail, fe rouiller fur le métier , lors même que la chaîne y eft paffée ; fi cette rouille eft confidérable , il faut couper la chaîne pour y faire l'opération qu'on vient de voir ; mais fi ce ne font que quelques parties, on peut employer les moyens indiqués, fur le métier même, en prenant beaucoup de précautions pour ne faire aucun tort à la chaîne.

Lorfque les dents d'acier des lifieres , aux peignes de canne , font très-rouillées, on ne fe donne pas la peine de leur faire cette opération ; on démonte le peigne par les deux bouts , & on y met d'autres dents , fuivant les méthodes qu'on vient de rapporter.

Article Cinquieme.

Maniere de remonter les Peignes d'acier.

Pour peu qu'on réfléchiſſe ſur la maniere dont la chaîne eſt placée, par rapport au peigne, ſur-tout dans l'inſtant ſans ceſſe répété du coup de battant, on verra qu'il doit s'uſer beaucoup plus vîte par les deux bouts, qu'au milieu : il y a de cet effet pluſieurs raiſons à donner ; mais ces détails ſeront beaucoup mieux placés lorſque je traiterai de la Fabrique des Etoffes : il me ſuffit de dire pour l'inſtant que l'uſure, produite par la chaîne, ne rend pas les dents tellement défectueuſes, qu'elles ne puiſſent plus ſervir ; au contraire même, & il y a des Fabriquants qui, quand ils font faire un peigne neuf, recommandent au Peigner de ſe pourvoir de vieux peignes, dont ils prennent les dents pour en faire un nouveau ; alors il ſuffit de mettre les dents des extrémités au milieu, & celles-ci à la place des premieres : on eſt aſſuré que le poli que leur a procuré la chaîne, ſans ceſſe en mouvement, les a rendues infiniment préférables à toutes celles qu'on pourroit avoir polies par d'autres moyens.

J'ai dit en quelque endroit de ce Traité, que le ſerrement du pas de la chaîne faiſoit tendre les dents de chaque bout vers le milieu du peigne, à peu - près comme une infinité de triangles, dont les fils de la chaîne font les côtés, & le peigne eſt la baſe ; mais par une ſuite de cette obſervation, on trouvera que les dents ſeront d'autant plus uſées, qu'elles approcheront plus des bouts du peigne, & qu'elles ſeront uſées, non pas parallélement à leur largeur, mais du côté qui regarde l'étoffe ; auſſi quand un Peigner intelligent démonte un vieux peigne, ne mêle-t-il pas les dents, & ne les replace-t-il pas indiſtinctement. Indépendamment de l'uſure qu'on y apperçoit, elles ont contracté une certaine courbure, que leur élaſticité ne ſauroit leur faire perdre, & qui les dirige toutes vers le centre. Par une raiſon inverſe il faut remonter le peigne dans un ordre oppoſé, & par ce moyen on diſpoſera toutes les courbures en ſens contraire vers chaque bout, & le côté uſé vers la face de derriere du peigne ; ainſi on profite de la perfection qu'a procurée aux dents un long travail, & on réduit à zéro les défauts qu'il leur avoit occaſionnés : telles ſont les reſſources de l'intelligence. Je n'ai inſiſté ſur ces détails, que parce que fort peu d'Ouvriers les connoiſſent & les mettent en pratique, & que je ne ceſſerai d'avoir devant les yeux l'avancement de mon Art.

Quelques Fabriquants ont imaginé de faire monter les dents des vieux peignes qu'ils font défaire, à d'autres, d'un compte plus fin, puiſque, diſent-ils, l'uſage a aminci les dents. Ils ont raiſon à quelques égards ; mais les têtes de ces dents, enfermées entre les jumelles, n'ont aſſurément pas changé ; ainſi ſi l'on n'a la précaution de faire remonter les peignes avec du ligneul plus fin qu'il ne faudroit pour le compte qu'on demande , les dents se trouveront trop écartées.

C'est une raison d'économie qui engage les Fabriquants à faire remonter leurs vieux peignes ; il ne leur en coûte que la façon , & c'est toujours une épargne des deux tiers de la valeur d'un neuf: il est vrai que quand ils font changer le compte des dents de leurs peignes, pour les remettre dans de plus fins, ils doi- vent fournir les dents qui y entreront de plus , & qu'il est toujours vicieux de mêler des dents neuves avec des vieilles, quelque bien calibrées qu'elles soient ; alors on fait servir deux ou trois peignes ; comme , par exemple , de trois huit cents , on fera deux peignes d'un mille , & les dents de surplus compensent celles qui se trouvent toujours fauffées, usées, ou autrement hors d'état de servir.

Pour monter à neuf un vieux peigne , l'Ouvrier déchire le papier qui couvre les jumelles , puis avec la lame d'un canif il coupe le ligneul d'un bout à l'autre haut & bas ; au moyen de quoi les dents ne tenant plus à rien , il peut en faire le choix convenable ; mais s'il veut garder l'ordre que je viens d'indiquer , il met ce peigne ainsi démonté devant lui sur le métier ; & pour pouvoir placer celles des bouts au milieu , & celles du milieu aux bouts, il coupe ce peigne exacte- ment par la moitié , & prend par - là les dents , qu'il met au bout à gauche , après celles des lisieres. Quand il a fini cette premiere moitié, comme il se trouve au milieu du nouveau peigne, il doit continuer par le bout de la seconde , qui se trouvera ainsi placé au milieu , & ainsi de suite, jusqu'à la fin. On ne rejette que les dents hors d'état de servir ; du reste le peigne se finit comme on l'a dit en enseignant à les monter.

Article Sixieme.

Maniere de remonter les Peignes de canne ou d'acier sur le Métier même,
sans couper la chaîne.

Il n'est point de talens , point d'Arts , où des accidents inopinés ne viennent quelque fois déranger les précautions les plus sages, renverser les mécanismes les mieux entendus. Quand la chaîne d'une étoffe est une fois passée dans un peigne, que par un bout il y en a une certaine quantité de fabriqué , & de l'autre le reste de la chaîne roulé sur l'ensuple ; quel remede apporter à un peigne , à qui subitement il arrive quelque accident ? on n'en a long - temps connu d'autre que de couper la chaîne pour substituer un autre peigne. Enfin , après m'être occupé dès mon enfance de ce que la fabrique a de plus curieux & de plus in- téreffant, j'avoue qu'il n'y a pas plus d'un an que j'ai appris qu'on pouvoit substituer un autre peigne sans couper la chaîne. Je tiens cette utile découverte d'un habile Fabriquant d'étoffe de Paris, qui l'a vu mettre en œuvre par le sieur *Bordier*,

ancien

ancien Peigner à Tours, fur un métier de damas broché. Voici le cas où cet expédient eft néceffaire. Un Ouvrier négligent dans la conduite de fon étoffe , laiffe perdre la *quarrure* de fon métier ; ce qui provient de ce que les étayes qui affujettiffent quarrément le métier en tous fens , fe relâchent fur quelqu'un des angles ; alors le battant qui ne frappe jufte fur la largeur de l'étoffe , qu'autant que le métier eft quarrément pofé ; s'il vient à prendre une pofition hors d'équerre, le peigne frappant plus d'un côté que de l'autre, l'étoffe n'avance que de ce côté, tandis que l'autre eft fort lâche : bientôt le peigne fatigué des coups redoublés que lui donne l'Ouvrier pour regagner cette inégalité, fe couche entiérement vers un bout , & ne peut plus fervir. Cet accident peut arriver dans la longueur d'une demi - aune d'étoffe : j'ai même vu dans une Fabrique qui m'appartenoit , un peigne de canne fe caffer au milieu des dents, d'une longueur de trois ou quatre pouces en fabriquant du damas. J'ai vu une autrefois les jumelles fe caffer. J'avoue que je n'ai fçu trouver d'autre moyen pour placer un autre peigne , que de couper la chaîne. Cette perte eft toujours très confidérable pour le Fabriquant. Je perdis la premiere fois un aunage confidérable d'un ameublement qu'il fallut recommencer ; car ce qui eft fait eft de fauffe mefure , & la chaîne pliée fur l'enfuple n'eft plus à la longueur requife. La feconde fois je perdis une robbe de prix , dont l'argent qu'on m'auroit demandé pour remettre un peigne, quel qu'il eût été , m'eût amplement dédommagé. L'inconvénient dont je parle peut arriver à tous les Ouvriers, & fur-tout en fabriquant des étoffes riches , & par conféquent fortes , plutôt que fur de petites étoffes , où le coup de battant eft infiniment moindre.

Dès qu'on s'apperçoit de l'entiere couchure d'un peigne , qui le met hors d'état de fervir, il faut difcontinuer l'ouvrage & avertir promptement le Peigner. Celui - ci fabrique un peigne de la même largeur , de la même foule , & du même nombre de dents, & prenant devant le métier où eft le peigne caffé , la place de l'Ouvrier, il coupe le vieux peigne par le milieu pour le féparer en deux parties fur fa longueur , fans endommager la chaîne, après en avoir ôté les gardes & les dents des lifieres fi elles font d'acier ; enfuite il coupe le ligneul tout du long des jumelles fupérieures du nouveau peigne , retire ces jumelles , & le met dans l'état de celui qu'on voit , *fig.* **13** , *Pl.* 37, dont les dents ne font plus retenues que dans les jumelles d'en - bas : il remet ce peigne à l'Ouvrier qui fabrique l'étoffe , à qui appartient le foin de diftribuer fa chaîne dans les dents du nouveau peigne. Il fufpend fon peigne en-deffous de la chaîne , les dents en haut , entre la partie qui eft fabriquée , & le remiffe qui fait mouvoir la chaîne , de maniere que les dents puiffent entrer comme d'elles-mêmes entre les fils de la chaîne , qui, pendant cette opération, doit être un peu lâche , afin de la pouvoir divifer en petites parties , fans craindre de rien caffer ; & pour plus de facilité, il ne donne pas à fon peigne une pofition horizontale , mais un peu penchée de droite à gauche , au moyen de quoi la moitié du peigne à peu-

PLANCHE
37.

près, paffe au travers de la chaîne, tandis que l'autre moitié eft par-deffous : l'Ouvrier prend une cinquantaine de fils , & les place dans une dent près des lifieres, puis une autre cinquantaine , qu'il place dans une autre , & ainfi de fuite, jufqu'au dernier fil , fans obferver dans cette divifion aucune regle , finon que chaque cordon foit placé à peu-près en ligne droite , & non pas d'un ou d'autre côté, ce qui tirailleroit la chaîne : à mefure qu'on diftribue ainfi toutes ces parties, on releve le peigne , jufqu'à ce qu'étant arrivé à la fin, il fe trouve dans une pofition à peu-près horizontale. Quand toute cette premiere divifion eft faite , l'Ouvrier place entre chaque dent tous les fils à la place qu'ils occupoient dans le vieux peigne , & pour cela il doit favoir exactement combien chacune doit contenir de fils , tant de la chaîne que du poil, s'il y en a un, pour n'en pas déranger un feul , en commençant par un des bouts du peigne. La aniere la plus folide & la plus commode de faire tenir le peigne pendant cette opération , eft de l'attacher à deux montants, femblables à des pieds à perruque, parce qu'on eft fûr & de l'égalité & de la ftabilité.

Il eft aifé de fentir, que les dents n'étant retenues que par un bout , ne préfentent pas un écartement bien uniforme , & que par conféquent rien n'eft auffi difficile que de faire entrer ces fils entre les dents: voici comment on y remédie. L'Ouvrier tient de la main gauche le fil qu'il veut placer , & ouvre les dents où il veut le mettre avec la pointe d'un poinçon , & continue ainfi jufqu'à ce que toute la chaîne foit remife en place ; mais pendant tout ce travail il faut que la chaîne foit un tant foit peu tendue, pour que les fils fe tiennent à la place où on les met ; alors le Peigner recommence l'opération qui eft de fon reffort, c'eftà-dire, de finir de monter le peigne. Il prend la place de l'Ouvrier Fabriquant, qui eft la plus commode ; il fixe les deux jumelles qu'il avoit ôtées, fur les gardes, par chaque bout, & attache le peigne très-folidement fur deux montants, pour qu'aucun effort ne le puiffe faire mouvoir en devant ou en arriere ; enfuite il place entre les jumelles un petit morceau de bois d'un pouce de groffeur, ou environ, pour les tenir écartées, & avoir plus de liberté à faifir avec la pointe du poinçon le bout de chacune, à mefure que vient fon tour d'être entourée avec le ligneul , qu'on ferre fortement. A chaque dent l'Ouvrier appuie avec un des bouts de la même fourchette, *fig. 6,* dont j'ai déja parlé en traitant la maniere de enter ou tefter les peignes ; mais il doit fur-tout prendre bien garde à fe rencontrer jufte avec les marques qu'il a faites fur les jumelles , & qu'il doit avoir devant lui , & fur-tout il doit prendre garde que les dents foient bien à angles droits avec les jumelles.

Quand le Peigner eft à peu-près au milieu de la longueur du peigne , il détache les jumelles de deffus la garde de ce côté, pour que l'écartement, produit par le petit coin de bois, ne force pas trop les jumelles ; & quand on eft à 2 ou 3 pouces de la fin, on ôte entiérement la garde, pour avoir plus d'aifance à opérer , & on ne la remet que quand toutes les dents font en place ; après quoi on couvre ces jumelles de bandes de papier ; celles qui ont resté, ayant dû en être couvertes auparavant.

Quelque attention qu'on apporte à cette opération, le peigne n'est jamais aussi solide que quand il est monté sur le métier : j'ai cependant entendu dire, qu'on avoit fabriqué beaucoup d'étoffes avec un pareil peigne. Quoi qu'il en soit, c'est beaucoup que d'être venu à bout de ré parer un pareil accident ; & le peigne ne finît-il que la piece commencée, c'est beaucoup gagner ; cette invention est une des plus heureufes de toute la Fabrique des Etoffes.

Article Septieme.

Obfervations générales fur l'Art du Peigner.

Les Peigners qui veulent traiter leurs peignes avec toute la régularité possible, au lieu de faire leur ligneul avec du fil de lin, comme nous l'avons vu, choisissent la soie la plus égale dans les soies fines, & en assemblent plusieurs brins, jusqu'à ce qu'ils ayent atteint la grosseur nécessaire, ils tordent tous ces brins, pour n'en former qu'un seul, qu'ils poissent ensuite de la maniere qu'on a vue. On se sert de ces fortes de ligneuls pour les peignes destinés à faire des chenilles très-fines qui demandent la plus grande régularité de la part du peigne.

Quand à l'emploi du ligneul, ce que j'en ai rapporté ne contient que les régles générales ; on s'en écarte quelquefois. Dans l'hiver, par exemple, la poix se brise & s'en va en poussiere en tournant en tout sens le fil ; aussi les Ouvriers, curieux de leur ouvrage, ou ne font point de peignes dans les gelées, ou mettent sur le métier des réchauds remplis de feu, qui entretiennent autour du peigne une température modérée : l'été, au contraire, le ligneul est si mou, qu'on ne sauroit y toucher sans changer la grosseur que la filiere avoit réglée ; aussi trempe t-on les paquets de ligneul dans de l'eau fraîche, & l'Ouvrier, quand il sent que les doigts s'échauffent, les y trempe aussi de temps en temps.

Le sieur Lemaire, dont j'ai parlé, à coutume de mettre d'autant plus de résine dans la poix, que le froid est plus grand, & il en diminue la dose, jusqu'à l'anéantir même quand il fait chaud. On pourroit l'hiver travailler dans un endroit, où la chaleur modérée d'un poële rendît la température convenable ; on peut se régler au moyen d'un thermometre.

Les Peigners ont coutume de marquer sur les gardes le nombre de dents que contient le peigne ; les uns marquent le nombre de portées, & d'autres celui des dents : cette méthode est fort bonne ; mais on pourroit marquer sur la longueur du peigne chaque centaine, par une dent teinte dans de la suie, ou bien mettre une dent d'acier aux peignes de canne, ou une de canne à ceux d'acier; par ce moyen on ne confondroit jamais les peignes.

Cette précaution feroit très-avantageufe aux Fabriquants d'Etoffes de Soie qui fournissent leurs Ouvriers de peignes, dont les comptes varient prodigieusement. Il arrive souvent que quelques Ouvriers usent les gardes , d'autres en font mettre d'autres , & dans tous ces cas le numéro marqué se perd , on n'a plus de ressource qu'à compter les dents; ce qui est fort difficile , sur-tout lorsque les Fabriquants, à qui on rend ces peignes , les mêlent tous ensemble ; d'autres écrivent sur les jumelles , comme on le voit sur celle du peigne , *fig.* 13 , *Pl.* 37 ; mais cette précaution est bientôt anéantie lorsque les Ouvriers , voyant le papier s'user, en recollent assez souvent de nouveau.

L'expédient que je propose n'est pas de mon invention, je l'ai vu mettre en usage très-avantageusement , & rien n'est aussi rebutant que de compter six ou huit peignes de suite pour trouver celui qu'on cherche.

Lorsque les gardes sont de cuivre ou de bronze on n'a pas à craindre cet inconvénient , sur-tout si l'on met ce numéro au-dessous de la portée du coup de navette ; au surplus on peut les marquer devant & derriere.

Bien des Peigners ont coutume de mettre leurs noms sur leurs peignes ; cet usage est fort utile, & met les Fabriquants dans le cas de juger lequel de plusieurs Peigners travaille le mieux.

A V I S   A U   L E C T E U R.

J'AI au commencement de cet Art annoncé trois Parties , dont la derniere doit contenir la maniere de faire les Peignes dont les jumelles sont jettées en moule. Ce secret est dû aux Anglois, qui le pratiquent depuis fort long-temps , sans qu'on ait jamais pu le pénétrer ; enfin il y a un certain nombre d'années que les Lyonnois firent venir chez eux un Anglois qu'ils pensionnent, & qui seul en France en fournit à nos Manufactures : néanmoins j'ose me flatter de l'avoir découvert : toutes mes recherches , & les essais que j'ai faits jusqu'ici , m'annoncent la réussite la plus satisfaisante. Ce seroit manquer au Public que de lui offrir des à peu-près & des essais informes. Occupé journellement à la description de l'Art , qui fait mon principal soin , je n'ai pas encore pu répéter mes expériences assez en grand pour entreprendre de décrire cette operation. Je promets de donner par supplément cette troisieme Partie, aussi-tôt qu'un fort grand moule, auquel je travaille, sera fini : je n'ai encore fait de pareils peignes que de quelques pouces de long , qui pour beaucoup d'autres seroient une réussite parfaite ; mais je veux m'assurer que ce qui me réussit bien en petit , ne manquera pas en grandeur naturelle. Je passe à la Fabrique des Etoffes de Soie.

CHAPITRE

CHAPITRE SIXIEME.

Explication des Planches de la seconde Partie de l'Art du Peigner.

PLANCHE XXVI.

L a Figure 1 de la Planche 26, eſt un bout de fil de fer décrivant une ligne courbe pour éprouver ſon élaſticité.

La Figure 2, eſt encore un bout de fil de fer qui ſuppoſe celui *fig.* 1, qui s'eſt redreſſé par ſa propre élaſticité.

La Figure 3 repréſente une partie de Peigne au-deſſus la grandeur ordinaire, dans la longueur de laquelle on apperçoit des dents courbes ſur leur largeur, & d'autres qui ſont droites, pour faire ſentir combien la courbure des dents peut nuire à la fabrication des Etoffes, puiſqu'elles appuyent contre leurs voiſines, & qu'elles ne laiſſent pas la liberté aux fils de la chaîne de ſe mouvoir avec autant de liberté qu'il leur en faut.

On voit par la Figure 4 une dent courbée ſur ſon épaiſſeur. Défaut qui nuit à la fabrication de l'Etoffe.

Par la Figure 5, on a repréſenté une jauge pour déterminer l'épaiſſeur des dents, en les y plaçant comme on le voit en *B*, *fig.* 6.

Cette derniere Figure contient dans ſon entaille qui eſt de demi-pouce, une quantité connue de dents, ce qui fait juger de leur épaiſſeur, parce que l'entaille dans laquelle on les met toutes ſur leur champ à côté l'une de l'autre, doit contenir un nombre de dents fixe, pour chaque compte de peignes; c'eſt le moyen le plus précis qu'on ait trouvé pour avoir des dents égales dans toute l'étendue d'un peigne, & pour rendre les procédés du laminage plus aſſurés.

La Figure 7, fait voir un marteau dont ſe ſervent pluſieurs Peigners pour applatir les dents des liſieres.

La Figure 8, eſt un *tas* d'acier, planté dans un billot de bois; c'eſt ſur ce tas que les Peigners battent le fil-d'archal pour en former des lames dont on fait les dents des liſieres.

La Figure 9 repréſente un moulin propre à laminer le fil-d'archal, pour en faire les dents qu'on emploie aux peignes d'acier; ce moulin eſt réglé par la ſeule vis *M*, qui fait mouvoir, c'eſt-à-dire, monter & deſcendre la meule *H*, pour obtenir telle épaiſſeur de dents qu'on juge à propos, conformément aux comptes des peignes pour leſquels on veut laminer.

Développement de cette machine.

L a Figure 10 eſt un des deux montants faits en bois, entre leſquels on

ÉTOFFES DE SOIE. VI. Part.   T 7

place les deux meules *I*, *H*, & dont les enfourchements reçoivent les pieces de fer *G*, *F*, qui portent ces meules.

On voit par la Figure **11**, une de ces deux meules féparée de fon axe.

La Figure **12** eft une piece de fer à quatre faces égales, dont la groffeur eft telle qu'elle doit entrer avec force dans le trou *C* de la figure précédente, pour être enfuite mife fur le Tour pour former les collets de l'axe.

La Figure **13** eft l'axe de la meule fupérieure *H*, vu féparément.

La Figure **14** eft l'axe de la meule inférieure *I* : cet axe differe du précédent en ce que fon bout *d* eft terminé par un quarré, & enfuite par une vis : c'eft fur ce même bout qu'on emmanche la manivelle *K* du moulin; *e* eft un petit écrou dont le taraudage eft égal au pas de vis *d* de la figure précédente, & dont on fe fert pour arrêter la manivelle du laminoir, lorfqu'on la place fur la petite portée quarrée du même bout *d*, de l'axe que nous venons de voir.

On voit par la Figure **15** une des pieces *F*, *F*, qui placée dans les enfourchements des montants *A*, *A* du laminoir, portent entr'elles la meule *I*.

La Figure **16** repréfente l'affemblage qui compofe le chaffis fupérieur du laminoir, formé par les deux pieces *G*, *G*, & celle *L* qui reçoit le bout de la vis *M*.

G, eft une de ces pieces vue féparée de l'affemblage & hors du moulin, dans les mêmes proportions de la figure **16**, qui eft d'un tiers plus forte que celle du moulin.

F, *F*, font les deux pieces de fer qui étant placées dans les montants du laminoir, reçoivent l'affemblage repréfenté par la figure **16**, qui doit porter la meule *H*; ces deux pieces font placées au-deffous de cette figure, comme pour recevoir dans leur enfourchement *A*, *A*, les deux pieces *G*, *G*, qu'elles doivent contenir étant placées au laminoir.

La Figure **17** repréfente le laminoir vu en face fur le profil des meules, pour faire voir la pofition de ces mêmes meules & celle de la piece *L* qui guide celle *I*, qu'on a cru devoir repréfenter.

La Figure **18** repréfente la vis *M*, qui fert à régler les diftances qu'on eft obligé de donner entre les meules du laminoir, pour obtenir par-là les épaiffeurs des dents qu'on fe propofe de tirer : cette vis eft ici contenue dans fon écrou *O*, qui doit être lui-même encaftré dans la couverture *N* du laminoir.

La Figure **19**, fait voir en face un des chaffis féparé du moulin, & portant la meule *I*, au point de hauteur où elle doit être lorfqu'elle eft placée dans le moulin.

Par la Figure **20**, on remarque à quel point doit être placée la meule *H*, par les pieces *G*, *G*, qui la contiennent; elle eft ici vue en face, & la piece qui la porte, eft tenue par la vis *M* qui paffe dans la couverture *N* du moulin.

La Figure **21**, fait voir l'écrou de cette vis dans les proportions de la moitié à-peu-près de ce qu'il doit être en toute grandeur ; on apperçoit fur cet écrou par quel moyen on l'encaftre dans la couverture du moulin , & comment on l'y arrête folidement.

On voit par la Figure 22 , la couverture N du moulin féparée de toutes les pieces qu'elle doit affembler ; on y remarque les mortaifes a, a, a, a, qui fervent à recevoir les tenons des montants A, A du moulin , & le trou y, qui reçoit l'écrou que nous venons de voir.

La Figure 23 , fait voir de profil l'affemblage des pieces G, G, avec celles F, F, après avoir placé entr'elles les meules H, I, & après avoir arrêté la vis M, dans la piece L dont la pofition de la figure ne permet de voir que le tenon ; cet affemblage ne fe fait ordinairement qu'après avoir fixé l'écrou de la vis dans la couverture N ; c'eft ainfi qu'il faut que cet arrangement foit fait pour qu'on puiffe monter le laminoir tel qu'il eft , avec la différence qu'en le plaçant dans les enfourchements des montants du moulin , les meules font totalement rapprochées l'une de l'autre.

On voit en E, la clavette qui tient folides les deux montants du laminoir en les traverfant en-deffous de la bafe B, dans le milieu de leur tenons.

PLANCHE XXVII.

LA Figure 1 repréfente le haut d'un laminoir, dont la conftruction différe de celui que nous venons de voir , par les pieces de fer qui portent la meule fupérieure ; cependant c'eft toujours par la vis M que ces pieces font menées ; mais la traverfe L, eft en-deffus de la couverture N ; auffi cette couverture a une différence fenfible dans fa conftruction : il faut prendre garde encore qu'à ce laminoir , le bout de la vis entre dans une piece de fer qui eft encaftrée dans la couverture fans être taraudée ; c'eft précifément la traverfe L , qui fert d'écrou à cette vis.

Développement de ce fecond Laminoir.

LA Figure 2 eft une des pieces G, G qui portent la meule H : on doit appercevoir à la feule infpection qu'elle différe de celles de l'autre moulin , en ce que les languettes c, c , ne vont qu'aux deux tiers de fa hauteur , tandis qu'à celles qui font la même fonction dans le laminoir qu'on a déja expliqué , ces languettes portent d'un bout à l'autre de la piece.

La Figure 3 , fait voir la couverture de ce dernier moulin féparée de fon af-femblage ; elle differe de la couverture du premier laminoir par fes entailles b, b, & par la piece de fer d qui y eft encaftrée , & dans laquelle tourne le collet de la vis.

La Figure 4 repréfente le haut de ce moulin vu en face du côté des meu-les ; on n'a pas jugé à propos de mettre la manivelle , parce qu'elle doit être placée de même que fur le premier laminoir. On a feulement rendu fenfible fur cette figure le point d'appui de la vis, afin de faire connoître par quel moyen elle pouvoit attirer ou faire defcendre la meule fupérieure.

La Figure 5 repréfente le haut d'un troifieme laminoir dont les pieces de fer qui portent la meule fupérieure font différemment mues que celles que nous avons vues jufqu'à préfent; chacune d'elles monte & defcend par le moyen d'une des vis *b*, *b*, qui lui eft propre.

Développement de ce Moulin.

L A Figure 6 eft une des deux pieces *C*, *C*, qui portent la meule fupérieure; on peut appercevoir qu'une des vis entre dans fon épaiffeur fans cependant lui fervir d'écrou.

La Figure 7 fait voir une des vis du moulin.

On voit par la Figure 8, de quelle maniere cette vis eft affemblée avec une des pieces *C*, *C*; elle tourne dans l'épaiffeur de cette piece de la même maniere que la vis *M* tourne dans la couverture *f* de la figure 4; elle n'y eft fixée que par le bouton *G*, & par la petite clavette *d*, qui l'empêchent de fortir de fon trou où elle a cependant la liberté de tourner.

La Figure 9, fait voir la couverture du moulin; fa conftruction differe de celle *fig*. 3, en ce qu'elle n'eft point percée fur le milieu, & en ce que celle-ci eft entaillée par-deffous en *a*, *a*, où elle forme une languette de chaque côté.

La Figure 10 eft un des deux écrous qui reçoivent les vis *b*, *b*, qu'on affemble avec la couverture; ces écrous entrent très-jufte chacun dans une des entailles *a*, *a*, de la couverture que nous venons d'expliquer.

La Figure 11 repréfente une autre forme d'écrou qu'on affemble de même que le précédent avec la couverture, mais dont la forme differe en quelque chofe, parce qu'indépendamment des languettes, il eft entaillé en *d d* par-deffous; ces entailles reçoivent le bout fupérieur des pieces *B*, *B*, qui portent la meule *F*.

La Figure 12 repréfente le même écrou que nous venons de voir, mais vu en plan par-deffous; il a été ainfi repréfenté afin qu'on pût appercevoir par quel moyen on le fixe au-deffus des pieces *B*, *B*, par de petites vis qui entrent dans l'épaiffeur de ces mêmes pieces, ainfi que les trous *e*, *e*, l'indiquent.

La Figure 13 eft une troifieme forte d'écrou qui prend toute la largeur du laminoir; les trous qui reçoivent les vis répondent dans les entailles *g*, *g*, & ces mêmes entailles s'emboîtent avec les bouts fupérieurs des pieces *B*, *B*: cet écrou exige une couverture différente pour le moulin, que toutes celles que nous avons vues jufqu'à préfent; c'eft ce que nous allons voir par la figure fuivante.

La

La Figure 14 , eft une partie de couverture de moulin propre à être affemblée avec l'écrou qu'on vient d'expliquer ; ce n'eft précifément que la moitié de la couverture : il faut une autre partie femblable , pour, avec l'écrou , faire la couverture entiére , & on les affemble de maniere que la languette *h*, pofe fur une des languettes *f, f*, de la figure précédente. Ces deux dernieres figures font vues par-deffous.

La Figure 15 repréfente un moulin à deux vis *C, C*, qui ne peuvent pas marcher l'une fans l'autre ; elles marchent par une troifieme vis *B* , fur laquelle eft enabrée une roue dentée *b*, qui mene les deux autres roues auffi dentées *a, a* ; c'eft par ce moyen qu'on regle le plus ou le moins de féparation qu'on veut mettre entre les deux meules du moulin. Ce font les vis *C , C*, qui conduifent ces pieces de fer qui portent la meule fupérieure ; les roues dentées qui font adaptées à ces vis étant égales en nombre de dents , comme en diametre , ne peuvent que tourner également , puifqu'elles ne font mues que par celle qui eft adaptée à la vis *b*: on peut voir dans la defcription qui en a été faite , les avantages que ce laminoir a fur les autres.

La Figure 16 repréfente le deffus du même moulin dépourvu des deux vis *C , C ,* & de ces roues dentées. Cette figure fait voir la conftruction de la couverture du moulin & en même-temps par quel moyen on arrête les vis afin qu'elles ne marchent en aucune façon par les efforts du laminage. La couverture de ce moulin eft femblable à celle *fig.* 13 , & de deux pieces de bois femblables à celle *fig.* 14 , ce qu'on peut reconnoître en remarquant la maniere avec laquelle font affemblées ici les deux pieces de bois *d, d,* & l'écrou *e ,* qui compofent cette couverture.

La Figure 17 fait voir en plan le deffus d'un moulin à deux vis & à trois roues dentées, mais dont les dents font taillées différemment que celles des roues du moulin *fig.* 15. *Voyez* ce que j'en ai dit dans le cours de l'Ouvrage.

On voit par la Figure 18 une des roues dentées de ce dernier deffus de moulin vue en double proportion de grandeur en perfpective, & dépourvue de fa vis.

Par la Figure 19 , on apperçoit la forme d'une des vis des moulins *fig.* 15 & 17. Cette vis eft féparée de fa roue dentée & du moulin, elle eft conforme par fon bout inférieur à la vis *fig.* 7 , parce que fon affemblage avec la piece qui porte la meule fupérieure eft le même, mais la tête n'eft pas conftruite de même, & comme elle doit être affemblée avec une roue dentée, il y a par-deffus une efpece de chapeau qui les rend folides, de maniere que lorfque ces vis font jointes avec les roues, on les fait retenir par-deffus avec ces chapeaux qui forment une feconde tête , qui s'éleve de trois à quatre pouces au-deffus des roues.

La Figure 20, eft un des deux chapeaux des roues dentées qui font adaptés à la tête des vis.

La Figure 21, eft encore une vis vue en face, féparée du moulin, garnie de fa roue dentée & de fon chapeau ; cette vis n'eft pas faite comme celle *fig.* 19. Aussi n'est-elle pas au même usage ; car la premiere est une de celles qui font monter & descendre la meule supérieure d'un laminoir , & cette derniere est celle qui est assemblée avec la roue dentée du milieu qui fait marcher les deux autres.

La Figure 22 , fait voir un moulin tout semblable à celui *fig.* 15 , excepté que les meules *C* , *D* , font adaptées sur des roues dentées dont le diametre & le nombre des dents font égaux. On a pris foin de repréfenter cette figure avec un des montants brifé , afin qu'on apperçût entiérement par quel moyen une des roues dentées fait mouvoir l'autre ; du refte la defcription que j'ai faite de cette machine prouve la fupériorité qu'elle a fur tout ce que nous avons vu jufqu'à préfent.

Par la Figure 24 , on voit ce dernier moulin en face du côté du profil des meules , où l'on peut remarquer l'ordre qu'on fait tenir , tant aux roues dentées du deffus qu'à celles qui font adaptées aux meules.

La Figure 25 , est une des meules vue en perfpective féparée du moulin & de fa roue dentée fur laquelle on apperçoit les quatre trous *C* , *C* , *C* , *C* , qui fervent d'écrous aux quatre petites vis qui lui adaptent fa roue dentée.

PLANCHE XXVIII.

L a Figure premiere repréfente un laminoir dont la conftruction est toute différente du précédent. Au lieu des vis de preffion qu'on a vues au premier , cette preffion fe fait ici par la bafcule *N* , chargée du poids *O*.

Développement de la machine.

A , *A* , font les deux montants du devant , & *D* , *E* , font les deux traverfes dans lefquelles ils s'emmanchent à tenons & mortaifes.

C , *C* , font deux autres montants de derriere qui s'affemblent par le bas fur la traverfe *F* , à environ fix pouces de diftance l'un de l'autre.

H , *H* , *I* , *K* , *K* , font cinq pommelles faites au Tour , dont le tenon entre dans des trous pratiqués en-deffous des pieces *D* , *F* , pour élever un peu la machine , & faciliter le paffage des ordures.

G , est une traverfe qui affemble par le haut les montants *C* , *C*.

M , *M* , font deux larges traverfes qui par un bout s'affemblent , & affleurent de trois côtés les montants *C* , *C* , & par l'autre dans celle *E* , qu'elles affleurent en-deffus.

B , *B* , font deux montants qui par le haut s'affemblent en-deffous des traverfes *M M* des côtés , & par le bas reçoivent les traverfes *L* , *L* , *L* , *L* , qui les entretiennent dans un écartement convenable. Ces deux montants defcendent au niveau des pommelles.

P, *P*, font deux petits montants affemblés à tenons & mortaifes dans les deux traverfes de derriere *L*, *L*, où ils font folidement chevillés ; au haut de ces montants eft un trou rond ou œil dans lequel paffe une tringle de fer *a*, qui tient la bafcule *N*, par un bout.

Q, *Q*, font deux chaffis d'une feule piece, qui avec la piece de bois *X*, dans laquelle ils font affemblés, forment la cage de cette machine ; ils font plantés folidement au milieu des traverfes *M*, *M*, qu'ils affleurent par leur face intérieure.

R, *R*, font deux pieces de fer qui rempliffent exactement les entailles des chaffis, & qui y entrent à rainure & languette, & au bas defquelles eft un trou qui reçoit l'axe de la meule inférieure *V*.

S, *S*, font deux autres pieces de fer qui rempliffent les entailles des pieces précédentes, où elles gliffent auffi à rainure & languette, & qui portent la meule fupérieure.

b, eft l'un des boutons ou chevilles de fer entré à force au bas des pieces précédentes au-deffous des meules, & où s'accrochent les étriers de fer *C*, qui attirent la meule en en-bas. L'autre étant derriere la machine, ne peut-être vu.

d, eft un autre bouton attaché au bas des étriers de fer, & qu'embraffe la boucle de la corde *e*.

e, en dedans de la machine, eft une partie de la même corde, qui par fon autre bout va faifir la traverfe *f*, qui paffe fous la bafcule, & gliffe dans l'entaille pratiquée fur les faces intérieures des montants *B*, *B*.

T & *V*, font les deux meules fur l'un des côtés defquelles font fixées parfaitement au centre les roues dentées qu'on y voit.

i, *i*, font deux mortaifes pratiquées en-deffus de la traverfe de devant *E*, pour recevoir le guide dont on verra plus bas les détails.

La Figure 2 repréfente le profil de la cage qui contient les meules, & la maniere dont le tirage produit par la bafcule, fe fait au moyen des deux cordes *e*, *e*.

Q, *Q*, font les deux chaffis de bois ; *T V*, les deux meules ; *N*, la corde à laquelle eft fufpendu le contre-poids qui paffe par-deffus la bafcule, dont on ne voit ici que l'épaiffeur.

c, *c*, font les deux étriers de fer qui s'agraffent fur les boutons du chaffis qui porte la meule fupérieure ; *e*, *e*, font les cordes qui paffent en-deffous & vont en *f*, embraffer la traverfe qui porte la bafcule ; *o*, eft le contre-poids.

La Figure 3, fait voir en perfpective la pofition de la bafcule où toutes les pieces font fous les mêmes lettres pour être mieux reconnues.

y, eft un poids qu'on ajoute au premier pour augmenter à volonté la pefanteur en le reculant ou avançant.

La Figure 4 repréfente un des deux montants *B*, *B*, vu par fa face intérieure fur laquelle eft une couliffe *g*, où gliffe la traverfe qu'embraffent les cordes *e*, *e*.

La Figure 5 repréſente une autre eſpece d'étrier qu'il feroit à propos de ſubſti-tuer aux premiers & aux cordes. Celui-ci eſt tout en fer, & la traverſe *h*, paſſe dans deux yeux quarrés *l*, *l*.

La Figure 6, fait voir une maniere de ſuſpendre le contre-poids plus com-mode, pour le faire avancer ou reculer à volonté.

La Figure 7 eſt une autre eſpece de baſcule qui reſſemble aſſez à cette ſorte de balance qu'on nomme *Romaine*, dont le levier *l* eſt gradué pour mieux ap-précier le degré de preſſion qu'on veut donner : *b*, *b*, ſont les deux cordes de tirage ; *a*, eſt une traverſe au milieu de laquelle paſſe un boulon à crochet *C* ; *d*, eſt une *S* qui entre dans le trou *e*, du levier ; *k*, eſt un anneau au bout du même levier; *i*, eſt une ſeconde *S* ; *h*, un autre boulon à crochet au milieu de la traverſe *g*, qui eſt aſſemblée aux deux petits montants *f*, *f*, qui ſont plantés ſur les traverſes *L*, *L*, de la machine.

La Figure 8 repréſente une maniere plus ſolide de retenir par un bout la baſ-cule au moyen de deux tringles de fer *n*, dans l'œil deſquelles paſſe la broche de cette baſcule. Ces tringles s'arrêtent à vis en-deſſous des traverſes *L*, com-me on le voit.

La Figure 9 repréſente de profil & de côté la cage qui contient les meules ; comme toutes les pieces en ſont ſous les mêmes lettres, on ſe diſpenſera de rien répéter. Ici l'on voit de quelle maniere la manivelle *Z*, paſſe dans l'étrier pour que le tirage ſe faſſe perpendiculairement : on peut auſſi remarquer les écrous *r*, *r*, qui reçoivent les vis au moyen deſquelles on fixe le guide dont on va parler.

La Figure 10 repréſente le guide qui eſt de fer & d'une ſeule piece, à l'ex-ception du conduit *x*, qui eſt formé par le concours de deux pieces de tôle qui le terminent en gouttiere par le bout. *V*, *V*, ſont les trous des deux vis par où on attache cette piece ſur le devant de la cage qu'on voit toute placée dans la figure 12.

La Figure 13 repréſente une des couliſſes qui portent la meule ſupérieure : on voit en *a*, *a*, les languettes au moyen deſquelles elle gliſſe dans les entailles où ſont les rainures pour la recevoir.

La Figure 14 eſt un étrier de fer vu en grand : au bas eſt le bouton qu'em-braſſe la boucle d'une des cordes de tirage.

P L A N C H E   X X I X.

La Figure 1 repréſente un cylindre ſur lequel on place le fil de fer pour qu'il ne ſe devide qu'à propos pour paſſer au laminage ; les deux tenons des montants *A*, *A*, qui le portent, entrent dans les mortaiſes *i*, *i*, de la traverſe de devant du moulin de la figure 1, de la Planche précédente.

La

La Figure 2 repréfente un pied fur lequel on peut placer le cylindre quand on ne le met pas fur le métier même.

A, eft fa bafe ; *B*, *B*, font deux montants dont la hauteur eft égale à celle de l'entre-deux des meules ; & *C*, *C*, font deux arcboutants qui rendent folides les deux montants.

La Figure 3 eft un autre cylindre fur la circonférence duquel font deux rangées de trous percés en biais, dans lefquels on met des chevilles qu'on voit en *e*, *e*, *e*, *e*, fig. 4, pour remédier aux inégalités de diametre auquel font devidés les paquets de fil-de-fer.

Les Figures 5 & 6, font deux paquets de fil-de-fer, dont l'un eft lié en un feul, & l'autre en deux endroits.

La Figure 7 repréfente l'opération du laminage au premier des moulins dont on a parlé.

A, *A*, font deux mains d'un Ouvrier qui eft cenfé tourner la manivelle, & qu'on n'a pas jugé à propos de repréfenter pour laiffer voir la figure. *B*, eft un autre Ouvrier qui dirige le fil-de-fer *D*, entre les meules *F*, *F*; ce fil-de-fer eft à fes pieds *H*, & fe déroule à mefure qu'il eft appellé par le moulin.

La Figure 8, eft une cheville plantée dans un mur dans l'atelier, & fur laquelle on met des paquets de fil-de-fer.

PLANCHE XXX.

LA Figure 1 repréfente une paire de cifailles avec lefquelles on coupe le fil-de-fer applati à la longueur néceffaire pour en former les dents.

La Figure 2, eft un marteau dont on fe fert pour applatir les dents des lifieres.

Et la Figure 3 eft un *tas*, ou petite enclume fur laquelle on applatit ces dents, & pour cet effet le deffus eft d'acier trempé de tout fon dur, & poli : on voit qu'il eft planté dans un morceau de bois *B*, d'une certaine épaiffeur pour lui procurer de l'affiette.

La Figure 4 repréfente le moulin dont on a donné le détail en expliquant la Planche précédente en œuvre.

A, eft l'Ouvrier, qui d'une main fait tourner la manivelle *B*.

C, eft le cylindre fur lequel eft un paquet de fil-de-fer monté fur deux pieces de bois *D*, *D* ; on voit qu'après avoir paffé dans le conduit *E*, & de là entre les meules, il va fe coucher par terre au hazard, en décrivant une ligne courbe *F*, que l'on a vue dans le détail de l'opération être nuifible aux dents ; du refte toutes les pieces font très-fenfibles & peuvent aifément être reconnues.

La Figure 5 repréfente une longue poulie *I*, tournante fur une broche *K*, & élevée à une certaine diftance de terre au haut des montants *G*, *G*, portés fur une bafe folide *H*; c'eft le moyen que j'ai propofé pour tirer le fil par longueur.

La Figure 6 repréfente le détail de cette opération.

L, eſt une pince à coulant *C*, au bout de laquelle eſt attachée une corde *M*, en *d*, qui paſſant ſur la poulie *P* de la figure 5, a à ſon extrêmité un poids *Q*, qui tient le fil-de-fer *a* tendu & l'attire à meſure qu'il paſſe entre les meu-les *N*, *O*, & ſe déroule de deſſus le cylindre *y*.

La Figure 7 repréſente plus en grand la pince à coulant *c*, entre laquelle on ſaiſit le fil-de-fer en *g*.

La Figure 8 eſt la même opération, à laquelle ſeulement on fait un renvoi de tirage au moyen des deux poulies *R*, *V* : *S*, ſont les deux meules ; *X*, la pince à coulant ; *I*, la corde qui paſſe ſur la poulie *R*, de là ſur celle *V*, & enfin eſt attirée par le contre-poids *Z*.

La Figure 9 eſt une quantité de ces lames coupées par longueurs ;

Et la Figure 10 les repréſente aſſemblées en un paquet au moyen de plu-ſieurs liens *e*, *f*, *g*, *g*, *f*, *e*.

La Figure 11 repréſente la maniere dont il ſeroit à déſirer qu'on retînt les lames *C* entre deux entailles *A*, *B*, à la longueur de ſix à dix pieds, pour conſerver aux dents leur ligne droite. *D*, *E*, ſont deux pieces de bois mobiles ſur leſquelles ſont plantés les montants *A*, *B*.

PLANCHE XXXI.

L a Figure 1 repréſente un moulin à-peu-près pareil au précédent, ſi ce n'eſt que la lame au ſortir du moulin eſt recueillie ſur un autre cylindre.

A, eſt une poulie fixée ſur l'arbre d'un des cylindres.

B, eſt celle fixée ſur l'arbre de l'autre cylindre.

C, *D*, ſont les deux cylindres.

E, eſt la corde ſans fin qui les fait mouvoir.

F, *F*, ſont les deux montants qui portent le cylindre de devant.

G, eſt une vis qui ſert à retenir le chaſſis qui porte le cylindre à l'écartement convenable pour tendre la corde ſans fin.

H, eſt la traverſe immobile dans les entailles de laquelle gliſſent les couliſ-ſes *I*. L'autre vis & l'autre couliſſe ne peuvent être vues ; *K*, eſt la traverſe mo-bile qui porte les montants au haut deſquels tourne le cylindre.

L, eſt une mortaiſe dans laquelle entre le tenon d'une traverſe qui gliſſe dans la traverſe immobile *H*, pour donner plus de force à la partie mobile.

M, *M*, ſont les deux traverſes qui forment la longueur du moulin, & ſur le milieu de laquelle eſt plantée la cage du moulin : comme les pieces ſéparées ſont ſous les mêmes lettres, nous ne ferons que les indiquer.

La Figure 2, eſt une des poulies ; *a*, eſt le trou quarré du centre par où on la fixe ſur l'arbre du cylindre.

La Figure 3 repréſente l'arbre de ces cylindres ; *b*, eſt le quarré où ſe place la poulie ; *c*, eſt la clavette qui en entrant dans la mortaiſe *d*, retient la poulie en place ; *e*, eſt le collet de cet arbre ; *f*, eſt le corps quarré ſur lequel on place le cylindre ; & enfin *g* eſt l'autre collet.

La Figure 4 repréſente une poulie en place ſur un bout de l'arbre.

La Figure 5 repréſente la partie mobile qui porte un cylindre, avec la traverſe du devant du métier dans laquelle elle gliſſe.

F, *F*, ſont les deux montants ; *G*, *G*, les deux vis de preſſion ; *H*, la traverſe immobile ; *I*, *I*, les couliſſes ; *K*, la traverſe qui porte les montants, & *L* eſt une autre traverſe qui gliſſe dans une mortaiſe pratiquée ſur l'épaiſſeur de celle *H*.

La Figure 6, eſt la traverſe immobile repréſentée à part pour faire voir les entailles & mortaiſes qu'il faut y pratiquer.

h, *h*, ſont les deux entailles en queue d'aronde ; *i*, les trous taraudés des vis de preſſion ; *l*, la mortaiſe où gliſſe la traverſe ; *L* & *m*, *m*, les mortaiſes d'aſſemblage avec le métier.

La Figure 7 repréſente un calibre pour meſurer l'épaiſſeur des dents dans les diſtances *n*, *o*.

La Figure 8 repréſente l'opération de couper les dents de longueur ; la main gauche tient la meſure *a*, & la droite tient les ciſailles *f*.

La Figure 9 repréſente cette meſure *d*, *e*, plus en grand, & le fil-de-fer *b*, *c*, eſt couché deſſus.

La Figure 10 fait voir de quelle maniere l'Ouvrier ayant ôté de deſſus le métier le cylindre ſur lequel s'étoit devidé la lame, le place auprès de lui ſur deux montants *B*, *B*, plantés dans une planche *C*, & coupe la lame avec des ciſailles *i*, par longueurs.

La Figure 11 repréſente les montants où on met le cylindre.

La Figure 12, eſt une boîte dans laquelle l'Ouvrier jette les dents à meſure qu'il les coupe.

La Figure 13, eſt une autre eſpece de calibre plus commode que celui qu'on a vu : tous les replis du fil-de-fer dont il eſt formé ſont diſtants inégalement & par gradation inſenſible, pour meſurer plus exactement l'épaiſſeur des dents.

PLANCHE XXXII.

L A Figure 1, eſt une eſpece de couteau dont la lame *A* eſt mobile, & celle *B*, s'attache ſur le coupoir *fig.* 4.

C, eſt la vis ſur laquelle tourne la lame comme ſur ſon centre ; *D*, eſt la partie courbée qui entre dans le manche *E*.

F, eſt l'autre bout de cette lame : on y voit en *a*, un trou dans lequel paſſe une corde à laquelle pend un contre-poids pour que cette ciſaille ſoit moins fatigante à ouvrir.

La Figure 2 repréſente la partie de la lame mobile qui reçoit le manche.

La Figure 3 repréſente la lame immobile par-derriere : on voit en *i*, *k*, un biſeau correſpondant à celui *d*, *e*, de l'autre lame ; *g*, *g*, *g*, *g*, ſont les quatre trous au moyen deſquels on l'attache ſur le montant.

La Figure 4 eſt le montant ou coupoir qui n'eſt garni que de la ciſaille pour en faire ſentir la poſition.

La Figure 5 repréſente le même coupoir garni de toutes ſes pieces excepté de la ciſaille.

L, *L*, ſont deux fortes équerres de fer entaillées de leur épaiſſeur ; *l*, *l*, *l*, *l*, ſont les vis qui les tiennent en place.

p, *p*, ſont deux trous qui en traverſant l'épaiſſeur de chaque joue du montant reçoivent une cheville de fer qui paſſe auſſi dans l'épaiſſeur des équerres *L*, *L*.

q, *q*, ſont deux tringles à languette qui entrent dans une feuillure refouillée ſur l'épaiſſeur des joues, & fixées avec des vis dont on voit la place ſur la lon-gueur de celle à gauche, l'autre ne pouvant être vue.

r, *r*, ſont deux regles de fer, qui au moyen de quatre vis *s*, *s*, *s*, *s*, ſont fixées à la diſtance dont on a beſoin ſur les tringles *q*, *q*.

t, *t*, ſont les tenons de la piece *R*, qui étant retenus entre ces tringles, déter-minent la poſition de cette piece, & la longueur qu'on veut donner aux dents.

On a eu ſoin de repréſenter toutes ces pieces à part ſous les mêmes lettres, & en plus fortes proportions.

R, eſt la piece de tôle avec ſes deux tenons.

L, eſt une des équerres ſur leſquelles ſe montent les ciſailles.

La Figure 6, eſt le coupoir dépourvu de toutes ſes pieces, mais où on voit toutes les entailles qui reçoivent les pieces.

La Figure 7 repréſente un Ouvrier en action.

La Figure 8, eſt un cylindre ſur lequel eſt la lame.

N, à part, eſt un tiroir qui reçoit les dents à meſure qu'on les coupe : on peut voir ſa place en *M*, *fig.* 4, & il eſt en place dans la figure 5.

PLANCHE XXXIII.

La Figure 1 repréſente un métier à monter les peignes, & ne differe de ceux qu'on a vus dans la premiere Partie, que par la batte *e*, qui gliſſe entre les deux couliſſes *c*, *c*.

La Figure 2 repréſente cette batte ; *e*, eſt une équerre de fer au bout de la-quelle eſt un tenon *m*, qui entre dans la piece de fer *fig.* 4, en *l*.

Cette Figure 4, eſt la batte proprement dite : on voit aux deux bouts des maſſes de fer réſervées à même la piece pour donner plus de poids & de force aux coups qu'elle imprime.

La Figure 3 repréſente l'équerre toute nue ; *k*, eſt le tenon qui reçoit la batte, & *o*, eſt l'autre tenon taraudé par où elle ſe monte ſur la couliſſe.

La

La Figure 5, eſt une piece quarrée de fer où la tige de l'équerre entre juſte, & le trou rond qu'on y voit n'eſt pas taraudé.

La Figure 6, eſt l'écrou qui ſe viſſe par-deſſous.

La Figure 7 repréſente l'équerre, la piece *fig.* 5, en *r*, & celle *fig.* 6, en *s*; & le petit bout *t*, eſt retenu par la piece quarrée *fig.* 9, au moyen du trou *y*, qu'on y voit.

La Figure 8 repréſente la baſe ou couliſſe où ſe plante l'équerre; la premiere entaille *v*, qu'on y voit, reçoit la piece quarrée *fig.* 5, enſuite le trou *x*, reçoit la tige; par-deſſous eſt l'écrou, & enſuite la ſeconde piece quarrée.

La Figure 10 repréſente l'Ouvrier en action: on voit un peigne ſur lequel eſt un certain nombre de dents; à chacune l'Ouvrier gliſſe la batte *G*, dans l'entre-deux des jumelles conſervé par la foule *F*, & la frappe fortement contre les dents.

La Figure 11 repréſente un autre métier où les dents ſont frappées par un balancier.

A, *A*, ſont les deux montants qui en même temps ſervent de poupées; *B*, eſt le banc ou métier; *C*, *C*, *C*, *C*, ſont les quatre pieds; *D*, *D*, eſt un boulon ſans vis, & *E*, eſt le ſecond boulon à vis.

F, *F*, ſont deux tringles de fer plates, dentées ſur leur longueur pour recevoir le levier en couteau *G*, qui paſſe dans une entaille pratiquée au haut du balancier *H*.

I, eſt une lame de fer fixée ſur le balancier à la hauteur des boulons qui portent le peigne.

K, eſt un poids de plomb ou de fer pour donner plus d'impulſion au contre-poids.

La Figure 13, eſt le balancier; *d*, eſt la mortaiſe où paſſe le levier; *e*, eſt le trou pour le cheviller.

La Figure 12, eſt ce levier en couteau *b*, *b*; *c*, *c*, ſont les épaulements, & *f*, eſt le trou de la cheville.

La Figure 14, eſt la batte; *h*, eſt une mortaiſe quarrée pour recevoir le tenon *g*, du balancier *fig.* 13; cette batte eſt ſerrée contre l'épaulement *i*, par la piece *fig.* 15, dont la vis *l* entre dans le trou *n*, *fig.* 13, & l'épaulement *m*, preſſe le deſſous de la batte.

La Figure 16, eſt une piece quarrée qu'on place en-deſſous de la batte.

La Figure 17, eſt la boule de plomb dans laquelle eſt un écrou *p*, qui reçoit la vis *o*; le reſte des pieces eſt aiſé à entendre.

PLANCHE XXXIV.

La Figure 1 repréſente en perſpective le métier de la Planche précédente.

A, eſt la foule; *B*, la batte; *C*, un certain nombre de dents; *D*, la tige du balancier viſſée en-deſſous de la batte; *E*, *E*, les deux traverſes à crans ſur la longueur defquelles on promene la traverfe à couteaux ; *F*, *G*, eft la tige du balancier.

a, *a*, *a*, *a*, font les jumelles du peigne ; *b*, *b*, font les tenons fur lefquels elles font arrêtées ; le refte eft connu.

La Figure 2 repréfente le même métier à-peu-près : on n'a repréfenté que les montants & les traverfes *T*, *T*, avec le balancier *K*, au-bas duquel eft un contre-poids dont le détail fuit.

La Figure 3 repréfente ce contre-poids à part ; *t*, eft une mortaife qui reçoit le tenon du bec du levier *K*, où il eft chevillé, ainfi qu'on peut le voir.

h, eft le bas du bloc de fer dont cette piece eft compofée, & l'entaille quarrée dans laquelle paffe le cylindre qui reçoit les cordes.

g, eft ce même cylindre fur lequel font deux trous où paffent les bouts des deux cordes.

l, eft une roue dentée à rochet qui eft enarbrée fur le cylindre.

m, eft un petit loqueteau qui entrant dans les dents du rochet l'empêche de tourner.

n, eft une tête de vis plate, qui en retenant le rochet à fa place fert à faire tourner la roue & le cylindre.

i, eft une efpece de cube de plomb fur lequel eft planté la piece *H*, & qui en l'alourdiffant donne plus de force aux coups que cette batte va frapper contre les dents.

G, *fig.* 2, eft la place de la batte qui fe trouve faifie entre la piece *H*, & l'épaulement de la tige du balancier.

n, même figure, eft une poulie fur laquelle paffe la corde *M*, qui va s'arrêter à la marche *L*.

R, eft une autre poulie fur laquelle paffe la feconde corde *a*, qui par un bout tient au cylindre *h*, & par l'autre porte le contre-poids *P*.

La Figure 4, eft une des deux traverfes à crans du haut du métier dont les dents font d'un angle plus obtus pour faciliter la courfe de deux roulettes, comme celle *q*, en place des couteaux de la traverfe *V*, *fig.* 2.

La Figure 5, eft un autre métier affez compliqué où la batte fe meut parallelement aux jumelles.

A, *A*, font deux fortes pieces de bois fous lefquelles font plantés les quatre pieds *B*, *B*, *B*, *B*.

C, *C*, font deux traverfes qui s'affemblent aux pieces de bois *A*, *A*, & dont l'écartement eft fuffifant pour laiffer paffer la piece de bois *D*, à queue d'aronde, au moyen de quoi leurs deux faces qui fe regardent vont en s'écartant par le bas.

D, eft la piece de bois à queue d'aronde qui gliffe entre les pieces précédentes, elle eft beaucoup plus longue que le métier, pour qu'en aucun cas elle ne quitte les entailles des deux pieces *A*, *A*.

E, *E*, font les deux poupées folidement plantées fur cette piece.

F, est le boulon sans vis.

G, est l'autre boulon à vis.

H, H, font deux montants plantés fur la piece à droite *A*, dont la hauteur est telle que les cordes *C, C*, qui passent fur les poulies *b, b*, foient paralleles aux jumelles.

a, a, font les clavettes fur lefquelles on fixe les jumelles.

I, est la batte dont on voit la construction à part *fig.* 8.

L, est une piece de bois fixée debout fur les traverfes *C, C*; en-dessus font deux poulies *g, g*, placées horifontalement & fur lefquelles passent les cordes *f, f*, dont on voit le bout en *y*, en-devant de la batte *I*; fur la face extérieure de la même piece de bois *L*, font deux autres poulies où passent les mêmes cordes au bas defquelles font fuspendus les contre-poids *M, M*.

m, est une espece de cremaillere attachée par les deux bouts fur la piece de bois *D*, & qui ne lui permet de glisser que quand on leve la tringle *n*, qui entre dans les entailles des deux montants *Q, Q*.

O, O, font deux planches assemblées fur les côtés des traverfes *C, C*, un peu plus bas que leur dessus, & qui forment deux especes de tiroirs au moyen des tringles *P*, qu'on attache contre.

R, est un des pitons dans lefquels passent les deux cordes *c, c*, & delà vont fe fixer par un nœud fous la marche *K*.

d, d, font deux pitons où passent les deux bouts de la broche *e, e*, qui passe au travers de l'épaisseur de la marche.

La Figure 6 représente en face la piece *L*, qui est fur le métier : on y voit les deux poulies horifontales *g, g*, les deux debout *h, h*, & le chemin que prennent les cordes *f, f*, au bout defquelles font les deux contre-poids.

La Figure 7 représente le même métier vu par un bout, & dépourvu de la longue piece de bois qui porte les poupées.

La Figure 8, est la batte vue en grand : l'épaisseur qu'on y voit est en-dessous quand elle est en place, & le trou qu'on y voit fert à passer les cordes *f, f*.

Q, à part, est un des deux montants à entailles dans lefquels passe la traverfe *n, x, x*, au bas de la planche : on y voit au milieu deux bifeaux *s, t*.

C, est une des deux traverfes du métier qui s'assemblent dans les pieces *A, A*; *o*, est le trou d'une des cordes *f, f*; *p*, est la mortaife de la piece *L*; & *q*, est celle d'un des montants *Q*.

PLANCHE XXXV.

L a Figure 1 représente deux portions de poupées d'un métier fur lefquelles font des jumelles qui contiennent 10 peignes à rubans ou pour la Passementerie; *a, a, a*, &c. font les dents de chacun, & *b, b, b*, &c. font les gardes avec une distance entre chacune.

La Figure 2 représente un de ces peignes à part.

La Figure 3, est une partie de peigne pour les chenilles, ainsi que celui *fig.* 4.

La Figure 5, eſt un *Appareilleur* dont on ſe ſert pour égaler les dents de cuivre de largeur en les ſerrant entre les deux tringles *A* & *B*, au moyen des vis *h*, *h*.

La Figure 6, eſt le même inſtrument où on voit des dents *i*.

La Figure 7, eſt un inſtrument à-peu-près ſemblable, au moyen duquel on les égaliſe de longueur.

La Figure 8, eſt l'une des deux tringles où la tête quarrée de la vis, *fig.* 10, entre en *m*, & la Figure 9 eſt l'œil taraudé de l'autre tringle qui reçoit la vis *q* de la même tringle *fig.* 10.

<h3 align="center">P L A N C H E   X X X V I.</h3>

L A Figure 1, eſt une monture de peigne propre aux Galonniers, inventée par le ſieur Gourdet, Peigner à Paris.

La Figure 2, fait voir l'intérieur de cette monture.

A, *A*, ſont les deux tringles ſur l'épaiſſeur deſquelles eſt une feuillure aſſez profonde pour recevoir les rateaux *f*, *f*.

On voit l'une de ces tringles *fig.* 4 ; *g*, *h*, ſont deux épaulements contre leſquels repoſent les gardes, en même-temps que leurs tenons entrent dans les mortaiſes *i*, *i*; de maniere que quand elles ſont en place, elles affleurent les deux épaulements.

La Figure 3, eſt une des traverſes qui s'appliquent ſur les rateaux, & y ſont fixées par le moyen de vis qui entrent dans les trous *l*, *l*, *l*, paſſent au travers des rateaux, & vont ſe viſſer dans les tringles à feuillure, dans les trous taraudés *m*, *m*, *m*, qu'on y voit.

La Figure 5, eſt une garde.

La Figure 6, eſt un rateau, & la Figure 7 eſt une des ſix vis à tête noyée.

La Figure 8, eſt une *Caſſe* dont ſe ſervent les Paſſementiers.

D, *D*, ſont deux planches aſſemblées dans les deux montants *E*, *E*, *fig.* 10, au moyen des tenons *P*, *P*, qu'on y pratique.

G, *G*, ſont les entailles dans leſquelles on place les dents.

La Figure 11, eſt une de ces dents pointues par le haut pour qu'on puiſſe les ôter & remettre plus aiſément.

La Figure 12 repréſente une caſſe toute montée : les dents y ſont retenues haut & bas par le moyen des traverſes *L*, *L*, qui ſont fixées par deux tours croiſés de fil *t*, *t*, *t*, *t*.

I, eſt une bande de papier qu'on colle en-deſſous pour empêcher les dents de gliſſer.

La Figure 13 repréſente une caſſe de nouvelle invention, & toute en cuivre; les deux montants *N*, *N*, ſont faits comme celui qu'on voit *fig.* 15 ; *b*, *b*, ſont deux mortaiſes qui reçoivent le tenon du milieu des deux traverſes *M*, *M*, ou *fig.* 14, & les entailles *C*, *C*, *C*, *C*, reçoivent les autres tenons dont ceux à

épaulement

épaulement *f*, *f*, *fig.* 14, servent à retenir la tringle de devant *O*, *O*, *fig.* 13.

Les quatre crochets de fer *g*, *g*, *g*, *g*, traversent les mêmes tringles, & n'empêchent pas qu'on les puisse ôter à volonté.

La Figure 16, est une traverse large qu'on met au-dessous du rateau d'en-bas, dont les tenons entrent dans la mortaise *i*, *fig.* 15, & retiennent les dents à leur place, au lieu de la bande de papier qu'on a vue à l'autre.

La Figure 17, est une tringle qu'on met devant les rateaux en place de celles *O*, *O*, qu'on y voit : on les arrête avec des vis qui entrent dans les trous *l*, *l*, des deux tenons *m*, *m*, & se vissent sur les montants.

PLANCHE XXXVII, & *derniere.*

L a Figure 1 représente un peigne à bande ; les dents y sont fines & épaisses, selon les effets qu'on veut produire sur l'étoffe.

La Figure 2, est une pince à bec-de-canne dont on se sert pour retirer une dent ou la remettre en place quand on veut en substituer sur un peigne où il s'en est cassé.

La Figure 3, est un poinçon applati avec lequel on fait la place d'une dent qu'on veut remettre.

La Figure 4, est un Ouvrier occupé à remettre des dents aux deux bouts d'un peigne ; il est occupé à frapper avec la batte qu'on a représentée en grand *fig.* 6 ; à côté de lui est une table, des outils & des dents.

La Figure 7, est un métier propre à remonter de vieux peignes par les bouts : il est arrêté sur la piece de bois *A*, au moyen de deux vis *b*, *b*, dont la tête entre dans l'entaille qu'on y voit : ces vis sont enfilées par la tringle *N*, qui retient le peigne dans une position solide au moyen des écrous à oreilles *a*, *a*.

La piece de bois *O*, ne sert qu'à tenir la batte *P*, à la hauteur des jumelles *l*, *l*, *l*, *l*, pour qu'on puisse l'y introduire plus aisément.

La Figure 8 représente la même piece de bois *A* ; on y voit les entailles où entrent les vis à longue tête.

La Figure 9 est une de ces vis, & la Figure 10 est une piece de bois de même forme que l'entaille, & qui sert à les fermer.

La Figure 11, est la tringle qui serre le peigne, avec les deux trous qui donnent passage aux vis.

La Figure 12, est le cube de bois qu'on voit en *O*, sur le métier.

La Figure 13, est un peigne auquel on a ôté les deux jumelles d'un côté après l'avoir monté, pour le placer sur une chaîne dont le peigne est cassé ou couché de maniere à ne pouvoir plus servir. On a coutume d'écrire au bas de tous les peignes le nombre de dents qu'il contiennent, ainsi qu'on le voit sur une des jumelles, pour ne pas être obligé de compter les dents quand on veut s'en servir.

Fin de l'Explication des Planches.

TABLE

DES CHAPITRES ET ARTICLES
DE L'ART DU PEIGNER.

PREMIERE SECTION.

SECONDE SECTION.

Fin de la Table des Chapitres.

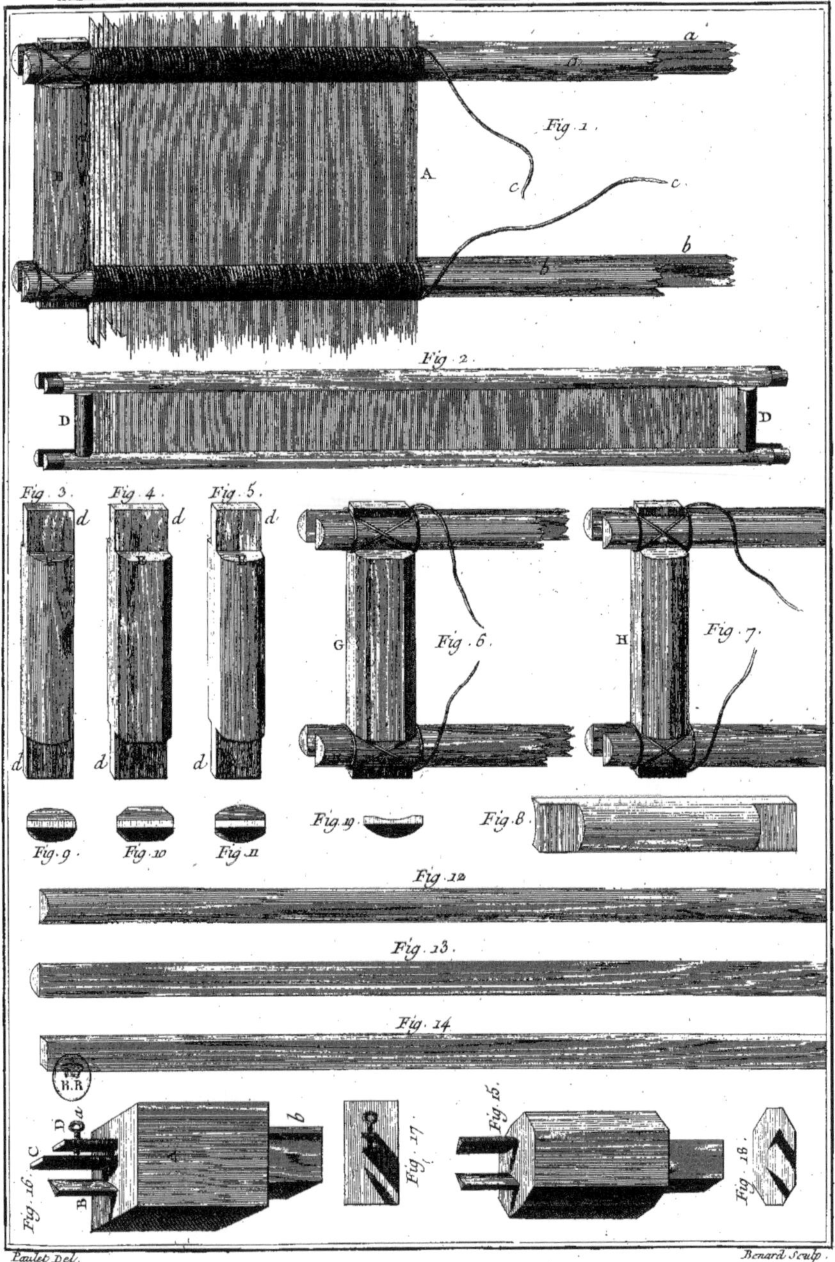

Paulet Del.

Benard Sculp.

Paulet Del.

Benard Sculp.

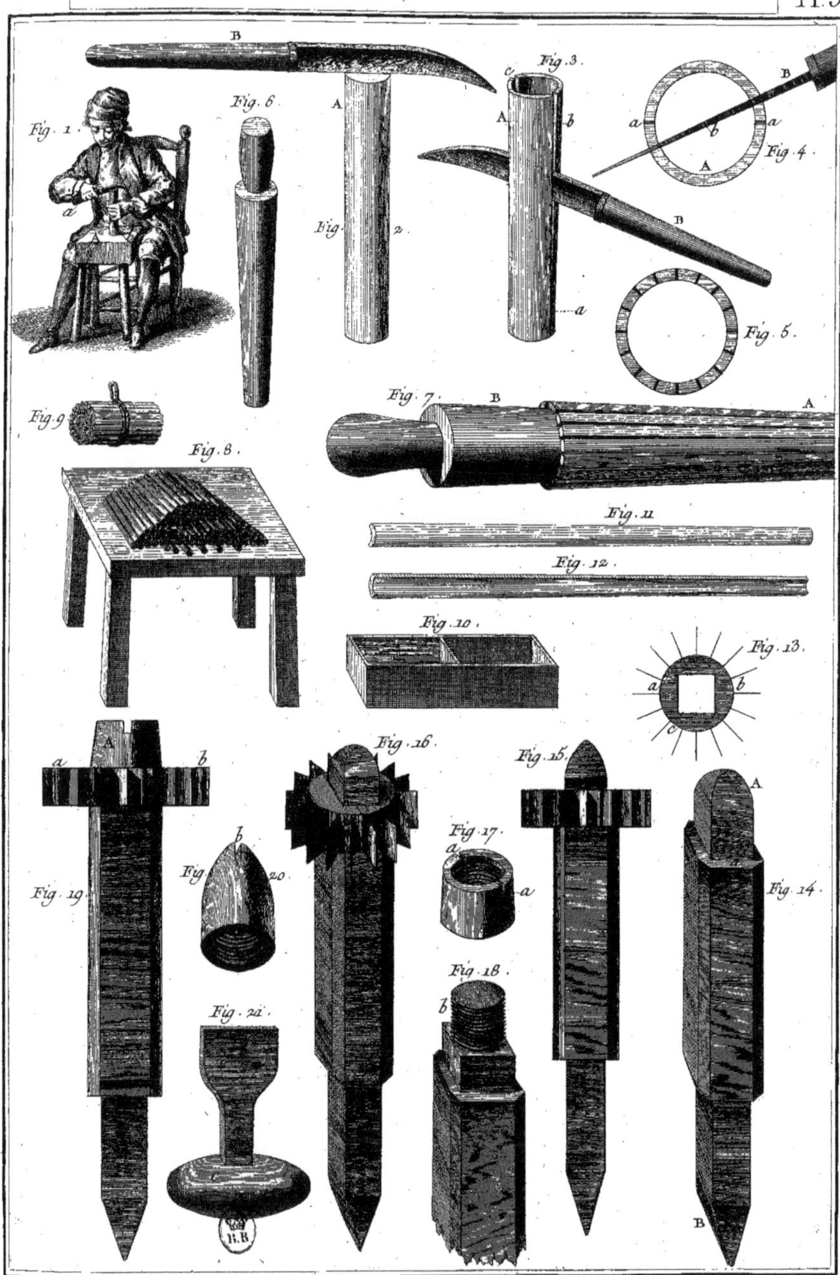
Fig. 1.
Fig. 2.
Fig. 3.
Fig. 4.
Fig. 5.
Fig. 6.
Fig. 7.
Fig. 8.
Fig. 9.
Fig. 10.
Fig. 11.
Fig. 12.
Fig. 13.
Fig. 14.
Fig. 15.
Fig. 16.
Fig. 17.
Fig. 18.
Fig. 19.
Fig. 20.
Fig. 21.
A
B
a
b
c
Paulet Del.
Benard Sculp.

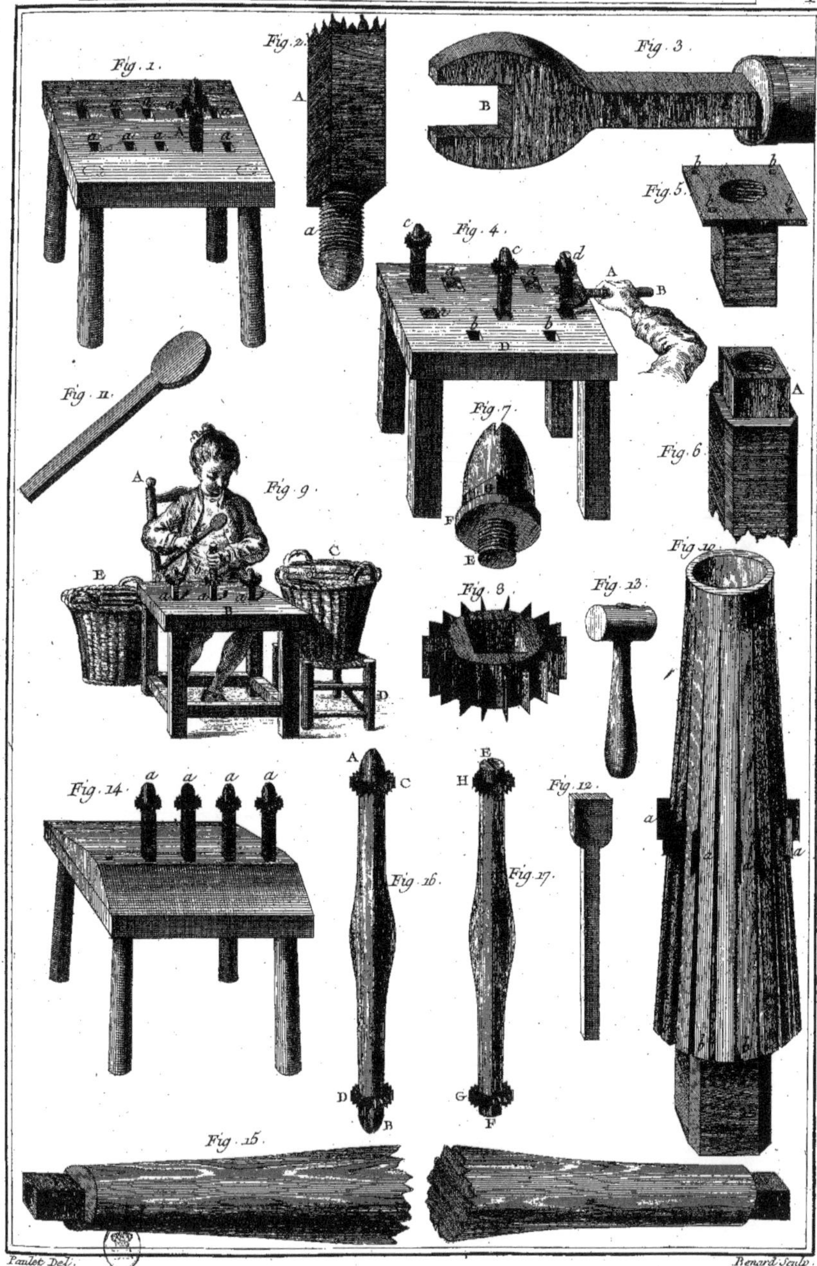
Fig. 1.
Fig. 2.
Fig. 3.
Fig. 5.
Fig. 4.
Fig. 6.
Fig. 11.
Fig. 7.
Fig. 9.
Fig. 10.
Fig. 8.
Fig. 13.
Fig. 12.
Fig. 14.
Fig. 16.
Fig. 17.
Fig. 15.
Paulet Del.
Renard Sculp.

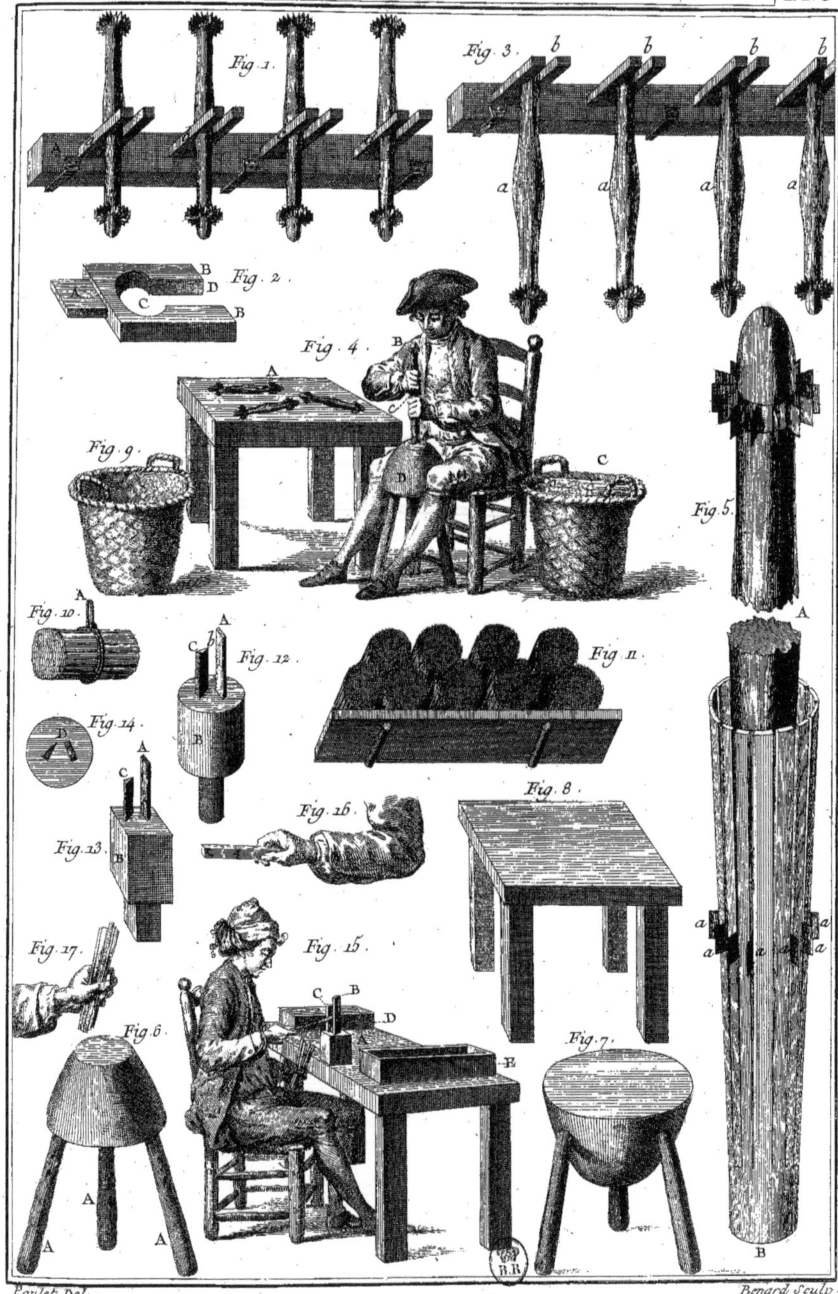
Fig. 1
Fig. 3
b b b b
a a a a
Fig. 2
A B D C B
Fig. 4
A B c D C
Fig. 9
Fig. 5
A
Fig. 10
A
Fig. 12
C b A B
Fig. 14
D
Fig. 11
Fig. 8
Fig. 13
C A B
Fig. 16
a a a a a a a
Fig. 17
Fig. 15
C B D A E
Fig. 6
A A A A
Fig. 7
B

Fig. 1.
Fig. 2.
Fig. 3.
Fig. 4.
Fig. 5.
Fig. 6.
Fig. 7.
Fig. 8.
Fig. 9.
Fig. 10.
Fig. 11.
Fig. 12.
Fig. 13.
Fig. 14.
Fig. 15.
Fig. 16.
Fig. 17.

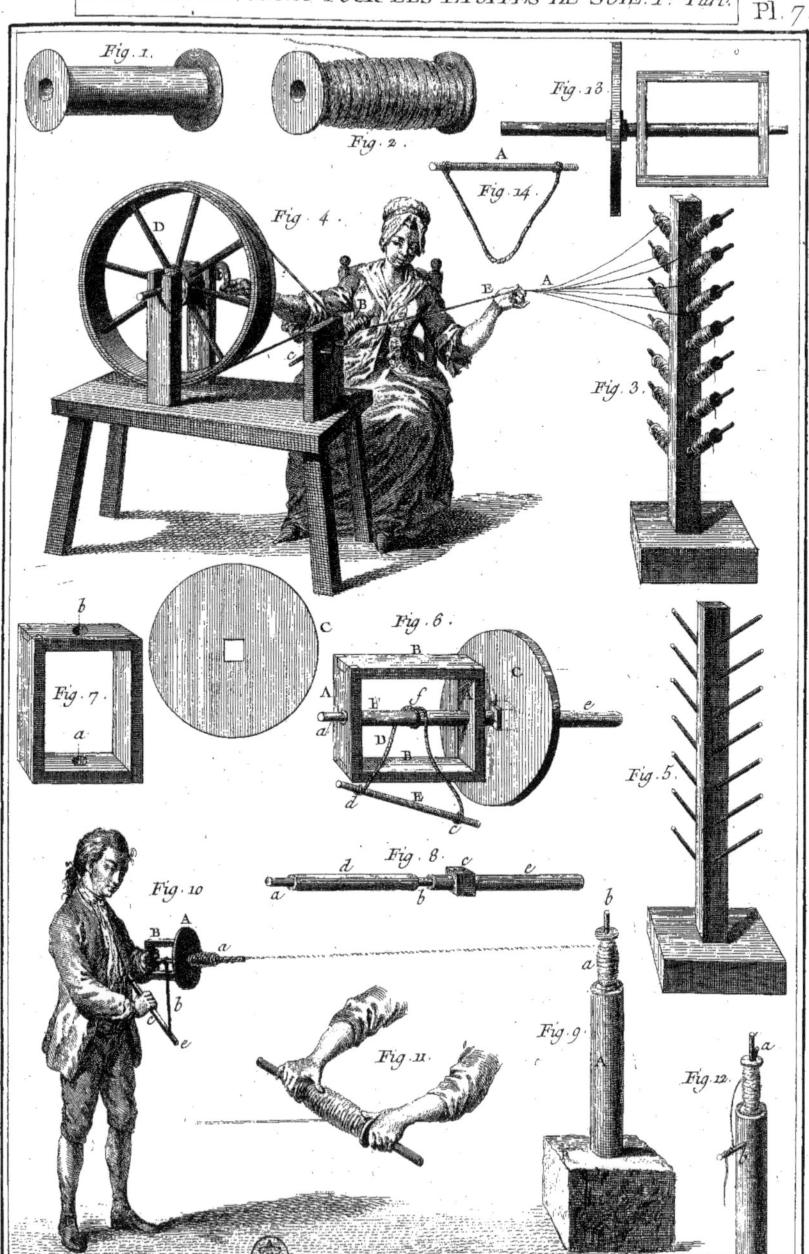

L'Art du Peigner pour les Etoffes de Soie. 1ere Part.
Pl. 7.
Fig. 1.
Fig. 2.
Fig. 13.
Fig. 14.
Fig. 4.
D
B
E
A
A
Fig. 3.
b
C
Fig. 6.
B
A
Fig. 7.
a
f
e
A
a
D
B
d
E
c
Fig. 5.
Fig. 8.
d
c
e
a
b
Fig. 10
B
A
a
b
e
Fig. 9.
Fig. 11.
A
a
Fig. 12.
Paulet Del.
Benard Sculp.

Pl. 8

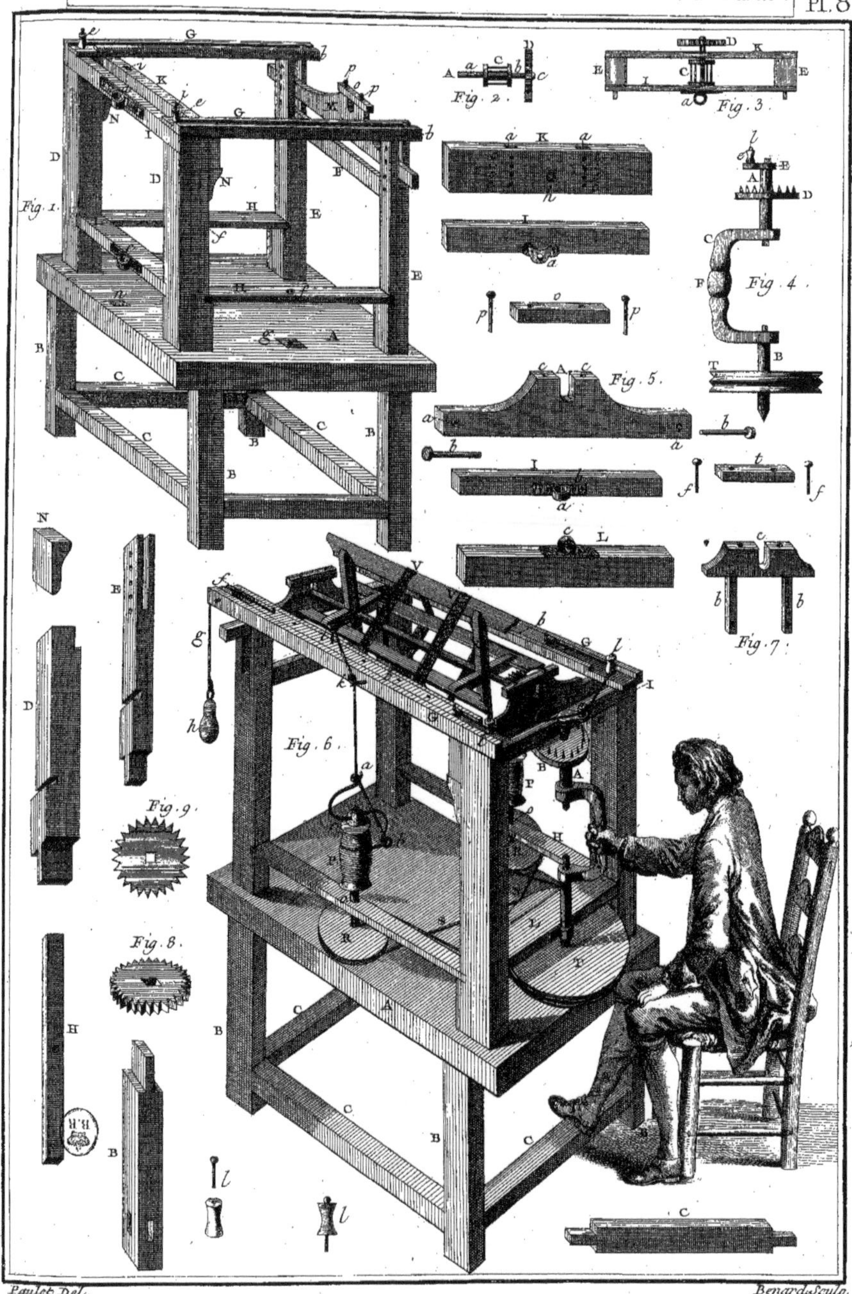

Paulet Del.

Benard Sculp.

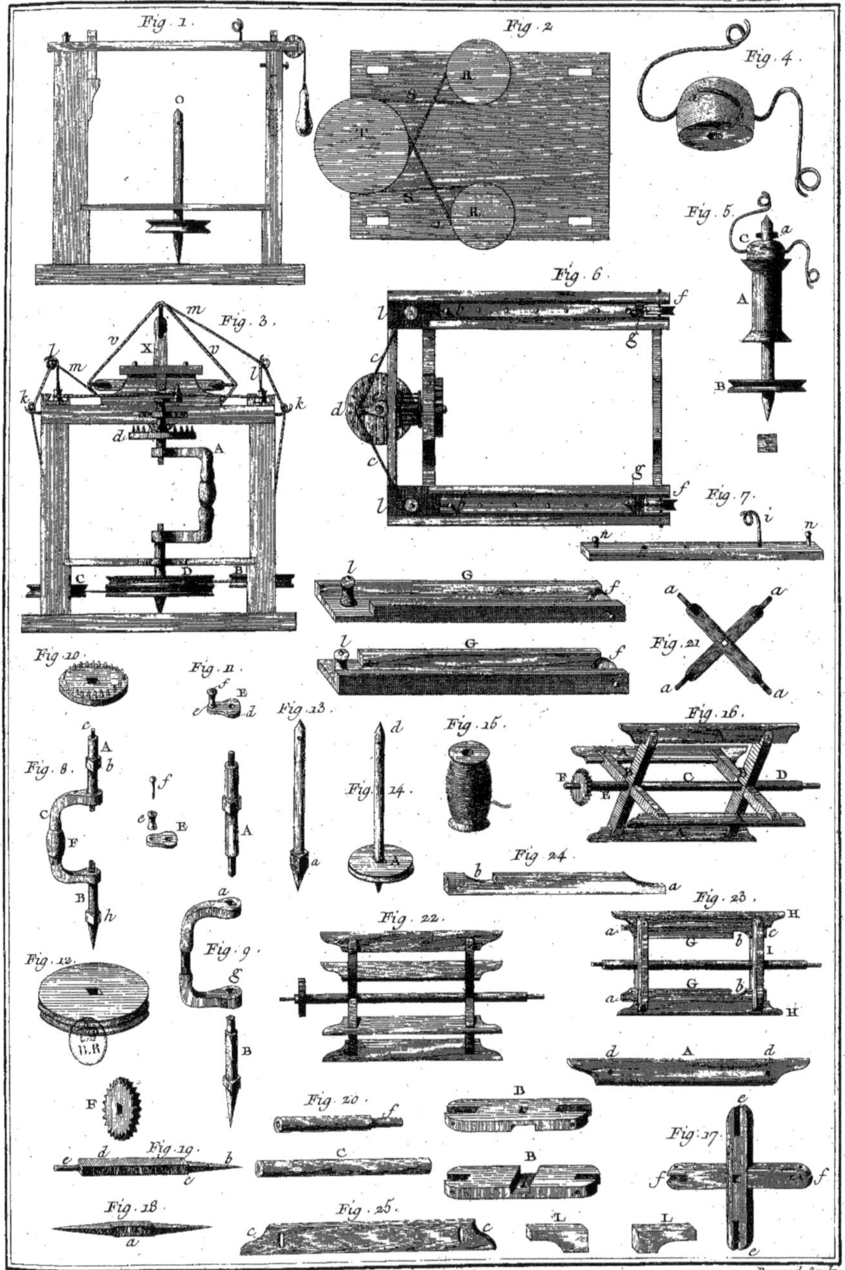

Fig. 1.
Fig. 2.
Fig. 4.
Fig. 5.
Fig. 3.
Fig. 6.
Fig. 7.
Fig. 8.
Fig. 9.
Fig. 10.
Fig. 11.
Fig. 12.
Fig. 13.
Fig. 14.
Fig. 15.
Fig. 16.
Fig. 17.
Fig. 18.
Fig. 19.
Fig. 20.
Fig. 21.
Fig. 22.
Fig. 23.
Fig. 24.
Fig. 25.
Paulet Del.
Benard Sculp.

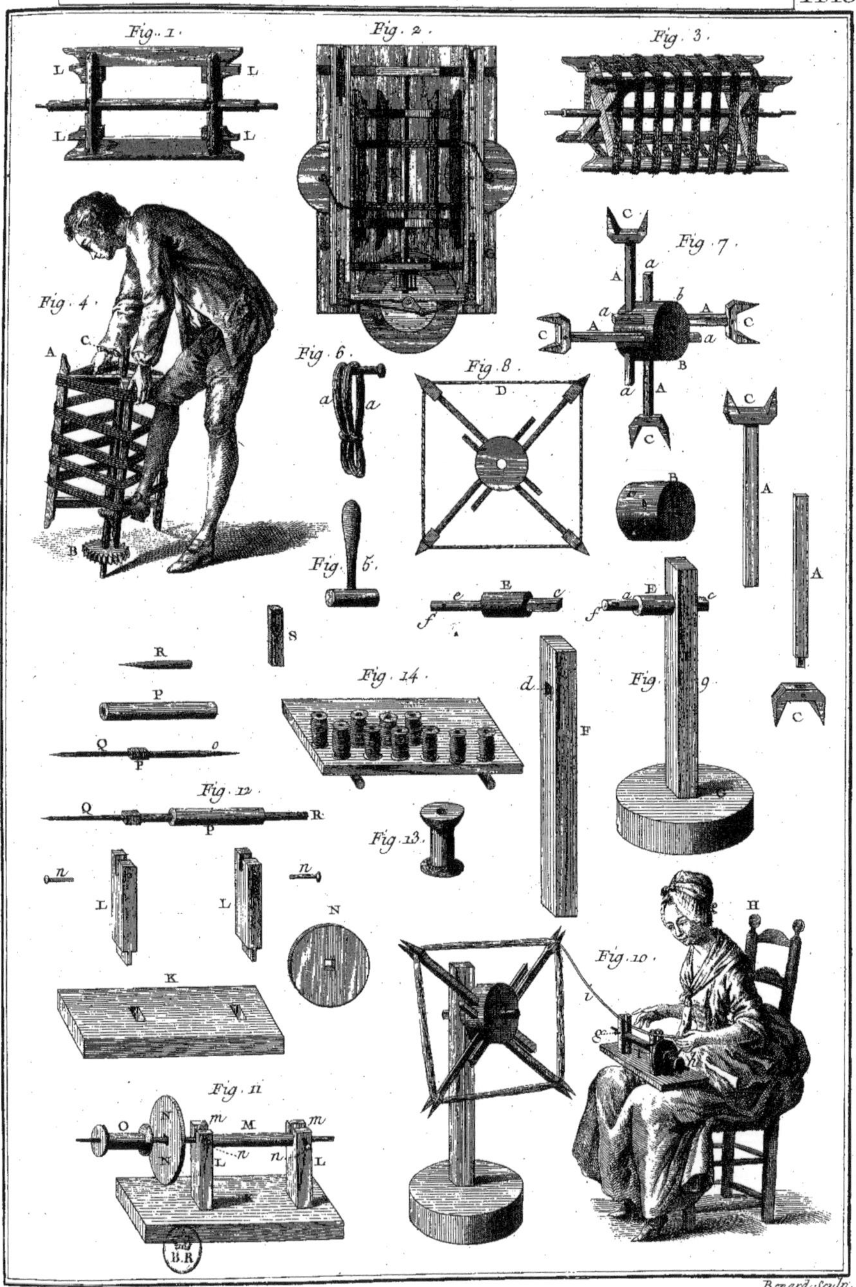

Fig. 1.
Fig. 2.
Fig. 3.
Fig. 4.
Fig. 6.
Fig. 7.
Fig. 8.
Fig. 5.
Fig. 14.
Fig. 9.
Fig. 12.
Fig. 13.
Fig. 10.
Fig. 11.

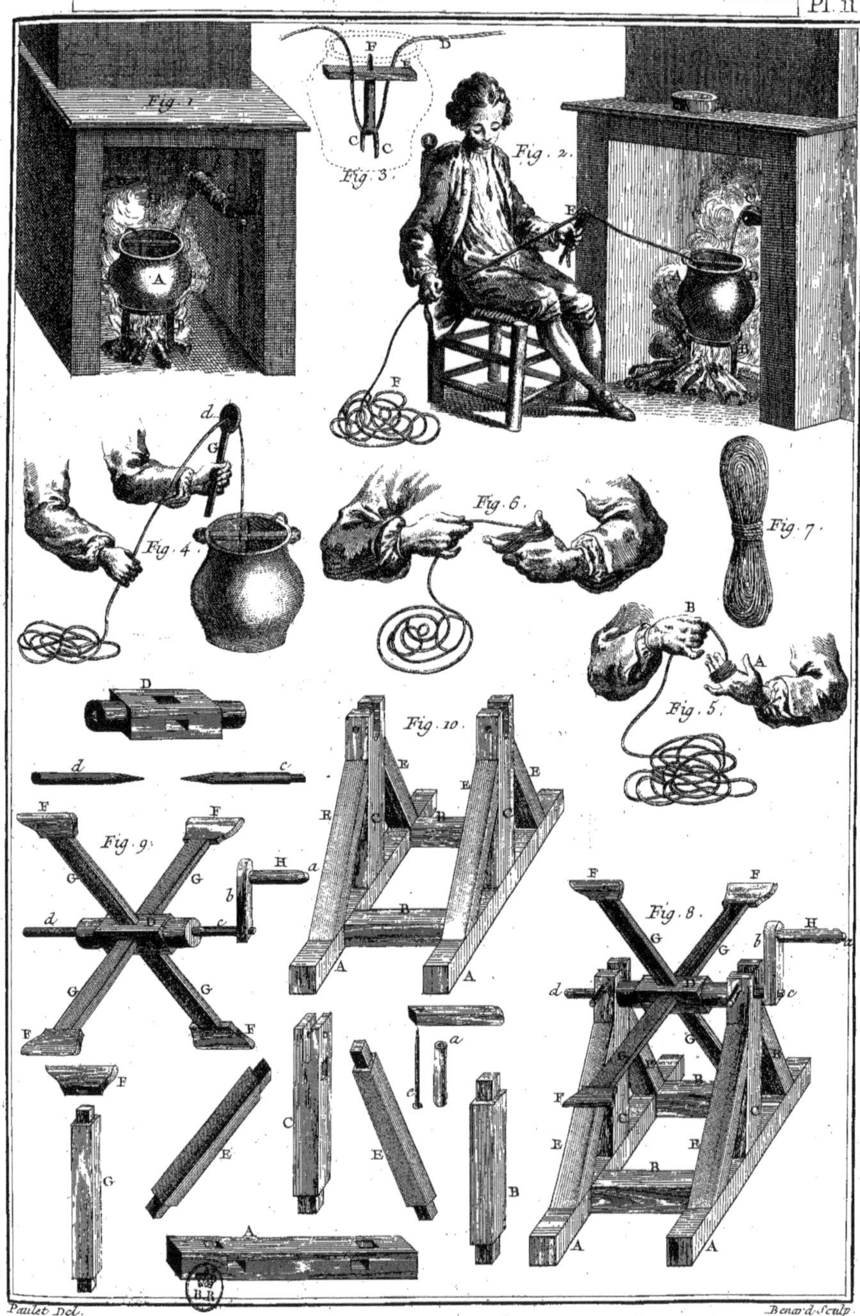

Paulet Del.   Benard Sculp.

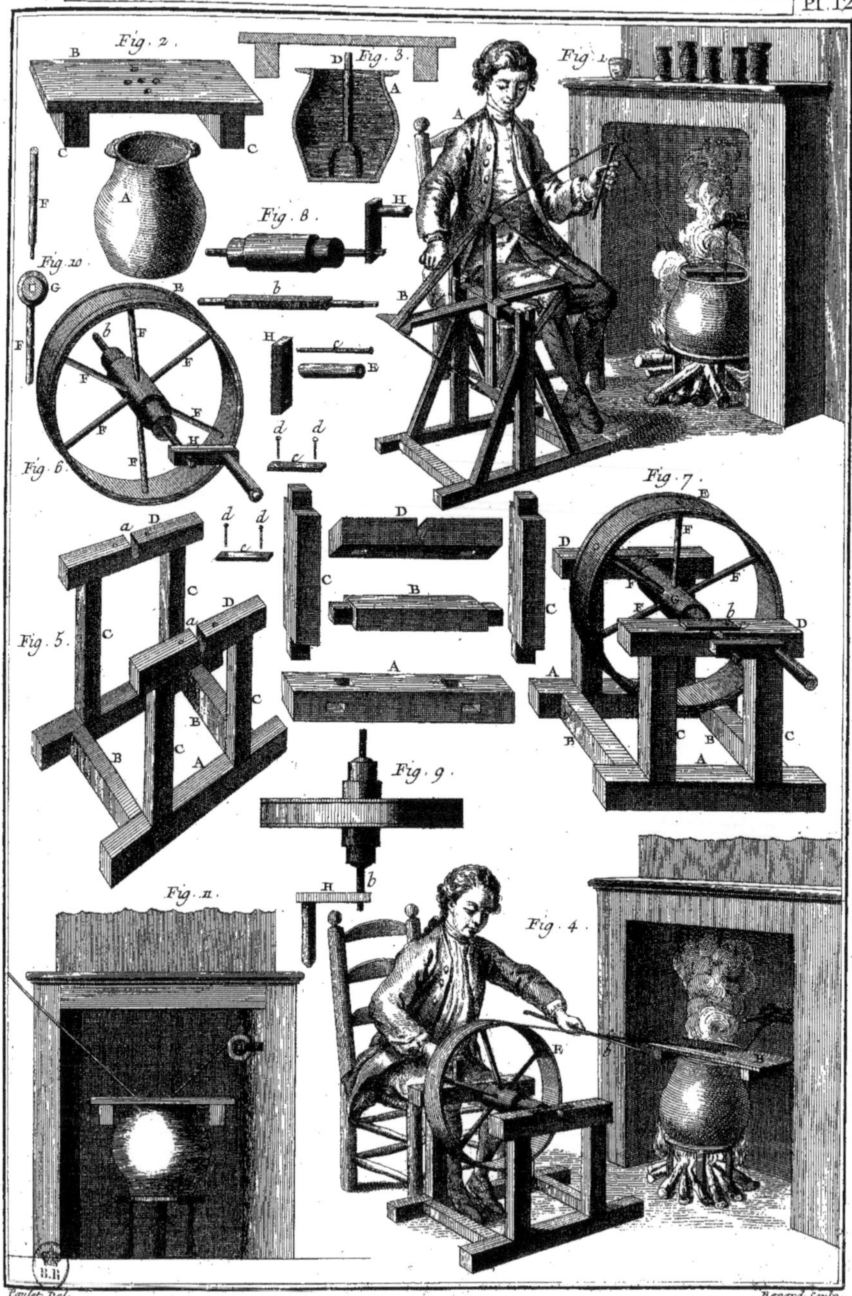
Fig. 2.
Fig. 3.
Fig. 1.
Fig. 8.
Fig. 10.
Fig. 6.
Fig. 7.
Fig. 5.
Fig. 9.
Fig. 11.
Fig. 4.

Fig. 1.
Fig. 3.
Fig. 3.
Fig. 7.
Fig. 8.
Fig. 9.
Fig. 4.
Fig. 6.
Fig. 5.
Fig. 14.
Fig. 13.
Fig. 12.
Fig. 10.
Fig. 11.

L'ART DU PEIGNER POUR LES ETOFFES DE SOIE. I.ere Partie.
Pl. 14
Fig. 1.
Fig. 2.
a
a
A
a
Fig. 3.
B
a
Fig. 6.
b
F
F
E
Fig. 5.
d
A
D
A
Fig. 7.
B
A
d
B
Fig. 4.
F
C
F
b
B
a
a
Fig. 13.
B
A
E
C
G
d
B
B
Fig. 12.
A
V
Fig. 15.
Q
I
H
f
Fig. 8.
O
K
Fig. 9.
A
D
Fig. 11.
E
C
C
R
R
T
S
Fig. 10.
Fig. 14.
Paulet Del.
Benard Sculp.

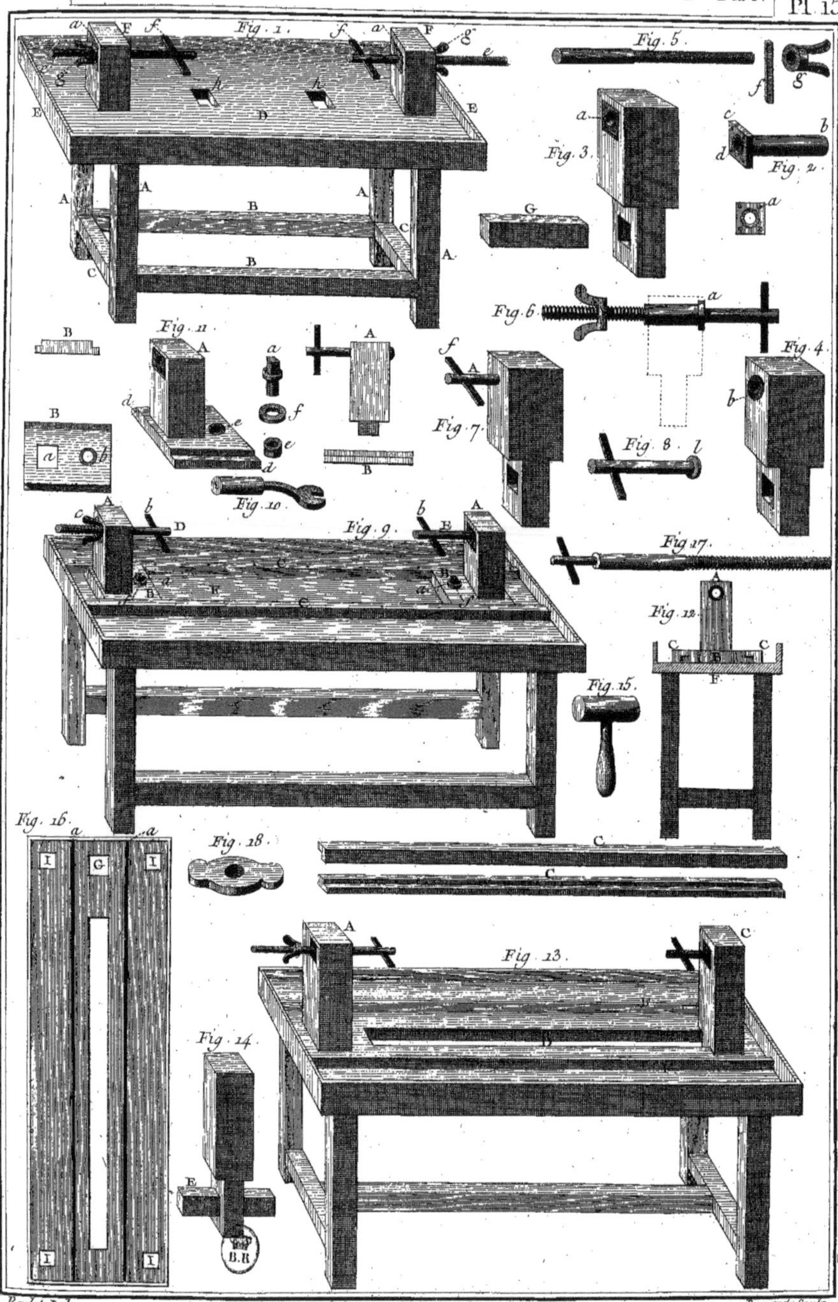
Fig. 1.
Fig. 2.
Fig. 3.
Fig. 4.
Fig. 5.
Fig. 6.
Fig. 7.
Fig. 8.
Fig. 9.
Fig. 10.
Fig. 11.
Fig. 12.
Fig. 13.
Fig. 14.
Fig. 15.
Fig. 16.
Fig. 17.
Fig. 18.
Poulet Del.
Benard Sculp.

L'ART DU PEIGNER POUR LES ETOFFES DE SOIE. I.ere Partie.
Pl. 16.
Fig. 1.
Fig. 2.
Fig. 3.
Fig. 8.
Fig. 4.
Fig. 5.
Fig. 6.
Fig. 7.
Paulet Del.
Benard Sculp.

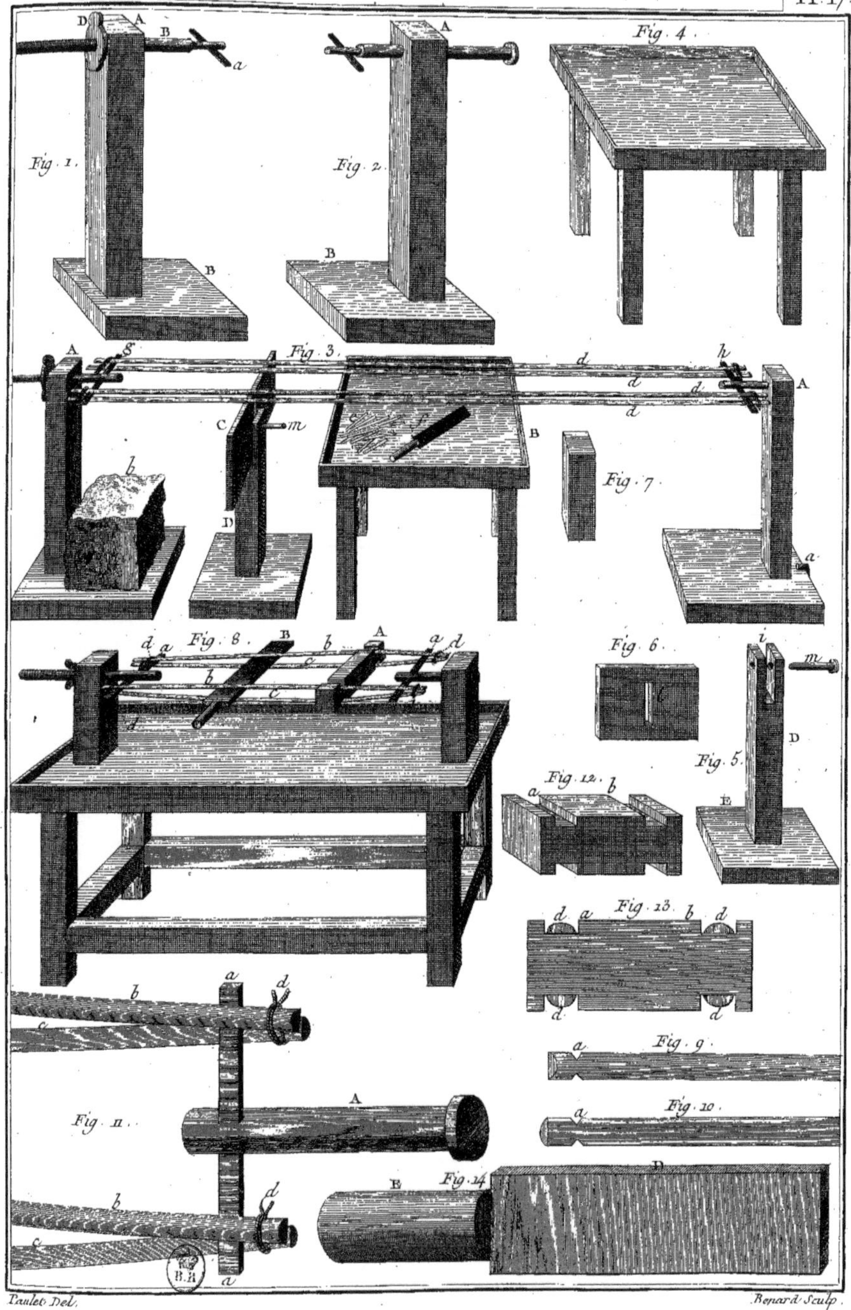
Fig. 1.
Fig. 2.
Fig. 4.
Fig. 3.
Fig. 7.
Fig. 8.
Fig. 6.
Fig. 5.
Fig. 12.
Fig. 13.
Fig. 9.
Fig. 10.
Fig. 11.
Fig. 14.
Paulet Del.
Benard Sculp.

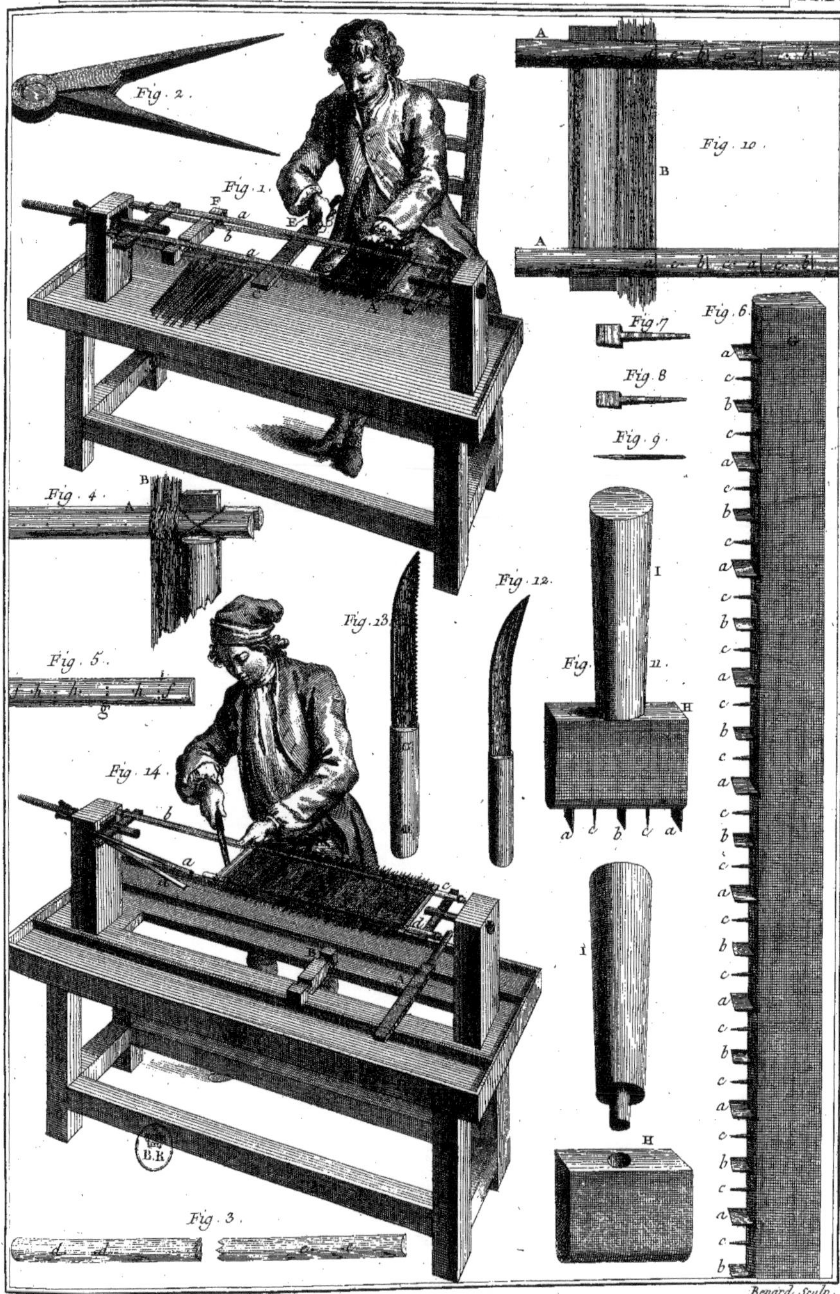

Paulet Del.   Benard Sculp.

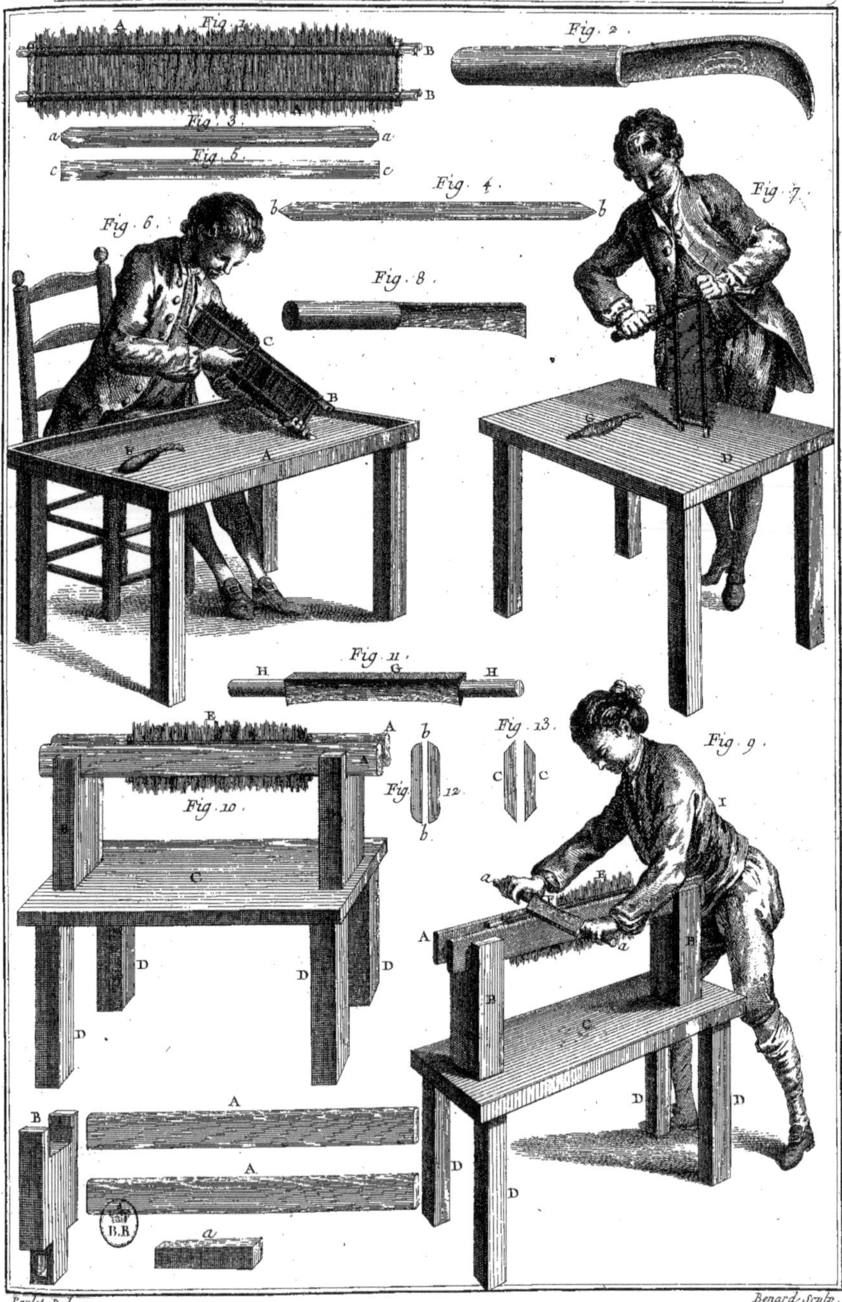

Fig. 1.
Fig. 2.
Fig. 3.
Fig. 5.
Fig. 4.
Fig. 6.
Fig. 7.
Fig. 8.
Fig. 11.
Fig. 13.
Fig. 12.
Fig. 9.
Fig. 10.
Paulet Del.
Benard Sculp.

L'Art du Peigner pour les Etoffes de Soie. I.ere Partie
Pl. 20.
Fig. 1.
Fig. 6.
Fig. 3.
Fig. 2.
Fig. 4.
Fig. 5.
Fig. 7.
Fig. 8.
Fig. 14.
Fig. 15.
Fig. 9.
Fig. 11.
Fig. 12.
Fig. 10.
Fig. 13.
Paulet Del.
Benard Sculp.

Paulet Del.   Benard Sculp.

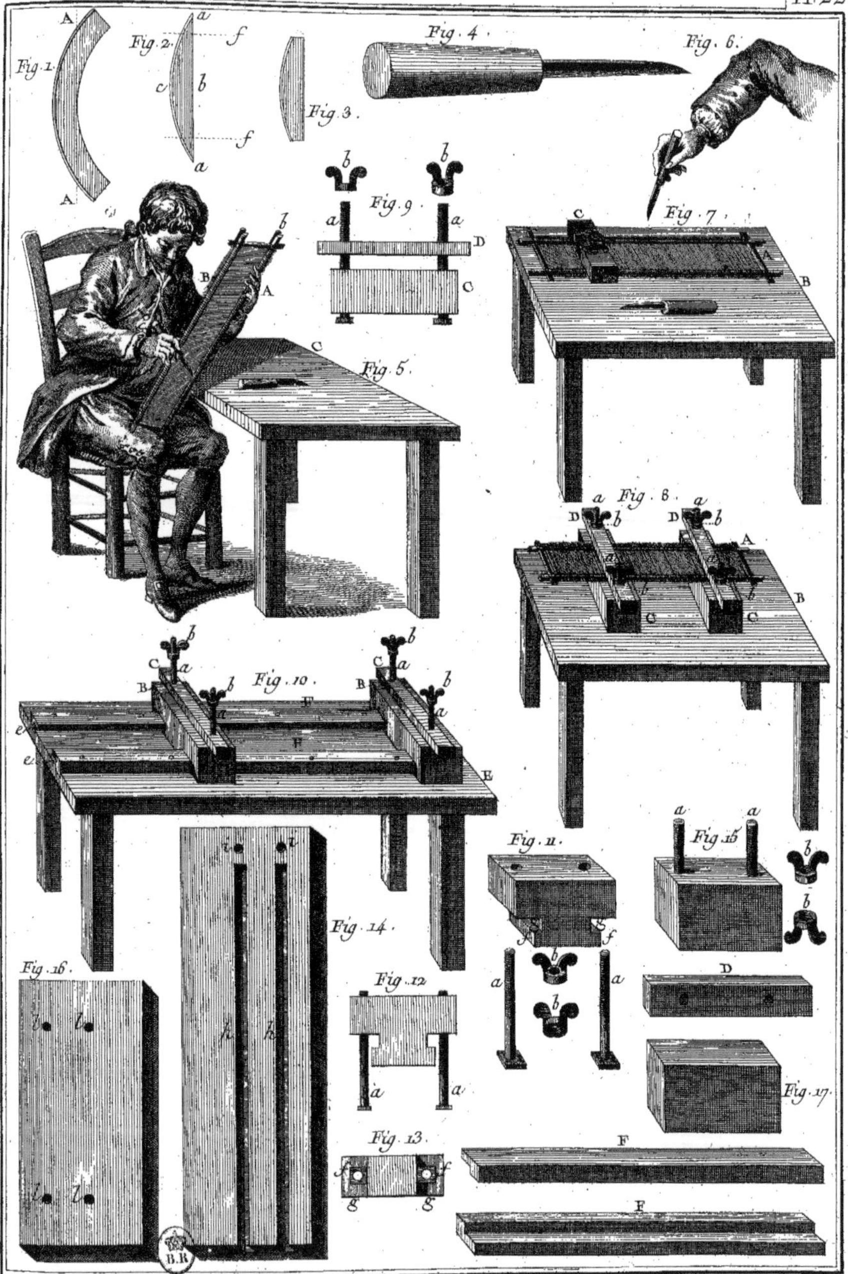

L'ART DU PEIGNER POUR LES ETOFFES DE SOIE. 1.e Partie.
Fig. 1.
Fig. 2.
Fig. 3.
Fig. 4.
Fig. 5.
Fig. 6.
Fig. 7.
Fig. 8.
Fig. 9.
Fig. 10.
Fig. 11.
Fig. 12.
Fig. 13.
Fig. 14.
Fig. 15.
Fig. 16.
Fig. 17.
Paulet Del.
Benard Sculp.

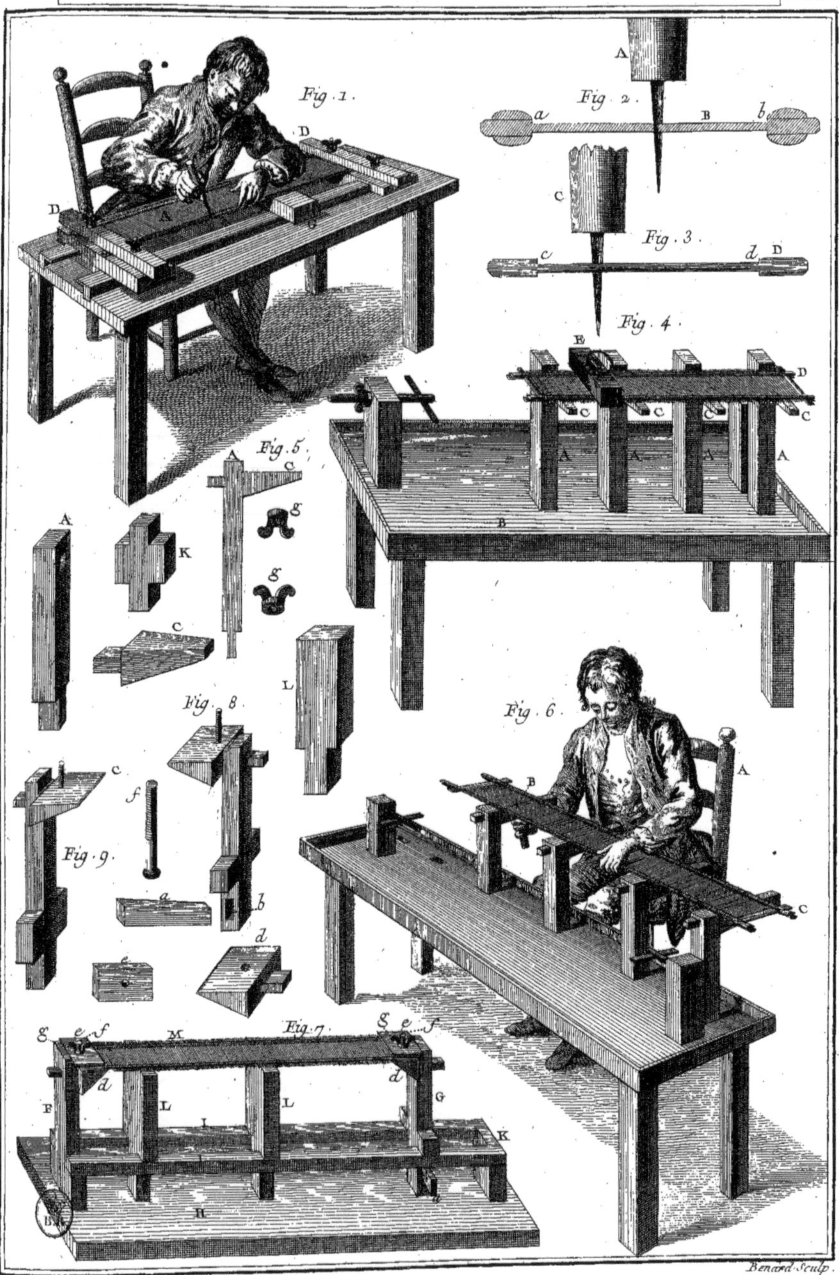
Fig. 1.
Fig. 2.
Fig. 3.
Fig. 4.
Fig. 5.
Fig. 6.
Fig. 7.
Fig. 8.
Fig. 9.

Paulet Del.   Benard Sculp.

L'ART DU PEIGNER POUR LES ETOFFES DE SOIE. 1.e Partie
Pl. 25.
Fig. 1.
Fig. 2.
H G
K
I
E
E
D
A
B
B
C
e
Fig. 4.
g
g
C
F
C
f
f
e
Fig. 6.
e d e
c
b
e
Fig. 11.
Fig. 3.
e
F
a a
C
Fig. 10.
K L
L
Fig. 5.
A
B
C
Fig. 8.
G
G
Fig. 12.
Fig. 7.
f
Fig. 9.
Paulet Del.
Benard Sculp.

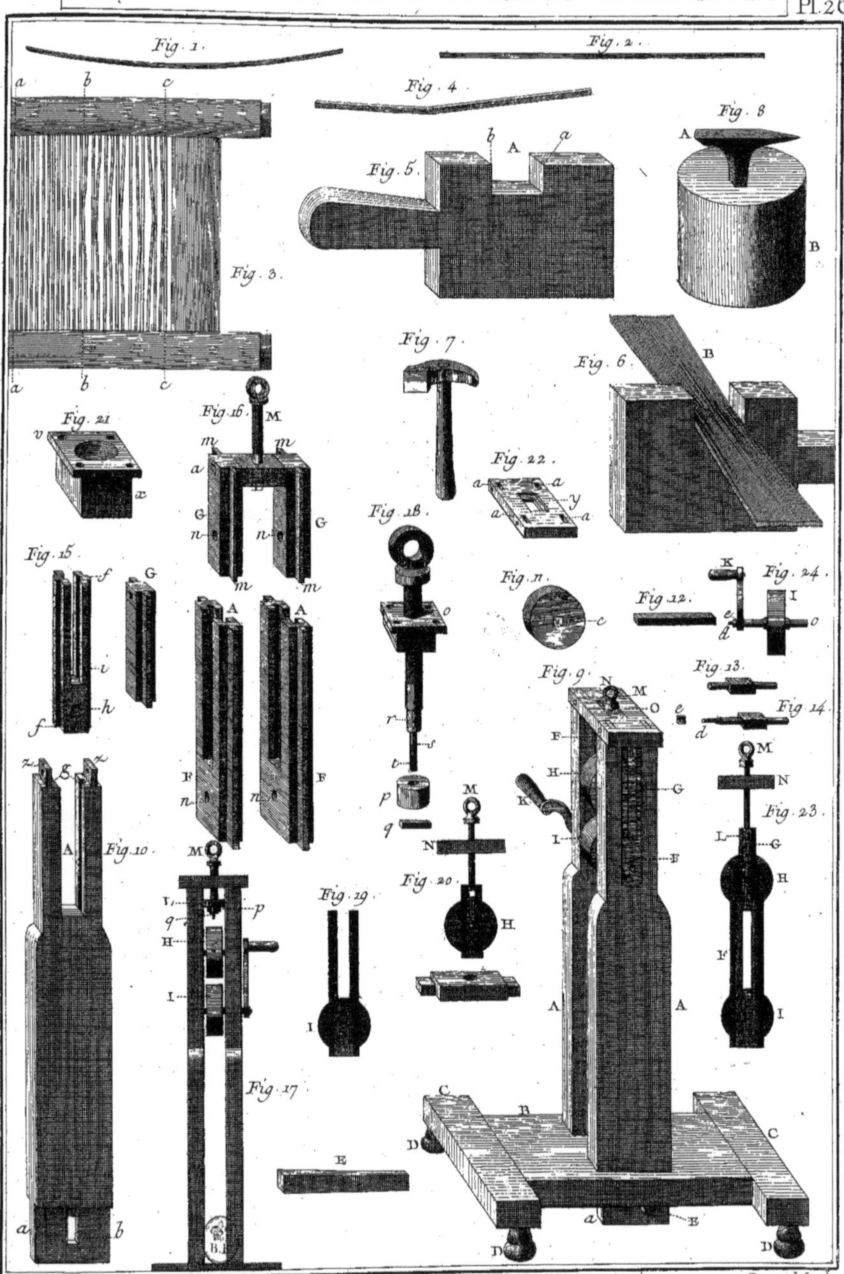

Fig. 1.
Fig. 2.
Fig. 4.
Fig. 8.
Fig. 5.
Fig. 3.
Fig. 7.
Fig. 6.
Fig. 21.
Fig. 16.
Fig. 22.
Fig. 24.
Fig. 15.
Fig. 11.
Fig. 12.
Fig. 18.
Fig. 13.
Fig. 14.
Fig. 9.
Fig. 23.
Fig. 10.
Fig. 19.
Fig. 20.
Fig. 17.

Paulet Del.
Benard Sculp.

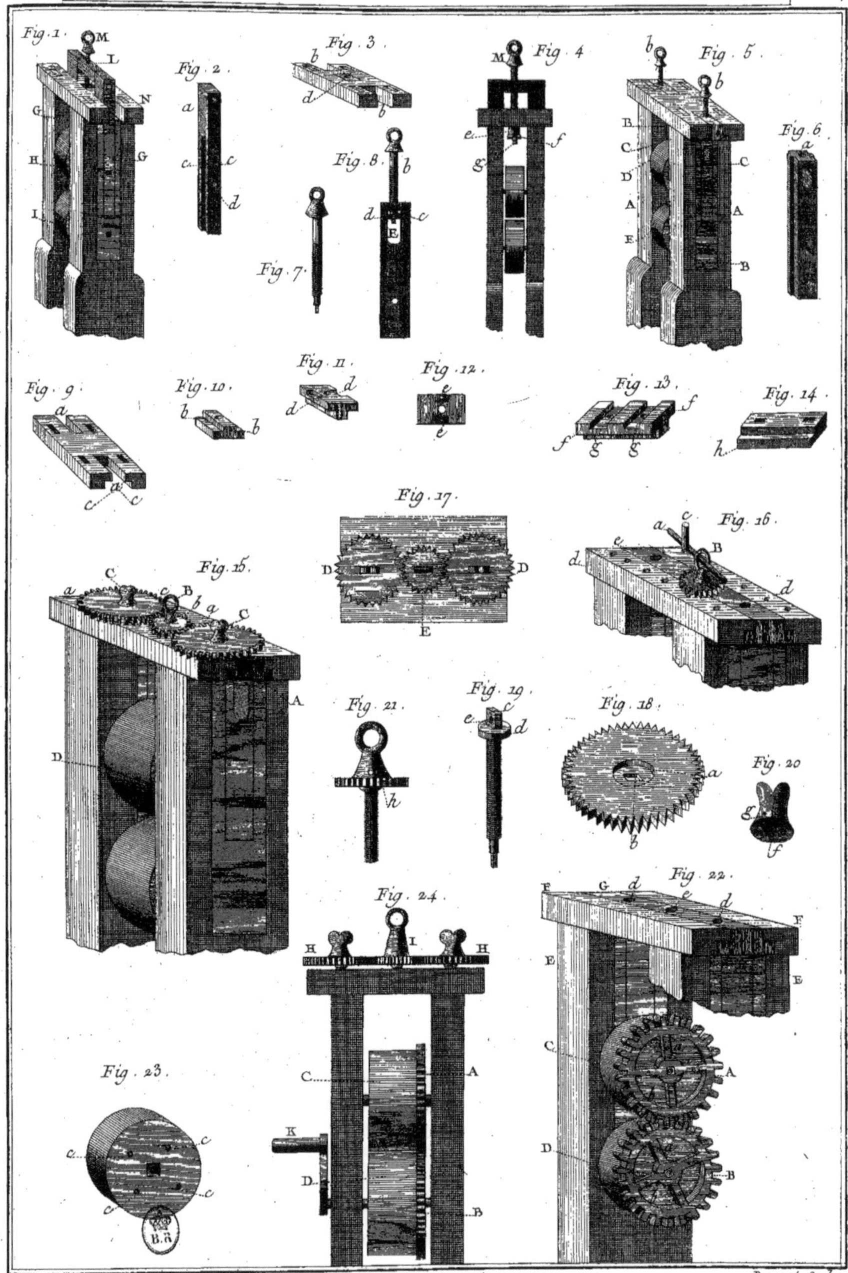

Paulet Del.

Benard Sculp.

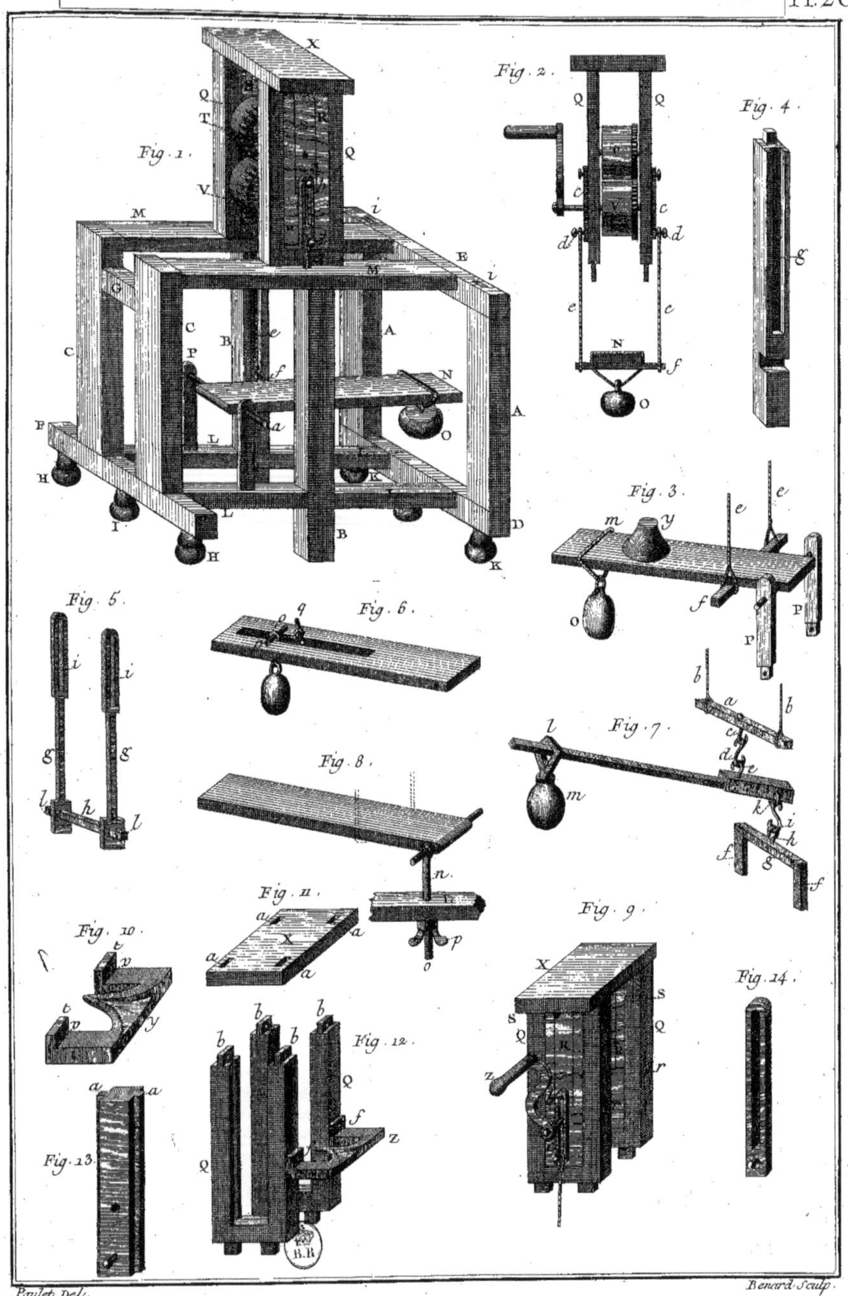

Paulet Del.

Benard Sculp.

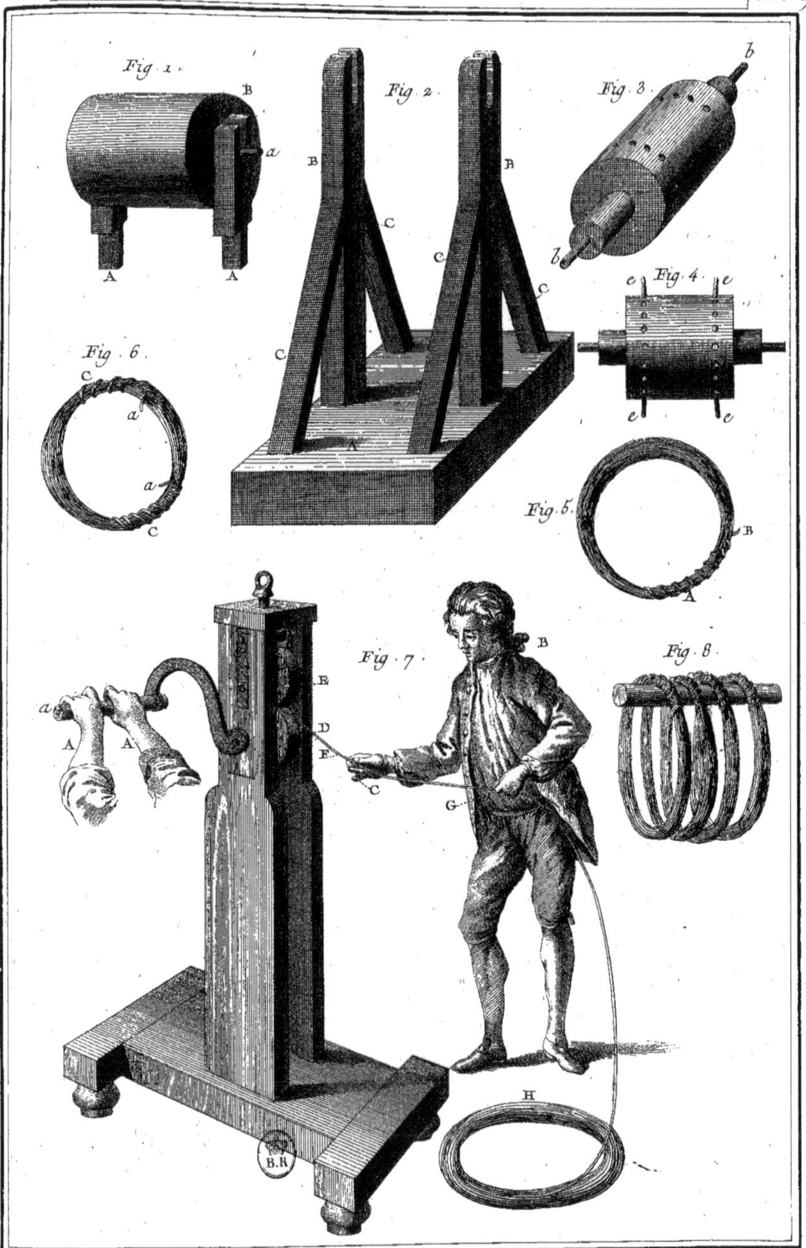

Fig. 1.
Fig. 2.
Fig. 3.
Fig. 4.
Fig. 5.
Fig. 6.
Fig. 7.
Fig. 8.
Paulet Del.
Benard Sculp.

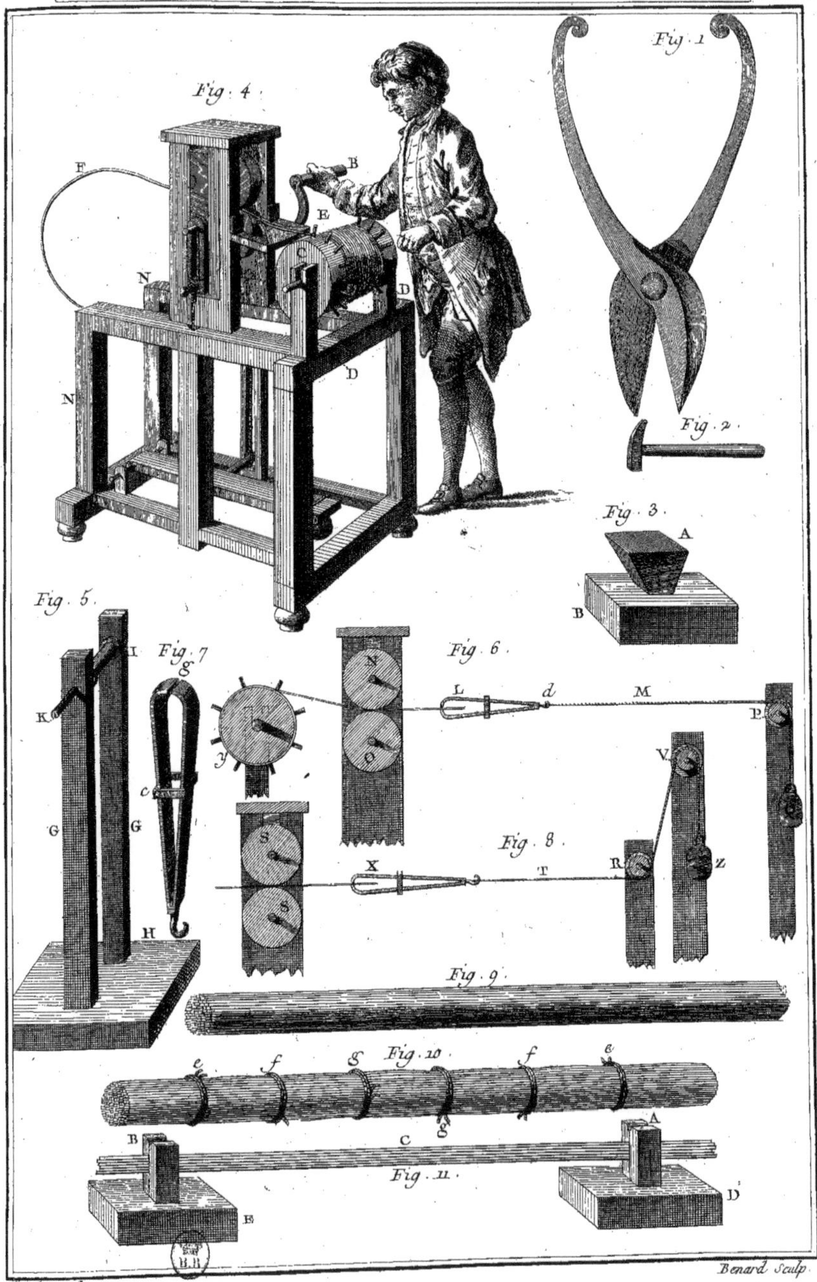
Fig. 4
F
B
E
N
C
D
D
N
Fig. 1
Fig. 2
Fig. 3
A
B
Fig. 5
I
K
G
G
H
Fig. 7
c
g
Fig. 6
N
O
L
d
M
P
V
S
S
X
T
R
Z
Fig. 8
Fig. 9
Fig. 10
e
f
g
f
e
g
B
C
A
E
D
Fig. 11

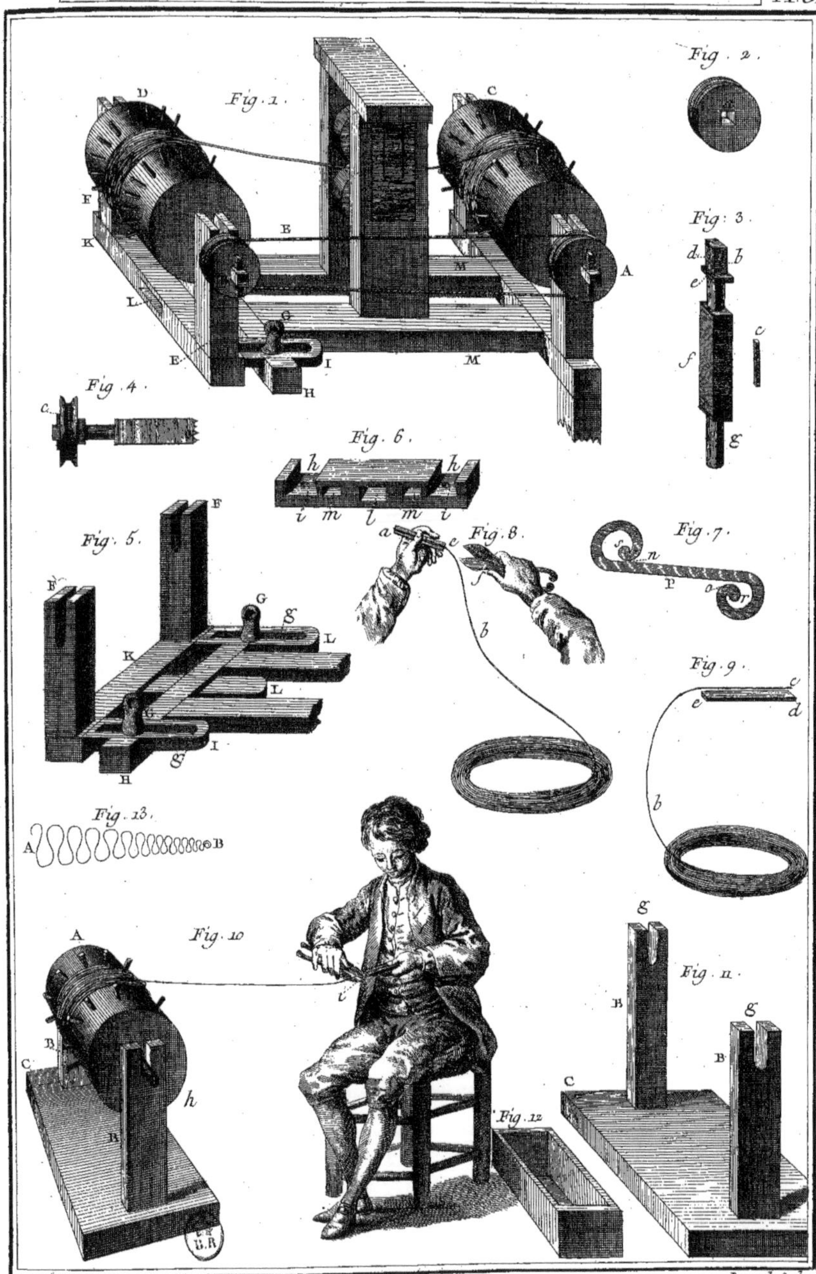

Paulet Del.

Benard Sculp.

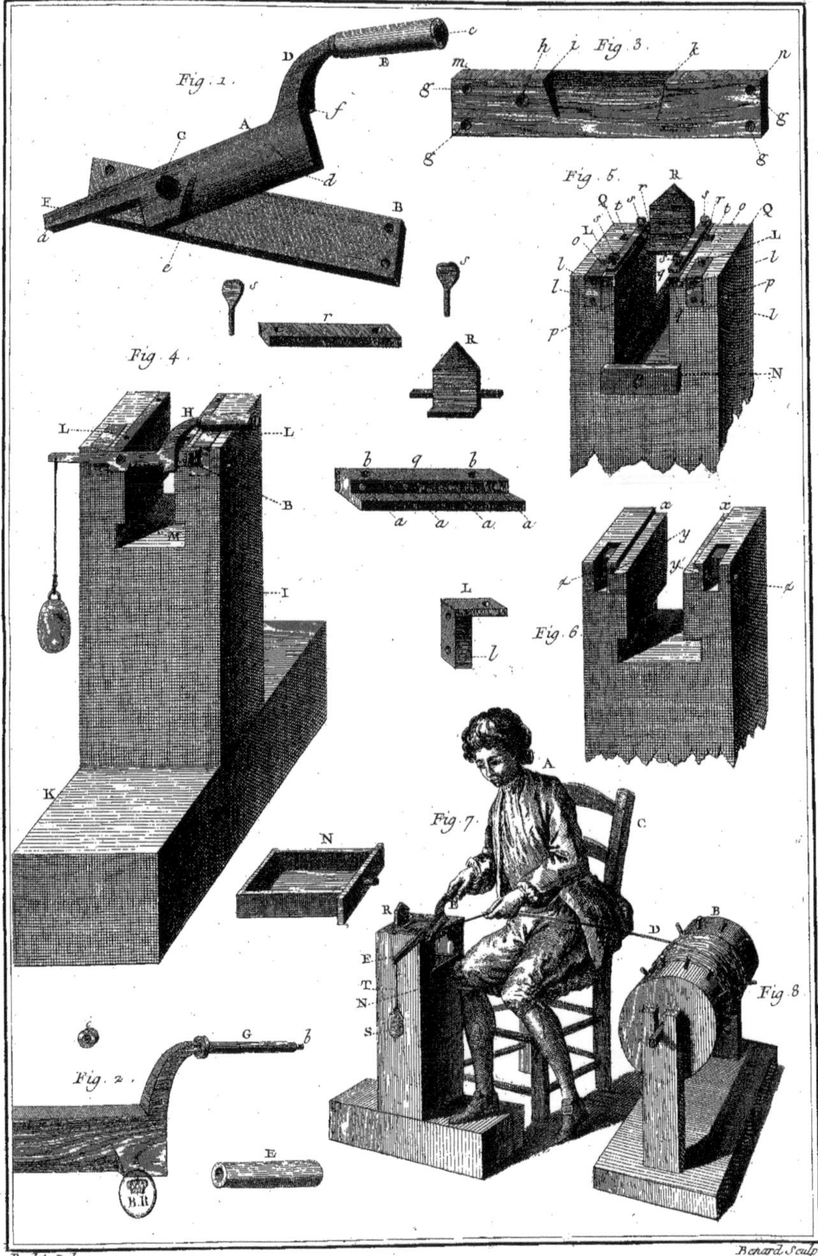

Paulet Del.

Benard Sculp.

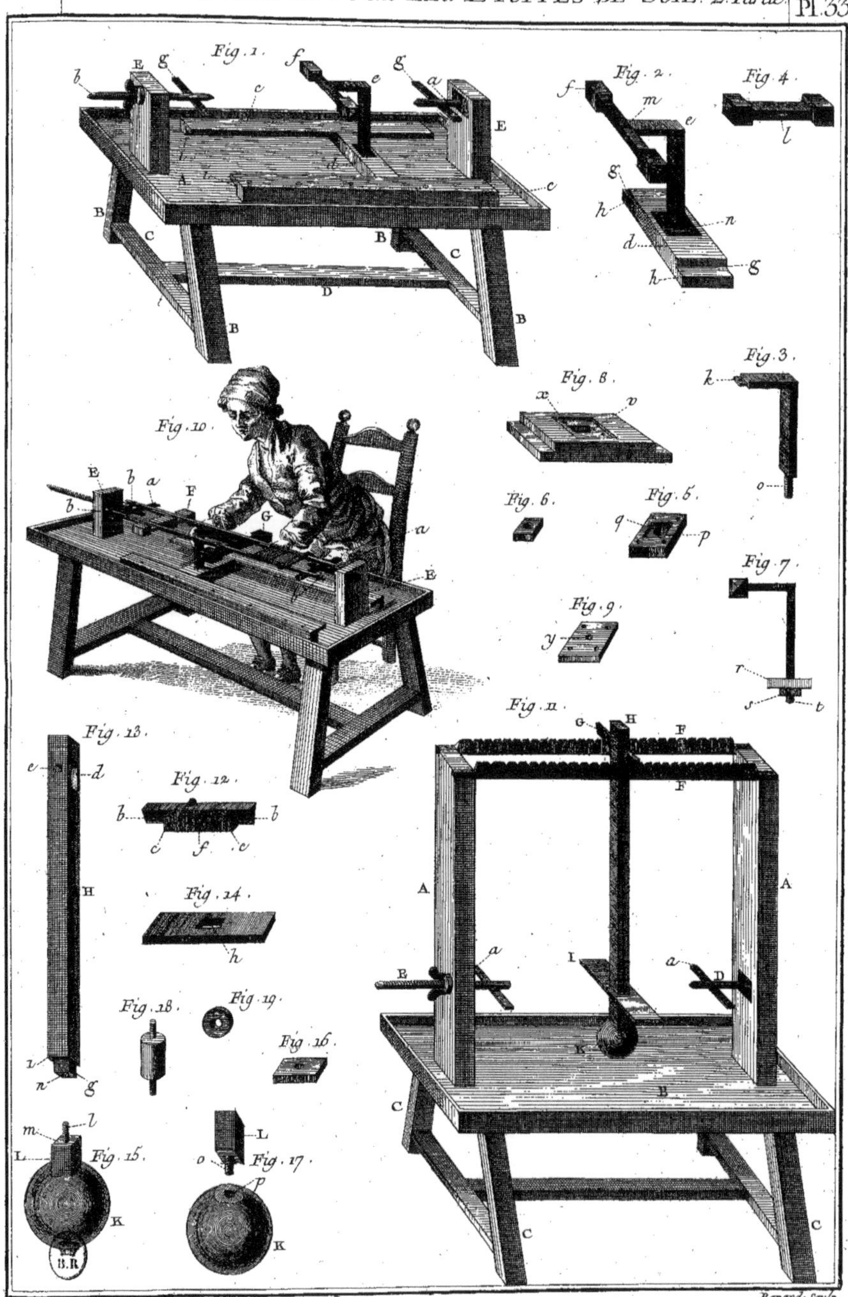

Paulet Del.

Benard Sculp.

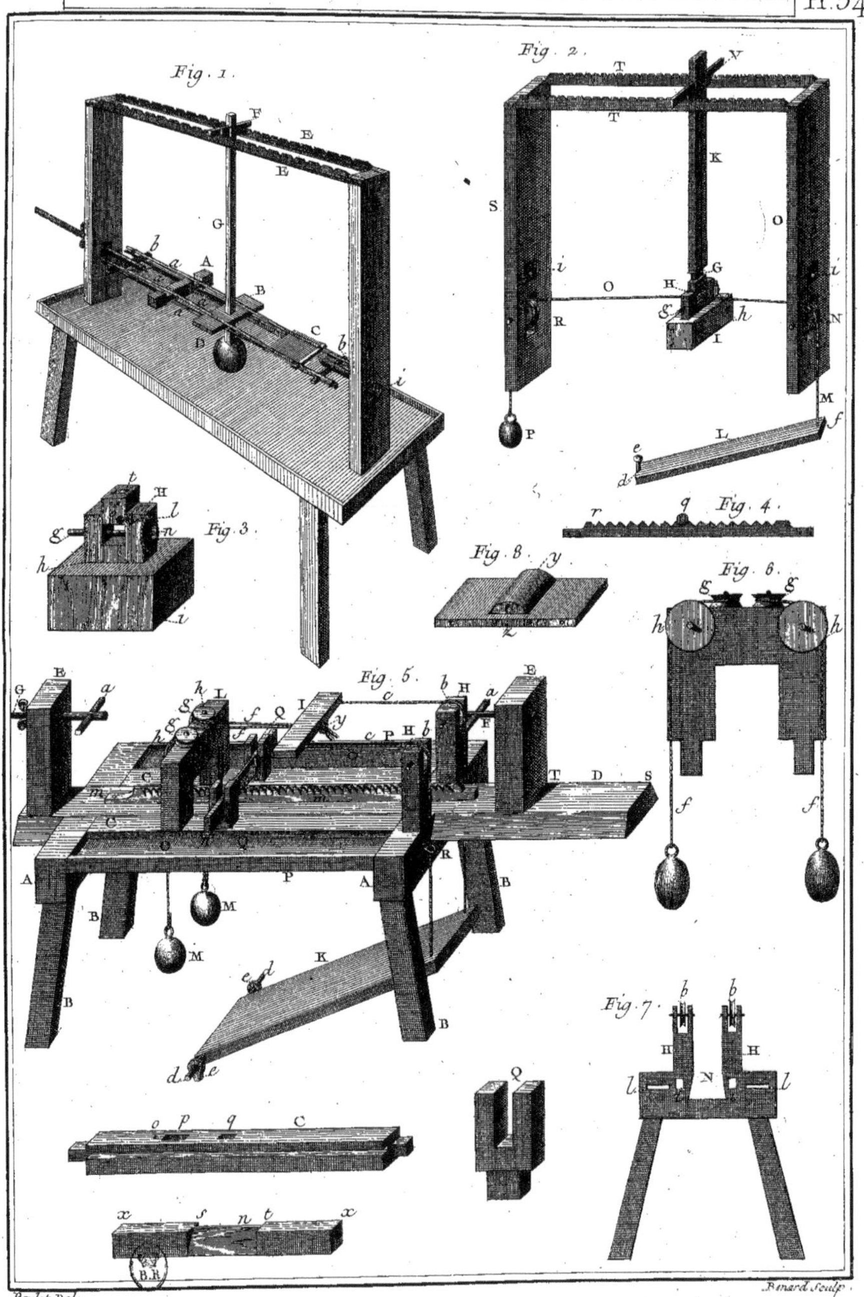

Fig. 1.
Fig. 2.
Fig. 3.
Fig. 4.
Fig. 5.
Fig. 6.
Fig. 7.
Fig. 8.

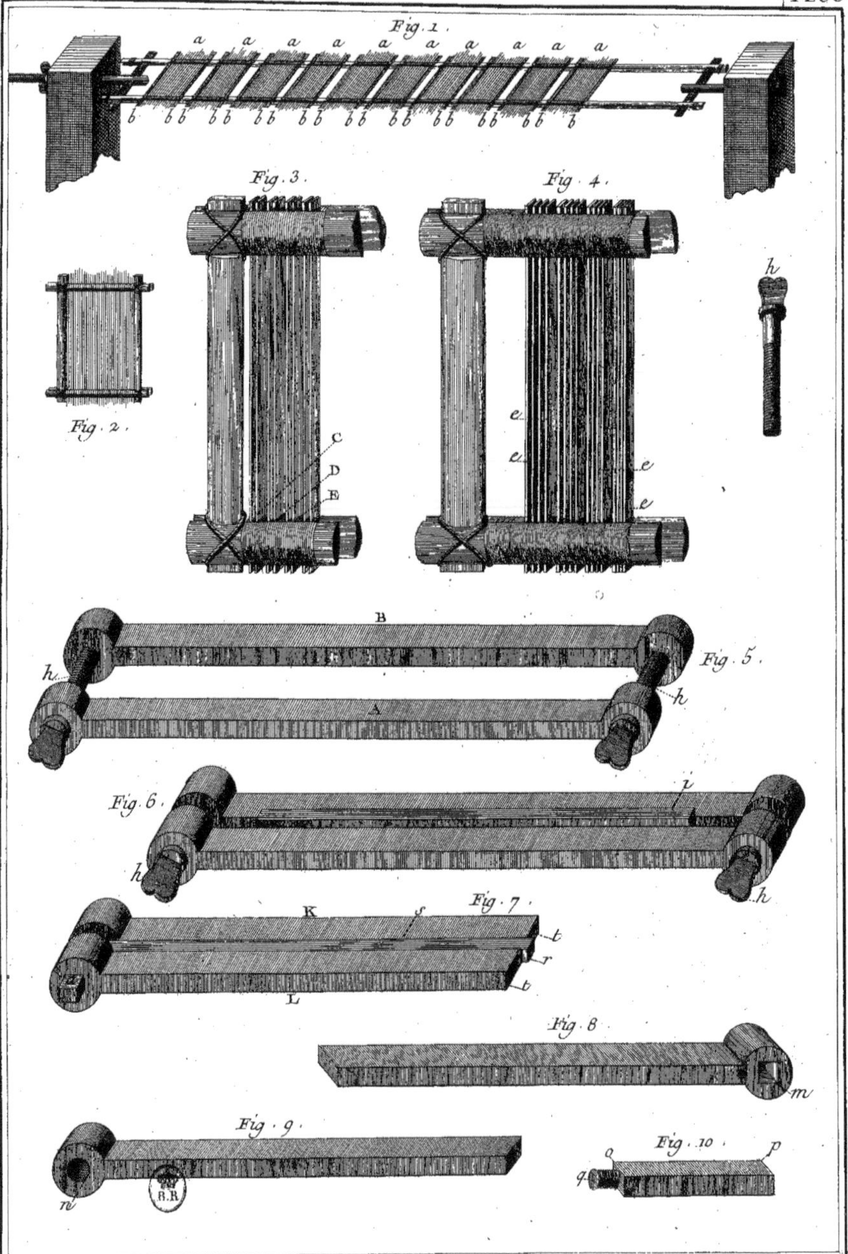

Paulet Del.

Benard Sculp.

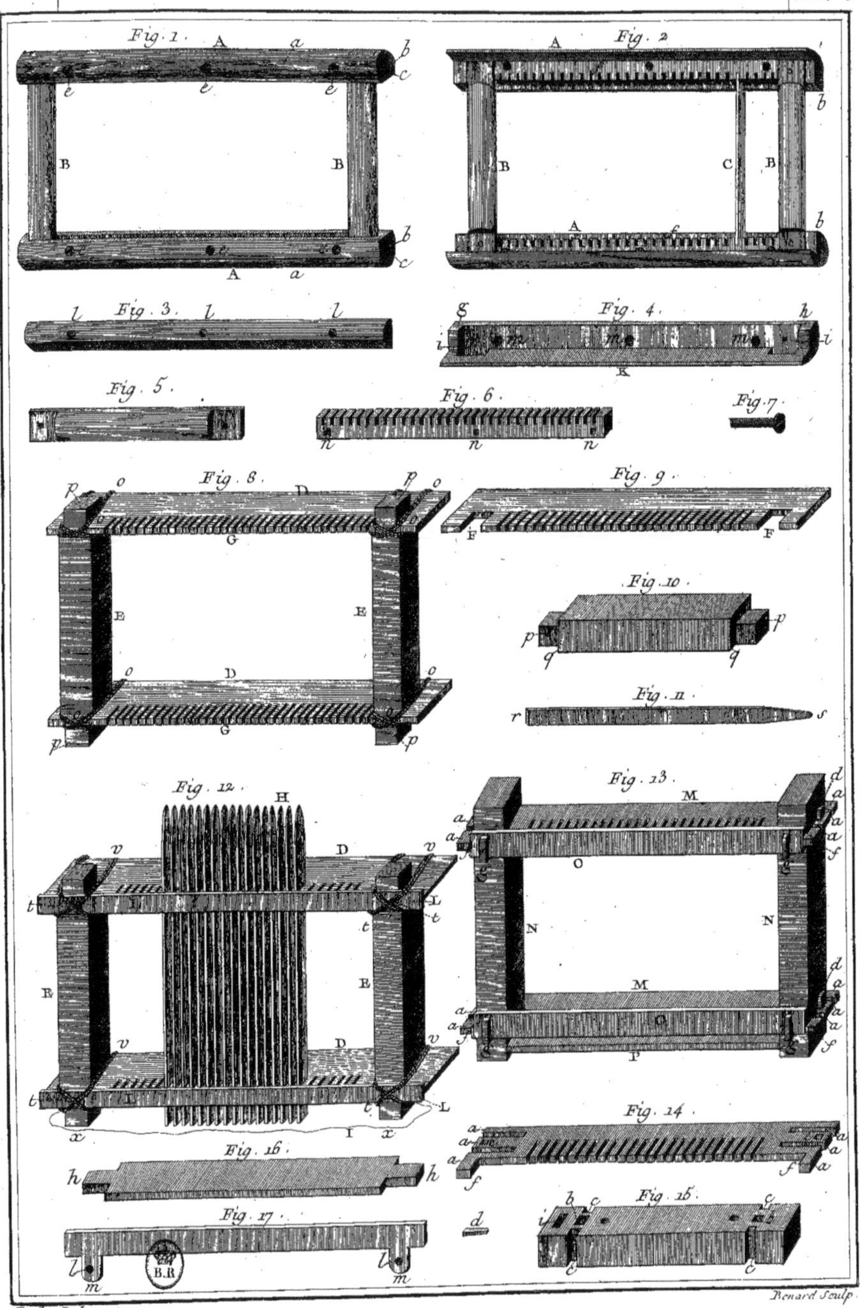

L'ART DU PEIGNER POUR LES ETOFFES DE SOIE. 2.e Part.
Pl. 36.
Fig. 1.
Fig. 2.
Fig. 3.
Fig. 4.
Fig. 5.
Fig. 6.
Fig. 7.
Fig. 8.
Fig. 9.
Fig. 10.
Fig. 11.
Fig. 12.
Fig. 13.
Fig. 14.
Fig. 15.
Fig. 16.
Fig. 17.
Paulet Del.
Benard Sculp.

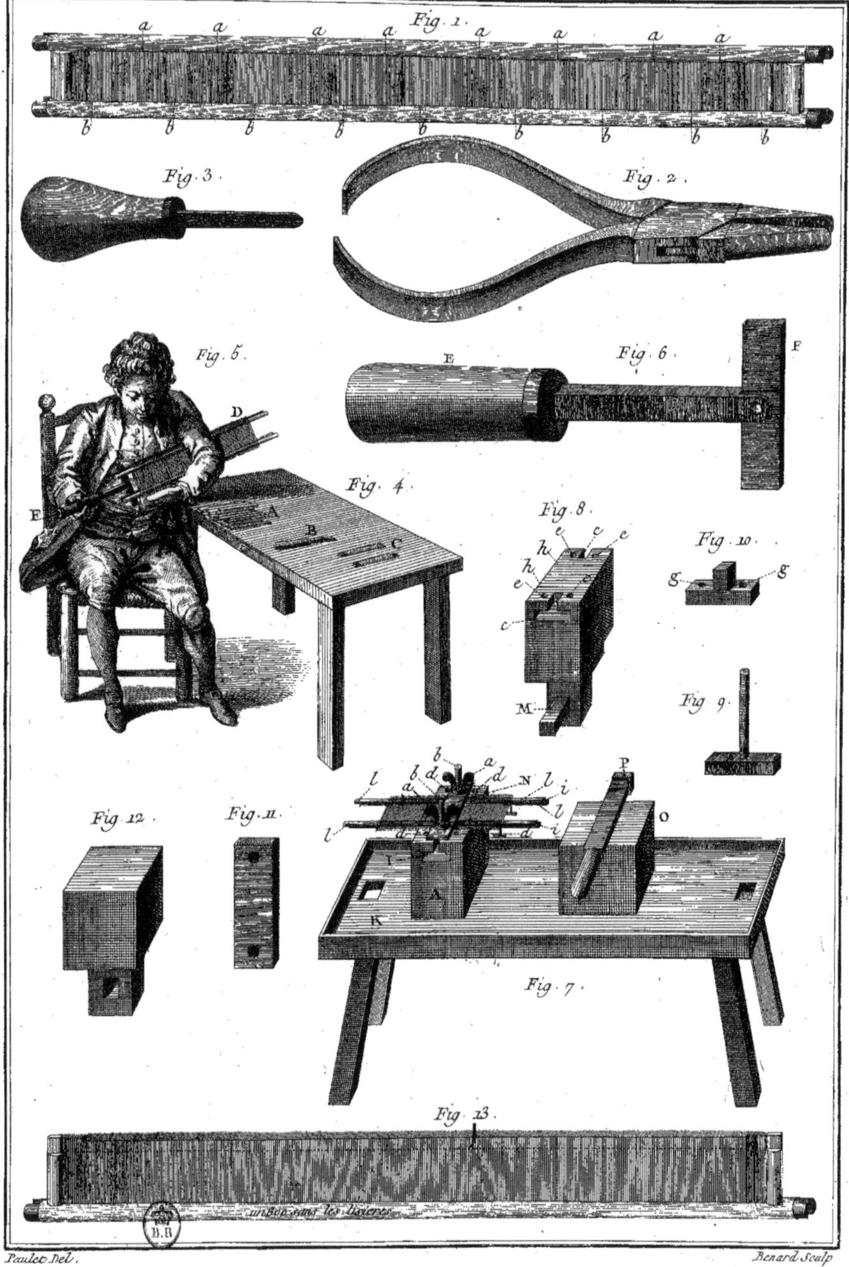

L'ART DU PEIGNER POUR LES ETOFFES DE SOIE. 2.e Partie. Pl. 37.
Fig. 1.
a a a a a a a a
b b b b b b b b
Fig. 3.
Fig. 2.
Fig. 5.
Fig. 6.
E
F
D
E
Fig. 4.
A
B
C
Fig. 8.
e c c
h
h e
c
M
Fig. 10.
g g
Fig. 9.
b
a
b d a d N l i
l
l
d d i
P
O
Fig. 12.
Fig. 11.
K
Fig. 7.
Fig. 13.
un Bon sans les lisières.
Paulet Del.
Benard Sculp.

www.ingramcontent.com/pod-product-compliance
Ingram Content Group UK Ltd.
Pitfield, Milton Keynes, MK11 3LW, UK
UKHW021506090726
13657UKWH00001B/61